Markus Meckel

Zeitansagen

Texte und Reden aus zwei Jahrzehnten

Herausgegeben von Katharina Abels

Markus Meckel

ZEITANSAGEN

Texte und Reden aus zwei Jahrzehnten

Herausgegeben von Katharina Abels

ibidem
Verlag

Bibliografische Information der Deutschen Nationalbibliothek
Die Deutsche Nationalbibliothek verzeichnet diese Publikation in der Deutschen Nationalbibliografie; detaillierte bibliografische Daten sind im Internet über http://dnb.d-nb.de abrufbar.

Bibliographic information published by the Deutsche Nationalbibliothek
Die Deutsche Nationalbibliothek lists this publication in the Deutsche Nationalbibliografie; detailed bibliographic data are available in the Internet at http://dnb.d-nb.de.

Coverabbildungen (von links nach rechts):
oben: Außenminister 1990; Redner bei einem Seminar; Predigt im Berliner Dom, 2015; im armenischen Fernsehen, 2015.
unten: mit Martin Gutzeit, 1990 (J.H. Darchinger/Friedrich-Ebert-Stiftung); Zwei-plus-Vier-Gespräche, 1990 (Bundesregierung / Christian Stutterheim); mit dem Dalai Lama, 2008; mit Frank-Walter Steinmeier, 2015.
Sofern nicht anders angegeben: Archiv Markus Meckel.

ISBN-13: 978-3-8382-1395-8

Printed in the EU

Geleitwort

30 Jahre Rückblick und Zukunftsperspektiven zur Opposition und Friedlichen Revolution in der DDR, Reflexionen über die Aufarbeitung der Geschichte und die Beschreibung außenpolitischer Herausforderungen - ein beachtenswerter Sammelband mit dem schlichten Titel „ZEITANSAGEN".

Es geht um Lebenserfahrungen von Markus Meckel, einer Persönlichkeit, deren politisches Engagement sich wie ein roter Faden durch die Biografie zieht. Schon während seines Theologiestudiums und im späteren Pfarramt trat er in der DDR als Bürgerrechtler für Demokratie und Menschenrechte ein. Gemeinsam mit seinem Freund Martin Gutzeit initiierte Markus Meckel 1989 die Gründung der Sozialdemokratischen Partei in der DDR, die zu einer wichtigen Kraft der Friedlichen Revolution wurde. Als Außenminister in der frei gewählten Regierung der DDR verhandelte er die deutsche Einheit mit. In seinem sich anschließenden Bundestagsmandat engagierte er sich über zwei Jahrzehnte hinweg als Außenpolitiker für die Neugestaltung Europas.

Wir als Lesende und Adressaten der „ZEITANSAGEN" nehmen erneut Teil an der Wirksamkeit überzeugter Nonkonformisten, Widerstands- und Freiheitskämpfer in der vorrevolutionären Phase in der DDR, besonders eng verbunden mit Polen, die aus christlicher Überzeugung daran festhalten, dass wir Menschen zur Freiheit berufen und verpflichtet sind. Markus Meckel formuliert: „Gott ist ein Gott der Freiheit, er hat uns als mündige Menschen zur Freiheit berufen" (S. 17). Sein Blick auf die Freiheit öffnet, befreit, lädt ein zum Mitmachen, zur Solidarisierung, nicht punktuell, sondern dauerhaft.

In diesem Textband mit lebensphilosophischen und politischen Kernaussagen meldet sich ein aktiv suchender und kritisch fragender Christ und zugleich politisch denkender und handelnder Mensch zu Wort, ein Außenseiter, Außenminister in der ersten frei gewählten DDR-Regierung, Abgeordneter zunächst der ersten demokratischen Volkskammer, dann des Bundestages. Schließlich Präsident des Volksbundes Deutsche Kriegsgräberfürsorge und bis heute vielfältig in verschiedensten nationalen und internationalen Gremien und Organisationen aktiv. Darüber hinaus ist er im In- und Ausland als gefragter Vortragsredner tätig.

Er hat bis heute nicht aufgehört, sich für Menschen in Europa und weltweit zu engagieren. Seine Hauptthemen waren und sind: Freiheit und Frieden, die Bewahrung der Schöpfung, die Gestaltung Europas und insbesondere die seiner östlichen Nachbarschaft sowie das Gedenken an unsere belastete Geschichte und unsere daraus erwachsende Verantwortung.

Der leidenschaftlich engagierte Europäer macht uns immer wieder bewusst, welch entscheidende Bedeutung auch heute dem zivilgesellschaftlichen Handeln zukommt. Außenpolitik ist für ihn nie nur Handeln von Diplomaten und Staaten. Der aktiven Gesellschaft kommt in seinen Augen eine besondere Bedeutung zu. Diese zu fördern hält er für eine wesentliche Aufgabe, sowohl für Deutschland wie für die Europäische Union.

Wir sind nicht der Ohnmacht preisgegeben, sondern Menschen haben nicht zuletzt in der Friedlichen Revolution bewiesen, wie wirksam engagierte Bürger sein können.

Der „Zeitansager" weicht nicht in die Vergangenheit aus, er nutzt sie zur ständigen Erneuerung und Verstärkung seiner Aktivitäten. Viele haben daran mitgewirkt, in Deutschland, Europa und weltweit. Aber die entscheidende „Zeitansage" lautet: Die Friedliche Revolution, die Überwindung des kommunistischen Systems haben wir in der DDR mit größter Widerstandskraft gewaltlos (friedlich) herbeigeführt, die Freiheit durchgesetzt. Immer wieder kämpft er für ein waches Geschichtsbewusstsein. Er klagt ein, dass die deutsche Einheit Ergebnis eines Verhandlungsprozesses der beiden demokratischen deutschen Staaten war. Es war der aufrechte Gang der Ostdeutschen in die Einheit – und nicht allein das Werk westlicher Politiker. Das ist zentral für die anstehenden Aufgaben heute.

Die Erinnerung an den Einigungsprozess vor 30 Jahren wird hier engagiert eingefordert. Markus Meckel tritt dafür ein, die verschiedenen Perspektiven stärker ins öffentliche Gespräch zu bringen und sich gegenseitig zuzuhören. Er fordert eine verstärkte Forschung zu 1989/90 und der folgenden Transformation Ostdeutschlands. Kritische Fragen stellt er sowohl Richtung Westen wie auch an seine Mitbürger im Osten Deutschlands. Bei aller notwendigen kritischen Durchleuchtung der damaligen Entscheidungen dürfe aber nicht vergessen werden, dass dieses Jahr zur Glücksstunde der Deutschen im 20. Jahrhundert wurde. Deutschland frei und geeint, umgeben von Partnern im sich einigenden Europa – und das nach den Schrecken, die Nazideutschland über ganz Europa gebracht hatte. Das, so bekennt er, hatte er vorher so nicht zu träumen gewagt.

Das Jahr 1989/90 hat nicht nur Deutschland verändert, sondern in der Folge ganz Europa. Markus Meckel sah es als ein Vermächtnis dieses Sieges von Freiheit und Demokratie an, dass die neuen Demokratien ein Recht haben, sowohl der EU wie der NATO anzugehören. Dafür hat er sich als Außenpolitiker unermüdlich eingesetzt.

Markus Meckel ist eine Persönlichkeit, die mit ihren „Zeitansagen" nahezu in jedem Text ihre Prägung als Christ und engagierter Europäer zu erkennen gibt. Das schließt herausfordernden Streit nicht aus, manchmal sucht er ihn geradezu und verbindet ihn mit politischer Tatkraft. Seine Texte rütteln wach, geben Orientierung, laden ein mitzudenken und zu handeln. Sein Ziel ist Versöhnung.

Rita Süssmuth
im August 2019

Inhaltsverzeichnis

Vorwort der Herausgeberin

Markus Meckel ist seit Jahrzehnten politisch aktiv. Er war Pfarrerssohn, unbequemer Schüler und Wehrdienstverweigerer in der DDR, Pfarrer, Gründer der oppositionellen sozialdemokratischen Partei in der DDR, Außenminister der ersten frei gewählten DDR-Regierung, langjähriger Bundestagsabgeordneter im vereinten Deutschland und Präsident des Volksbundes Deutscher Kriegsgräberfürsorge e.V.

„Zeitansagen" hat Markus Meckel im Laufe seines Wirkens unzählige gemacht. Das vorliegende Buch versammelt ausgewählte Texte und Reden von Markus Meckel aus den Jahren 2000 bis 2019. Somit schließt „Zeitansagen" praktisch nahtlos an den 2001 erschienenen Band „Selbstbewußt in die Deutsche Einheit. Rückblicke und Reflexionen" an, der Texte aus den 1990er Jahren bis 2000 beinhaltet.

Eine wichtige Rolle spielt für Markus Meckel die Befassung mit den Wurzeln des eigenen Handelns und die Auseinandersetzung mit der eigenen Verantwortung in Gesellschaft und Welt. Als freier Mensch, als Christ, als (Ost-)Deutscher, als Sozialdemokrat, Politiker und bisweilen auch als Querdenker reflektiert er in ungewöhnlicher, ehrlicher, manchmal unbequemer Weise. Von historischen Erfahrungen und unserem Umgang damit schlägt er stets den Bogen in die Gegenwart und Zukunft. Er streitet mit Leidenschaft für eine ehrliche Betrachtung der Jahre 1989/90 und für ein über den nationalen Tellerrand hinausblickendes Geschichtsbild.

Drei zentrale Themen ziehen sich wie rote Fäden durch seine Arbeit: Freiheit und Opposition, Erinnerung und Aufarbeitung von Geschichte sowie die Außen- und Europapolitik mit besonders geschärftem Blick nach Osten. Entsprechend der zentralen Themen ist „Zeitansagen" in drei Teile mit jeweils mehreren Kapiteln gegliedert. Die Texte folgen innerhalb der Kapitel nicht der Reihenfolge ihres Entstehungszeitpunktes, sondern vielmehr der Chronologie ihrer Inhalte. Teilweise wurden Texte gekürzt und leicht überarbeitet; sich wiederholende Aussagen wurden gestrichen, sofern es den Gedankengang nicht beeinträchtigte.

Auf Markus Meckels eigener Internetseite www.markusmeckel.eu sind darüber hinaus umfangreiche Bibliographien seiner Texte und Reden zu finden.

Berlin im Juli 2019
Katharina Abels

Teil I
Freiheit – Opposition – Einheit

1. Freiheit

Predigt zu Kirche und Politik: Zur Freiheit hat uns Christus befreit (2014)*

„Zur Freiheit hat uns Christus befreit. So steht nun fest und lasst euch nicht wieder das Joch der Knechtschaft auflegen.“(Gal. 5,1)

Liebe Gemeinde!

Vor mehr als dreißig Jahren habe ich schon einmal über diesen Text gepredigt. Ich war damals ein junger, theologisch und politisch engagierter Vikar in einem kleinen mecklenburgischen Dorf an der Müritz. Ich las diese Worte des Apostels Paulus ganz klar auch als politischen Text, als Ruf zur Freiheit. In der DDR-Schule lernte man ja, dass die Kirchen normalerweise an der Seite der Unterdrücker stünden, was ja historisch leider auch nicht immer falsch war. Ich aber wollte die biblische Botschaft dagegen setzen: Gott ist ein Gott der Freiheit. Er hat uns als mündige Menschen zur Freiheit berufen!

Als Zeugen Christi gilt es für uns als Christen und als Kirche, klar auf der Seite der Freiheit zu stehen und für diejenigen einzutreten, die ihrer Freiheit beraubt sind oder deren Freiheit bedroht ist. Wer solche Zeiten miterlebt hat, der weiß, wie wichtig es ist, wenn Kirche zum Raum der Freiheit wird, der die Möglichkeit zu freier Rede und gelebter Solidarität gibt, der ein Ort des füreinander Einstehens und der Orientierung und nicht zuletzt eine Schule der Zivilcourage ist. Glücklicherweise durften wir solche Erfahrungen machen.

Deshalb bin ich auch froh und dankbar, dass im Herbst 1989 wirklich viele Christen aktiv dabei waren, die Tür zur Freiheit aufzustoßen. Die Ökumenische Versammlung für Gerechtigkeit, Frieden und Bewahrung der Schöpfung, die 1988/89 zusammentrat, hat viel dazu beigetragen und zu klaren Aussagen gefunden. 1989

---

* Predigt in der Bethlehemskirche Berlin - Neukölln, 27. April 2014, Gottesdienst zur Reformationsreihe Kirche und Politik

öffneten sich vielerorts die Tore der Kirchen zu Friedensgebeten, zu Versammlungen, zu Informations- und Diskussionsveranstaltungen. Oft ging man aus der Kirche auf die Straße. Die Kirchen wurden so für die ganze Öffentlichkeit zu einem Ort der Hoffnung und der Freiheit.

Das ist nun lange her. Wir leben heute in einem politischen System, das alle politischen Freiheiten gewährt und Teilhabe ermöglicht. Der Alltag ist wieder eingekehrt. Doch wie steht es um unsere Freiheit?

Zur Freiheit hat uns Christus befreit! Dieses Wort des Apostels gilt auch heute. Es spricht von einer Tatsache: Der Befreiungsakt liegt hinter uns. Er ist eine Realität, auf die wir bauen können, eine Wirklichkeit, die gelebt werden will. Es ist wie die Gnade, die uns vor Gott gerecht macht – die Freiheit, die uns geschenkt ist, will mit Leben erfüllt sein. Mit der Freiheit ist es wie mit der Liebe: Beide können nicht befohlen werden! Liebe kann nur erfahren, erlebt und gelebt werden. Und ebenso muss die Freiheit erfahren und wahrgenommen werden. Sonst ist sie nicht. Schon deshalb hat Freiheit so viel mit uns selbst zu tun und nicht nur mit den äußeren Verhältnissen und Umständen. Wir müssen uns also immer auch fragen, was uns wann unfrei macht. Was nimmt uns gefangen?

Vielleicht ist es für viele Menschen die Sorge um die äußere Existenz, die schlichte Sorge, über die Runden zu kommen. Da wird dann die Frage nach der Freiheit leicht zu einem Luxus, den man sich gar nicht leisten kann. Für andere wiederum ist es die Routine des Alltags. Viel zu viel Arbeit, dazu die Aufgaben zu Hause, die Erwartungen der Menschen, mit denen man lebt und leben möchte und die Erfahrung, dass irgendetwas, irgendeiner immer zu kurz kommt. Wer kümmert sich da schon um die Freiheit. Leicht wird aus dieser Perspektive Freiheit zum Traum. *„Über den Wolken, muss die Freiheit wohl grenzenlos sein…“* Das eigene Leben aber ist eingeengt in Arbeit und Pflichten.

Sehen wir unsere Welt heute an: da ist die ständige Verführung und Suggestion durch Werbung, die den Verstand ausschalten soll; da ist die kaum kontrollierte Macht der Medien und in der Politik immer wieder auch ein Hang zum Populismus, der die Welt in Gut und Böse einteilt, obwohl wir gelernt haben, dass die Welt in verschiedenen Grautönen realistischer gemalt wird. Viele resignieren auch vor der Kompliziertheit der heutigen Welt, die immer schwerer zu durchschauen ist.

Die Gefahren für die Freiheit sind auch heute nicht gering. Ja, vielleicht sind sie sogar in gewissem Sinne gefährlicher, weil versteckter. Bei einer Diktatur weiß der Mensch, woran er ist. Er stellt sich ihr vielleicht nicht entgegen, um sich das Leben nicht schwer zu machen. Auch wir wussten vor 1989 sehr wohl, woran wir waren. Die Frage war nur, wie viel uns die Freiheit wert ist. Heute droht die Freiheit eher erstickt als erschlagen zu werden. Aber am Ende steht eben auch Unfreiheit!

Deshalb braucht es heute wie früher den Auszug aus der Unfreiheit und den Willen zur Freiheit, ja, es braucht die immer neue Erfahrung, um zur Freiheit, zum Selbst-Sein zu ermutigen. Denn Freiheit hat etwas mit unserer Würde als Menschen zu tun!

Paulus spricht von uns als Kindern Gottes. Freiheit gehört für Paulus zum Menschsein dazu. Als Menschen haben wir das Recht – und man muss an dieser Stelle fast sagen auch die Pflicht – zur Freiheit. Die Freiheit, die Paulus im Blick hat, ist nun aber nicht bloße Willkür, sie bedeutet nicht, tun und lassen zu können, was man will. Gott macht uns als Kinder Gottes zu seinen Partnern, die frei und keine Marionetten sind. Gott hat uns geschaffen zur Gestaltung seiner Erde. Er will seine Welt nicht nur als Natur, sondern als das, was wir heute Kultur und Zivilisation nennen. Gestaltung ist gefordert, Ideen und Kreativität sind gefragt. Zur Lösung von Problemen ebenso wie zur Weiterentwicklung von Kultur und Wissenschaft zum Wohle des Menschen. All dies gehört zum Schöpfungsauftrag des Menschen und zur Berufung zur Freiheit, die uns zu Menschen macht. Gott will, dass wir als Partner Gottes Verantwortung übernehmen – für uns selbst, für andere und für diese Erde.

Unsere Gesellschaft braucht freie Menschen, die bereit sind, sich wirklich einzubringen und zu engagieren. Es ist nicht nur in einer Diktatur, sondern wohl in jeder Gesellschaft so, dass Anpassungsbereitschaft und Stromlinienförmigkeit oft mehr geschätzt werden als Selbstständigkeit oder Ecken und Kanten. Es braucht ein starkes Selbst, Selbstgewissheit, um Freiheit und Verantwortung wahrzunehmen. Es braucht die Freiheit des Geistes, um kreativ zu sein, um selbstverantwortet zu handeln.

Diese Freiheit, diese Verantwortung ist manchmal schwer. Jeder weiß das, der einmal schwerwiegende Entscheidungen für sich selbst oder auch für andere zu treffen hatte. Verantwortung heißt dann eben auch, für die Folgen einzustehen. Und es schließt die Möglichkeit des Fehlens ein und auch die der Schuld. Freiheit heißt auch Schuldfähigkeit. Deshalb sind in der Bibel auch nur Menschen zur Schuld oder Sünde - wie es dort heißt - fähig. Und so gehören Mündigkeit, Freiheit und Schuldfähigkeit zusammen.

Freiheit ist also immer die je eigene und ganz persönliche - aber nie die allein auf mich bezogene!

Wer große Verantwortung trägt weiß, wie groß die Einsamkeit sein kann, wenn man sich selbst bewusst ist, dass die eigene Entscheidung selbst getroffen werden muss und es einem von niemandem abgenommen werden kann. Und dass die Folgen verantwortet werden müssen! Deshalb ist es auch nicht verwunderlich, dass die Versuchung immer wieder groß ist, Verantwortung von sich zu weisen.

Freiheit kann schließlich auch eine Last sein und als Überforderung empfunden werden! Große Denker der Moderne wie Friedrich Nietzsche, die die Freiheit des Menschen gefeiert haben und meinten, sie wäre nur mit dem Tode Gottes denkbar, waren sich dann doch gleichzeitig der Herausforderung bewusst, die Freiheit mit sich bringt.

Aber an dieser Stelle muss auch daran erinnert werden, dass Gott den Menschen nicht überfordert. Ist es doch gerade die große evangelische Botschaft, dass uns nicht durch unser Tun, sondern durch die Gnade Gottes Heil zugesprochen wird. Nicht weil wir so toll Verantwortung übernehmen, spricht Gott uns als seine Kinder an. Sondern weil er uns seine Kinder ruft, können wir frei handeln und Verantwortung übernehmen, ohne uns zu übernehmen.

So lasst uns einstimmen in das wunderbare Gebet Oetingers:

Gott,
Gib mir Kraft und Mut aktiv zu werden, wo ich etwas ändern kann,
Gib mir die Gelassenheit zu ertragen, was ich nicht ändern kann,
Gib mir die Weisheit, das eine von dem anderen zu unterscheiden!

Amen.

Freiheit – ein Grundbegriff der Reformation (2017)*

„Hier stehe ich, ich kann nicht anders!“ So sind die Worte Martin Luthers vor dem Reichstag im Worms überliefert – ein großer Akt von Mut und Freiheit. Luther stand zu seinen Thesen und Erklärungen und zu dem, was er für wahr und als Gottes Wort erkannt hatte.

Sie beginnen hier in Regensburg Ihre Reihe zu den Grundbegriffen der Reformation mit dem der „Freiheit“. Das hat mich gefreut. Mut zur Wahrheit den Mächtigen gegenüber beeindruckt uns und erwärmt das Herz. Auf der Wartburg übersetzt Martin Luther dann das Neue Testament und später die ganze Bibel. Es wird mit zu dem Wichtigsten zählen, was unsere Sprache und Kultur bis heute prägt. Das Wort Gottes – so wollte es Luther – sollte für jeden in seiner Muttersprache zugänglich sein, die christliche Botschaft für jeden existentiell hörbar werden und so das Leben ausrichten. Dem Glaubenden wurde zugetraut, auch ohne die auslegende Autorität der Kirche als Zwischeninstanz selbst zu verstehen und auf Gott zu hören! Dies war, wenn man so will, ein wirklicher Trompetenstoß der Emanzipation.

Und doch müssen wir zugleich vorsichtig mit vorschneller Proklamation bleiben. In Martin Luthers bekannter Schrift „Von der Freiheit eines Christenmenschen“ heißt es:

> „Ein Christenmensch ist ein freier Herr über alle Dinge und niemand untertan. […] Ein Christenmensch ist ein dienstbarer Knecht aller Dinge und jedermann untertan.“[1]

Es wäre also zu einfach, Martin Luther lediglich als modernen Prediger von Freiheit und Demokratie auszurufen. In der weiteren Entwicklung dürfen wir dann auch nicht die historische Erfahrung mit den Kirchen beiseiteschieben, nicht allein mit der katholischen, sondern auch mit den reformatorischen. Diese Geschichte war in

---

* Vortrag beim evangelischen Bildungswerk Regensburg im Rahmen einer Vortragsreihe zu den Grundbegriffen der Reformation, 8. März 2017

1 https://www.luther2017.de/de/martin-luther/texte-quellen/lutherschrift-von-der-freiheit-eines-christenmenschen/ (abgerufen am 1.7.2019)

den letzten Jahrhunderten über weite Strecken alles andere als nur eine Freiheitserfahrung. Da wurden, nicht zuletzt in Deutschland, die Kirchen und die Religion insgesamt eher als Mächte der Unfreiheit angesehen. Die Aufklärung hatte sich mit den Kirchen schwer auseinanderzusetzen. Man denke an Ephraim Lessing, dessen Ringparabel zum Verhältnis der Religionen noch heute Lehrstoff in den Schulen ist, und seinen erbitterten Streit mit dem Hamburger Pastor Johann Melchior Goeze, der ihm Zensur und Schreibverbot einbrachte. Interessanterweise war es gerade die proklamierte Religionsfreiheit, die Anstoß erregte, denn sie umfasste auch das Recht, sich zu einer anderen Religion zu bekennen. Das wollte man dann doch nicht einfach zugestehen. Dieses Problem begegnet uns auch heute noch in islamischen Ländern, wenn es um das Recht zur Konversion geht. Manche Schwierigkeiten, über die wir heute den Kopf schütteln, sind uns also, wenn auch zeitversetzt, gar nicht so fern.

Die besonders im deutschen Protestantismus entstandene Verbindung von Thron und Altar und die damit einhergehende Zwei-Reiche-Lehre führten dazu, dass der christliche Glaube im 19. Jahrhundert für freie Geister zunehmend als Religion zur Erziehung gehorsamer Untertanen angesehen wurde. So war es kein Zufall, dass Karl Marx und die entstehende Sozialdemokratie stark mit einem religionskritischen, ja atheistischen Impetus verbunden wurden. Das änderte sich im Westen Deutschlands erst mit dem Godesberger Programm der SPD in den 1950er Jahren; für die vor hundert Jahren entstandenen Kommunistischen Parteien hingegen nie wirklich. Mit der Oktoberrevolution im zaristischen Russland, dem Entstehen der Sowjetunion und der Ausbreitung dieser totalitären Diktatur nach dem Zweiten Weltkrieg im östlichen Europa verbanden die Menschen zunehmend die Erfahrung von Terror und Schrecken, von Repression und Unfreiheit. So auch in der DDR, wo ich aufgewachsen bin.

Jetzt war, was einmal emanzipatorisch begonnen hatte, untrennbar mit der Erfahrung von Unfreiheit verbunden. Dem gegenüber entdeckten wir im christlichen Glauben eine freiheitliche Perspektive. Die evangelischen Kirchen in der DDR, in denen ich geprägt wurde, hatten ihre geistigen Wurzeln in der Bekennenden

Kirche aus der Zeit des Nationalsozialismus. Wichtig war hier die Barmer Theologische Erklärung aus dem Jahr 1934. Dort heißt es in der zweiten These:

> „Wie Jesus Christus Gottes Zuspruch der Vergebung aller unserer Sünden ist, so und mit gleichem Ernst ist er auch Gottes kräftiger Anspruch auf unser ganzes Leben; durch ihn widerfährt uns frohe Befreiung aus den gottlosen Bindungen dieser Welt zu freiem, dankbarem Dienst an seinen Geschöpfen. Wir verwerfen die falsche Lehre, als gäbe es Bereiche unseres Lebens, in denen wir nicht Jesus Christus, sondern anderen Herren zu eigen wären, Bereiche, in denen wir nicht der Rechtfertigung und Heiligung durch ihn bedürften."[2]

Dieser kurze, mehr assoziative Ausflug in die Geschichte macht deutlich, was für die Freiheit wesentlich ist: Sie kann nie Besitz sein, weder durch Einzelne noch durch gesellschaftliche Gruppen oder eine geistige Tradition. Der ganz Europa erfassende geistige Aufbruch der Reformation wurde doch in den folgenden Jahrhunderten eben auch zu einer Art Orthodoxie, welche – ebenso wie die katholische Kirche – von vielen Menschen als geistiges Gefängnis angesehen wurde. Und aus der im 19. Jahrhundert entstehenden Sozialdemokratie, in welcher Untertanen zu politischen Subjekten wurden, die für ihre Freiheit kämpften, entstand der Kommunismus. In dessen Heilslehre für eine glückliche Menschheit der Zukunft spielte die Opferung von Millionen Menschenleben in der Gegenwart überhaupt keine Rolle.

Wissend, dass Andere es anders erlebten, war für mich die Erfahrung von christlichem Glauben und Kirche in der DDR eine Freiheitserfahrung. In meiner Jugend fühlten wir uns mit den Christen in Lateinamerika, denen die Befreiungstheologie Hoffnung gab und mit den Schwarzen in Südafrika, wo die christliche Botschaft im Kampf gegen die Apartheid eine wichtige Rolle spielte, verbunden. Auch wir verstanden den christlichen Glauben als eine lebendige Botschaft der Befreiung.

Meine erste Predigt in einem mecklenburgischen Dorf habe ich über das Pauluswort im Galaterbrief gehalten: *„Zur Freiheit hat*

2 https://www.ekd.de/Barmer-Theologische-Erklarung-Thesen-11296.htm (aufgerufen am 27.5.2018)

uns Christus befreit! So stehet nun fest und lasst euch nicht wieder das Joch der Knechtschaft auflegen!" (5,1). Als ich diese Predigt jetzt noch einmal nachgelesen habe, wurde mir bewusst, wie sehr ich damals wahrscheinlich meine Bauern mit dieser emphatischen Botschaft überfordert habe. Mit Inbrunst sangen wir etwa das Lied „Sonne der Gerechtigkeit", in dem es heißt: *„…weck die tote Christenheit aus dem Schlaf der Sicherheit […] gib den Boten Kraft und Mut, Glaubenshoffnung, Liebesglut, lass viel Früchte deiner Gnad folgen ihrer Tränensaat […] Lass uns deine Herrlichkeit ferner sehn in dieser Zeit und mit unserer kleinen Kraft üben gute Ritterschaft."* Gleiches galt für Luthers „Ein feste Burg ist unser Gott": *„Und wenn die Welt voll Teufel wär und wollt uns gar verschlingen, so fürchten wir uns nicht so sehr, es soll uns doch gelingen."* Das alles gab Mut, gab Kraft und Zuversicht.

In den Kirchen und ihren Ausbildungsstätten gab es Freiheit des Denkens und der Rede. Hier wurde – immer bedroht und gefährdet – die Freiheit gelebt, sich unter der Perspektive des Glaubens mit den verschiedenen Optionen des Denkens über unsere Wirklichkeit auszutauschen und zu streiten. Eben frei zu denken. Anders als sonst an staatlichen Schulen und in der Gesellschaft üblich war ein freier Diskurs möglich. Das unterschied sich doch sehr von der verbreiteten „Trichterpädagogik" (wie ich es nannte), bei der fertige, angebliche Wahrheiten vermittelt und von den Schülern dann eins zu eins reproduziert werden sollten.

Diese Freiheit, von der ich spreche, war und ist ja nicht einfach ein „Machen-Können-was-ich-gerade-will", sondern vielmehr ein kommunikatives Geschehen und Sich-Entdecken auf der Suche nach Gültigem, nach Wahrheiten.

In der Schule lernten wir, dass Freiheit die Einsicht in die Notwendigkeit sei und mussten zugleich erfahren, dass ein offenes Wort leicht zu Problemen führen konnte. Recht früh erkannte jeder die für dieses System so typische Gespaltenheit, die darin bestand, in der Öffentlichkeit, in Schule und Beruf den Erwartungen zu entsprechen und die eigene Haltung und Meinung auf den privaten Raum zu begrenzen. So war es in der DDR für viele ein befreiendes Erlebnis, im Raum der Kirche oder in den verschiedenen oppositionellen Gruppen, die dann in der 1980er Jahren entstanden, diese Gespaltenheit und Lüge überwinden zu können oder sie zumindest zeitweise hinter sich zu lassen. Die gemeinschaftliche Suche nach Erkenntnis, ja, nach Wahrheit, wurde zu einer oft das Leben bestimmenden Freiheitserfahrung.

Wir können nicht allein frei sein. Freiheit ist auf der einen Seite immer konkret die jeweils eigene und nicht nur abstrakte Möglichkeit selbstbestimmter Lebensgestaltung. Gleichzeitig aber gehört eben die Freiheit des Anderen jeweils konstitutiv dazu. Es geht bei der subjektiven Freiheit immer mit um die der Anderen. Meine Freiheit erfährt in der des Anderen nicht nur ihre Grenze, sondern eben auch ihre Erfüllung. Deshalb ist Freiheit nicht nur auf das Selbst, sondern immer auch auf die Anderen bezogen. Der Einzelne braucht die gemeinschaftliche Erfahrung, sich ausprobieren und artikulieren zu können und sich dabei angenommen zu wissen. Dazu gehört das unumstrittene Recht des Widerspruchs, denn nur in freier Kommunikation wächst die Fähigkeit zu Selbstständigkeit und zur Eigenverantwortung. Verantwortung ist die soziale Dimension der Freiheit, ohne die sie nicht sein kann beziehungsweise ohne die sie sich selbst zerstört.

In einer Diktatur ist echte Verantwortung im Sinne der Selbstermächtigung schlichtweg nicht vorgesehen. Sie ist nämlich gefährlich. Denn wo Menschen selbst denken, wo sie im Gespräch und Disput mit anderen nach dem rechten Verhalten suchen, da fruchten vorgegebene Wahrheiten und verordnete Verhaltensweisen nicht mehr. Der Mensch – so gehört es zu seinem Wesen – ist zuständig für seine Wirklichkeit und kann sich im Grunde nicht freisprechen lassen von der Verantwortung für sie, denn das wäre Einwilligung in die Entmündigung.

Als Jugendlicher habe ich in der Kirche viel Streit miterlebt, etwa zu ethischen Fragen, die den Einzelnen betreffen, zu Fragen des miteinander Lebens als auch zu denen der Gesellschaft. Es ging zum Beispiel um Sexualität vor der Ehe oder um die Frage der Wahlbeteiligung, denn wir wussten ja doch, dass es in der DDR Wahlen im eigentlichen Sinne nicht gab. Ich erinnere mich auch an die kontroversen Diskussionen um Engagement und Teilnahme an staatlichen Organisationen und Institutionen wie den sogenannten „Jungen Pionieren", der FDJ, an der Jugendweihe, an Diskussionen über die neue Verfassung in der DDR 1968 und an die Auseinandersetzung mit der Frage, ob Kirchen auch Befreiungsbewegungen unterstützen dürfen, die mit der Waffe kämpfen. Wichtig war ebenso die Frage, ob die Wehrpflicht zu akzeptieren sei. Ich selbst habe schließlich den Wehrdienst total verweigert, auch den als Bausoldat, da er innerhalb der militärischen Strukturen abzuleisten war. Die Debatten um diese und andere Themen waren eine große Freiheitserfahrung. Anders als im DDR-staatlichen Kontext, wo es um das „Wir oder die Anderen" ging (um Schwarz oder Weiß, wobei dann Recht und Unrecht immer klar verteilt waren), wurde in den kirchlichen Debatten, die wir auch in der Jugendarbeit einübten, um Entscheidungen und das rechte Urteil gerungen.

Freiheit - das wurde in solchem Ringen um ethisch verantwortbare Entscheidungen zu einem verantwortlichen Handeln deutlich - ist nicht allein die Freiheit von etwas, das Fehlen von Druck, von Repression und Zwang. Vielmehr handelt es sich vor allem um eine Freiheit zu etwas, zur Hingabe an einen Menschen, an eine gesellschaftliche Aufgabe, um Gestaltung unserer Wirklichkeit. In revolutionären Situationen, das war auch unsere Erfahrung von 1989/90, ist es allemal leichter, sich mit anderen darin einig zu sein, was man ablehnt (das herrschende System, die Diktatur), als sich auf Vorstellungen darüber zu einigen, was man will, wie gesellschaftliche und staatliche Strukturen und Ziele konkret aussehen sollen.

Zur Freiheit und zur Wahrnehmung von Verantwortung gehört notwendigerweise das klare Bewusstsein der eigenen Grenzen. Als mein Freund Martin Gutzeit und ich Anfang 1989 den Plan fassten, in der DDR eine Sozialdemokratische Partei zu gründen, hatten wir die eigene Begrenzung sehr bewusst im Blick. Wir waren uns bewusst, nicht für alle sprechen zu können. Eine Partei ist eben nur *pars* (Teil), sie muss um Zustimmung und Anerkennung werben und sich zur Durchsetzung von Zielen um Verbündete bemühen. So verbanden wir mit der Gründung der SDP (so lautete damals das Kürzel für die Sozialdemokratische Partei in der DDR) auch den Aufruf an diejenigen, die sich uns inhaltlich nicht anschließen konnten, dann selbst andere demokratische Parteien zu gründen, um auf der Grundlage von Gemeinsamkeiten mit ihnen kooperieren zu können.

Auch wenn Freiheit oft zuallererst als eine Möglichkeit individuellen Denkens und Verhaltens angesehen wird ist es wichtig sich deutlich zu machen, dass Freiheit ganz wesentlich auch mit gesellschaftlichen, ja mit staatlichen Strukturen und Institutionen zu tun hat. So ging es uns damals nicht nur darum, Freiheit und Einhaltung der Menschenrechte von den Herrschenden zu fordern. Vielmehr war es unser Anliegen, Freiheit ermöglichende und sichernde Institutionen des Rechts, der Partizipation und der Gewaltenteilung zu konstituieren. Wir wollten den in der DDR vorhandenen Strukturen der Entmündigung und Verantwortungslosigkeit solche entgegensetzen, in denen der Einzelne wirkliche Verantwortung zu übernehmen in der Lage ist. Dazu aber mussten sich Menschen finden, die sich für solche Verantwortung in den Institutionen der Demokratie auch selbst zur Verfügung stellten. In vielen Gesprächen war meine Botschaft: Worauf willst Du beziehungsweise sollen wir warten? Wer soll es denn für uns übernehmen? Du bist gefordert! Mach mit!

Eine Begebenheit ist mir in besonderer Erinnerung: Es war im Herbst 1989, wir hatten die Partei gerade gegründet und ich veranstaltete in meiner Ökumenischen Bildungs- und Begegnungsstätte bei Magdeburg ein Seminar zur Gewaltlosigkeit. Dazu hatte ich Freunde aus Budapest eingeladen, Vertreter der sogenannten Bulanyi-Gruppen, einer sehr beeindruckenden katholischen Basisbewegung in Ungarn, die seit vielen Jahren den Wehrdienst verweigerten und dafür ins Gefängnis kamen. Am Abend erzählte einer der ungarischen Freunde, dass er im neu gegründeten „Ungarischen Demokratischen Forum" engagiert sei. Falls dieses bei der künftigen Wahl aber gewinnen sollte, werde er wieder austreten, denn er wolle an keiner Macht teilhaben. Ich stritt mit ihm und meinte, er sollte in meinen Augen sogar bereit sein, Innenminister zu werden und eine bewaffnete Polizei in seine Verantwortung übernehmen, um das Gewaltmonopol des Staates zum Schutz der Menschen durchzusetzen. Es sei natürlich deeskalierend zu gebrauchen. Ich konnte mit ihm nicht einig werden. Ich ahnte zu diesem Zeitpunkt natürlich nicht, dass ich nur ein halbes Jahr später selbst Minister sein würde.

Ich kannte dieses sehr ambivalente Verhältnis zur Macht auch in den kirchlichen Kreisen, aus denen ich stamme. So erinnere ich mich an die Reaktionen so mancher Weggefährten, als ich im Januar 1990 bei der ersten großen Konferenz der Sozialdemokratie am Alexanderplatz sagte, dass wir die Macht erstreben, denn bei uns sei sie in guten Händen, kontrolliert und begrenzt und auf der Grundlage eines klaren Mandates. Macht anzustreben, was ja die Voraussetzung für politische Gestaltungsfähigkeit in einem demokratischen System ist, das galt in unseren kirchlichen Kreisen damals noch als sehr anrüchig. Dabei gilt ja auch heute und in der Zukunft, dass es Menschen geben muss, die dazu bereit sind, nicht nur als politisch wache Bürger kritisch aktiv zu sein, sondern eben auch Politik - und sei es auf Zeit - als Beruf auszuführen. Wir brauchen Menschen, die sich mit ihrer ganzen Existenz politisch einbringen und handeln, die bereit sind, Verantwortung zu übernehmen und Entscheidungen zu treffen. Es braucht immer wieder neu wache und kritische Bürger, die überzeugend und zur Differenzierung fähig sind, die sich für derlei Aufgaben zur Verfügung stellen.

Wenn Freiheit und Demokratie von selbstbestimmten Gestaltungsentscheidungen leben, dann geht es gleichzeitig immer darum, wie miteinander bei unterschiedlichen Erkenntnissen und Haltungen umgegangen wird. Freiheit ist notwendigerweise stets mit Toleranz verbunden, wobei selbige nicht gleichgültig gegenüber der jeweiligen Verschiedenheit ist, sondern dieser mit Respekt und Achtung gegenübersteht.

Zur Freiheit gehört die Achtung der Unterschiedlichkeit, die Achtung dessen, der in seiner Freiheit, seiner Herkunft und Tradition nicht nur von uns verschieden ist, sondern in seinem Denken und Handeln auch zu ganz anderen Ergebnissen kommt. Diese Achtung hat ihren tieferen Grund in der Würde, die dem Menschsein entspricht. Für einen Christen wurzelt diese Würde in der Gottesebenbildlichkeit und in der Liebe Jesu Christi. Es ist übrigens gerade unser trinitarisches Gottesverständnis, das Gott als Beziehung denkt, in welchem sowohl die Freiheit als auch die Bezogenheit des Menschen, seine Fähigkeit zu Hingabe, Liebe und Verantwortung ihren Grund hat. Deshalb spricht Martin Luther, wie oben ausgeführt, davon, dass der Christ eben nicht nur frei, sondern auch

„Knecht" sei, also in verbindlichen Bindungen lebt. Hier liegt letztlich auch die tiefere Begründung dafür, dass wir jedem Menschen – und zwar weltweit – Freiheit zusprechen müssen oder anders ausgedrückt, weshalb die Menschenrechte universal sind, auch wenn sie in der westlichen, von der Aufklärung geprägten Welt formuliert worden sind.

In der jüdisch-christlichen Tradition, die für unser Freiheitsverständnis so wichtig ist, spielt Erinnerung eine wesentliche Rolle. Die Erinnerung an die Befreiung aus Ägypten ist für das jüdische Volk konstitutiv für das religiöse Leben. Vor diesem Hintergrund kann ich nicht wirklich verstehen, warum wir Deutschen uns so schwer tun, auch an positive Erfahrung öffentlich zu erinnern. Mehr als zehn Jahre wird nun schon darüber diskutiert, in Berlin zum Gedenken an die Friedliche Revolution und die Deutsche Einheit 1989/90 ein Freiheits- und Einheitsdenkmal zu errichten. Ich hoffe sehr, dass es gegen alle immer wieder aufkommenden Widerstände nun endlich gebaut wird. Es geht doch um die für unser Volk glücklichste Stunde im 20. Jahrhundert und noch dazu um eine, bei der die Völker Europas und der ganzen Welt in dieser Freude an unserer Seite standen!

Zur konkreten Theorie der Freiheit gehören seit der Aufklärung die Idee der Menschenrechte und ihre Kodifizierung in gültiges Recht. Vor dem Hintergrund vielfältiger Erfahrungen von Unfreiheit, Sklaverei und Knechtung waren die Menschenrechte in ihrer klassischen Form Abwehrrechte gegen den Staat und gegen die Bevormundung der Kirche. So haben sich die Kirchen lange gegen die Religionsfreiheit gewehrt. Mit den Menschenrechten soll der einzelne Bürger Rechtssicherheit erhalten und geschützt werden, sowohl als Besitzender als auch als politisches Subjekt. Denken wir an das Recht auf Glaubensfreiheit, auf Meinungs-, Rede- und Versammlungsfreiheit etc. Diese sogenannten „negativen Freiheitsrechte" für das politische Subjekt sind die Grundlage, für die der Liberalismus stand. Nicht zuletzt in der Geschichte der Sozialdemokratie wurde darüber hinaus Wert darauf gelegt, dass es zur Wahrnehmung der politischen Rechte gehört, entsprechend sozial abgesichert zu sein, um überhaupt zu politischem Handeln befähigt zu sein.

Diese Spannung hat die Diskussion um die Menschenrechte und damit um die Freiheit bis heute stark bestimmt. Einerseits ging es darum, die politischen Rechte des Individuums zu stärken und sie gegenüber dem übergriffigen Staat zu schützen, andererseits aber auch darum, den Staat in die Verantwortung zu nehmen. Er hat gerade für die Schwächeren in der Gesellschaft zu sorgen und durch Verteilung des Wohlstands die sozialen Grundlagen für freies Handeln zu gewährleisten.

Uns wurde in der DDR der Vorrang der sozialen Rechte gelehrt und auch die Kirchen setzten sich in ihren ökumenischen Aktivitäten oft für diese Prioritätensetzung ein. Gleichzeitig mussten wir jedoch erleben, wie die politische Realität in den kommunistischen Ländern von der faktischen Abschaffung der politischen Rechte geprägt war. Auch heute gibt es immer wieder die Argumentation, dass für bestimmte Staaten wohl doch eine autoritäre Herrschaftsform zu akzeptieren sei, um die Entwicklung voranzutreiben. Politologen sprechen hier von Entwicklungsdiktaturen. Manche sind der Meinung, das könne auch für Russland gelten. Ich bin diesbezüglich zutiefst skeptisch und glaube, dass die politischen Rechte immer Priorität haben, denn wer sollte das Subjekt von Veränderung sein, wenn nicht die Bürgerinnen und Bürger, die Verantwortung für das Gemeinwohl übernehmen? Wir haben demgegenüber doch erlebt was geschah, wenn einige (oder eben eine Partei) glaubten, zum Besten aller handeln zu können, weil schon von der Ideologie her die Gewissheit bestand, die Wahrheit zu kennen.

Über die politischen Abwehrrechte hinaus wird in der Rechtsphilosophie im Gefolge der englischen und amerikanischen – republikanischen – Tradition ebenfalls von den demokratischen Partizipationsrechten gesprochen. Hier geht es um das Recht auf Mitgestaltung des Gemeinwesens.

Mir gefällt an dieser Stelle der Begriff der „Bürgerrechte" besonders gut, weil er die verschiedenen Dimensionen der Freiheit so klar zum Ausdruck bringt. Jeder Mensch hat im Gemeinwesen diese Rechte der freien Rede und der Versammlung, aber eben auch staatsbürgerliche Pflichten für das Gemeinwohl. Deshalb bin ich auch so skeptisch gegenüber der heute häufigen Praxis, von „Bürgerrechtlern“ zu sprechen, so, als sei das ein Titel. Zumal wir ja feststellen müssen, dass bürgerschaftliche Verantwortung heute in einer Demokratie nicht weniger wichtig ist als in Diktaturen!

Ursprünglich bezog sich das Bürgerrecht vor allem auf freie Wahlen, ist aber natürlich viel weiter zu fassen. Wir sind heute in einem breiten Prozess des Nachdenkens darüber, welche demokratischen Mitwirkungsrechte darüber hinaus auch zwischen Wahlen noch sinnvoll und hilfreich sind. Wie sich am Beispiel von „Stuttgart 21“ erkennen lässt, sind die Bürgerinnen und Bürger heute immer weniger bereit zu akzeptieren, dass zwischen den Wahlen von den gewählten Repräsentanten „einfach alles“ beschlossen werden könne. Wie diese „Stärkung der Bürgergesellschaft“ jedoch demokratisch gestaltet werden kann, ohne dass sich nur jene durchsetzen, die sich am lautesten Gehör verschaffen, bleibt noch eine spannende Frage.

Wir haben uns nun mit der Freiheit beschäftigt. Wenn wir uns jedoch die gegenwärtige Situation und die öffentlichen Debatten anschauen, dreht sich das öffentliche Interesse gegenwärtig eher um die Frage der Sicherheit. Das Verhältnis von Freiheit und Sicherheit ist seit eh und je ein heftig diskutiertes. Einerseits hängt beides eminent zusammen. Freiheit wie Sicherheit sind grundlegende Werte, sowohl für den Einzelnen als auch für das öffentliche Leben. Nur dort, wo das alltägliche Leben gesichert ist, wo niemand Angst haben muss um Leib und Leben, nur dort kann Freiheit gedeihen. Wo Recht und Ordnung herrschen und die Herrschaft des Rechts anerkannt ist, kann Freiheit gedeihen und die freie Gestaltung des Lebens erfolgen. Auf der anderen Seite aber gibt es auch eine Spannung, die in den aktuellen Problemlagen eine wichtige Rolle spielt. Hierzu gehört die Bekämpfung des Terrorismus als eine zunehmende Herausforderung für die öffentliche Sicherheit.

Die Frage ist heute zunehmend, welche Einschränkungen der Freiheit akzeptabel sind, um den Schutz vor Terrorismus wirksam gewährleisten zu können. Gerade nach dem 11. September 2001 und immer wieder neu nach jedem Anschlag (wie kurz vor dem Weihnachtsfest auf dem Berliner Breitscheidplatz) gibt es die Diskussion darüber, was zusätzlich für mehr Sicherheit getan werden kann oder muss. Je nach Akzentsetzung bleibt strittig, ob Freiheit die unabdingbare Voraussetzung für Sicherheit ist oder bis zu welchem Grad die Einschränkung der Freiheit um der Sicherheit willen akzeptiert werden muss. Oder ist doch die Sicherheit die grundlegendere Bedingung für alle Lebensvollzüge, Freiheit inbegriffen? Beide, Freiheit wie Sicherheit, sind gleichwertige öffentliche Güter, sie stehen in keinem hierarchischen Verhältnis zueinander. Aber gerade das macht es im konkreten Handeln auch so schwierig, da jeweils neu austariert und öffentlich ausgehandelt werden muss, worauf es im konkreten Falle ankommt.

Mein Eindruck ist, dass wir angesichts massiver Verunsicherung in unserer Gesellschaft und angesichts gegenwärtiger Herausforderungen - ich nenne nur die Flüchtlingsfrage, den Terrorismus, die Kriege in unserer Nachbarschaft wie in Syrien und in der Ostukraine - einen Trend erleben, in welchem mehrheitlich der Sicherheit Vorrang gegeben wird. Ich halte das für verständlich, glaube jedoch, dass wir sehr darauf zu achten haben, unsere liberale Ordnung, unsere auf Freiheit basierende Lebensweise, nicht aus dem Blick zu verlieren. Absolute Sicherheit gibt es nicht, beziehungsweise nur um den Preis der Freiheit! Wie heute konkret eine Balance zwischen diesen Werten gefunden werden kann, wird gesellschaftlich auszuhandeln sein. Ob Wahlkampfzeiten dafür besonders geeignet sind, kann man hinterfragen, doch wir können es uns nicht aussuchen.

Wenn wir uns heute in der Welt umsehen, müssen wir feststellen, dass die Freiheit - anders, als es vor fünfundzwanzig Jahren aussah - wieder stärker unter Druck geraten ist. Schauen wir nur nach Russland oder in die Türkei oder nun erschreckenderweise auch hinüber in die USA. Gleiches gilt auch in unserer Nachbarschaft, in Polen und in Ungarn. Mit Spannung warten wir ab, wer in Frankreich die nächste Präsidentschaftswahl gewinnt. Europa braucht gerade in diesen Zeiten engagierte Demokraten und Europäer!

Wir erleben heute angesichts der aktuellen Krisen eine große Verunsicherung. Die Folge ist nicht selten die Erwartung eines starken Mannes, die Hoffnung auf einen starken Staat, der dort und immer dann kurzen Prozess macht, wo die Sicherheit infrage gestellt ist. Den komplizierten und langwierigen Prozessen des Rechtstaates und des Interessenausgleichs wird oft die Lösung der Probleme nicht mehr zugetraut. Der Angst der Bürger, ihrer Apathie und dem fehlenden Vertrauen in die Lösungskompetenz der demokratischen Strukturen entspricht sehr schnell das Versprechen von Politikern, die angesichts einer komplexen Wirklichkeit einfache Lösungen zusagen. In einem erschreckenden Maße sehe ich heute beides sich bedingen – Angst und Verunsicherung und die leichte Verführbarkeit durch Populisten. Ich habe dafür keine Lösungen, bin aber überzeugt, dass wir mit den Menschen heute trotz aller neuen Medien und Kommunikationsmittel wieder viel stärker direkt und unmittelbar ins Gespräch kommen müssen.

Hannah Arendt, die bekannte deutsch-jüdische Philosophin, die angesichts der eigenen Erfahrungen viel über die Bedrohung der Freiheit nachdachte, setzte unter Rückgriff auf den alten Kirchenvater Augustinus Freiheit in einen engen Bezug zum Anfangen. Freisein und Beginnen, das gehöre wesentlich zusammen. Sie sprach sogar vom Wunder, von der Macht des unerwarteten und nicht errechenbaren Anfangens und bezog sich hier auf die Predigt Jesu, der uns zusagt, dass der Glaube Berge versetzen kann. Hannah Arendt schrieb: *„Der Mensch scheint auf eine höchst geheimnisvolle Weise dafür begabt, Wunder zu tun."* Und so gehört es für sie zum Geschichtsprozess, der aus menschlichen Initiativen entsteht, dass es *„nur realistisch ist, in der Politik mit dem Unvorhersehbaren zu rechnen"*.[3]

Für mich ist dies gerade in der heutigen Zeit eine frohe Botschaft. Wir alle haben Grund zur Sorge, wenn wir uns in der Welt und zuweilen auch im eigenen Land umschauen. Und doch gibt es Hoffnung! Stets kann Unvorhersehbares geschehen. Nur gilt es, nicht einfach darauf zu warten, sondern mit den eigenen Möglichkeiten „anzufangen", oder, wie wir heute eher sagen würden, die Initiative zu ergreifen. Nur im Handeln ist Freiheit auch lebendige Realität.

Ich danke Ihnen.

---

3 Hannah Arendt, Freiheit und Politik. Zwischen Vergangenheit und Zukunft. Übungen im politischen Denken I, Zürich 2012, S. 222f

Predigt zum Jahrestag der Friedlichen Revolution (2018)*

Was ist der Mensch, dass Du seiner gedenkst, und des Menschen Kind, dass Du Dich seiner annimmst? Du hast ihn wenig niedriger gemacht als Gott, mit Ehre und Herrlichkeit hast Du ihn gekrönt. (Ps. 8,5f)

Liebe Gemeinde,

fast dreißig Jahre sind die Ereignisse her, die diesen Tag für Leipzig und die ganze DDR zum Tag der Freiheit gemacht haben. Eine ganze Generation ist inzwischen nachgewachsen. Es gerät in Vergessenheit, was damals geschah, wenn es nicht erinnert, erzählt und weitergesagt wird. Deshalb ist es gut, dass die Stadt und die Kirche und viele Bürgerinnen und Bürger diese Oktobertage jährlich nutzen, um an 1989 zu erinnern und Herausforderungen zu benennen, die im Geist von 1989 heute aktuell sind.

An alte Zeiten zu erinnern, ist von großer Wichtigkeit und steckt gleichzeitig voller Gefahren. Erinnerungen, Geschichten, Mythen – das geht leicht ineinander über. Können Sie sich an Geschichten und Erzählungen Ihrer Großeltern erinnern? Da ging es Ihnen vielleicht auch so: Einerseits waren die Geschichten hochinteressant. Andererseits fragte man sich, wenn man älter wurde, ob man alles glauben könne und ob es noch eine Bedeutung habe. Und doch bleiben die Großeltern in unserer Erinnerung mit ihren Geschichten verbunden.

So ist es auch mit dem Volk Israel. Wenn man einen Juden fragt, was er glaubt, so hält er keinen theoretischen Vortrag, sondern erzählt eine Geschichte, die Geschichte von der Befreiung des Volkes Israel aus Ägypten. Da steht am Anfang des Glaubens die Erfahrung von Befreiung, eine Erfahrung, die von Generation zu Generation weitererzählt wird.

---

* Predigt zum Friedensgebet in der Nikolaikirche Leipzig, 9. Oktober 2018

Der 9. Oktober 1989 steckt hier in Leipzig und in der ganzen DDR voller Erinnerungen und Geschichten. Gleichzeitig aber gilt sogar hier: Da gibt es ganz verschiedene Erzählungen derer, die es erlebt haben. Das gilt für den 9. Oktober wie für das ganze Jahr zwischen dem Sommer 1989 und dem 3. Oktober 1990. Manches droht zum Mythos zu werden. Deshalb es wichtig ist, dass viele erzählen, damit Mythen sich wieder verflüssigen und das Bild bunter wird. Und viele ihre eigenen Erfahrungen wiedererkennen.

Am 9. Oktober waren hier in Leipzig so viele Menschen auf dem Ring, dass – trotz der entsprechenden Vorbereitung – nicht geschossen wurde. Ich selbst habe es in Magdeburg erlebt, wir waren im Dom. Ein junger Mann stellte eine Kerze auf. Er betete dafür, an diesem Abend seinen Vater nicht zu treffen, der zu den bewaffneten Betriebskampfgruppen gehörte, die sich am Ufer der Elbe konzentriert hatten. Als wir den Dom verließen, wussten wir nicht, was geschehen würde. Von diesem Tag an – nachdem nicht geschossen wurde – war ich gewiss, dass wir den Weg der Freiheit erfolgreich weitergehen würden können. Er würde nicht im Blut ersticken. Die sich verlierende Angst, die Zuversicht der Freiheit mündete dann sehr schnell in den nicht mehr zu verdrängenden Wunsch der großen Mehrheit, die Einheit Deutschlands zu erlangen. So hängen der 9. Oktober 1989 und der 3. Oktober 1990 eng miteinander zusammen. *„Dass wir das erleben durften!"*, so wird auch heute noch von vielen voller Dankbarkeit gesagt, *„Welch ein Geschenk!"*

„Geschenk?" – das haben wir doch selbst gemacht, werden einige sagen, die hier unter uns sind. Das haben doch Helmut Kohl und die Großen der Weltpolitik gemacht, sagen andere. Nun, darüber lässt sich trefflich streiten – und das sollte auch geschehen. Noch haben wir Deutschen hier keine gemeinsame Erzählung. Umso wichtiger ist es, dass die verschiedenen Erfahrungen und Perspektiven zu Gehör gebracht werden und ins Gespräch miteinander kommen.

Diesen Sieg von Freiheit und Demokratie und die darauf folgende Einheit verdanken wir dem Handeln vieler, die durchaus nicht alle das Gleiche wollten. Ich kann hier nur von einem Geschenk reden, denn Gott handelt zumeist durch Menschen. Er traut dem Menschen etwas zu. In dem Psalm 8, den wir vorhin schon gehört haben, heißt es:

> „Was ist der Mensch, dass Du seiner gedenkst, und des Menschen Kind, dass Du Dich seiner annimmst? Du hast ihn wenig niedriger gemacht als Gott, mit Ehre und Herrlichkeit hast Du ihn gekrönt." (Ps. 8,5f)

Gott hat uns Menschen nicht als Marionetten geschaffen, sondern als freie Wesen, die Verantwortung tragen. In dem Wort „Verantwortung" steckt das Wort Antwort, es meint, dass Verantwortung die Antwort ist auf den Zuspruch der Freiheit und den Anspruch Gottes auf unser Handeln.

Die Theologie spricht beim Verhältnis Gottes zum Menschen unter anderem von der Gottesebenbildlichkeit des Menschen. Die Bibel aber erzählt eine Geschichte, in der es heißt: *„Er erschuf den Menschen nach seinem Bilde."* Das klingt wie ein Mythos. Wie bei allen Mythen ist es auch mit einer Botschaft verbunden: Das heißt nämlich, dass der Mensch nicht einfach nur ein Ding ist. Er ist Person, ein Wesen, das ein Verhältnis zu sich selbst hat. Als Geschöpf ist der Mensch durch sein Verhältnis zu Gott definiert. Er hat einen Auftrag, er ist verantwortlich für das, was ihn umgibt. Anders als die Tiere, kann, ja soll er gestalten. Und er ist nicht allein, jeder Mensch ist als Mensch Mit-Mensch, er lebt nicht nur im Gegenüber zu Gott, sondern auch zu seinen Mitmenschen.

Schon die ersten Geschichten der Bibel beschreiben diese Verhältnisse, zum Teil in drastischer Weise. Da bringt etwa Kain seinen Bruder Abel um. Und muss sich vor Gott verantworten! Diese Geschichten machen deutlich: Gott schuf den Menschen als Gestaltenden, als Partner, der Verantwortung trägt. *„Du hast ihn wenig niedriger gemacht als Gott"*, so heißt es in unserem Psalm.

Doch warum rede ich in der dritten Person? Es geht hier nicht um irgendwen, sondern um uns. Von uns ist die Rede, von unserem Verhältnis zu Gott, zu unseren Mitmenschen und zu dieser Welt! Es gehört zu uns, dass wir unser Leben selbst in die Hand nehmen und es gestalten, dass wir uns gestaltend ins Verhältnis setzen zu dem, was uns umgibt.

Dies genau war es doch auch, was die Ereignisse damals zum Tanzen brachte. Diese Selbstermächtigung, in der viele die vorgegebenen Bahnen verließen und den Weg der Freiheit beschritten. Es war das Wahrnehmen dessen, was Gott uns als Auftrag in die Wiege gelegt hat: die Zuständigkeit für die eigenen Verhältnisse! Wir können zwar durchaus auch die Augen schließen und scheinbar Gott einen alten Mann sein lassen. Doch holt uns das dann irgendwann ein, denn diese Zuständigkeit und Verantwortung für die eigenen Verhältnisse bleibt.

Ich habe es nie verstanden, wenn man mir etwa in außenpolitischen Diskussionen weismachen wollte, die Menschen in anderen Ländern wollten vielleicht gar nicht frei sein und sich selbst bestimmen. Sie wollten eigentlich gar keine Verantwortung tragen, das sei nicht ihre Tradition. Das kann zwar für den einen oder die andere im Konkreten stimmen. Faulheit, Ignoranz und Eigennutz sind natürlich auch weit verbreitete Eigenschaften. Doch zu unterstellen, dass ein Volk, etwa das russische, weil es kaum Erfahrungen mit Freiheit gemacht hat, diese auch nicht wolle, erscheint mir dann doch ziemlich zynisch. Die Bibel und dieser Psalm sagen uns jedenfalls etwas anderes! Die Freiheit, die eigene Wirklichkeit zu gestalten, das Leben in seinen vielfältigen Bezügen selbst in die Hand zu nehmen, ist Teil unserer von Gott gegebenen Gottesebenbildlichkeit. Paulus sagt im Brief an die Galater, einer Gegend in der heutigen Türkei: *„Zur Freiheit hat uns Christus befreit. So steht nun fest und lasst euch nicht wieder das Joch der Knechtschaft auflegen! (Gal.5,1)"*

Mit solcher Botschaft der Freiheit im Herzen und im Rücken haben vor fast drei Jahrzehnten viele, die aus den Kirchen auf die Straßen gingen, plötzlich die Erfahrung gemacht, dass diese Freiheit trägt und Kraft gibt. Dass diese Revolution friedlich blieb, ist ein Geschenk. Vonseiten der Sicherheitskräfte hätte es auch anders kommen können. Am Wochenende vor dem 9. Oktober war es in vielen Städten auch nicht so friedlich. Vonseiten der Demonstrierenden aber war die Friedlichkeit Wunsch und Wille zugleich. In der Ukraine hat man auf dem Maidan vor drei Jahren von einem Aufstand der Würde gesprochen. Ähnliches fand in diesem Jahr in Armenien statt. Das macht Hoffnung! Ich finde diese Rede von einem „Aufstand der Würde" sehr schön und treffend. Denn das Wort der Würde, die jedem Menschen eigen ist, nimmt in einem säkularen Sinne den Inhalt dessen auf, was in der Bibel Gottesebenbildlichkeit genannt wird. Jedem Menschen kommt eine Würde zu, die nicht verletzt werden darf. Mit dieser Würde kommen jedem Menschen Rechte zu, die einzuhalten wir verpflichtet sind. Mit der Erklärung der Menschenrechte vor siebzig Jahren hat die Staatengemeinschaft sich zu ihrem Schutz verpflichtet. Es ist ein hoher Wert, dass dies in unserem Grundgesetz, unserer Verfassung, gleich zu Beginn festgehalten wird.

Johannes Rau hat in einer kurzen Rede unmittelbar nach seiner Wahl zum Bundespräsidenten darauf hingewiesen, dass im Grundgesetz nichts von der Würde des Deutschen steht, sondern von der Würde des Menschen. *„Die Würde des Menschen ist unantastbar"*, heißt es dort und es wird als staatliche Aufgabe benannt, sie *„zu achten und zu schützen"*.

ICH - DIE - WIR. So lautet das Motto für das Freiheitsfest in Leipzig in diesem Jahr. Für ALLE, für mich - für die - und uns alle gilt, dass uns eine unantastbare Würde zugesprochen ist. Sie kann zwar verletzt, aber nicht vernichtet werden. Sie zu achten und zu schützen sind wir gerufen.

Ich gestehe, dass ich vor drei Jahren, als so viele Flüchtlinge zu uns kamen, erstaunt über die große Bereitschaft der Menschen war, ganz unmittelbar zu helfen. Den Flüchtling als Menschen zu sehen, der Hilfe braucht und sich selbst in der Verantwortung zu wissen, selbst mit anzupacken - diese Grundhaltung ergriff damals Abertausende. Hier war ich wirklich stolz auf unser Land. Leider ist das Gefühl des Stolzes dann ganz schnell verflogen, als die Gegenreaktionen kamen. Heute müssen wir uns oft schämen, wenn wir sehen, wie Menschen wieder gejagt werden, weil sie Fremde und Andersartige sind, wenn wir in Deutschland und ganz Europa darüber diskutieren, ob man die Flüchtlinge auf dem Mittelmeer retten soll und wer das darf.

Nachdem Abertausende Deutsche in der Zeit des Nationalsozialismus die Erfahrung gemacht hatten, wie schwer es für sie war, in einem anderen Land Asyl zu finden, haben die Mütter und Väter des Grundgesetzes das Asylrecht sehr hochgehalten. Seitdem haben wir es mehr und mehr ausgehöhlt, was uns nicht zur Ehre gereicht.

Der 9. Oktober steht in unserer Erinnerung als Symbol für die Friedliche Revolution, die Freiheit und Demokratie brachte und das Tor zur Einheit aufstieß. Ich glaube, zu Recht. Und doch muss ich aus dieser Zeit selbst einen Wermutstropfen hinzufügen. Im Herbst 1989 habe ich bei Magdeburg ein Seminar über die Integration von Ausländern in der DDR gehalten. Das war ja durchaus auch damals schon ein Thema. Dorthin hatte ich einige Mosambikaner eingeladen, die in der DDR lebten, arbeiteten oder studierten. Sie berichteten zu unserem Erschrecken, dass sie an verschiedenen Demonstrationen teilgenommen hätten und bei diesen Freiheitsdemonstrationen die Erfahrung massiver rassistischer Pöbeleien erlebt hatten. Das hat mich damals tief betroffen gemacht und macht es noch immer.

Heute hört man immer wieder, die meisten Flüchtlinge kämen gar nicht aus Kriegsgebieten, sondern seien nur Wirtschaftsflüchtlinge. Ich frage mich dann manchmal, wie mit den gleichen Kriterien die Flüchtlinge zu bezeichnen wären, die damals aus der DDR über Ungarn oder die Botschaften in den Westen flohen oder die Absicht dazu hatten. Viele von ihnen, die einen Antrag zum Weggehen gestellt hatten, nahmen damals an den Demonstrationen hier in Leipzig teil. Wir sehen Filme über manche gewagten Fluchtunternehmungen, die Beteiligten werden vielfach bewundert. Sie haben vielleicht den neuen Film „Ballon“ gesehen, in dem solch eine Geschichte erzählt wird. Doch bleibt festzuhalten: Vor Krieg oder einer Gefahr an Leib und Leben flohen DDR-Flüchtlinge oder Ausreiser wohl nicht. Die einen aber abweisend als Wirtschaftsflüchtlinge zu bezeichnen, die anderen für ihre Flucht zu bewundern – da frage ich mich dann doch, ob da bei uns nicht einiges durcheinandergerät.

Natürlich kann nicht einfach jeder zu uns kommen und bleiben. Das hielte kein Land aus, auch unseres nicht. Aber im Flüchtling den Menschen zu sehen, der eine Würde hat, das bleibt eine Grundlage für jedes menschliche und staatliche Verhalten, die wir nicht aufgeben dürfen! Da darf dann mit Dankbarkeit an die vielen erinnert werden, die – ob Christen oder Nichtchristen, auch hier in Leipzig – dem Wort Jesu folgen, der sagte: *„Was ihr getan habt einem meiner geringsten Brüder, das habt ihr mir getan!“*

ICH - DIE - WIR! Die große Mehrheit der Ostdeutschen wollte vor knapp drei Jahrzehnten, gewissermaßen als ersten Ausdruck ihrer neu gewonnenen Freiheit, die deutsche Einheit, den Beitritt zum Geltungsbereich des Grundgesetzes mit seinem 1. Artikel von der unantastbaren Würde des Menschen. Gewiss haben sich damals viele ganz anderes davon versprochen als das, was sie dann erlebt haben. Es gab neben vielem Guten auch viele Enttäuschungen und heute gibt es mancherlei Unsicherheit und Ängste, wie es weitergeht. Diese Ängste jedoch an den noch Schwächeren auszulassen und sie zum Sündenbock zu machen für die Unzulänglichkeiten im eigenen Land, ist nicht nur unfair, es widerspricht auch der Verantwortung, die wir alle tragen. Es widerspricht dem Willen Gottes.

So bleibt in ganz neuer Weise als Aufgabe, was uns schon damals vor Augen stand: Ein Leben in Freiheit und Würde zu ermöglichen, für uns selbst, aber eben auch für alle, die mit uns leben.

Amen.

2. Kirche als Raum der Freiheit

Das evangelische Pfarrhaus in der DDR zwischen Bildungsbürgertum und Politik (2013)*

Als Sohn eines Pastors - und später bis zum Mauerfall selbst praktizierender Pfarrer - schaue ich aus zwei ähnlichen und doch verschiedenen Erlebnisräumen heraus auf das Thema dieses Beitrages.

Wer, wie ich, in einem DDR-Pfarrhaus aufwuchs, lebte in einer durchaus eigenen, sich von der Normalität des sozialistischen Alltags unterscheidenden Welt. Wir Pastorenkinder ertrugen einerseits hautnah verschiedenste Formen der Ausgrenzung und Isolierung, andererseits befanden wir uns auch ein Stück weit in einem schützenden Raum, entlastet von dem üblichen Druck, der auf den meisten Menschen in ihrem Alltag lastete. Das Pfarrhaus war schließlich das Zentrum der Gemeinde, hier traf sich, wer durch seinen christlichen Glauben andere Schwerpunkte im Leben setzte, als jene, welche die durch Partei und Staat bestimmte Gesellschaft „verordnete".

Unsere familiäre Erziehung war geprägt von gepflegter Bürgerlichkeit und Sittlichkeit. Der Beruf des Vaters prägte den Alltag, die Mutter stand ihm in allen Gemeindefragen ganz zur Seite und organisierte den reibungslosen Ablauf der (Groß-)Familie. Die hauseigene Bibliothek war ebenso selbstverständlich wie das gemeinsame Musizieren und der regelmäßige Austausch mit vielen Gleichgesinnten in praktizierter geistiger Freiheit. Dass ich ab dem Beginn meiner Schulzeit mit den Eltern und vier Geschwistern im Berliner Missionshaus lebte, eröffnete eine zusätzliche Dimension: Gegenüber den im Land verteilten Pfarrhäusern hatten wir den Vorteil eines größeren sozialen Raumes. Hier wohnten nicht nur mehrere Pfarrfamilien einander stärkend unter einem Dach, auch

* Zuerst erschienen im Themenheft zur Ausstellung des Deutschen Historischen Museums in Berlin, Leben nach Luther. Das evangelische Pfarrhaus gestern, heute und morgen. (Hg. von Petra Bahr, Klaus-Martin Bresgott und Hannes Langbein. Kulturbüro des Rates der EKD, Berlin 2013, S. 35 - 39

internationale Gäste aller Kontinente gehörten zum Alltag, was unseren Horizont noch auf eine ganz andere Weise erweiterte.

Unter DDR-Pfarrerskindern war es nicht üblich, sich an den staatlichen, kommunistisch geprägten Kinder- und Jugendorganisationen wie den Jungen Pionieren und der FDJ zu beteiligen oder neben der Konfirmation die Jugendweihe mitzumachen. Wer sich dem verweigerte, hatte zwar geringere Ausbildungs- und Aufstiegschancen, stand aber als quasi unverbesserlicher Außenseiter auch nicht ständig unter Rechtsfertigungsdruck. Bis zu einem gewissen Grade wurde das „Ghetto Kirche" in seinem Anderssein duldend toleriert. Allerdings waren selbst beste schulische Ergebnisse keineswegs ein Garant für den Zugang zu höherer Bildung. Das staatliche Abitur und ein sich anschließendes Studium blieben Pastorenkindern oft verwehrt. Viele suchten deshalb ihren Ausweg in sozialen Berufen oder im Ausreiseantrag nach Westdeutschland. Ein Teil der DDR-Pastorenkinder profitierte von der begrenzten Möglichkeit, über kirchliche Ausbildungsstätten einen anspruchsvolleren Beruf anzustreben. Diese Ausbildungsstätten waren zumeist unmittelbar nach dem Zweiten Weltkrieg in der Besatzungszeit gegründete und von den Sowjets genehmigte Oberseminare, Konvikte und ähnliches. An derartigen Einrichtungen konnte beispielsweise ein vom Staat unabhängiges, wenn auch nicht anerkanntes Abitur erworben, soziale Berufe erlernt und sogar ein vollständiges Theologiestudium absolviert werden. Naturgemäß war an diesen Bildungsstätten der Anteil von Pfarrerskindern hoch. Auch mein Ausbildungsweg fand innerhalb der Kirche statt, nachdem ich zum Ende der 10. Klasse trotz bester Noten aus politischen Gründen von der Erweiterten Oberschule in Berlin-Mitte (dem einstigen Grauen Kloster) verwiesen wurde. Das Abitur erwarb ich dann im kirchlichen Oberseminar Potsdam-Hermannswerder und schloss später, nach einer Zeit in Naumburg, mein Theologiestudium am Sprachenkonvikt Berlin ab. Wie die Kirchen insgesamt, so waren gerade ihre Ausbildungsstätten Orte geistiger Freiheit. In einer totalitären Gesellschaft wie der DDR waren sie damit zugleich per se ein Politikum.

Ab 1980 – zunächst als Vikar und dann als Pfarrer – lebte ich mit meiner Familie in einer dörflichen mecklenburgischen Kirchengemeinde. Über das normale Gemeindeleben und die schwierige bauliche Erhaltung der Kirchen hinaus traf sich dort ab 1982 eine Gruppe von politisch wachen Menschen, die etwas verändern wollten. Sie kamen aus einem Umkreis von fünfzig Kilometern, Christen und Nichtchristen. So entstand der Friedenskreis Vipperow. Jährlich im November wurde hier die Friedensdekade mit verschiedenen Aktionen und Veranstaltungen begangen. In der Region wurde Vipperow zum Anlaufpunkt „politischer Seelsorge". Schrittweise entstanden Kontakte zu und Vernetzungen mit anderen Gruppen. Die Kirchgemeinde selbst folgte dem „2%-Appell" und gab diesen Anteil gemeinsam mit Partnergemeinden in Westdeutschland und den Niederlanden für ein Entwicklungsprojekt in Mozambique. Ende der 1980er Jahre übernahm ich die Leitung einer Ökumenischen Begegnungs- und Bildungsstätte bei Magdeburg, in der ich diese Aktivitäten übergemeindlich fortsetzte. Über die gesamte Dekade hinweg war die kirchliche Arbeit stark auf die gesellschaftliche Situation bezogen, sowohl das Land selbst betreffend als auch die globalen Herausforderungen von Freiheit, Frieden, Gerechtigkeit und Umweltproblemen. Innerhalb der Kirche entwickelte sich die Anerkennung dieser Arbeit nur langsam. Während etwa mein unmittelbarer Vorgesetzter in der Mecklenburger Zeit die politische Dimension dieser kirchlichen Verkündigung als meine ganz private Angelegenheit bewertete (so wie andere Landpastoren eben nebenher ihre Bienen züchteten), so entwickelte sich nach dem Aufruf der Ökumenischen Vollversammlung von Vancouver zu einem konziliaren Prozess für Gerechtigkeit, Frieden und Bewahrung der Schöpfung (1983) in den Kirchen der DDR eine stärkere Anerkennung der Gruppen, die sich mit diesen gesellschaftlichen Themen befassten. Das wiederum mündete schließlich 1988/89 in die Ökumenische Versammlung, in welcher sich schließlich die Kirchen selbst offiziell und mit großem Ernst diesen Fragen zuwandten. Dieses Kapitel gehörte dann bereits in die unmittelbare Vorgeschichte der Friedlichen Revolution.

Die eigene Erfahrung ist aber eingebettet in einen größeren Zusammenhang. So lässt sich sagen, dass in der besonderen gesellschaftlichen Situation von Kirche in der DDR das Pfarrhaus eine bedeutende Rolle spielte. Entsprechend der herrschenden kommunistischen Ideologie sollten Religion und Kirche zunehmend der Vergangenheit angehören. So zählte das evangelische Pfarrhaus in der DDR von vornherein zu dem Teil der Gesellschaft, der im Widerspruch zu den Grundideen des sozialistischen Staates stand. Der wiederum wartete das vorhergesagte „Absterben der Religion" nicht einfach ab, sondern sah sich durchaus berufen, dem auch Vorschub zu leisten. Nicht ohne Erfolg, denn heute gehört in Ostdeutschland immerhin nur ein dreimal geringerer Teil der Bevölkerung als im Westen einer christlichen Kirche an. Die Kirchen in der DDR waren die einzigen sich selbst organisierenden Institutionen, auf welche die SED und der Staat keine unmittelbaren Einflussmöglichkeiten hatten. Anders als in den anderen sozialistischen Staaten hatten die Sowjets nach 1945 den Kirchen das Recht zugestanden, ihre inneren Angelegenheiten selbst zu regeln. Hintergrund dafür war zum einen, dass die „Bekennende Kirche" in der NS-Zeit als Widerstand anerkannt wurde, zum anderen aber natürlich die Tatsache, dass die Kirchen in ganz Deutschland - Ost und West - in einem engen organisatorischen Zusammenhang standen. Umso mehr versuchte die Regierung dann aber mit Hilfe der Staatssicherheit, Einfluss auf die kirchlichen Entscheidungen auszuüben. Das war allerdings trotz erheblichen Einsatzes vielfach nicht von großem Erfolg gekrönt.

Die Kirchen in der DDR waren gewissermaßen die einzigen öffentlichen Orte, an denen aufrichtig geredet und diskutiert wurde und wo Entscheidungen demokratisch getroffen wurden. So fanden sich gerade hier Verhaltensweisen und Diskursfähigkeiten, die sonst in der Gesellschaft kaum zu erlernen und zu erproben waren.

In den Kirchen wurde die Zusammengehörigkeit von Ost und West bewusst gelebt und gepflegt. Jede Gemeinde in der DDR hatte eine westdeutsche Partnergemeinde. Oft zeichneten sich diese Partnerschaften durch lebendige Kontakte, Besuche und hilfreiche Unterstützungen aus. So erinnere ich mich unter anderem gern und dankbar an die guten menschlichen Kontakte zur Partnergemeinde in Veitshöchheim bei Würzburg. Von dort kam aktive Unterstützung für die Restaurierung verschiedener, vom Verfall bedrohter Gotteshäuser in meinem damaligen mecklenburgischen Sprengel.

Die Pfarrhäuser waren gewissermaßen bürgerliche Inseln mit eigenen Traditionen und einer nicht von außen geleiteten Gedanken-

und Lebenswelt. In ihnen wurde ganz selbstverständlich der nationale und internationale Zusammenhalt praktisch gelebt, unabhängig davon, dass wohl die meisten, wie ich selbst, nicht glaubten, jemals die deutsche Einheit erleben zu können.

Auch die Evangelischen und Katholischen Studentengemeinden entwickelten sich zu Orten, an welchen die dort praktizierte Offenheit in die Gesellschaft hineinwirkte und Menschen aller Berufsgruppen erreicht wurden.

Die in den Kirchen Anfang der 1980er Jahre entstandenen emanzipatorischen Gruppen thematisierten kritisch gesellschaftliche Fragen. Heute wird in diesem Zusammenhang pauschal von der DDR-Opposition gesprochen. Genauer formuliert fanden sich engagierte Christen und Nichtchristen in besonderem Maße in Pfarrhäusern und anderen kirchlichen Örtlichkeiten zusammen. Sie suchten nach gemeinsamer Analyse der gesellschaftlichen Probleme und nach Aktionsmöglichkeiten. Heute wird oft davon gesprochen, dass die Opposition das „Dach der Kirche" gesucht hätte, allerdings sind diese Gruppen zumeist innerhalb der Kirche entstanden. Dabei waren sie offen für Nichtchristen, die dann nicht selten auch sehr aktive Rollen übernahmen. Selbst die für die Friedliche Revolution notwendige Vernetzung dieser Gruppen fand innerhalb der Kirchen statt. Erst 1989 wurde von vielen der Schritt aus der Kirche heraus getan. Ich selbst gründete mit anderen evangelischen Pastoren und einem Historiker die Sozialdemokratische Partei in der DDR (SDP), andere riefen das Neue Forum, Demokratie Jetzt, den Demokratischen Aufbruch oder andere Gruppierungen ins Leben. In allen diesen oppositionellen Gründungen spielten bekennende Christen eine bedeutende Rolle.

Fazit: Die Pfarrhäuser der DDR gehörten – wie die Heimstätten von Künstlern und Ärzten – zu den lebendig gebliebenen Inseln eines Bildungsbürgertums, in denen es eine gelebte Praxis selbstständigen Denkens, freien Redens und offenen Diskurses gab. So entwickelte sich hier ein Potential, das in der Friedlichen Revolution 1989 und danach in der Gestaltung der Politik des vereinten Deutschlands zum Tragen kam. Angela Merkel und Joachim Gauck sind hierfür die bekanntesten Beispiele.

Eine Hoffnung lernt gehen – die Bedeutung der evangelischen Kirchen in der DDR (2017)*

Die evangelischen Landeskirchen in der DDR waren traditionelle Großorganisationen. Der kommunistische Staat versuchte, ihre Bedeutung für die Gesellschaft einzuschränken. Gleichzeitig aber waren diese Kirchen die einzigen Organisationen, auf welche der Staat keine direkten Einflussmöglichkeiten hatte. So konnten die evangelischen Kirchen zu einem Ort werden, an welchem sich nicht nur evangelische Christen, sondern auch andere kritische Geister sammelten, um sich mit der kommunistischen Politik und ihren Strukturen auseinanderzusetzen. Wesentliche Konfliktfelder waren die Friedensfrage und die Diskussion um die Wehrdienstverweigerung.

Doch weiteten sich die Themenfelder aus. In der Ökumenischen Versammlung in der DDR kam es im Vorfeld der Friedlichen Revolution zu einem intensiven, sich gegenseitig befruchtenden Austausch zwischen den organisierten Kirchen und den oppositionellen Gruppen. So waren beide dann wesentliche Akteure in der Friedlichen Revolution, welche den Weg in die Deutsche Einheit eröffnete.

„Eine Hoffnung lernt gehen. Gerechtigkeit den Menschen. Friede den Völkern. Befreiung der Schöpfung. – Geht mit!" So hieß es 1987 in einem Aufruf an Christen und Gemeinden sowie engagierte Gruppen in der DDR, die angefragt waren, Probleme und Herausforderungen zu benennen, mit denen sich die Ökumenische Versammlung für Gerechtigkeit, Frieden und Bewahrung der Schöpfung 1988 beschäftigen müsse.

Diese Versammlung vereinte im Vorfeld der Friedlichen Revolution von 1989 die Kirchen und die – damals nicht so genannten – oppositionellen Gruppen in der DDR in dem Bemühen, nach Antworten auf die gesellschaftlichen Fragen der Zeit zu suchen.

---

* Erschienen in: Klein A., Zimmermann O. (Hg.): Impulse der Reformation. Bürgergesellschaft und Demokratie, Springer VS, Wiesbaden 2017

Entwicklungen der Zivilgesellschaft in der DDR

Der Begriff Zivilgesellschaft, der seinerzeit nicht gebräuchlich war, umfasst sowohl Kirchen als auch die engagierten Gruppen und Bewegungen in der Gesellschaft, die damals um Veränderungen bemüht waren. Auch wenn beide miteinander in einer durchaus konfliktreichen Beziehung standen, waren sie letztlich gemeinsame Akteure in dem Umbruchprozess, den wir heute zu Recht eine Friedliche Revolution nennen.

Nach Zivilgesellschaft in einem totalitären System wie der DDR oder überhaupt in einem kommunistischen Land zu fragen heißt, einem Phänomen nachzugehen, das in einem solchen System strukturell gar nicht vorgesehen war. In den zwölf Jahren des Nationalsozialismus wurden in Deutschland alle unabhängigen gesellschaftlichen Organisationen nach und nach „gleichgeschaltet", das heißt, dem Einfluss und Herrschaftsbereich der führenden Machtzentralen und ihrer Ideologie unterworfen. Dies gilt in den langen Jahrzehnten des Kommunismus in der gleichen Weise. Einen von der herrschenden Partei und ihrer Ideologie unabhängigen gesellschaftlichen Raum sollte und durfte es nicht geben. Ein solcher wurde nur für eine Übergangszeit akzeptiert, wenn es den Machtinteressen diente, so etwa in einigen Ländern der östlichen bzw. mitteleuropäischen Hemisphäre kurz nach dem Zweiten Weltkrieg, als Stalin daran gelegen war, den Schein demokratischer Verhältnisse und pluraler gesellschaftlicher Strukturen so weit wie möglich aufrechtzuerhalten. Es galt aber nur, solange dadurch das kommunistische Machtmonopol nicht gefährdet war.

Seit dem Ende der 1940er Jahre verfestigten sich die kommunistischen Machtstrukturen. Auch dort, wo es weiterhin außer der herrschenden kommunistischen Partei noch andere Parteien gab, war deren Gefolgschaft im Machtgefüge strikt festgelegt.

In der DDR wurde die nach dem Zweiten Weltkrieg wieder gegründete SPD durch die Zwangsvereinigung mit der Kommunistischen Partei ausgeschaltet. Die daraus entstandene SED (Sozialistische Einheitspartei Deutschlands) sollte so für Jahrzehnte das beherrschende kommunistische Machtinstrument werden. Die beiden bürgerlichen Parteien, die LDPD (Liberal-Demokratische Partei Deutschlands) und die CDU, wurden zu Blockparteien, die sich dem Machtmonopol der SED unterwarfen. Ihre Aufgabe war es, Bevölkerungsgruppen, die der Ideologie zufolge mit Mängeln behaftet waren, in das Machtgefüge der SED einzubinden. Die Liberalen sollten Bürgern mit Privateigentum an Produktionsmitteln einbinden, das allerdings nur in Resten vorhanden war und 1972 in einer großen Verstaatlichungswelle fast vollständig verschwand. Mit der CDU wurde der Versuch unternommen, den Christen und Kirchen im Herrschaftsgefüge einen Ort zu geben und gleichzeitig Einfluss auf sie auszuüben.

Entsprechendes galt für alle gesellschaftlichen Organisationen, vom Sport bis zur Kultur. Nirgendwo gab es mehr Unabhängigkeit und eigenständige Entscheidungsstrukturen. Das gesamte gesellschaftliche Leben wurde dem herrschenden Wahrheits- und Machtmonopol der SED unterworfen. Selbst der private Raum der Familie wurde zunehmend eingeschränkt, da die Kinder durch den möglichst frühzeitigen Besuch von Kinderkrippen und Kindergarten in ihrem Denken und Verhalten durch die staatlich festgelegten Normen beeinflusst wurden.

Es lohnt sich, den Blick auf die Kirchen zu richten, die in allen Ländern der kommunistischen Hemisphäre traditionell eine wichtige Bedeutung hatten. Von Beginn an standen sie im kommunistischen System unter Druck, war der Atheismus doch eine wesentliche Dimension der kommunistischen Ideologie, die sich als wissenschaftliche Weltanschauung verstand. Religion und Kirche galten damit von vornherein als zum Absterben verurteilt. Gerade zu Beginn, im Bürgerkrieg und in den ersten Jahrzehnten der Sowjetunion, wurde diesbezüglich tüchtig nachgeholfen. Tausende Priester wurden umgebracht, die meisten Kirchen zweckentfremdet. Diese ablehnende Haltung milderte sich im Zusammenhang des Zweiten Weltkrieges etwas, als alle gesellschaftlichen Kräfte im Großen Vaterländischen Krieg zur Verteidigung gegen Hitlerdeutschland mobilisiert wurden. In den Ländern, die im Ergebnis des Zweiten Weltkrieges in den sowjetischen Machtbereich gerieten, konnten die jeweiligen Kirchen zwar weitgehend weiter tätig sein (eine wichtige Ausnahme bildete die Griechisch-Katholische Kirche in der Ukraine, Polen und Rumänien), doch gerieten sie stark in Abhängigkeit und kamen so unter den Einfluss der jeweiligen kommunistischen Herrschaftsmechanismen. Damit waren ihre Wirkungsmöglichkeiten weitgehend eingeschränkt. Arbeit mit jungen Menschen wurde deutlich erschwert, wenn nicht ausgeschlossen.

Eine Sonderrolle spielten die Kirchen in Polen und der DDR

Polen wurde nach 1945 durch die Westverschiebung, das Verbot der Griechisch-Katholischen Kirche und nach dem Völkermord der Nationalsozialisten an den Juden ethnisch und religiös beziehungsweise konfessionell relativ homogen „polnisch-katholisch". Auch die kommunistischen Herrschaftsstrukturen kamen auf Dauer nicht gegen die katholische Kirche an, besonders als dann mit Kardinal Wojtyła ein Pole Papst wurde: Johannes Paul II. So war und blieb die katholische Kirche in Polen ein wichtiger Nährboden für ein unabhängiges geistiges Leben und eine aus der Gesellschaft heraus entstehende Opposition, in den 1980er Jahren für die unabhängige Gewerkschaft Solidarność, die nach ihrer Gründung und offiziellen Anerkennung schnell zehn Millionen Mitglieder gewann und damit tief in der Gesellschaft verankert war. So konnte die Solidarność sogar die Zeit des Kriegsrechts und des Verbots überstehen und Ende der 1980er Jahre nach dem Runden Tisch zur wichtigsten gesellschaftlichen Kraft des revolutionären Umbruchs in Mitteleuropa werden.

In der Sowjetischen Besatzungszone (SBZ) und in der DDR spielten insbesondere die evangelischen Kirchen diese Sonderrolle. Im früheren Mitteldeutschland war die Mehrheit der Bevölkerung traditionell evangelisch. Hier lagen die Kernlande der Reformation. Erst durch die Flucht und die Vertreibung der Deutschen aus Schlesien und dem Sudetenland in den Jahren ab 1945 stieg die Zahl der Katholiken in beträchtlichem Maße. Nach dem Sieg über Hitlerdeutschland erkannte die Sowjetische Militäradministration (SMAD) die 1934 gegen die Übergriffe des nationalsozialistischen Staates auf die Kirche gegründete Bekennende Kirche (BK) als Widerstandsorganisation gegen Hitler an. Zwar wurde die BK in der Zeit des Nationalsozialismus keineswegs von der Mehrheit der evangelischen Christen unterstützt, doch kamen nach dem Weltkrieg die wichtigsten Führungspersönlichkeiten aus deren Reihen. Vor diesem Hintergrund wurden die Kirchen in der SBZ nicht enteignet und ihre Institutionen einschließlich einer Reihe von Ausbildungsstätten wurden wieder genehmigt, so dass sie weitgehend unabhängig ihrer Tätigkeit nachgehen konnten. Die Möglichkeit, eigene Bildungsstätten ohne einen direkten Einfluss von Staat und Partei auf die Lehrinhalte zu betreiben, war innerhalb der kommunistischen Welt einzigartig. Die kirchliche Ausbildungslandschaft mit ihren vom Staat unabhängigen Lehrplänen reichte von Schulen für Diakonie, die Sozial- und Jugendarbeit über Schulen für Katecheten, für die Arbeit mit Kindern bis hin zum Theologiestudium an kircheneigenen Hochschulen. Diese durften zwar nicht so heißen, in Lehre und Qualität standen sie den theologischen Fakultäten an westdeutschen Universitäten aber in nichts nach. Gerade diese theologischen Hochschulen waren ein Hort der Freiheit, weil an ihnen ein offener und freier Diskurs möglich war wie an keinem anderen Ort in der DDR.

Kooperation der evangelischen Kirchen in DDR und Westdeutschland

Auch die nach dem Krieg wieder begonnene Kooperation und Neustrukturierung der Arbeit der Landeskirchen auf nationaler Ebene (als Evangelische Kirche in Deutschland – EKD beziehungsweise in den konfessionellen Zusammenschlüssen) wurde anerkannt. So blieb die nationale Einheit für die kirchlichen Organisationen auch nach der Gründung der beiden deutschen Teilstaaten 1949 erhalten. 1969 wurde der Bund der Evangelischen Kirchen in der DDR gegründet, erst dann ließen die Landeskirchen in der DDR ihre Mitgliedschaft in der EKD ruhen. Gleichzeitig aber beschlossen sie im Statut ihres Bundes eine „besondere Gemeinschaft" mit den Kirchen der EKD. Diese fand in vielfältigen fest strukturierten Kontakten ihren Ausdruck. So hatte jede Kirchengemeinde in der DDR ihre Partnergemeinde in der Bundesrepublik. Zuweilen stand diese Partnerschaft nur auf dem Papier, meist wurden sie aber durch regelmäßige Kontakte und Besuche gepflegt und lebendig gehalten.

Gerade auch nach dem Mauerbau 1961 waren die Kirchen die gesellschaftlichen Institutionen, die in einem hohen Maße dazu beitrugen, dass sich Menschen aus Ost und West, die im jeweils anderen Teil Deutschlands keine Verwandten hatten, begegnen und Erfahrungen austauschen konnten. Von großer Bedeutung war darüber hinaus die erhebliche finanzielle Unterstützung der Kirchen in der DDR durch ihre Partnerkirchen der EKD. Ohne diese Hilfe hätte das kirchliche Leben in der DDR nicht in der Lebendigkeit stattfinden können, wie es trotz aller Repression der Fall war. Der kommunistische Staat genehmigte diese Finanzierung aus dem Westen, weil er auf diese Weise erhebliche und regelmäßige Einnahmen an westlichen Devisen verbuchen konnte.

Spannungen zwischen DDR-Regime und evangelischer Kirche

Schon bald nach der Gründung der DDR 1949 begann die Partei- und Staatsführung mit dem Versuch, das kirchliche Leben einzuschränken und Christen durch Benachteiligungen und Repression vom öffentlichen Bekenntnis ihres Glaubens abzuhalten. Insbesondere die sogenannten Jungen Gemeinden wie auch die Evangelischen Studentengemeinden (ESG) standen Anfang der 1950er Jahre im Zentrum des Kampfes gegen die Kirche. Engagierte junge Christen, Schüler und Studenten wurden von Schulen und Universitäten verwiesen, mit ihnen arbeitende Pfarrer inhaftiert. Dieser Konfrontationskurs trug im Sommer 1953 zu der angeheizten Stimmung bei, die am 17. Juni in der DDR zum ersten großen Volksaufstand im kommunistischen Lager führte. Dabei hatte die Sowjetführung kurz vorher – Stalin war im März gestorben – der SED den Rückzug aus dieser repressiven Politik gegen die Kirchen angeordnet. Dennoch wurde der kirchenfeindliche Kurs nach kurzer Zeit im Wesentlichen fortgesetzt: kirchliches Engagement von Jugendlichen führte zur Behinderung von Ausbildungsmöglichkeiten und damit der beruflichen Karriere. An den Schulen wurde der Religionsunterricht abgeschafft und christliche Unterweisung nur innerhalb der Kirche erlaubt. Als Konkurrenz zur volkskirchlichen Dominanz der Konfirmation (bzw. der katholischen Kommunion) wurde – im Laufe der Zeit mit immer stärkerem Erfolg – die atheistische Jugendweihe eingeführt. Die Teilnahme daran sowie die Mitgliedschaft in den staatlichen Jugendorganisationen der Jungen Pioniere und der Freien Deutschen Jugend (FDJ) wurden zunehmend als Zeichen des Bekenntnisses angesehen, staatliche Erwartungshaltungen zu erfüllen - und sich damit entsprechende Aufstiegschancen zu eröffnen. Die Kirchen versuchten, diesem gesellschaftlichen Trend entgegenzuwirken, mussten aber zunehmend feststellen, dass die Mitglieder ihrer Gemeinden dem staatlichen Druck oft nicht standhielten. Die Mitgliederzahlen der Kirchen sanken rasant. Obwohl sich die Kirchen in ihren Strukturen und in ihrem Selbstbild weiterhin als Volkskirchen verstanden, wurden sie mehr und mehr zu Minderheitenkirchen.

Angesichts der die kommunistische Ideologie prägenden atheistischen Propaganda und des staatlichen Druckes beschränkten sich die katholische Kirche und die evangelischen Freikirchen im Wesentlichen darauf, das innerkirchliche und kultische Leben in der DDR zu verteidigen und aufrechtzuerhalten. Politische Stellungnahmen blieben bis auf wenige Ausnahmen tabu. Dies betraf die staatliche Einführung der Fristenlösung, also das Recht der Frauen, ein Kind bis zum dritten Schwangerschaftsmonat abzutreiben; zu erwähnen ist noch ein Hirtenbrief zur Friedensfrage im Jahr des Nachrüstungsbeschlusses 1983.

Im Gegensatz dazu spielte in der Tradition der Bekennenden Kirche die Auseinandersetzung mit dem politischen und gesellschaftlichen Umfeld in den evangelischen Landeskirchen eine zentrale Rolle. Durch Abkündigungen, d. h. durch Erklärungen in den Gottesdiensten der Kirchgemeinden, durch Beschlüsse und Stellungnahmen ihrer Kirchenleitungen und in den nach demokratischen Prinzipien arbeitenden Synoden wurde vielfach Position zu den gesellschaftlichen und politischen Entwicklungen im Lande bezogen. Dies führte immer wieder zu Konflikten, einerseits innerhalb der Kirchen selbst, andererseits aber auch zwischen Staat und Kirchen. Die Kirchen versuchten, sich gegenüber dem Totalitätsanspruch des Staates zu wehren und den Menschen Lebensräume zu eröffnen, in denen sie in ihrer Würde anerkannt waren, sich dem Dienst an den Mitmenschen widmen und immer wieder das Risiko eingehen konnten, Freiheit und Wahrheit im Namen Gottes zu thematisieren. Auch die zunehmend kleiner werdende Kirche wollte sich nicht in ein gesellschaftliches Ghetto zurückziehen, sondern die Verantwortung für das Gemeinwohl und die Gesellschaft als

Ganzes öffentlich zum Ausdruck bringen und den Einzelnen in diese Verantwortung rufen.

Die Liste der Themen, die von den evangelischen Kirchen öffentlich angesprochen wurden, ist lang. Natürlich gehörte dazu das Einklagen der in der Verfassung garantierten, aber ständig verletzten Religionsfreiheit und die damit verbundenen Erziehungs- und Bildungsfragen. In den 1970er und 1980er Jahren wurden Fragen der Erhaltung der Schöpfung, das heißt der Erhalt der natürlichen Umwelt, Menschenrechtsfragen und Fragen eines gerechten Miteinanders angesprochen. Eine besondere Brisanz hatte aber immer wieder die Friedensfrage.

Nach dem Zweiten Weltkrieg hatten wir Deutschen uns mit dem von Hitlerdeutschland begonnenen Krieg mit all seinen Verbrechen auseinanderzusetzen. Das galt auch für die christlichen Kirchen. Im Oktober 1945 bekannten sich wichtige Kirchenvertreter im Stuttgarter Schuldbekenntnis zu Schuld und Verantwortung der Kirchen. Sie erklärten:

> „Durch uns ist unendliches Leid über viele Völker und Länder gebracht worden. […] wir klagen uns an, dass wir nicht mutiger bekannt, nicht treuer gebetet, nicht fröhlicher geglaubt und nicht brennender geliebt haben."[1]

Mit diesem Bekenntnis fanden die evangelischen Kirchen in Deutschland zurück in die ökumenische und internationale Gemeinschaft der Kirchen, die 1948 in Amsterdam bei der Gründung des Ökumenischen Rates der Kirchen (ÖRK) erklärten: „Krieg soll nach Gottes Willen nicht sein".

Die Rolle der evangelischen Kirche in der Friedensbewegung

Anfangs gab es in den Kirchen in Ost und West den breiten Konsens, der in dem Slogan „Nie wieder Krieg!" seinen Ausdruck fand. Die Wiederbewaffnung der Bundesrepublik, ihre Mitgliedschaft in der NATO (North Atlantic Treaty Organization) sowie die Frage der Atomwaffen führten dann in den 1950er Jahren in den Kirchen zu heftigen Auseinandersetzungen. Nach dem Mauerbau 1961 und

1 https://archiv.ekd.de/glauben/grundlagen/stuttgarter_schulderklaerung.html (aufgerufen am 4. Juni 2019)

der Einführung der allgemeinen Wehrpflicht in der DDR 1962 sahen sich die Kirchen herausgefordert, öffentlich für das Recht auf Verweigerung des Wehrdienstes aus Gewissensgründen einzutreten. 1964 gelang es, dass in der DDR schließlich eine Verordnung erlassen wurde, die einen waffenlosen Ersatzdienst schuf, der aber innerhalb der Militärstrukturen abzuleisten war. Man diente dann innerhalb der Armee als „Bausoldat". Gleichzeitig wurde immer wieder gefordert, einen wirklich zivilen Wehrersatzdienst einzurichten. Die DDR war das einzige kommunistische Land, in dem es rechtlich möglich war, den Dienst an der Waffe zu verweigern. Dass es eine solche Regelung gab, blieb jedoch in der DDR ein „öffentliches Geheimnis". Der Staat hatte kein Interesse am Bekanntwerden dieser Alternative, so dass die jungen Männer im Grunde nur über die Kirchen davon erfuhren. Um aber nicht nur darüber zu informieren, sondern auch ethisch beratend tätig zu werden, ließen die evangelischen Kirchen 1965 eine „Orientierungshilfe" unter dem Titel „Zum Friedensdienst der Kirche. Eine Handreichung für Seelsorge an Wehrpflichtigen" erarbeiten. In diesem Text wurde die Verweigerung des Dienstes mit der Waffe das „deutlichere Zeugnis" im Friedensdienst genannt und damit eine friedensethische Debatte eröffnet, die bis zum Ende der DDR währen sollte und immer wieder ein Feld des Konfliktes mit dem Staat darstellte. An dieser Stelle sei darauf verwiesen, dass diese Debatte durchaus nicht nur der spezifischen Situation der Bürger in der DDR geschuldet war, sondern weit darüber hinaus wies. Die „Orientierungshilfe" zitierte u. a. Carl Friedrich von Weizsäcker, der 1963 in seiner Schrift „Bedingungen des Friedens" vermerkte:

> „Verweigerer versuchten, heute schon streng nach derjenigen Ethik zu leben, die eines Tages wird die herrschende sein müssen"[2]

Die evangelischen Kirchen in der DDR, die sich 1969 zum Bund der Evangelischen Kirchen in der DDR zusammengeschlossen hatten, begrüßten die neue Ost- und Entspannungspolitik der

---

2 Garstecki, Joachim: Gewaltfreiheit politisch denken. Studien zur Friedensforschung, Bd. 18, Hessische Stiftung für Friedens- und Konfliktforschung. LIT Verlag, Berlin 2013

Regierung Willy Brandts und der sozialliberalen Koalition in der Bundesrepublik, die Politik der Versöhnung gegenüber Polen und die Schlussakte von Helsinki, den KSZE-Prozess (Konferenz über Sicherheit und Zusammenarbeit in Europa). Durch diese Politik sahen sie die eigenen Handlungsspielräume erweitert. Mehr als bisher wurde die Begegnung von Menschen aus Ost und West möglich. Informationen und Berichterstattung über den Eisernen Vorhang hinweg blieben zwar immer ein Problem und konfliktträchtig, doch verbesserten sich die Möglichkeiten beträchtlich. Durch den Korb 3 dieses Prozesses standen die kommunistischen Staaten ständig unter Druck, sich angesichts vielfältiger Menschenrechtsverletzungen rechtfertigen zu müssen, gleichzeitig wurden sie zunehmend auch von innen durch mutige Dissidenten und Bürgerrechtsgruppen kritisiert (Helsinki-Komitees).

Mit der Aufstellung von modernisierten Mittelstreckenraketen durch die Sowjetunion (die sogenannten SS 20) und dem NATO-Doppelbeschluss von 1979 wuchs das Bedrohungsgefühl in der Bevölkerung beider deutscher Staaten in erheblichem Maße. Im Westen Deutschlands entstand eine Friedensbewegung, die viel Widerhall und Unterstützung in der Öffentlichkeit – und vonseiten der SED vielfältige offene und geheime Unterstützung – fand.

In der DDR-Bevölkerung führte die zunehmende Beunruhigung zur Bildung einer Vielzahl von Friedensgruppen, die sich die Auseinandersetzung mit sicherheitspolitischen und Friedensfragen zur Aufgabe machten. Die meisten dieser Gruppen entstanden in den Kirchen, zum einen, weil die Beschäftigung mit diesen Themen dort eine lange Tradition hatte, viele Christen sich mit solchen Zukunftsfragen schon länger befassten und es kontinuierliche Kontakte mit dem Westen gab; zum anderen, weil es rein praktisch allein in kirchlichen Räumen die Möglichkeit einer freien und offenen Kommunikation gab.

Seit 1981 fanden in den evangelischen Kirchen in der DDR sogenannte Friedensdekaden statt, Veranstaltungsreihen, die sich dem Frieden widmeten und oft von engagierten Gruppen gestaltet waren. Vielerorts begannen damals auch regelmäßige Friedensgebete in den Kirchen. Symbol der ersten Friedensdekade war ein Signet *„Schwerter zu Pflugscharen"*, das viele Menschen als Aufnäher an ihren Jacken trugen und was zu heftigen Konflikten mit dem Staat führte. Diese Gruppen suchten den Kontakt zueinander und die Kooperation miteinander. Anfang der 1980er Jahre schufen sie verschiedene Netzwerke. Schon bald erweiterten sich die Themen. Neben Fragen zur Friedenspolitik, zur Erhaltung der Umwelt und zu den Menschenrechten spielte die kritische Auseinandersetzung mit den gesellschaftlichen Verhältnissen in der DDR eine zunehmende Rolle.

Die staatlichen Stellen reagierten aggressiv und erhöhten den Druck auf die Kirchen. Sie bekämpften diese Gruppen oder behinderten sie zumindest in ihren Aktivitäten. Dies wiederum führte innerhalb der Kirchen zu intensiven internen Auseinandersetzungen. Während die einen in den gesellschaftskritischen Gruppen eine Gefahr für die Kirchen und ihren Selbsterhalt sahen, in deren Arbeit sie keinen Zusammenhang mit dem christlichen Auftrag sehen wollten oder konnten, so sahen andere in diesen neuen Formen sozialen Handelns eine Hoffnung und Herausforderung für die Kirchen selbst. Gingen sie doch davon aus, dass die gesellschaftlichen und globalen Zukunftsfragen sehr wohl mit der christlichen Botschaft verbunden seien würden.

Von großer Bedeutung war dann die Vollversammlung des Ökumenischen Rat der Kirchen in Vancouver 1983, die auf Anregung der Delegation aus den DDR-Kirchen beschloss, einen weltweiten konziliaren Prozess für Gerechtigkeit, Frieden und Bewahrung der Schöpfung auf den Weg zu bringen. Es war der Versuch, sich durch die Anstrengungen der Christen und Kirchen weltweit den globalen Herausforderungen in der Sicherheitspolitik, in den ökologischen und Gerechtigkeitsfragen zu stellen.

Ökumene

In den Kirchen in beiden deutschen Staaten wurde – in engem Kontakt miteinander – intensiv darüber nachgedacht, wie diese ökumenischen Anregungen im jeweils eigenen gesellschaftlichen Kontext umgesetzt werden könnten. 1987 entstand in beiden deutschen Staaten jeweils eine Ökumenische Versammlung, die sich diesen Fragen widmete. In der DDR war dies jedoch nicht allein eine Basisinitiative, sondern ein Beschluss der Leitungsgremien der evangelischen Landeskirchen, der katholischen Kirche und weiterer zehn Kirchen der verschiedenen Konfessionen. Von den Kirchenleitungen wurde eine ganze Reihe von Vertretern verschiedener Friedens- und anderer Basisgruppen in die Versammlung delegiert. Über fünfzehn Monate hinweg wurde intensiv darüber diskutiert, welche Botschaften Christen für die Gesellschaft zu bezeugen hätten.

Die Themenbreite war groß und wurde in einer theologischen Grundlegung zusammengeführt. Es ging um Demokratie und Gerechtigkeit in der eigenen Gesellschaft und weltweit, um Recht und Menschenrechte, um Sicherheitsfragen wie Umweltschutz und Ressourcenschonung, um Energiefragen und internationale Solidarität. Grundlegende Prämisse dabei war, nicht nur Forderungen an andere zu stellen, sondern auch das eigene Verhalten, die eigene Lebensweise auf den Prüfstand zu stellen. Im April 1989 wurden in Dresden die Beschlüsse veröffentlicht und führten bei den staatlichen Stellen zu größter Beunruhigung.

Dazu hatten diese allen Grund, nicht zuletzt mit Blick auf die Nachbarländer. Seit Anfang 1989 war das kommunistische System im Osten Europas unter Druck geraten. Gorbatschow hatte seit 1985 in der Sowjetunion mit dem Umbau von Strukturen begonnen, um den Kommunismus zukunftsfähig zu machen. Damit gerieten Kräfte in Bewegung, die nicht mehr aufzuhalten waren. In Polen führte der Runde Tisch zur Wiederzulassung der Gewerkschaft Solidarność und zu (halb)freien Wahlen, die die Solidarność gewann. Tadeusz Mazowiecki wurde der erste nicht kommunistische Ministerpräsident im Ostblock. Im Sommer 1989 konnten 50 000 DDR-Bürger über Ungarn und Österreich in den Westen fliehen. In der DDR waren die verschiedenen oppositionellen Gruppen dabei, sich neue, wirksamere Strukturen zu schaffen. Ab August 1989 entstanden neue Bewegungen und Parteien, die Sozialdemokratische Partei in der DDR, das Neue Forum, Demokratie Jetzt, der Demokratische Aufbruch und manch andere. Zu den Initiativgruppen aller dieser Organisationen gehörten Personen, die wenige Monate zuvor in der Ökumenischen Versammlung mitgearbeitet hatten. In den Programmen fanden sich so manche Inhalte der Empfehlungen der Ökumenischen Versammlung wieder.

Ab September gingen immer mehr Menschen zu Friedensgebeten in die Kirchen und anschließend - oft mit Kerzen in den Händen - zu Demonstrationen und Kundgebungen auf die Straßen. Am 9. Oktober 1989 waren in Leipzig 70 000 Menschen auf der Straße. Die Menschen verloren die Angst. Kirchen wurden zu Diskussionsforen und Informationsbörsen über die neu entstehenden politischen Strukturen der Opposition. Die neu entstandenen Formationen der demokratischen Opposition gründeten Anfang Oktober eine Kontaktgruppe, von der die Initiative zur Bildung eines Runden Tisches ausging. Am 9. November fiel die Mauer - und alles blieb friedlich.

Der Runde Tisch schuf die Brücke zur freien Wahl, durch die dann eine gewählte Regierung die Verhandlungen zur deutschen Einheit führen konnte. Eine Hoffnung lernte gehen - und wurde fähig, große Sprünge zu tun.

In der Friedlichen Revolution spielten die Kirchen und engagierte Christen eine große Rolle - die Kirchenleitungen dagegen nicht. Kirchen wurden zu Orten, an denen um die Zukunft der Gesellschaft als Ganze gerungen wurde. Die Runden Tische wurden zumeist von Pastoren moderiert. Sie hatten das Vertrauen der Menschen und waren mit demokratischen Spielregeln vertraut.

Die Friedliche Revolution hat die kommunistische Herrschaft beendet und das Tor zur Deutschen Einheit aufgestoßen. Hier wurde zivilgesellschaftliches Handeln geschichtsträchtig. Die Deutsche Einheit musste dann jedoch durch demokratisch legitimierte Institutionen verhandelt werden. Erst nach der ersten freien Wahl in der DDR vom 18. März 1990 konnten sich diese Institutionen konstituieren. So war 1989/90 beides von größter Bedeutung: das Handeln der Zivilgesellschaft in der Friedlichen Revolution sowie die Diplomatie und das Verhandeln demokratisch legitimierter Regierungen.

Predigt zum Jahrestag der Deutschen Einheit (2015)*

„Mit meinem Gott kann ich über Mauern springen" (Ps. 18,30)

Liebe Gemeinde,

der Kalender zeigt den 3. Oktober an und wir erinnern, ja, wir feiern den Tag der Deutschen Vereinigung. Welches Psalmwort könnte besser an das erinnern, was heute vor fünfundzwanzig Jahren möglich wurde, weil im Herbst 1989 die Friedliche Revolution die Mauer zum Einsturz brachte. Genau dieses Psalmwort bestimmte auch am 17. August 1987 als Herrnhuter Losung den Tag. Das löste bei den damals Herrschenden in der DDR eine solche Sorge aus, dass sie tatsächlich in Diskussion darüber verfielen, ob sie nicht auch noch die Auslosung der Herrnhuter Tageslosungen überwachen sollten. Glücklicherweise geschah das dann nicht.

Wenn wir damals von solchen oder ähnlichen Verunsicherungen der Obrigkeit erfuhren, löste das immer große Fröhlichkeit aus, weil darin – genau wie in einem Witz – Wirklichkeit tiefgründig offenbar wurde. Wir als Kirchen gehörten ja doch wahrhaftig auch in den Jahrzehnten der deutschen Teilung zu einer Mauer überspringenden Wirklichkeit. Viele der Älteren unter Ihnen waren möglicherweise ein lebendiges Glied davon. Ich denke insbesondere an die Fülle von Gemeindepartnerschaften zwischen Ost und West. Jede Kirchengemeinde hatte – zwischen den Kirchenleitungen verabredet – eine Partnergemeinde im anderen Teil Deutschlands. Das war keineswegs nur bloße Theorie, sondern eine wirklich bewusst gelebte Zusammengehörigkeit, die sonst für Jemanden, der keine Verwandtschaft im anderen Teil Deutschlands hatte, nicht erfahrbar war. Ich bin im Haus der Berliner Mission – dem heutigen Sitz des Konsistoriums – aufgewachsen und habe vielfältigste Erinnerungen an derartige Begegnungen. Ich bedaure übrigens, dass in der Ausstellung im Tränenpalast über die gesell-

* Predigt im Berliner Dom, 3. Oktober 2015

schaftlichen Erfahrungen in der Zeit der Mauer diese Dimension Mauerüberspringender Realität vergessen wurde.

„Stellt Euch vor, das konnte ich erfahren: mit meinem Gott kann ich über Mauern springen!" Diese Aussage des Psalmisten können und müssen wir als eine unserer Erfahrungen im Rückblick verstehen. Ein Sprung wurde möglich, den wir bis dahin für schier unmöglich gehalten hatten. Den Fall der Mauer 1989 und die Überwindung der Teilung Deutschlands kann ich auch nachträglich nur als ein Geschenk betrachten. Wir Deutschen - fünfundvierzig Jahre nach all dem Furchtbaren, das wir über ganz Europa gebracht haben - in Freiheit vereint und in Freundschaft mit allen Nachbarn - das habe ich in den Jahren zuvor nicht für möglich gehalten, hätte es nicht zu träumen gewagt. Bis heute ist das für mich ein Grund tiefer Dankbarkeit. Mit dem Propheten Jesaja können wir nur sagen:

> Ich will der Gnade des Herrn gedenken und der Ruhmestaten des Herrn in allem, was uns der Herr getan hat, und der großen Güte, die er uns erwiesen hat nach seiner Barmherzigkeit und großen Gnade. (Jes. 63,7)

Das Erfreuliche ist ja auch, dass der Rückblick auf diese Zeit heute ganz weithin in Deutschland - und eigentlich müssen wir sagen in ganz Europa und weit darüber hinaus, vielleicht sogar besonders in der internationalen Öffentlichkeit - ein positives Gefühl schafft. Es ist eine Erfolgsgeschichte, an der so viele Anteil nehmen und auch für sich Positives damit verbinden. Ganz Europa freut sich hier mit uns - und das ist doch etwas sehr Schönes!

Dabei hatten damals ja gewiss nicht alle die gleichen Intentionen! Schließlich aber haben durchaus unterschiedliche Zielstellungen zu einem guten Ende geführt. Gott hat nicht etwa die einen unterstützt und über die Mauer getragen und die anderen nicht. Er ließ verschiedene springen - und gemeinsam ankommen.

Angesichts der Euphorie dieses Tages muss aber doch einmal betont werden, dass die deutsche Einheit, ja, dass der Begriff der Nation selbst keine theologische, keine christliche Kategorie ist, wenn es auch in der europäischen Kirchen- und Konfessionsgeschichte oft anders gelebt wurde. [...] Von unserem Glauben her ist nicht die deutsche Einheit der Grund zur Freude, sondern der Gewinn an Freiheit und Recht, an Gemeinschaft und Mitmenschlichkeit derer, die sich zusammengehörig wissen und fühlen. Gerade deshalb ist dann aber eben auch das Urteil unserer Nachbarn für das Urteil des Glaubens eminent: wenn auch sie sich mit uns darüber freuen können, dann ist es auch von unserem Glauben her ein Gewinn.

Eine Frage stellt sich in diesem Zusammenhang immer wieder: War nun das, was vor fünfundzwanzig Jahren geschah, auch ein Gewinn an Gerechtigkeit? In der Ökumenischen Versammlung für Gerechtigkeit, Frieden und Bewahrung der Schöpfung Ende der 1980er Jahre war uns dies – von unserem Glauben her gut begründet – ein zentrales Anliegen!

Spätestens hier beginnen die Fragen in der Beurteilung der damaligen Prozesse und ihrer Folgen in den vergangenen fünfundzwanzig Jahren. Viele werden hier mit einem klaren „Nein!" antworten. Sie haben durchaus ernstzunehmende Argumente. Die Mauern zwischen Arm und Reich wurden jedenfalls nicht übersprungen und gerade im Osten wuchsen sie neu. Es hat mit der Vereinigung einen immensen Vermögenstransfer von Ost nach West gegeben, der die Unterschiede noch einmal verstärkte. Dass heute, nach fünfundzwanzig Jahren, noch immer ungleiche Renten gezahlt werden und es im öffentlichen Dienst immer noch Ost- und Westtarife gibt, auch für junge Menschen, die schon im vereinten Deutschland geboren sind, wirft schon manche Frage nach der Gerechtigkeit auf.

Dass manche Schwierigkeiten im Prozess der deutschen Einheit durchaus von beiden Seiten empfunden wurden, macht der Witz aus den 1990er Jahren deutlich: Da geht der ehemalige DDR-Bürger voller Überschwang auf den Westdeutschen zu mit den Worten: „Wir sind ein Volk!" – und dieser antwortet: „Wir auch!" Nachdem die Mauer gefallen war, musste sie auch in den Köpfen noch abgetragen werden. Das aber ist ein langer und manchmal recht langsamer Prozess. Jeder von uns könnte dafür gewiss Beispiele nennen.

Die entscheidende Frage damals wie heute ist jedoch, ob wir einander gerecht werden. Dies betrifft keineswegs nur die materielle Ebene, sondern es geht auch und vor allem um Haltung. Dazu gehört das Interesse am Anderen, die Bereitschaft zum Hin- und

Zuhören, Sensibilität und die Fähigkeit, auch mit eigener Dominanz und der Schwäche anderer umzugehen, ohne ihnen die Würde zu nehmen. Hier bleibt auch im Rückblick manches durchaus ambivalent und wird auch nicht einfach dadurch abgegolten, dass heute die beiden wichtigsten Ämter in unserem Land mit breiter Anerkennung von Ostdeutschen ausgeübt werden.

Liebe Gemeinde, mit meinem Gott kann ich über Mauern springen. Diese Erfahrung konnten wir machen. Aber kann ich daraus eine Regel machen nach dem Motto: Das eine ist geschafft, nun geht es ans nächste Werk, an die nächste Mauer? Ist das gemeint? Jedenfalls besteht die Gefahr, dass wir Gott so schlicht zum Vollbringer und Erfüller des eigenen Wollens, Hoffens und Wirkens machen. Nicht selten wird Religion ja so verstanden: Gott steht hinter mir und ist dafür da, mich und mein Wollen zu verstärken.

Wir sollten darauf achten: „Mit meinem Gott" steht am Anfang dieses Satzes. Das verstehe ich so, dass es hier keinen Automatismus gibt. ER ist es, der auch die Richtung und den Inhalt bestimmt. Da kommt es also für mich erst einmal darauf an, zu hören, wahrzunehmen, wo künftig der eigene Ort, die Aufgabe sein soll, der ich mich widme. Manchmal fällt uns diese Aufgabe, zu der er uns bewegen, bei der er uns stärken und tragen will, irgendwie direkt vor die Füße. Doch manchmal gibt es einen echten Kampf zwischen Gott und uns darum, was dran ist - wie bei Jeremia, der seiner Berufung aus dem Weg gehen wollte, es sich schlicht nicht zugetraut hat, oder wie Jona, der einfach davon lief. Lange sind wir vor der Migrationsfrage davongelaufen und haben meist die Schotten dicht gemacht. Heute gelingt uns das nicht mehr.

„Mit meinem Gott kann ich über Mauern springen." So kann dies in den letzten Wochen und Monaten aus eigener Erfahrung wohl auch so mancher Flüchtling sagen, der in Deutschland angekommen ist - nicht gerade in Heidenau oder andernorts, wo die Ankommenden auf Aggression und Ablehnung stießen -, sondern da, wo unzählige freundliche Menschen sich engagiert um ihre Nöte gekümmert haben. Wir können für diese Welle der Mitmenschlichkeit und des Engagements, nicht zuletzt durch viele Christen in unserem Land, dankbar sein. Haben wir doch allen Grund dazu uns daran zu erinnern, wie viele Deutsche in der Vergangenheit ebenfalls freundliche Aufnahme fanden, als sie in Not waren und Hilfe und Zuflucht suchten. Gleichwohl stehen wir hier gemeinsam mit unseren europäischen Nachbarn vor Problemen, die wir lange vor uns hergeschoben haben und die uns nun zu überfordern drohen. Wie lange haben wir in unserer Festung Europa recht ruhig mit angesehen, wie regelmäßig Boote mit Flüchtlingen im Mittelmeer versanken? Jetzt werden wir nicht nur ein heißes Herz, sondern auch einen kühlen Kopf sowie viel Überzeugungskraft bei unseren Partnern brauchen um humanitäre Lösungen zu finden, die sowohl der Würde der Hilfesuchenden gerecht werden als auch gesellschaftlich verkraftbar sind.

Liebe Gemeinde, wenn wir über Mauern sprechen, so haben wir bisher von solchen in der uns umgebenden Welt gesprochen. Doch sind die Mauern vielfach in uns selbst! Und zwar in dem eben angesprochenen doppelten Sinne. Wenn wir unsicher sind, uns angegriffen fühlen, neigen wir auch im persönlichen Leben dazu, uns zu verschließen. Da kostet es schon manche Arbeit und Anstrengung, standzuhalten und konstruktiv zu bleiben.

Aber auch Mauern, die uns behindern und unfrei machen, liegen ja nicht selten ebenfalls in uns selbst. In unserer Gesellschaft und besonders in der Arbeitswelt ist heute mehr denn je Flexibilität gefragt. Viele, sehr viele Menschen in Ostdeutschland haben zu neuen Ufern aufbrechen müssen, weil alte Zusammenhänge und Sicherheiten, weil die bestehenden Strukturen zusammengebrochen waren. Die einen konnten die damit verbundenen Chancen als Freiheitsgewinn beherzt ergreifen. Für andere aber führte es zu Unsicherheit und Furcht. Wer kennt diese „klassische" Ambivalenz nicht: Wir möchten etwas anders haben, scheuen aber den Aufbruch, wagen nicht den Sprung über die Mauer, weil das Verlassen des Vertrauten Unbehagen bereitet und Angst macht.

Dabei kann es sich ja durchaus auch um eine vernünftige Angst handeln, denn bisher Verlässliches einfach mal so hinter sich zu lassen, stellt sich nicht selten als ein unbedachter, ja übermütiger Sprung heraus. Und doch gilt zugleich: wer nicht bereit ist, zu neuen Ufern aufzubrechen, Gewohntes und Bequemes aufzugeben, wird viele Lebenschancen verpassen. „Wer nicht wagt, der nicht gewinnt!" sagt das Sprichwort. Da ist viel dran. Da wird das

Risiko nicht verschwiegen. Und doch steht dahinter die Überzeugung, dass es für unser Leben von grundlegender Wichtigkeit ist, sich auf Neues einzulassen, sich nach vorn auszurichten und aufzubrechen. Oder, wie es in unserem Psalmwort heißt, über Mauern zu springen, eben nicht zuletzt über so manche Mauer in uns selbst. Wer auf Sicherheit und Applaus fixiert bleibt, der wird nichts wagen, nichts riskieren. Wenn wir anstehende Entscheidungen erst nach allen Seiten absichern wollen, wenn wir nicht bereit sind, auch nur das kleinste Wagnis einzugehen, wenn wir jedes Risiko ablehnen, auch Fehler zu machen, dann verlieren wir nicht nur an Lebendigkeit und erstarren zunehmend, sondern dann verschenken wir all die Chancen, die so ein schöpferischer Sprung in sich birgt.

Das braucht Mut, die Bereitschaft, Neuem zu trauen, Zutrauen zu haben in die eigenen Kräfte und Möglichkeiten - oder eben darauf zu vertrauen, dass Gott mich begleitet, hält und trägt.

Eine skandinavische Möbelkette wirbt mit dem Slogan: „Entdecke die Möglichkeiten." Eine wie ich finde gute Aufforderung, die uns alle in jeder Lebenslage daran erinnern kann, zumindest erst einmal einen Blick über die Mauern - die eigenen und die der anderen - zu werfen, um dann einen nächsten neuen Schritt zu wagen. Gerade wenn es darum geht, die eigenen inneren Mauern zu überspringen, braucht es Geduld, Achtsamkeit und auch Barmherzigkeit sich selbst gegenüber. Sich selbst zu wandeln braucht Behutsamkeit und wer da sagt, „Ich kann mir keine großen Sprünge leisten", der ist nicht immer gleich ein Hasenfuß, sondern vielleicht schlicht ein Realist, der einzuschätzen vermag, ob eine Mauer überwunden werden muss oder doch besser als Gegebenheit anzuerkennen ist. So mancher natürliche Rahmen wird im Zuge der Abenteuerlust zuweilen als begrenzende Mauer empfunden und ist doch bei näherer Betrachtung nichts weiter als der Raum, in den wir gestellt sind und in dem wir aufgefordert sind, unsere Anforderungen zu meistern und das (Zusammen-)Leben zu gestalten. Ein richtig Mutiger ist also manchmal gerade jener, der nicht jede sich bietende Mauer überspringt, sondern manche Begrenztheit auch als eigenen Lebensraum annimmt und mit Sinn erfüllt.

Gott helfe uns, zwischen diesen Mauern zu unterscheiden, denen, die uns sichern und uns den Rahmen geben, in dem wir sein können, die wir sind - und denen, die wir überspringen sollten, um die uns verheißene Freiheit zu erlangen. Auf dass - wie der Psalmist an anderer Stelle sagt - *„in unserem Land Ehre wohne, dass Güte und Treue einander begegnen, Gerechtigkeit und Friede sich küssen"*.

Amen!

Wenn wir mit den Augen der Dankbarkeit auf das schauen, was wir sind und wie wir leben und ebenso mit den Augen der Dankbarkeit auf das schauen, was uns realistisch darüber hinaus möglich wäre, ohne Anderen Unrecht zu tun, dann werden wir immer wieder jene Mauern, die wir überspringen sollten, von denen unterscheiden können, die es anzuerkennen gilt!

Amen!

3. Opposition und Revolution

Nichts muss bleiben, wie es ist: Erinnerungen zur Gründung der Ost-SPD (2010)*

Am 4. Februar 1989 beschlossen Martin Gutzeit und ich, in der DDR eine Sozialdemokratische Partei zu gründen. Es handelte sich dabei keineswegs um eine spontane Idee, sondern um die logische Konsequenz einer langen Vorgeschichte und Vorarbeit.

Zum Zeitpunkt unseres Beschlusses ahnten wir nicht, dass zwei Tage später in Polen die Verhandlungen am Runden Tisch beginnen würden. In der Folge fanden erstmals im Ostblock wenigstens halbfreie Wahlen statt, die zum Ergebnis hatten, dass im Spätsommer 1989 Polen durch Tadeusz Mazowiecki regiert wurde, dem ersten nicht kommunistischen Ministerpräsidenten.

Wie sehr es in Mitteleuropa zu dieser Zeit gärte, hatte ich im Sommer 1988 in Ungarn erleben können. Damals war ich auf dem Weg nach Rumänien, wo Ceausescu das Dorfzerstörungsprogramm begonnen hatte, das international für große Aufregung sorgte und die Spannungen mit Ungarn anwachsen ließ. Die ungarische Gesellschaft war mit großer Dynamik in Bewegung geraten. Das war faszinierend für mich. In der herrschenden Partei (MSZP) war János Kádár abgelöst worden und es wurden Wirtschaftsreformen beschlossen, die für die DDR noch unvorstellbar waren. Trotzdem verschärfte sich die wirtschaftliche Krise, was in der DDR-Presse zu Polemiken gegen die ungarischen Reformen führte. Die demokratische Opposition organisierte sich, die Dissidenten hatten ein „Netzwerk Freier Initiativen" und das „Demokratische Forum" ins Leben gerufen. Zahllose Vereinigungen entstanden und die historischen ungarischen Parteien sowie eine erste freie Gewerkschaft wurden neu gegründet. Der Samisdat der Opposition erreichte immer größere Auflagen und bestimmte die öffentlichen Debatten.

---

* Einleitung in: Markus Meckel, Steffen Reiche (Hg.): „Nichts muss bleiben wie es ist. Gedanken zur Gründung der Ost-SPD", vorwärts | buch, 2010

Schon 1987 war in der Samisdat-Zeitschrift Beszélő ein „Gesellschaftsvertrag" genanntes Programm der Opposition erschienen, durch welches die MSZP angesichts der Krise immer mehr unter Druck geriet.

Wesentlicher Hintergrund für diese mitteleuropäischen Entwicklungen und auch für unser eigenes Handeln war die Politik Michail Gorbatschows. Seit 1985 war er Generalsekretär der KPdSU. Er proklamierte ein „Neues Denken" und setzte mit „Glasnost" und „Perestroika" in der Sowjetunion einen Reformprozess in Gang, der uns Hoffnung machte, auch wenn ersichtlich war, dass es ihm darum ging, den Kommunismus zu reformieren, um ihn zu erhalten. Doch war in seinen Reden gleichzeitig spürbar, dass er nicht die Scheuklappen hatte wie die kommunistischen Führer, die wir kannten. Er schien wirklich Probleme lösen zu wollen und ein Verständnis auch für die globalen Herausforderungen zu haben, von der notwendigen Umsteuerung im Sicherheitsbereich angesichts des Wettrüstens wie auch in den ökologischen Fragen.

Angesichts der Erfahrungen früherer Jahrzehnte glaubten wir: Ohne Veränderungen in Moskau würden grundlegende Änderungen im Ostblock kaum durchsetzbar sein, in der DDR schon gar nicht. Die sowjetischen Panzer würden wie 1953 in der DDR, 1956 in Ungarn und 1968 in der ČSSR alles niederwalzen. Doch mit der neuen Politik in Moskau wuchs langsam die Hoffnung, wirkliche Veränderungen erreichen zu können. In Polen und Ungarn war man schon weiter – das ermutigte uns, denn die Fragen, vor denen wir standen, waren im Wesentlichen die gleichen. Für uns in der DDR galt es, endlich die Voraussetzungen dafür zu schaffen, als Opposition politisch handlungsfähig zu werden.

Der Beschluss, außerhalb der Kirche nach neuen Organisationsformen zu suchen und schließlich eine sozialdemokratische Partei zu gründen, bedeutete für uns sehr bewusst einen Strategiewechsel. Es klingt auch nachträglich verwegen, doch wir strebten einen grundlegenden Kategorienwechsel, eine Überwindung des kommunistischen Systems an. Wir stellten mit der Parteigründung faktisch die Machtfrage und wollten eine parlamentarische Demokratie westlichen Musters erreichen.

Bis dahin hatten wir nicht daran geglaubt, mit unserem Handeln wirklich etwas ändern zu können, Demokratie zu erreichen oder die deutsche Teilung zu überwinden. Es war mehr ein moralisches Handeln, es ging darum, sich morgens noch im Spiegel ansehen zu können, oder, wie Václav Havel es formulierte, mitten in diesem Reich der Lüge „in der Wahrheit zu leben". Wir hatten uns mit dem deutschen Widerstand gegen den Nationalsozialismus beschäftigt, hielten ihn für wichtig, auch wenn er das NS-System nicht zum Stürzen brachte - aber er rettete gewissermaßen die Ehre der Deutschen. Ähnlich verstanden wir uns selbst, in jedem Falle galt es, nicht zu schweigen, sich bei Unrecht zu verweigern und nach Möglichkeiten zu suchen, etwas zu tun!

Martin Gutzeit entstammte wie ich einem evangelischen Pfarrhaus, so wuchsen wir beide in kritischer Distanz zum sozialistischen Staat und seinen Forderungen auf. Schon in der Schule gab es Konflikte, eine höhere Schulbildung wurde uns verweigert. Beide verweigerten wir den militärischen Wehrdienst total, gingen also auch nicht zu den Bausoldaten, entgingen aber auch beide der üblicherweise darauf folgenden Haft von knapp vierundzwanzig Monaten. Ich wurde nach der 10. Klasse trotz bester Leistungen von der Schule verwiesen und absolvierte seitdem meine Ausbildung ausschließlich an kircheneigenen, vom Staat unabhängigen Einrichtungen. 1974 lernten wir uns am Sprachenkonvikt kennen, einer theologischen Hochschule der Evangelischen Kirche in Berlin, an der ein von kommunistischen Einflüssen völlig freies Studium möglich war, das dem an westlichen Universitäten in nichts nachstand. Ja, es konnte sogar als privilegiert gelten, da die Studentenzahlen sehr gering waren und so eine intensive Kommunikation zwischen Studierenden und Dozenten üblich war. Es gab hier keine festen Stundenpläne, die Studiengestaltung war sehr flexibel und selbstbestimmt. So waren diese theologischen Hochschulen - es gab noch zwei weitere in Naumburg und Leipzig - Orte sonst in der DDR nicht so leicht erfahrbarer geistiger Freiheit.

Hier studierten wir Theologie und Philosophie, teils in angebotenen Lehrveranstaltungen, teils in eigener Initiative. Wir lasen Plato und Aristoteles, Thomas von Aquin und Nikolaus von Kues, Kant, Fichte und Hegel. Immer stärker beschäftigten wir uns mit rechtsphilosophischen Fragen und setzten uns mit Karl Marx auseinander. In einem privat organisierten Seminar stritten wir uns mit Edelbert Richter, der damals Philosophie in Naumburg lehrte, auf welcher philosophischen Grundlage die Verhältnisse in der DDR klarer kritisiert werden und Perspektiven geschaffen werden könnten, mit Hegel oder mit (dem frühen) Marx. Uns wurde die klare Unterscheidung von Staat und Gesellschaft wichtig, ebenso die besondere Bedeutung des Rechts. Freiheit war uns nicht nur ein grenzenloses Gefühl, sondern institutionell vermittelte Fähigkeit zur Verantwortung. Auch nach dem Studium setzten wir in verschiedenen Studienkreisen die Auseinandersetzung mit diesen Fragen fort. Wichtig wurde hier zum einen ein Kreis um Michael Theunissen, der in Berlin an der Freien Universität Philosophie lehrte und zu dem wir 1980 Kontakt aufgenommen hatten. Zum anderen trafen wir uns in den 1980er Jahren auf Einladung von Peter Hilsberg, Stephan Hilsbergs Vater, als Studienkreis „Theologie und Philosophie“ beim Bund der Evangelischen Kirchen.

Neben diesen theoretischen Beschäftigungen begannen wir ab 1976 in einer Vierergruppe in kleinen Schritten auch politisch aktiv zu werden. Wir vervielfältigten politische Texte auf alten Maschinen und brachten sie unter die Leute. Dazu gehörten unter anderem Vorträge von Rudolf Bahro oder die Gedächtnisprotokolle von Jürgen Fuchs. Solche studentischen Gruppen hat es in der DDR immer wieder gegeben. Oft wurden die Beteiligten verhaftet und landeten – jedenfalls in den späteren Jahren – schließlich im Westen. Wir hatten Glück und wurden nicht gefasst.

1980 begann ich meine Tätigkeit als Vikar und 1982 als Pfarrer in einem Mecklenburgischen Dorf an der Müritz. Martin Gutzeit folgte für einige Jahre in die Nachbarschaft, bevor er 1986 in Berlin bei Richard Schröder Assistent für Philosophie wurde. In diesen Jahren entstanden in vielen Teilen der DDR Gruppen, die sich kritisch mit Friedens- und Umweltfragen befassten. Die Themen wurden im Laufe der Jahre immer breiter und grundsätzlicher. Ich gründete 1982 in meinem Dorf in Mecklenburg einen solchen Friedenskreis, zu dem die Beteiligten aus einem größeren Umkreis kamen. Gleichzeitig schufen wir Netzwerke, um die verschiedenen Gruppen miteinander in Kontakt zu bringen und Kooperation zu ermöglichen. Dazu gehörte in Mecklenburg seit 1981 die „Arbeitsgruppe Frieden" und DDR-weit die Delegiertenkonferenz „Frieden konkret", die seit 1983 jährlich im Februar stattfand.

Seit 1982 organisierten wir in Mecklenburg Anfang August für eine Woche sogenannte „Mobile Friedensseminare". Bei diesen beschäftigten sich die Beteiligten aus der ganzen DDR und auch aus dem Ausland in Gruppen an verschiedenen Orten des Umkreises seminaristisch mit verschiedenen politischen Themen; am Ende stand dann je eine größere gemeinsame öffentliche Veranstaltung zum Gedenken an die Atombombenabwürfe von Hiroshima und Nagasaki. Mehrfach haben wir für diese Treffen auch programmatische Arbeitshefte erstellt. Durch diese Netzwerke und Seminare lernten sich in der ersten Hälfte der 1980er Jahre viele Aktivisten der Opposition kennen, eine wesentliche Voraussetzung für die Friedliche Revolution Jahre später. Diese - zumeist kirchlichen - Gruppen suchten in wichtigen gesellschaftlichen Fragen nach Veränderung, forderten sie ein. Die Themen waren breit gestreut, Sicherheitsfragen, Erziehungs- und Bildungskonzepte, Umweltprobleme, Menschen- und Minderheitenrechte sowie globale Entwicklungsstrategien kamen auf die Tagesordnung. Der Einzelne erfuhr sich in diesen Gruppen anders als sonst im kommunistischen Staat als Träger von Verantwortung für das Gemeinwesen, er lernte und erfuhr Solidarität. So wurden diese politischen Gruppen gewissermaßen Schulen der Zivilcourage und Verantwortung.

Oft heißt es, dass diese Gruppen unter dem Dach der Kirche entstanden. Richtiger ist wohl, dass die meisten der Gruppen innerhalb der Kirche entstanden, gegründet von politisch engagierten Christen, die gleichzeitig offen waren für die Zusammenarbeit mit anderen. Auch die Netzwerke dieser Gruppen hatten bis Ende der 1980er Jahre ihren Ort innerhalb der Kirche. Aber auch die Gruppen, die ihre Unabhängigkeit von der Kirche betonten, standen mit kirchenleitenden Vertretern in intensivem Kontakt und nutzten sie als Mittler, dazu kam die Nutzung ihrer institutionellen und organisatorischen Möglichkeiten.

Die Kirchen waren in der DDR die einzigen Groß-Organisationen mit eigenen unabhängigen und (was die evangelischen Kirchen betrifft) demokratischen Strukturen. Sie hatten Räumlichkeiten und eine gewisse, wenn auch begrenzte Öffentlichkeit. Wie aus Gutzeits und meiner Biographie deutlich wird, waren auch die eigenen Ausbildungsmöglichkeiten der Kirche wichtig, so dass die Kirchen über ein Personal verfügten, das in den eigenen geistigen Traditionen stand sowie in freier Kommunikation geübt war. So war es kein Wunder, dass vielerorts engagierte Christen, Pastoren und kirchliche Mitarbeiter bei der Gründung der oppositionellen Bewegungen und der Moderation der Runden Tische eine hervorgehobene Rolle spielten.

Die Sowjets hatten den Kirchen in ihrer Besatzungszone mehr Freiheit gelassen als in den anderen Ländern des Ostblock, da sie die „Bekennende Kirche" in der NS-Zeit als Widerstand anerkannte und deren Vertreter nach 1945 in der evangelischen Kirche die führenden Positionen einnahmen. Das betrifft insbesondere die Jugendarbeit, die zwar immer wieder ein Konfliktfeld mit den Behörden des SED-Staates darstellte, gleichzeitig aber für die gesellschaftliche Bedeutung der Kirchen von großer Relevanz war.

In den Kirchen selbst waren die Anfang der 1980er Jahre entstandenen gesellschaftspolitisch aktiven Gruppen umstritten; dieser Streit ging quer durch alle Ebenen, von den Kirchgemeinden bis zu den Leitungsebenen. Die einen verstanden diese politische Arbeit als eine wichtige Dimension der christlichen Verkündigung, die anderen sahen darin eher eine Überfremdung und Instrumentalisierung der Kirche für politische Zwecke. Die Akzeptanz der politischen Gruppen innerhalb der kirchlichen Strukturen nahm jedoch zu, als 1983 der Ökumenische Rat der Kirchen in Vancouver zu einem „konziliaren Prozess für Gerechtigkeit, Frieden und Bewahrung der Schöpfung" aufrief und damit die Themen aufgriff, welche der Schwerpunkt der Arbeit dieser Gruppen waren. Als 1988/89 die Kirchen in der DDR eine „Ökumenische Versammlung für Gerechtigkeit, Frieden und Bewahrung der Schöpfung" ins Leben riefen, waren daran viele Vertreter dieser Gruppen beteiligt und prägten die Ergebnisse nicht unwesentlich mit. Ich selbst leitete in dieser Versammlung die Arbeitsgruppe zur Entwicklungspolitik und hatte dann auch die Gelegenheit, im Mai 1989 an der Europäischen Ökumenischen Versammlung in Basel teilzunehmen. Die inhaltlichen Ergebnisse der Versammlung in der DDR fanden wenige Monate später an verschiedener Stelle auch Eingang in die programmatischen Vorstellungen der neuen oppositionellen Bewegungen im Herbst 1989, da eine Reihe ihrer Mitglieder zu deren Gründern gehörten.

Bis 1987 gab es auch bei vielen in der Opposition die Hoffnung, dass die SED „von der Sowjetunion (unter Gorbatschow) lernen" würde und ein Reformprozess von oben schrittweise zu Verbesserungen führen könnte. Diese Perspektive löste sich auf, nachdem Honecker nach seinem Besuch in Bonn massiv gegen die Opposition vorging. Der Sturm der Staatssicherheit auf die Umweltbibliothek im November 1987 und die Verhaftungen und Abschiebungen in den Westen Anfang 1988 im Zusammenhang der Luxemburg-Liebknecht-Demonstration stellten eine Zäsur dar.

Für Martin Gutzeit und mich, aber wohl auch für manche andere, wurde klar, dass es neue Formen der Opposition brauchte. Die Kirche konnte nicht mehr die Grundlage dieser Aktivitäten sein, da wir [...] vor dem Hintergrund der Gorbatschow'schen Politik mehr und mehr die Hoffnung hatten, dass trotz der festgefahrenen Politik der SED grundsätzliche Veränderung möglich seien aber auch durchgesetzt werden müssten. Kirche konnte Menschen zu freiheitlichem Denken und Handeln anregen und begleiten. Das hatten wir über Jahre getan. Eine programmatische Opposition durfte Kirche jedoch nicht sein.

Gutzeit und ich planten im Frühjahr 1988 zuerst, einen Verein zu gründen. „Bürgerbeteiligung" wollten wir ihn nennen und er sollte stärkere Verbindlichkeit, eine verabredete Programmatik und eine durch Wahlen geklärte Führungsstruktur gewährleisten. Dann kam uns der normale berufliche Alltag in die Quere: Ich wechselte von Mecklenburg in die Nähe von Magdeburg und übernahm die Leitung einer von der Kirche neu gegründeten „Ökumenischen Bildungs- und Begegnungsstätte". So sahen Gutzeit und ich uns im zweiten Halbjahr 1988 kaum. Doch kamen wir unabhängig voneinander zu der Erkenntnis, dass eine Vereinsgründung nicht sinnvoll sei. Es sollte eine Partei sein. Anfang 1989 beschlossen wir dann (Martin Gutzeit schlug es bei unserem Treffen vor!), eine Sozialdemokratische Partei in der DDR zu gründen.

Warum wollten wir als evangelische Pastoren keine christliche Partei gründen? Auf diese Frage habe ich oft geantwortet: aus theologischen Gründen. Wir wollten jeder politischen Instrumentalisierung des christlichen Glaubens für politische Zwecke wehren. Die Bibel kann schlecht eine konkrete Verkehrs- oder Gesundheitspolitik begründen, aber eben ethische Grundorientierungen geben. Keine Partei darf für sich in Anspruch nehmen, mehr als andere christlich zu sein. Allen muss es um die Achtung vor der Würde des Menschen gehen und darum, den Schwachen Partizipation und Integration zu ermöglichen!

Warum nun aber entschieden wir uns, eine sozialdemokratische Partei zu gründen? In meinem programmatischen Vortrag bei der Gründung der Partei am 7. Oktober 1989 habe ich dies folgendermaßen begründet:

- Wir stellten uns in die Tradition der ältesten demokratischen Partei Deutschlands, durch welche im 19. Jahrhundert die Benachteiligten und Unterdrückten zu Subjekten politischen Handelns wurden. Entsprechend wollten wir mit unserer Gründung Raum geben, dass aus Untertanen in der DDR Bürger werden, politische Subjekte, die Verantwortung für die eigene Wirklichkeit wahrnehmen.
- Wir stellten uns mit dieser Parteigründung in einen internationalen Zusammenhang, um globalen Herausforderungen gerecht zu werden und die Provinzialität der kommunistischen DDR zu überwinden. Dafür standen Willy Brandt mit seinem Nord-Süd-Bericht, Olof Palme mit dem Bericht über die gemeinsame Sicherheit sowie Gro Harlem Brundtland mit dem Bericht über nachhaltige Entwicklung.
- Mit dieser Gründung zogen wir gewissermaßen die sozialdemokratische Hand aus dem Symbol des SED-Parteiabzeichens und entzogen der SED ihre ideologische Legitimation. Dies ging an die Wurzel der Selbstdefinition der SED – und war beabsichtigt. Wir widersprachen dem von der SED beanspruchten Wahrheits- und Machtmonopol und wollten uns der notwendigen Legitimation durch die Bürgerinnen und Bürger stellen.

Mit der Gründung dieser Partei antizipierten wir den Bruch mit dem diktatorischen System der DDR und riefen gleichzeitig dazu auf, sich im Rahmen demokratischer Pluralität politisch selbst zu definieren und in einem Bündnis demokratischer Initiativen für die Errichtung demokratischer Institutionen und Strukturen zu kämpfen. Anders als manche andere in der Opposition forderten wir nicht nur demokratische Reformen (welche von den Herrschenden zu schaffen seien). Uns ging es darum, die institutionellen Voraussetzungen dafür zu schaffen, mit Rechtstaatlichkeit und Gewaltenteilung die Einhaltung von Menschenrechten sowie demokratische Partizipation zu gewährleisten. Dafür aber war es notwendig, selbst bereit zur Übernahme politischer Verantwortung zu sein.

Während der ersten Hälfte des Jahres 1989 versuchte ich, in Gesprächen mit verschiedenen Mitstreitern in der Opposition für eine Beteiligung an unserem Projekt zu werben. Natürlich konnte das nur verdeckt geschehen, hatte aber auch wenig Erfolg. Die Meisten wollten keine Parteien und keine Demokratie westlichen Musters, sondern strebten nach einer wie immer gearteten Basisdemokratie. In verschiedenen Anläufen entwarfen Gutzeit und ich einen Aufruf zur Gründung der Partei und stellten ihn am 24. Juli 1989 fertig. Für den Aufruf war uns wichtig, dass er neben einer kurzen Analyse eine klare Richtung für das politische Handeln vorgab, zugleich aber offen dafür war und dazu einlud, auch programmatisch und inhaltlich mitzuwirken. Es durfte nicht schon alles festgelegt sein, wie man es von kommunistischen Parteien kannte, wo das einzelne Mitglied keine Rolle spielte. Wir riefen dazu auf, sich zum Projekt einer Sozialdemokratischen Partei zu bekennen und den Kontakt zu uns aufzunehmen. Je überzeugender der Aufruf sein würde, umso eher konnte verhindert werden, dass sich mehrere sozialdemokratische Parteien gründen, denn wir hatten ja kein Monopol auf ein solches Projekt.

Im Laufe des Sommers erhielten eine Reihe von Freunden in der Opposition Kenntnis von unserem Vorhaben und dem Aufruf, darunter auch Personen, die selbst später andere Bewegungen gründeten. So kann gesagt werden, dass alle Gruppierungen, die später andere Ansätze der Organisation wählten, sich bewusst von unserer Planung absetzten.

Am 26. August 1989 verlas ich in Berlin im Abschlussplenum eines Seminars zu Menschenrechtsfragen (es war der 200. Jahrestag der Deklaration der Bürger- und Menschenrechte in der Französischen Revolution) unseren Aufruf. Arndt Noack, damals Studentenpfarrer in Greifswald, hatte Gutzeit und mich nach den Entwicklungen des Sommers gedrängt, nicht mehr zu warten und gleichzeitig seine Bereitschaft zur Mitarbeit erklärt. Ibrahim Böhme entschloss sich im letzten Augenblick ebenfalls mitzumachen. So standen schließlich vier Namen und Adressen unter dem Aufruf; die Unterschrift von Hellmut Becker, Schülerpfarrer in Halle, hatten wir weggelassen, da er schon abgereist war und wir ihn nicht fragen konnten, ob er mit der Veröffentlichung einverstanden sei.

Am 26. August legten wir den 7. Oktober als Tag der Gründung fest. Im September erweiterten wir unsere kleine Gruppe, um für den Fall unserer Verhaftung sicherzustellen, dass die Gründung trotzdem hätte vollzogen werden können. Im Laufe des Septembers traten dann auch andere Initiativen der Opposition in die Öffentlichkeit, das „Neue Forum“ und „Demokratie Jetzt“, die sich jeweils als öffentliches Dialogforum für die notwendigen gesellschaftlichen Veränderungen verstanden. In der zweiten Septemberhälfte scheiterte der von Gutzeit und mir gemachte Versuch, die für Anfang Oktober geplante Gründung des „Demokratischen Aufbruch“ zu einem „Bündnis demokratischer Initiativen“ umzufunktionieren. Doch entstand am 4. Oktober 1989 die „Kontaktgruppe der Opposition“, in welcher es zu wichtigen Absprachen kam. Von dieser ging dann – auf Initiative der SDP – am 10. November der Vorschlag zur Etablierung eines Runden Tisches aus.

Die noch im Untergrund gegründete Partei stand vor ungeheuren Herausforderungen. Sie musste in einem historischen Prozess konkret und möglichst strategisch handeln und zum anderen im Aufbau von Parteistrukturen ihre Basis für künftiges Handeln sichern. Wichtig war, dass schon zwei Tage nach der Gründung öffentliches Agieren leichter wurde. Nachdem es am Gründungswochenende, am 7. und 8. Oktober, noch in verschiedenen Städten zu gewalttätigen Übergriffen der Sicherheitskräfte und massenweise

Verhaftungen gekommen war, wurde am 9. Oktober bei den großen Demonstrationen, insbesondere in Leipzig, nicht geschossen. Von diesem Tag an waren wir sicher, dass es uns gelingen würde, in der DDR eine Demokratie zu errichten und es galt, die Voraussetzungen dafür zu schaffen.

Wichtig für den Erfolg der Friedlichen Revolution war beides, das möglichst gemeinsame politische Handeln der demokratischen Opposition sowie die Demonstrationen der Massen, die allein diesem Handeln das notwendige Gewicht geben konnten. Noch nachträglich sehe ich es als einen großen Erfolg an, dass es uns innerhalb von drei Monaten gelang, auf fast dem gesamten Gebiet der DDR präsent zu sein. Die Delegiertenkonferenz Mitte Januar 1990 legte davon ein eindrucksvolles Zeugnis ab.

In dieser Zeit war dann schon die Hilfe der West-SPD wichtig. Wir hatten vor der Gründung keinen Kontakt zu ihr aufgenommen, die Gründung geschah in völlig eigener Verantwortung. Doch wandten wir uns im Zusammenhang mit der Gründung an Willy Brandt als Vorsitzenden der Sozialistischen Internationalen (SI) und stellten den Antrag auf Mitgliedschaft. Willy Brandt reagierte innerhalb kurzer Zeit und schickte uns schwedische Sozialdemokraten zur Kontaktaufnahme. Nach dem Fall der Mauer lud er uns zur Ratssitzung der SI nach Genf ein, wo wir noch im November 1989 einen Status als Beobachter erhielten.

Für den Kontakt zur SPD war der Besuch Steffen Reiches in Bonn wichtig. Dieser war nicht abgesprochen, was uns zunächst ärgerte. Von großer Bedeutung war, dass Hans-Jochen Vogel diesen Besuch zum Anlass nahm, Reiche als Vorstandsmitglied der SDP auch ins SPD-Präsidium einzuladen, was gut zwei Wochen nach der Gründung eine große Anerkennung durch die SPD bedeutete. Wenig später besuchte uns Norbert Gansel, der in diesen Monaten dann für uns zu einem wichtigen Begleiter wurde. Am Tag nach dem Mauerfall gab es ein Treffen mit Willy Brandt und Hans-Jochen Vogel in Ost-Berlin. Dies war der Beginn einer intensiven Zusammenarbeit. Am 17. Dezember 1989 beschloss der SPD-Vorstand in Bonn, dass die SDP die Schwesterpartei in der DDR ist. Auf dem Sonderparteitag der SPD in Berlin im Dezember 1989 konnte ich ein Grußwort für die ostdeutschen Sozialdemokraten sprechen. Es ist gerade Hans-Jochen Vogel hoch anzurechnen, dass die Kooperation mit der SPD so fair und trotz unserer chaotischen Zustände und unseres verwilderten Aussehens auf Augenhöhe geschah (und sich damit eklatant von der späteren Zusammenarbeit der CDU-West mit der Ost-CDU beziehungsweise „Allianz für Deutschland" unterschied). Von großer Bedeutung waren jedoch dann auch die spontanen Hilfen von SPD-Ortsvereinen für die neu gegründeten sozialdemokratischen Vereine in allen Regionen der DDR wie auch die Unterstützung der Friedrich-Ebert-Stiftung.

Am 9. November 1989 fiel – für uns alle unvorhergesehen – die Mauer. Sie wurde nach dem Missverständnis der Pressekonferenz mit Günter Schabowski regelrecht überrannt. Es wurde nicht geschossen, wie auch in den Wochen zuvor. Damit war alles anders. Bis zum 9. November waren wir noch davon ausgegangen, dass es zuerst gälte, in der DDR eine Demokratie zu errichten. Dass zwischen zwei demokratischen deutschen Staaten die Mauer absurd war und sie abgeschafft werden musste, war mehr als deutlich. Den damit verbundenen Fragen wollten wir uns später widmen. Das ging nun nicht mehr. Mit dem Fall der Mauer stand in Ost und West, in Deutschland wie weit darüber hinaus, die Frage der deutschen Einheit auf der Tagesordnung. Am 3. Dezember 1989 verabschiedete der Vorstand der SDP eine Erklärung, in welcher er sich zur Einheit bekannte, zugleich aber deutlich machte, dass diese von beiden deutschen Staaten gestaltet werden müsse, und zwar so, dass niemand sie fürchten müsse, weder die sozial Schwachen noch die europäischen Nachbarn. Noch klarer war dann am 14. Januar 1990 der Beschluss der Delegiertenkonferenz, bei der auch das Kürzel der Partei in „SPD" geändert wurde. Damit war das Programm vorgegeben: Ziel war die staatliche deutsche Einheit, aber als eine verhandelte. Um aber legitimierte Verhandlungspartner für die DDR zu erhalten, brauchten wir demokratische Wahlen. Insofern blieb die Errichtung einer Demokratie der Zeit nach prioritär, nur so konnte ein geeintes Deutschland erreicht werden.

Der seit Dezember 1989 arbeitende Runde Tisch hatte die Aufgabe, die Bedingungen für freie Wahlen auszuhandeln, auf dem Weg dahin die Regierung zu kontrollieren und die Auflösung der Staatssicherheit durchzusetzen. Die dann demokratisch gewählte

Regierung stand vor der Herausforderung, in Verhandlungen mit der Bundesrepublik die deutsche Einheit herzustellen. Ursprünglich wollten wir dafür den Weg über Art. 146 GG gehen, doch mit dem Wahlergebnis vom 18. März 1990 war klar, dass die Vereinigung über den Art. 23 GG als Beitritt erfolgen würde. Die große Mehrheit der ostdeutschen Bevölkerung wollte es so. Es war der einfachere und schnellere Weg. In den folgenden Koalitionsverhandlungen mit der Ost-CDU setzten wir durch, dass ausdrücklich festgehalten wurde, dass der Beitritt erst nach Verhandlung eines Vertrages erfolgt, in welchem die Bedingungen der Einheit beschrieben würden. Es war uns klar, dass im Interesse der Ostdeutschen solche Verhandlungen nötig seien, denn es würde nicht einfach sein, so unterschiedliche Rechtssysteme und Gesellschaftsstrukturen zusammenzuführen. Viele Ostdeutsche haben damals die Bedeutung solcher Verhandlungen unterschätzt und glaubten mancherlei Versprechen, dass „Einheit sofort" auch „Wohlstand sofort" bedeuten würde, ohne sich um die Bedingungen zu kümmern.

Es kann hier keine Darstellung über den Weg zur Einheit und die differenzierten Positionen der SPD dazu erfolgen. Für uns als Ost-SPD war der Kontakt mit der West-SPD einerseits wichtig, aber angesichts der großen Differenzen innerhalb der SPD und der Positionierung des Kanzlerkandidaten Oskar Lafontaine aber auch ein zunehmendes Problem.

Der Prozess der deutschen Einheit war 1990 damit belastet, dass es gleichzeitig das Jahr der Bundestagswahl war. Helmut Kohl sah - mit Recht, wie sich zeigte - darin die Chance, die Wahl doch noch zu gewinnen und lehnte Anfang 1990 das Angebot Hans-Jochen Vogels ab, diesen Prozess in einer gemeinsamen nationalen Anstrengung zu bewältigen. So war für Kohl der Einigungsprozess auch eine große Wahlkampagne. Sein Verhalten etwa in der Grenzfrage mit Polen machte dies allzu deutlich. Doch auch für Oskar Lafontaine stand die Wahl im Vordergrund. Er beschwor uns als Ost-SPD Ende August 1990, den Einigungsvertrag abzulehnen, weil er sich davon (fälschlicherweise) Vorteile bei der Wahl versprach, was wir natürlich ablehnten. Diese Gemengelage machte es uns manchmal ziemlich schwer, den eigenen Kurs zu halten.

Insgesamt aber lässt sich auch im Nachhinein sagen, dass die ostdeutsche Sozialdemokratie in diesem für Deutschland so wichtigen Jahr Entscheidendes geleistet hat. Sie war in der Friedlichen Revolution eine wesentliche und prägende Kraft und hat den Weg zur deutschen Einheit verantwortlich mitgestaltet. Dass wir als Deutsche es fünfzig Jahre nach dem Überfall auf Polen und all den Schrecken, die wir über ganz Europa gebracht haben, erleben durften, in Freiheit wieder vereint zu sein, in Anerkennung aller unserer Nachbarn, kann ich auch heute nur als Glück und Geschenk ansehen. Dass dies einmal möglich sein würde, daran habe ich noch kurze Zeit zuvor nicht zu glauben gewagt. Dafür, dass wir daran mitwirken konnten, bin ich dankbar. Die ostdeutsche Sozialdemokratie hat hier an deutscher Geschichte auf dem Weg zu Freiheit und Einheit wesentlich mitgewirkt und damit der seit zwanzig Jahren wieder vereinten deutschen Sozialdemokratie ein wesentliches Erbe mitgegeben.

Solidarność und ihre Bedeutung für die DDR-Opposition (2005)*

Die Gründung der unabhängigen Gewerkschaft Solidarność vor fünfundzwanzig Jahren war ein Fanal. Erstmalig im ganzen Ostblock und anders als 1953 in der DDR, 1956 in Polen und Ungarn oder 1968 in der ČSSR führte der Widerstand in Form von Streik, Aufstand und Demonstration und der Ruf nach Freiheit nicht zur gewaltsamen Niederschlagung oder gar zu einem Blutbad, sondern zum Erfolg. Erstmals gab es ein ausgehandeltes Ergebnis: eine unabhängige und nicht kommunistische Gewerkschaft. Wir verfolgten diese Ereignisse von der DDR aus mit großer Anteilnahme und tiefer Bewegung. Hier ging es auch um uns, hier ging es um die gemeinsame Sache der Freiheit. Uns war bewusst, dass die Gründung von Solidarność und die Anerkennung durch die kommunistische Führung in Polen einen Systembruch darstellten. Ein Bruch in einem festen Gefüge aber bringt das Ganze zum Wanken. So ging die Bedeutung der Ereignisse im Sommer 1980 weit über Polen hinaus.

Die SED schloss die Grenzen nach Polen und versuchte zu verhindern, dass der „Bazillus der Freiheit" über die Grenze kam. Alte antipolnische Ressentiments wurden in den kommunistischen Medien aus der Mottenkiste geholt, um die Bevölkerung gegen den polnischen Geist der Freiheit immun zu machen. Ein Freund von mir, der Material der Solidarność aus Polen mitbrachte, musste für ein Jahr ins Gefängnis. Und das war kein Einzelfall. Kontakte nach Polen wurden erschwert. Wer kein Polnisch sprach, hatte es schwer, über die westlichen Informationen hinausgehende, direkte Materialien in die Hand zu bekommen.

Glücklicherweise gab es einige wenige Personen in den Reihen der DDR-Opposition und der Kirchen, die Polnisch sprachen und auf dunklen Wegen die Kontakte aufrechterhielten. Ich möchte insbesondere Günter Särchen, Theo Mechtenberg, Wolfgang Temp-

* Offizielle Jubiläumskonferenz, Warschau, 29. August 2005

lin und Ludwig Mehlhorn nennen. Sie taten alles, um über Polen und über die Arbeit von Solidarność zu informieren.

Für uns, die wir in der DDR für Recht und Freiheit kämpften, war die Gründung der Solidarność eine ungeheure Ermutigung. Hier wurde deutlich: Veränderung von unten ist möglich! Mit Solidarność war ein neues politisches Subjekt auf die Bühne getreten; ein neuer, aus der Gesellschaft heraus agierender politischer Akteur wurde unübersehbar zur Realität. Viele haben das lange nicht begriffen und hofften immer noch ausschließlich auf Veränderung von oben. Mit Solidarność wurde klar: Der Kampf für Freiheit und Recht war nicht mehr ein nur privater Versuch einzelner Menschen – um mit Václav Havel zu sprechen – in der Wahrheit zu leben. Hier wurden Millionen aktiv und ihr Freiheitskampf konnte nicht mehr ignoriert werden. Der polnische Papst stärkte die Menschen, gab Mut, Orientierung und geistigen Rückhalt.

Für uns in der DDR, wo wir so sehr mit der Angst der Menschen konfrontiert waren, war das alles wie ein Wunder. Wir dachten, mit Deutschen sei so etwas nicht möglich. Dass wir uns da irrten, zeigte sich glücklicherweise im Herbst 1989, als die Menschen auch in der DDR die Angst verloren, auf die Straßen gingen und die Mauer, die Deutschland und ganz Europa trennte, von innen zum Einsturz brachten.

Wie in den anderen Staaten, die Stalin besetzt hatte, hatte es auch in Ostdeutschland seit Beginn der sowjetischen Besetzung Opposition und Widerstand gegeben. Nach der Zwangsvereinigung der sozialdemokratischen mit der kommunistischen Partei wanderten Tausende in die Gefängnisse oder flohen in den Westen. Die bürgerlichen Parteien wurden in das kommunistische System eingepasst und viele aufrechte Demokraten verließen die sowjetisch besetzte Zone beziehungsweise die DDR. Über Jahrzehnte war die Abwanderung kritischen, demokratischen Potentials aus der DDR nach Westdeutschland ein Aderlass für die Opposition. Wer dann im Westen lebte, war nicht im Exil, sondern baute eben auch in Deutschland sein neues Leben auf.

Trotzdem wuchs ständig eine neue Generation der Opposition nach, die ihre eigenen Wege ging. Zu Beginn der 1980er Jahre wurde diese Bewegung stärker, nicht zuletzt durch die Ostpolitik der Bundesrepublik und den KSZE-Prozess. Kontakte in den Westen waren dadurch nach dem Mauerbau wieder leichter geworden. Uns erreichten mehr Informationen. Wir versuchten, Kontakte zwischen den verschiedenen oppositionellen Gruppen aufzubauen. Eine wichtige Rolle spielten hier auch die (zumeist evangelischen) Kirchen. Dabei ist es uns in der DDR jedoch nie gelungen, in einem höheren Maße die Arbeiterschaft zu erreichen.

Doch zurück zu Polen: Als Präsident Jaruzelski mit der Ausrufung des Kriegsrechts im Dezember 1981 versuchte, die Macht zu retten und auf seine Art einen Einmarsch verhinderte, war dies für uns in der DDR ein Schock. Schon im Laufe des Jahres 1981 hatte SED-Chef Honecker den Sowjets signalisiert, dass die DDR sich an einem Einmarsch in Polen beteiligen würde. Er war für einen Einmarsch eingetreten, um dem „Spuk der Freiheit" ein Ende zu machen. Ich kenne einige, die vor diesem Hintergrund vorsorglich den Reservistendienst verweigerten. Wenn auch nicht im gleichen Ausmaß wie aus dem Westen, so gab es doch auch aus der DDR viele Hilfssendungen an private Adressen nach Polen, die unter uns ausgetauscht wurden. Und wieder machten uns die Nachrichten über das Weiterarbeiten von Solidarność in der Illegalität Mut.

Auch im Untergrund bewies Solidarność eine für uns erstaunliche Kraft. In einem intensiven Diskurs wurde über die Zukunft nachgedacht. Leider hatten wir damals nicht die Möglichkeit, über Differenzen in der Einschätzung zu reden, etwa wenn es um die Politik Ronald Reagans und die NATO ging. Wir standen der Politik des Totrüstens der Sowjets sehr skeptisch gegenüber. Das Risiko eines Krieges war schließlich sehr groß, ein Krieg, der insbesondere auf deutschem Boden ausgetragen worden wäre. Wir wussten damals auch noch wenig von den Diskussionen innerhalb der Solidarność, sich der deutschen Einheit gegenüber offen zu zeigen. Das hätte uns sehr ermutigt.

Die Wiederzulassung von Solidarność, der Runde Tisch, die halbfreie Wahl und mit Tadeusz Mazowiecki der erste nicht kommunistische Ministerpräsident im Ostblock waren 1989 ein wichtiges Aufbruchssignal. Hier zeigte sich nicht nur der polnische Freiheitswille, sondern dazu Augenmaß, Vernunft und pragmatische Verhandlungsfähigkeit. Auch Ungarn nutzte die Freiräume, welche sich durch Gorbatschows Politik eröffneten. Da sich Freiheit nicht dosieren lässt, beschleunigte sich auch dort die Entwicklung. Die demokratische Opposition erstarkte.

Auch in der DDR gab es seit Anfang 1989 immer mehr Bewegung. Die demokratische Opposition begann verstärkt, aus dem schützenden Dach der evangelischen Kirchen herauszutreten. Im August trat eine Initiative zur Gründung einer sozialdemokratischen Partei an die Öffentlichkeit, die ich gemeinsam mit Martin Gutzeit, wie ich evangelischer Pfarrer, ins Leben gerufen hatte. Im September folgten andere Bewegungen wie das „Neue Forum", „Demokratie Jetzt" und der „Demokratische Aufbruch". Eine Flucht- und Ausreisewelle, die durch Budapest und Warschau unterstützt wurde, erschütterte die politische Macht der SED. Aus den Kirchen heraus und unter Führung der neu gegründeten demokratischen Initiativen und Bewegungen entstand eine breite Protestwelle. Es war eine friedliche Revolution, die dann am 9. November die Mauer, das Symbol der deutschen und europäischen Teilung, zum Einsturz brachte. Die kommunistische Regierung wurde an den Runden Tisch gezwungen, ein Möbelstück, das wir sozusagen aus Polen „ausliehen". Es stand von Beginn an fest, dass es zu freien Wahlen kommen würde. Wir handelten dort das Wahlgesetz aus und legten den Grundstein für die Notwendigkeit, die kommunistische Vergangenheit aufzuarbeiten. Nach der Wahl am 18. März 1990 bekannte sich die frei gewählte Volkskammer zu der aus unserer Geschichte herrührenden Verantwortung gegenüber den Nachbarn, welche von der SED immer geleugnet worden war. Die frei gewählte Regierung der DDR, der ich als Außenminister angehörte, verhandelte die zur deutschen Einigung nötigen Verträge zur Währungsunion, zur internationalen Akzeptanz und Souveränität des geeinten Deutschland – die so genannten Zwei-plus-Vier-Gespräche – und den Einigungsvertrag. Ein besonderes Anliegen war mir als Außenminister die dauerhafte und völkerrechtliche Anerkennung der polnischen Westgrenze, was nach manchen Irritationen und Widerständen schließlich auch Realität wurde. Es war von großer Bedeutung, dass das „neue" Polen die deutsche Einheit unterstützte und ebenso die Zugehörigkeit des geeinten Deutschland zur NATO. So konnte seit 1990 eine beispielhafte Erfolgsgeschichte der Versöhnung, der Kooperation und der gemeinsamen Bemühung um die Integration in NATO und EU folgen.

Ich möchte mit der Benennung von zwei Herausforderungen schließen, vor denen wir heute stehen.

Erstens: Unsere Erfahrungen aus einer Diktatur sollten uns gelehrt haben, wie wichtig eine klare internationale und europäische Politik gegenüber Diktatoren und Potentaten ist. Dissidenten und gesellschaftliche Opposition, die für Recht und Freiheit einstehen - etwa in Belarus - brauchen unsere gemeinsame und deutlichere Unterstützung als Europäische Union! Für eine solche Politik sollten wir uns in der EU angemessene Instrumente schaffen, etwa eine „Europäische Freiheits- und Demokratiestiftung", wie sie auch von polnischen Mitgliedern des Europäischen Parlaments unterstützt wird.

Zweitens: Der 60. Jahrestag des Kriegsendes hat gezeigt, wie wenig wir in Europa ein gemeinsames Verständnis unserer Geschichte haben, etwa in der Bewertung des Kommunismus im Verhältnis zum Nationalsozialismus. Daran müssen wir arbeiten. Dazu gehört auch, der Dissidenz und Opposition in der kommunistischen Zeit die angemessene Aufmerksamkeit zu widmen und Anerkennung zu zollen. Sie ist ein zentrales Kapitel in der europäischen Freiheits- und Demokratiegeschichte! In dieser europäischen Freiheitsgeschichte gebührt der Solidarność ein Ehrenplatz!

4. Einheit und Zusammenwachsen

Rede an die Deutsche Nation: Einigkeit und Recht und Freiheit – QUO VADIS? (2018)*

In der DDR geboren und aufgewachsen, konnte ich 1986 das erste Mal den Westen meines Vaterlandes besuchen. Meine Tante feierte ihren 60. Geburtstag. Nach langer Zugfahrt kam ich in der Nacht aus der grauen DDR auf dem von Reklame leuchtenden und bunten Bahnhof in Essen an, in einer mir fremd anmutenden Welt. Plötzlich rief jemand laut einen anderen an und sprach Deutsch, meine Sprache. Ich war fast zu Tränen tief berührt.

Ähnliches hatte ich 1971 schon einmal erlebt, als ich das erste Mal in Kronstadt in Rumänien Siebenbürger Sachsen traf. In der Fremde die eigene Sprache als Muttersprache zu hören, ist etwas Besonderes und schafft unmittelbare Verbundenheit und Vertrautheit im Fremden. Inzwischen leben nicht nur die meisten Siebenbürger Sachsen und Banater Schwaben aus Rumänien in Deutschland, wir Deutschen aus Ost und West leben seit fast drei Jahrzehnten im nun vereinten Deutschland; Rumänien gehört zur Europäischen Union. Wir singen unsere Nationalhymne und dürfen beglückt als eigene Erfahrung preisen, was der Dichter Hoffmann von Fallersleben noch als Erwartung und Hoffnung besang: Einigkeit und Recht und Freiheit.

Wenn wir uns jedoch umsehen müssen wir feststellen: Wir sind heute nicht wirklich beglückt. Unser Gemeinwesen ist von Unsicherheit und Orientierungslosigkeit umgetrieben und von mancherlei Spaltung zerrissen. Wohin steuern wir? Kann uns ein Gedenktag wie der heutige Orientierung geben?

Es ist kein Zufall, dass die Nationalversammlung von 1848/49, die hier in dieser Kirche vor nunmehr 170 Jahren tagte, sich nach der vielfach siegreichen Revolution auf den Barrikaden in besonderer Weise der Erarbeitung einer Verfassung widmete.

---

* Rede in der Paulskirche in Frankfurt am Main, 3. Oktober 2018

Diese sollte eine Grundlage schaffen für „Einigkeit und Recht und Freiheit" der Deutschen. Sie wollte einen auf Wahlen beruhenden parlamentarischen Verfassungsstaat, der die Bürger- und Menschenrechte garantierte, Gewaltenteilung und Rechtsstaatlichkeit sicherte und Raum gab für politische Mitwirkung sowie Presse-, Vereinigungs- und Versammlungsfreiheit gewährleistete. Auch die in Deutschland lebenden Minderheiten sollten mit klaren Rechten ausgestattet sein. Ja, sogar ein allgemeines Recht auf Bildung wurde hier schon kodifiziert.

Diese Nationalverfassung wurde dann sogar beschlossen und rechtskräftig. Achtundzwanzig der sechsunddreißig Regierungen erkannten sie an. Doch ihre Umsetzung scheiterte. Der preußische König schlug die ihm von der Nationalversammlung angebotene „Kaiserkrone der Deutschen" aus und hielt an seinem „Gottesgnadentum" fest. Friedrich Wilhelm IV. war weder bereit, ein über ihm stehendes Recht noch eine auf freien Wahlen gegründete Volksherrschaft anzuerkennen. Damit war vorerst auch das andere Ziel der 1848er Revolution dahin: die Einheit der Deutschen, die Schaffung eines deutschen Nationalstaates. Diesen schuf Bismarck dann dreiundzwanzig Jahre später nach drei Kriegen – aber ohne jene Freiheiten, für die die Nationalversammlung stand.

Erst die Katastrophe des Ersten Weltkrieges fegte die Monarchien in Europa hinweg, die anders als in anderen Ländern zur Demokratie nicht bereit waren. Sie machte den Weg frei zur Verwirklichung des Anspruchs von 1848: Freiheit und Recht und Einigkeit, ein demokratisches Deutschland, dessen Grundlage die Weimarer Verfassung wurde. Diese wiederum nahm vieles auf, was zuvor hier in der Paulskirche diskutiert und beschlossen worden war. Bei den Feierlichkeiten zum 75. Jahrestag der Nationalversammlung 1923 hier in der Paulskirche wurde diese Traditionslinie von Reichspräsident Friedrich Ebert und Reichstagspräsident Paul Löbe ausdrücklich hervorgehoben. Deren Namen treffen Sie wiederum auch im heutigen Regierungsviertel in Berlin an. Es ist ein Zeichen dafür, dass sich auch das vereinte Deutschland dieser Rechtstradition verpflichtet weiß.

In diesen Wochen blicken wir zurück auf das einhundertjährige Ende des Ersten Weltkrieges und zugleich auf den Anfang der ersten deutschen Demokratie. In einer Situation, in der Deutschland am Boden lag, übernahmen Demokraten das erste Mal Regierungsverantwortung, um Deutschland in die Zukunft zu führen. Gewiss wurden damals auch Fehler gemacht. Wenn man aber über diese Zeit nachliest, kann man nur voller Bewunderung für den Mut Einzelner sein, in schwer umkämpften Situationen mit klarer Orientierung an Demokratie und Rechtstaatlichkeit ihre Entscheidungen zu treffen, gegen revanchistische Versuchungen und bolschewistische Versprechen.

Der Erste Weltkrieg und seine Folgen haben das vergangene Jahrhundert in einer Weise geprägt, wie es uns oft nicht mehr bewusst ist. Mit dem im Größenwahn von Deutschland selbst provozierten Kriegseintritt der USA 1917 war die deutsche Niederlage besiegelt. Im Juli 1917 hatten die Parteien, die später die Weimarer Republik tragen sollten, im Deutschen Reichstag eine Friedensresolution beschlossen. Sie wurde jedoch von Hindenburg und Ludendorff beiseite gewischt. Das Parlament hatte eben noch keine wirkliche Macht. Die Amerikaner unter Präsident Wilson jedoch sahen sich im Auftrag, die Einführung von Demokratien in Europa zu unterstützen.

Die nach dem Zerfall der monarchischen Reiche neu entstehenden Staaten wurden schließlich auch als parlamentarische Demokratien gegründet. Das Frauenwahlrecht, um das lange gekämpft worden war, nahm seinen Siegeszug durch Europa. Nach der Katastrophe des Weltkrieges wurde versucht, eine internationale Rechtsordnung zu schaffen, der Völkerbund wurde gegründet. Dieser stand für die Lösung internationaler Konflikte ein. Er sah sich unter anderem auch in der Verantwortung, sich um die Flüchtlinge zu kümmern, die damals in großer Zahl vor dem Bürgerkrieg und den Bolschewiki aus Russland in den Westen flohen. Bis 1923 retteten sich alleine nach Deutschland 600 000 Menschen.

Mit der Gründung neuer Nationalstaaten, deren Bevölkerung ethnisch gemischt war, entstand nach 1918 das Problem der Minderheitenrechte. Manche dachten damals - wie übrigens auch heute wieder - Demokratie sei das Recht der Mehrheit, so dass eine gewählte Regierung machen könne, was sie wolle. Demgegenüber wurde schon vor einhundert Jahren deutlich gemacht, dass Demokratie auf Werten und Rechten gründet, die jedem Menschen und auch Minderheiten zustehen und die von Mehrheiten nicht einfach hinweggewischt werden dürfen. Ein Thema, das gerade heute wieder hoch aktuell ist.

Beide großen Errungenschaften am Ende des Ersten Weltkrieges - der Siegeszug der parlamentarischen Demokratie und der Völkerbund, der internationales Recht stärken und umsetzen sollte - waren nicht von langer Dauer. Nicht nur in Deutschland, auch in den anderen neugegründeten Staaten (außer der Tschechoslowakei) versagte die Demokratie. Nach fünfzehn Jahren war sie durch autoritäre oder diktatorische Regime abgelöst. Es gab nicht genügend Demokraten, die für sie einstanden und sie verteidigten. Die Amerikaner wurden schließlich nicht einmal in dem von ihnen initiierten Völkerbund Mitglied. Er scheiterte. Der Neuanfang nach dem Zweiten Weltkrieg mit der Gründung der Vereinten Nationen 1945 und ihrer Menschenrechtserklärung von 1948 bleibt bis heute eine internationale Herausforderung für die Verrechtlichung der internationalen Beziehungen und die Friedenssicherung. Dabei bleiben die UN auf den Willen der Staaten angewiesen, sie zu stützen und stark zu machen. Gerade heute aber - nach der Annexion der Krim ganz offensichtlich - steht diese internationale Rechtsordnung wieder unter einem Druck, wie wir es uns in den letzten Jahrzehnten nicht mehr vorstellen konnten.

Am Ende des Ersten Weltkrieges entstand das, was wir über Jahrzehnte hin in positiver Weise „den Westen" genannt haben: eine transatlantische Staatengemeinschaft, die sich gemeinsamen Werten verpflichtet fühlt. Zwar verharrten die USA zunächst wieder in ihrer Isolation und zogen sich aus Europa zurück. Nach dem Zweiten Weltkrieg jedoch geschah das nicht erneut. Die USA wurden zum Garanten der Demokratie im westlichen Nachkriegseuropa, sie unterstützten die Bildung der Europäischen Gemeinschaften, die Integration der (zunächst west-) europäischen Staaten, unserer heutigen Europäischen Union. Die EU wurde nach dem Sieg von Freiheit und Demokratie 1989/90 zu einem Anker der neuen postkommunistischen Demokratien. Die transatlantischen Beziehungen sind somit seit dem Ende des Ersten Weltkrieges ein Jahrhundertthema. Im Kalten Krieg wurden sie zur existentiellen Basis.

Der Westen war für viele im Osten Ziel ihrer Sehnsüchte, das Symbol für Freiheit. Heute müssen wir mit Erschrecken feststellen, dass diese Grundlage, die angesichts der Globalisierung nicht weniger wichtig wäre als im Kalten Krieg, zutiefst gefährdet ist. Das bedeutet eine immense Herausforderung!

Die Präsidentschaft Donald Trumps führt uns vor Augen, was eigentlich schon lange ansteht: die Emanzipation der Europäer, der Europäischen Union im transatlantischen Verhältnis und in der internationalen Politik. Wir Europäer müssen lernen, den Amerikanern auf Augenhöhe zu begegnen und mehr Verantwortung zu übernehmen. Wir müssen partnerschaftsfähig werden und in diese Partnerschaft das entsprechende Gewicht einbringen. Davon aber sind wir weit entfernt, sowohl was die Ressourcen als auch die dafür erforderliche Einigkeit unter den Europäern betrifft. Dabei gilt: Für die Gestaltung der Globalisierung durch ein regelbasiertes Miteinander und die dies unterstützenden Institutionen ist ein gemeinsam handlungsfähiger „Westen" von zentraler Bedeutung. Nur gemeinsam wird es gelingen, unseren Werten, dem internationalen Recht und der Würde des Menschen weltweit mehr Geltung zu verschaffen. Voraussetzung dafür bleibt natürlich, dass wir uns im eigenen Handeln auch selbst von diesen Werten leiten lassen und sie nicht nur im Munde führen!

Meine Damen und Herren, Sie sehen, welche aktuellen Fragen zum Thema werden, wenn man am heutigen 3. Oktober aus gutem Grund auch diesen einhundertsten Jahrestag des Endes des Ersten Weltkrieges genauer bedenkt. Ich möchte hier nun noch an zwei weitere runde Jahrestage erinnern, die in diesem Jahr und in diesem Zusammenhang von Bedeutung sind: an das Jahr 1938 und an das Jahr 1968 in seiner doppelten Bedeutung.

1938 – die Pogrome an der jüdischen Bevölkerung in Deutschland. Hier wurden einer Bevölkerungsgruppe alle Rechte entzogen, sie wurde dem Terror und dem Mob ausgeliefert. Und die große Mehrheit der Deutschen sah tatenlos zu. Es gab keinen Aufschrei der Aufrechten. War es Übereinstimmung, Gleichgültigkeit, Angst? Ich stelle einmal die spekulative Frage: Was wäre geschehen, wenn es diesen Aufschrei gegeben hätte, laut und vernehmlich, durch alle Bevölkerungsgruppen? Wäre auch dann alles so weiter geschehen, wie es geschah - mit sechs Millionen ermordeten europäischen Juden am Ende des Krieges?

1968 - erlauben Sie mir als Ostdeutschem, hier zuerst an den Versuch in der Tschechoslowakei zu erinnern, einen „Sozialismus mit menschlichem Antlitz" zu errichten. Das hat uns damals so viel Hoffnung gegeben! Und dann denken wir natürlich daran, wie dieser Traum durch sowjetische Panzer zunichte gemacht wurde. Für mich als 16-jährigen war das der Beginn meines politischen Engagements.

Sie hier in Frankfurt denken zum Jahr 1968 natürlich zuerst an die turbulenten Erfahrungen mit der Studentenrevolte, war hier doch eines ihrer Zentren. Bei allen Fragen an die neomarxistische Attitüde, die viele Akteure damals an den Tag legten, bleiben meines Erachtens jedoch zwei Anstöße dieser Zeit von zentraler Bedeutung: Die 68er machten zum einen deutlich, dass Autorität und Tradition kritisch zu hinterfragen sind und jeweils neu begründet werden müssen. Sie schnitten manch alten Zopf einfach ab. Und sie waren zum anderen nicht bereit, die Schuld der Vergangenheit weiter zu beschweigen und fragten nach der Verantwortung. Sie setzten einen Prozess der Auseinandersetzung mit den Verbrechen der NS-Zeit in Gang, der bis heute für uns von zentraler Bedeutung ist. Diese zwar durchaus immer strittige, aber dann doch einen breiten Konsens findende Aufarbeitung des Nationalsozialismus hat zu einer weltweiten Anerkennung für die Bundesrepublik geführt. Der kniende Kanzler Willy Brandt vor dem Ghettodenkmal in Warschau ist zu einem Gen deutscher Identität geworden. Ich bin überzeugt davon, dass die internationale Anerkennung für die Übernahme der Verantwortung für unsere schwer belastete Geschichte eine zentrale Voraussetzung dafür war, dass die Alliierten und Nachbarn 1990 die Vereinigung Deutschlands akzeptierten. Obwohl die 68er 1990 selbst nicht unbedingt zu den Unterstützern der deutschen Einheit gehörten, hatten sie so gesehen auch ein Verdienst daran, diese Einheit möglich gemacht zu haben.

Meine Damen und Herren, wir begehen heute den Tag der Deutschen Einheit vor neunundzwanzig Jahren. Gerade wenn wir auf das ganze Jahrhundert zurückblicken, müssen wir doch sagen: Welch ein Glück war es für uns Deutsche, das erleben zu dürfen -

viereinhalb Jahrzehnte nach dem Zweiten Weltkrieg, in welchem wir so viel Mord und Terror über ganz Europa gebracht haben! Dass dies gelungen ist, kann ich auch heute nur als ein ganz großes Geschenk ansehen. Natürlich erwächst uns daraus auch eine Verantwortung. Doch darauf möchte ich später zurückkommen.

Zunächst gilt es festzustellen, dass auf diese Einheit niemand wirklich vorbereitet war. Jedenfalls war von einer solchen Vorbereitung bei keinem der Akteure etwas zu spüren. Wir Deutschen haben bis heute für das für unsere Geschichte so wichtige Ereignis noch keine gemeinsame Erzählung gefunden. Dabei ist das für unser Selbstverständnis und Agieren in der Zukunft durchaus wichtig. Die Voraussetzung dafür aber ist, dass wir beginnen, uns gegenseitig zuzuhören und uns unsere jeweiligen Erfahrungen zu erzählen. Dazu gehören auch die Erfahrungen derer, die in den letzten Wochen in Dresden und Chemnitz auf der Straße waren.

Als ich in den 1990er Jahren in Süddeutschland einen Vortrag hielt, formulierte ein Student, den Einigungsprozess beschreibend, wie folgt: *„Als die DDR zu Deutschland kam"*. Dies ist gewiss eine ungewöhnliche Formulierung, doch gibt sie meines Erachtens ziemlich präzise das unmittelbare Gefühl vieler Westdeutscher wieder. Die Ostdeutschen sind nach diesem Verständnis die Hinzugekommenen, für die man durchaus auch bereit war, einiges zu tun. Doch gilt dann auch: *„Alles hat seine Grenzen. Irgendwann – nach dreißig Jahren – muss aber Schluss sein!"* So kann man es heute in Gesprächen immer wieder hören.

Die Geschichte der Bundesrepublik ist nach diesem Verständnis die deutsche Geschichte der Nachkriegszeit. Die DDR-Geschichte dagegen wird zur Regionalgeschichte, eine Sache für Spezialisten, die in den Anhang gehört beziehungsweise als Exkurs oder Sonderkapitel abgehandelt wird. Dabei wäre es doch wohl richtiger und angemessener, die deutsche Geschichte der Nachkriegszeit als geteilte Geschichte zu beschreiben, bei der beide deutschen Staaten nicht nur von der jeweiligen Vormacht und dem jeweiligen Bündnis geprägt, sondern immer auch stark aufeinander bezogen waren. Dies geschieht bis heute jedoch ganz selten. Da Geschichtserzählung aber etwas mit Identitätsbestimmung zu tun hat: Glauben Sie nicht, dass es Auswirkungen hat, wenn dreißig Jahre nach der deutschen Einheit die Geschichte der einen Deutschen als die eigentliche deutsche Geschichte betrachtet wird und die der anderen als ein Anhang, Exkurs oder eine Sondergeschichte?

International wird Deutschland trotz aller Turbulenzen der Gegenwart zu Recht als eine gefestigte Demokratie angesehen. Ein wichtiger Anker dafür ist die - natürlich auch immer hart umkämpfte - demokratische Entwicklung der Bundesrepublik bis 1990. Doch haben wir Ostdeutschen in diese Geschichte und Tradition einzubringen, dass hier erstmalig in der deutschen Geschichte Freiheit und Demokratie ohne Blutbad selbst erkämpft wurden. Erst diese siegreiche Freiheitsrevolution eröffnete das Tor zur deutschen Einheit.

Es wäre spannend, die Aufbrüche zur Freiheit und die Debatten hier in der Paulskirche 1848/49 mit denen am Runden Tisch und in der frei gewählten Volkskammer zu vergleichen. Da waren jeweils Menschen aktiv, die nicht als Politiker geboren waren, sondern ganz unmittelbar ihre Bürgerrechte in Anspruch nahmen und endlich selbst ihre Zukunft in die Hand nehmen wollten. Ein Unterschied aber ist manifest: Die Nationalversammlung schuf in langen Diskussionen ihre Verfassung. Die Ostdeutschen haben zwar Freiheit und Demokratie selbst erkämpft, das Recht aber wurde durch den Beitritt übernommen und nicht mehr selbst gestaltet. Das war damals der einfachste verfassungsrechtliche Weg und von der großen Mehrheit in Ost und West gewollt. Es bestand aber von westlicher Seite nicht einmal die Bereitschaft, sich auf der Grundlage des Grundgesetzes gemeinsam eine neue Verfassung zu geben und darüber abstimmen zu lassen. Ist unter anderem vielleicht auch dies ein Grund dafür, dass das Grundvertrauen in das Recht im Osten nur so mangelhaft entwickelt ist?

In den 1990er Jahren erklärte ein bekannter deutscher Politiker im Bundestag, dass er sich freue, dass die Ostdeutschen durch die Einheit die Freiheit erhalten hätten. Ich schaute mich damals empört im Plenum um. Doch niemandem schien etwas aufgefallen zu sein. War das doch eine Verdrehung der Tatsachen! Wir im Osten hatten die Freiheit selbst erkämpft und dadurch war die Einheit möglich geworden. Die große Mehrheit der Ostdeutschen wollte die Einheit und machte dann auch ständig Druck. Sie kennen den

Slogan: *„Wenn die DM nicht kommt zu mir, geh'n wir zu ihr!"* Durch die errungene Freiheit wurde die Einheit möglich.

Deshalb ist es auch wichtig, dass das Denkmal, das jetzt in Berlin entstehen soll, Freiheits- und Einheitsdenkmal heißen wird, und nicht „Einheits- und Freiheitsdenkmal", wie die Initiatoren es ursprünglich nannten. Überhaupt ist es schon verwunderlich, dass wir Deutschen uns so schwer tun, diesem zentralen Ereignis unserer Geschichte ein Denkmal zu bauen. Wenn ich mir die vielen Bismarckdenkmäler ansehe, die an die Einheit „mit Blut und Eisen" von 1871 erinnern, ist das schon erstaunlich. Wir Deutschen haben wohl irgendwie Schwierigkeiten, uns auch einmal wirklich zu freuen und dieser Freude Gestalt und Ausdruck zu geben. Natürlich kann man über jede Formgebung diskutieren. Das war auch beim Holocaustdenkmal so. Doch ich bin davon überzeugt, dass wie das Holocaustdenkmal auch das Freiheits- und Einheitsdenkmal vor dem Berliner Schloss von den Menschen angenommen werden wird! Wichtig wird sein, es wie beim Holocaustdenkmal um eine erklärende Ausstellung zu ergänzen.

Auch wenn mit der Vereinigung Deutschland wieder ein Nationalstaat wurde, handelte es sich 1989/90 nicht nur um ein nationales Ereignis. Angemessene Erinnerung daran kann nicht nur national sein. Schon die Friedliche Revolution in der DDR gehört in den Kontext dessen, was zuvor in Polen und Ungarn und später auch in der Tschechoslowakei geschah. Sie war Teil einer mitteleuropäischen Revolution, eines Systemwechsels, der den Kommunismus in Osteuropa zum Einsturz brachte und den Kalten Krieg beendete. Der Fall der Mauer am 9. November 1989 wurde weltweit zum Symbol dafür. Deshalb müssten Polen, Ungarn, Tschechen und Slowaken als Gäste zu jeder Feier des Mauerfalls gehören. So kam es meines Erachtens fast einer Geschichtsfälschung gleich, als man zum 9. November 2009 in Berlin eine Veranstaltung mit Helmut Kohl, George Bush senior und Michail Gorbatschow durchführte. Sie alle drei waren doch von den Revolutionen im Herbst 1989 und vom Mauerfall überrascht worden. Tadeusz Mazowiecki aber, Symbolfigur und zentraler Akteur dieses mitteleuropäischen Aufbruchs, war zwar im letzten Augenblick doch noch eingeladen worden, durfte aber nur schweigend in der ersten Reihe sitzen. Natürlich spielten die genannten Politiker für die deutsche Einheit eine zentrale Rolle, aber eben in einem Moment, in dem die Tür dazu bereits aufgestoßen war. Deshalb gehören die Alliierten und Polen auch zu jeder Feier der deutschen Einheit am 3. Oktober.

Solche differenzierten Zusammenhänge auch in unseren Gedenkfeiern stärker zu beachten, scheint mir für Europa zunehmend wichtig. Denn die meisten nationalen Gedenkfeiern europäischer Länder beziehen sich auf Ereignisse, die eben nicht nur national waren. Denken Sie nur an die französische Revolution oder eben den 11. November als Tag des Endes des Ersten Weltkrieges, von dem schon die Rede war.

Liest man verschiedene Reden zur deutschen Einheit aus den letzten drei Jahrzehnten nach, so wird dort sehr häufig an die Hunderttausende auf den Straßen der DDR erinnert. Dann kam der Fall der Mauer, den manche auch noch Öffnung nennen, so als hätte die SED die Mauer geöffnet. Und schließlich kamen dann die richtigen Politiker aus dem Westen, die mit Gorbatschow die Einheit gemacht haben. Das damit vermittelte Bild kann ich jedoch nicht teilen. Wie erklärt man sich so den Runden Tisch und die freien Wahlen in der DDR? Beides geschah erst nach dem Mauerfall. Man bekommt doch bei einer solchen Darstellung den Eindruck, dass wir im Osten auch noch einmal eine Weile für uns allein ein paar demokratische Übungen oder Spiele machen wollten. Manche haben uns das ja auch nachgesagt.

Das übliche Bild von der deutschen Vereinigung vernachlässigt, dass es eine verhandelte Einheit war – und eben nicht nur international in den Zwei-plus-Vier-Verhandlungen. Wer aber hätte für die DDR verhandeln sollen? Etwa die SED? So blieb für uns auch nach dem Mauerfall Priorität, was es auch schon vorher war: die Errichtung einer parlamentarischen Demokratie, die Schaffung von demokratischen Institutionen. Zum Beispiel auch die Errichtung der Länder! Erst die freien Wahlen im März 1990 schufen die Voraussetzungen für Verhandlungen mit einem demokratischen Mandat. Erst damit war die DDR verhandlungs- und damit vereinigungsfähig. Das aber konnte nicht von außen geschehen. Das war unsere ureigene Aufgabe.

So ereignete sich - von den institutionellen Abläufen her gesehen - der Prozess der deutschen Einheit, wie er kaum besser hätte sein können. Erst wurde in einer gewaltfreien Revolution im Zusammenspiel von neuen demokratischen Vereinigungen und den Massen auf den Straßen die Diktatur gestürzt. In einem friedlichen Verhandlungsprozess am Runden Tisch wurde der Unterdrückungsapparat des kommunistischen Systems, die Stasi, ausgeschaltet. Hier wurden die Bedingungen der freien Wahl ausgehandelt. Die Wahl schuf das frei gewählte Parlament, die Volkskammer, und die Regierungskoalition, welche das Mandat für Vereinigungsverhandlungen hatte. Beide deutschen Regierungen verhandelten die nötigen Verträge miteinander und mit den ehemaligen Alliierten. Auf dieser Grundlage beschloss die frei gewählte Volkskammer der DDR den Beitritt, der zum 3. Oktober 1990 rechtskräftig wurde. Wenn man diese Geschichte so beschreibt, kann man behaupten - und das ist meine Überzeugung - dass die Ereignisse dieser Monate in besonderer Weise der aufrechte und selbstbewusste Gang der Ostdeutschen in die deutsche Einheit waren.

Natürlich ist vom institutionellen Ablauf der Verhandlungen die Bewertung der konkreten inhaltlichen Ergebnisse zu unterscheiden. Hier kam dann die Überlegenheit der westlichen Verhandlungsführer als erfahrene und von einer ausgezeichneten Bürokratie unterstützten Politiker ins Spiel und eine Politik, die ihre eigenen Interessen nie aus dem Blick verlor. Es darf auch nicht vergessen werden, dass 1990 die Bundestagswahl bevorstand, was meines Erachtens den Vereinigungsprozess in hohem Maße beeinflusste. Gleichzeitig muss gesagt werden, dass eine hohe Zahl der DDR-Bürger diese Verhandlungen, die ja von ihrer eigenen Regierung in ihrem Interesse geführt wurden, nicht schätzte und unterstützte. Sie sahen die Verhandlungen nur als Verzögerung der Einheit, die sie lieber heute als morgen wollten, versprachen sie sich doch davon nicht zuletzt auch schnellen Wohlstand. Solche falschen Hoffnungen wurden dann im politischen Prozess auch noch zusätzlich genährt. Dies stärkte nicht gerade die Verhandlungskraft der DDR-Regierung, die ohnehin genug Schwierigkeiten hatte, ihre Positionen zu bestimmen. Die Gemengelage in der großen Koalition war hoch kompliziert. Der Anteil der alten Blockparteien, die wenige Wochen zuvor noch integraler Teil des kommunistischen Systems gewesen waren, war erheblich. Abstimmungsprozesse waren nicht eingeübt - Koalitionsregierungen hatte es in der DDR noch nicht gegeben.

Es ist leider bezeichnend, dass es für diese Dimensionen der deutschen Einheit weder in der Öffentlichkeit noch in der Forschung ein wirkliches Interesse gibt. Gewiss waren die beiden innerdeutschen Einigungsverträge eine Meisterleistung der deutschen Bürokratie, um eine so völlig anders strukturierte Gesellschaft wie die der DDR in die Strukturen der Bundesrepublik zu integrieren und anzuschließen. Ob und inwieweit es auch eine politische Meisterleistung war, sei dahingestellt. Empathie, Reformbereitschaft und die Bereitschaft zu Neuem waren jedenfalls keine Orientierungen, die sich in den Verträgen wirklich niedergeschlagen haben. Es wäre zu wünschen, dass zum dreißigsten Jahrestag der deutschen Einheit zu diesen Fragen und der darauf folgenden Transformation ein offener, von Sachlichkeit und Differenzierung getragener Diskurs entstünde. Ich bin sicher, dass sich dann auch zu manchen gegenwärtigen Entwicklungen neue Erkenntnisse gewinnen ließen.

Meine Damen und Herren,
nach der freien Wahl in der DDR schrieben wir, die regierungsbildenden Parteien, im April 1990 in den Koalitionsvertrag, dass auch unsere Nachbarn, die mit uns Freiheit und Demokratie erkämpft hatten, ebenfalls die Chance haben sollten, den transatlantischen Strukturen beizutreten. Wir als Ostdeutsche wurden ja mit der Vereinigung automatisch Mitglied. Viele der neuen Demokratien sind nunmehr Teil der Europäischen Union und der NATO. Heute stehen wir vor der Herausforderung, die Grundlage unserer Rechtsordnung - nämlich die demokratischen Werte - nicht nur in Deutschland, sondern auch in Europa neu zu verteidigen. Dies aber muss auf doppelte Weise geschehen, zum einen durch die notwendigen Rechtsmittel, zum anderen aber durch die Überzeugungskraft gelebter demokratischer Kultur und einer Politik, die sich öffentlich und differenziert erklärt. Politik aber darf man nicht allein den Politikern überlassen. Sie ist Sache jedes einzelnen Bürgers. Die Revolution 1848/49 war mit einem ungeheuren Aufschwung an

bürgerschaftlichem Engagement in Vereinen und Assoziationen sowie mit einem lebendigen Diskurs in Presse und Öffentlichkeit verbunden. Davon lebt der demokratische Prozess, damals wie heute.

Dazu kommt ein Letztes, das ich noch einmal betonen möchte: die Bedeutung des Rechts in der Trias Einigkeit und Recht und Freiheit. Oft fällt es nämlich unter den Tisch, dabei ist es zentral, und zwar in seiner doppelten Dimension: als Grundrecht, das jedem Menschen in seiner Würde gilt, wie auch als Gemeinschaftsrecht, das unser Zusammenleben regelt. Vielleicht müssen wir in Deutschland, aber mehr noch in Europa, über diese Dimension der Demokratie viel mehr reden. Nicht nur im Blick auf manche Nachbarn ist festzuhalten: Demokratie ist nicht allein der Wille der Mehrheit zur unbegrenzten Machtdurchsetzung, sie lebt von der Anerkennung des staatliche Gewalt einschränkenden Rechts, von einer politischen Kultur, in welcher der Andere und Andersdenkende, der Schwache, der Fremde und die Minderheit in ihrer Würde geachtet werden. Diese mit Rechten ausgestattete Würde zu achten und zu schützen, ist die vornehme Aufgabe eines jeden Staates.

Meine Damen und Herren, als die Paulskirche nach ihrer Zerstörung im Zweiten Weltkrieg 1947 wieder aufgebaut wurde, sagte der hessische Ministerpräsident Christian Stock zur Grundsteinlegung: *„Die Paulskirche ist das Haus der deutschen Demokratie"*. Dass dies Wirklichkeit wurde, bezeugt jede Nachricht aus diesen Mauern. Doch er fügte hinzu: *„Und unser aller Schwur soll heute lauten, das heilige Gut der demokratischen Freiheit mit allen Kräften zu verteidigen und es nie wieder herzugeben."* Schließen wir uns diesem Schwur an, doch gilt er nun nicht nur für Deutschland, sondern für Europa, das unsere Zukunft ist.

Der Weg in die deutsche Einheit und was daraus wurde (2013)*

Wer heute auf die Geschichte des 20. Jahrhunderts zurückblickt, kann nur mit Glück und Dankbarkeit darauf blicken, dass wir als Deutsche nach all dem, was wir an Schrecken über Europa gebracht haben und nach den Jahrzehnten der Teilung und kommunistischen Diktatur 1989/90, Freiheit und Einheit erlangen konnten. Für mich ist das auch nach mehr als zwei Jahrzehnten regelrecht ein Wunder und Geschenk. Umso mehr muss man mit Erstaunen feststellen, wie schnell sich nach der Vereinigung die Stimmung im Lande geändert hat. Die Freude über die erreichte Einheit war schnell verflogen, obwohl sie doch damals der tiefe Wunsch der ganz großen Mehrheit der Bevölkerung in Deutschland war – in Ost wie West. Ich will versuchen, diese Prozesse ein wenig nachzuzeichnen und in vielleicht nicht ganz üblicher Weise darzustellen.

Rückblick auf den deutschen Einheitsprozess

Wer sich verschiedene Gedenkreden zu den Ereignissen vor gut zwanzig Jahren ansieht, findet einige immer wiederholte Grundaussagen: Da wird von den Hunderttausenden auf den Straßen der DDR gesprochen, natürlich vom Fall der Mauer (die oft Öffnung der Mauer genannt wird, als hätte die SED die Mauer geöffnet) – und dann kamen sozusagen die richtigen Politiker aus dem Westen, die die Einheit gemacht haben, allen voran natürlich Helmut Kohl. Entsprechend herrscht in Ostdeutschland leider vielfach das schiefe Bild vor, der Osten sei vom Westen kolonialisiert worden.

Ich jedenfalls muss die Abläufe von damals ganz anders beschreiben. Meine Überzeugung ist, dass wir als Ostdeutsche aus eigenem Willen, aufrechten Ganges und selbstbewusst in die deutsche Einheit gegangen sind. Die erkämpfte Freiheit hat den Weg zur Einheit frei gemacht. Die friedliche Revolution, die nicht von

* Festvortrag 18. Domtafel, St. Thomaskapelle im Dom zu Schwerin, 25. Januar 2013

außen gemacht werden konnte, hat die kommunistische Diktatur beseitigt. Der Runde Tisch war eine wichtige Krücke auf dem Weg zur freien Wahl. Dort begann schon der Prozess der Umgestaltung und Selbstdemokratisierung, auch die Aufarbeitung der Vergangenheit. Dann folgte die freie Wahl, mit der es erst legitime Vertreter gab, die die notwendigen Verhandlungen zur deutschen Einheit führen konnten. Schließlich kam es zum Beitrittsbeschluss der Volkskammer, die allein rechtlich die Einheit auf diesem Wege beschließen konnte. Besser hätte es – was den institutionellen Ablauf betrifft – doch gar nicht laufen können!

Die Bedeutung Helmut Kohls für die Vereinigung darf gewiss nicht unterschätzt werden. Meist jedoch wird sie überschätzt. In den meisten Darstellungen wird er zum Macher der deutschen Einheit. Doch er reagierte – wie wir alle – auf den Druck, der 1990 von der ostdeutschen Bevölkerung ausging. Natürlich war von zentraler Bedeutung, dass er die Vereinigung wollte und dafür die Unterstützung der USA hatte! Der wichtigste Durchbruch gegenüber der Sowjetunion fand aber wohl Ende Mai zwischen Präsident Bush und Gorbatschow statt, nicht erst im Kaukasus. Ich sehe das besonders große Verdienst Helmut Kohls darin, dass er die europäischen Partner in der EU davon überzeugte, diesen Prozess ohne Neu-Verhandlungen mit der EU zu unterstützen. Dabei wiederum war der damalige Kommissionspräsident Jaques Delors eine entscheidende Hilfe.

Bis heute zu wenig Beachtung findet die Tatsache, dass die Einheit auf dem Weg von Verhandlungen erreicht wurde. Es war keine Übernahme durch den Westen, sondern ein Verhandlungsprozess, sowohl mit den Siegermächten des Zweiten Weltkrieges, um die volle Souveränität wiederzuerlangen, als auch zwischen den beiden deutschen Staaten, um die konkreten Bedingungen der Vereinigung festzulegen. Es gab ja damals angesichts völlig unterschiedlicher gesellschaftlicher Strukturen einen hohen Regelungsbedarf. Vielen Menschen in der DDR war das gar nicht klar. Es interessierte sie auch nicht wirklich, sie wollten einfach nur so schnell wie möglich die DM und die Einheit und glaubten vielfach, dann käme der Wohlstand automatisch. Der Druck, möglichst schnell zu handeln, entstand gerade aus dieser Ungeduld. Dazu kam dann die verheerende wirtschaftliche Lage der DDR.

Jedenfalls muss gerade denjenigen, die im Osten den Einheitsprozess kritisieren, in Erinnerung gerufen werden, dass es doch gerade dieser Wille zur schnellen Einheit der ganz großen Mehrheit der DDR-Bürger war, der zum Motor dieser historischen Stunde wurde.

Viel könnte nun zu diesen Verhandlungen gesagt werden. Wir haben damals manches versucht, um im Interesse der DDR-Bevölkerung günstigere Regelungen zu erreichen, fanden aber - wie gesagt - gerade auch in der eigenen Bevölkerung dafür wenig Unterstützung. Gewiss hatten wir auch manche Illusionen, die teilweise von Freunden im Westen noch genährt wurden, die die Einheit als Chance zur Erneuerung ansahen - für Erneuerungen, die sie im Westen bisher nicht durchsetzen konnten. Helmut Kohl aber wollte keine Erneuerung. Wolfgang Schäuble wollte die möglichst schmerzfreie Anpassung an westliche Strukturen, aber keine damit verbundenen Reformen. Man darf allerdings nicht vergessen, dass auch die Menschen in der DDR keine langen Verhandlungen über Reformen wollten. Nicht zuletzt diese Haltung führte dann zum Reformstau der 1990er Jahre.

Auch im Rückblick halte ich daran fest, dass in den konkreten Verhandlungen und Regelungen manches auch anders hätte aussehen können, wenn es den Willen dazu gegeben hätte. Später musste Verschiedenes nachjustiert werden. Manches, das damals gefordert wurde, wäre eine sinnvolle Alternative zu den vollzogenen Entscheidungen gewesen. Ich denke an die absurde Zuschreibung von Altschulden oder das Prinzip „Rückgabe vor Entschädigung". Diese Zuordnung führte zu einem immensen Vermögenstransfer Ost-West mit Folgen über Generationen. Oder wenn ich an den Prozess der Privatisierung durch die Treuhand denke. In der DDR-Regierung war diese dem Ministerpräsidenten zugeordnet, sie hatte damit auch die Aufgabe, strukturpolitische Herausforderungen im Blick zu haben und Betriebe auch zu sanieren. Die Zuordnung zum Bundesfinanzminister nach dem 3. Oktober 1990 bedeutete, dass es nur noch darum ging, mit der Privatisierung Geld zu machen, in der Hoffnung, so die Kosten der Vereinigung zu senken. Es ist ja auch bezeichnend, dass die kaufenden Unternehmen ihre Steuern dann nicht am Produktionsstandort im Osten zahlten (und zahlen), sondern am Sitz des Unternehmens im Westen.

Man darf nicht vergessen, dass die Vereinigung in einem Wahljahr stattfand, sonst versteht man Vieles nicht. Helmut Kohl handelte strikt mit dieser Perspektive im Hintergrund. Sein zu Irritationen führendes Hinauszögern der Anerkennung der polnischen Westgrenze ist dafür nur ein Beleg. Übrigens war das bei Oskar Lafontaine nicht viel anders. Auch er legte die Priorität auf die kommende Bundestagswahl, bloß mit völlig falschen Vorstellungen davon, was in der Bevölkerung über die Vereinigung gedacht wurde. Damit hat er uns in der Ost-SPD das Leben sehr schwer gemacht.

Insgesamt aber gilt: Auch wenn es in meinen Augen durchaus schwerwiegende Fehler mit Folgen gab, muss doch festgehalten werden, dass die Probleme Ostdeutschlands ihre wesentliche Ursache in dem Desaster hatten, das der Kommunismus ökonomisch, gesellschaftlich und mental in der DDR angerichtet hatte. Es war ein Irrglaube, dass die Folgen völlig schmerzlos und ohne Härten hätten geheilt und überwunden werden können.

Ich sehe es als einen Fehler an, dass die öffentlichen Bilder über den damaligen Prozess bis heute recht eindimensional sind und im Wesentlichen Helmut Kohl zur Hauptfigur machen. Natürlich war er ein dominierender Faktor – aber eben nicht die treibende Kraft, schon gar nicht der Initiator.

Eine differenziertere öffentliche Darstellung, die auch die Anteile anderer mit ins Bild rückt, wäre wichtig gewesen (und ist es noch), um die DDR nicht als Objekt dieses Prozesses erscheinen zu lassen. Denn das war sie keinesfalls! Zu wenig wird bis heute die Dynamik des deutschen Einigungsprozesses nachgezeichnet, mit seinen vielen Akteuren und Stimmen. Es war ja die Sternstunde Deutschlands im 20. Jahrhundert!

Es hat fast zehn Jahre gebraucht, bis die Protokolle des Runden Tisches und die der frei gewählten Volkskammer veröffentlicht wurden. Die Protokolle des Ministerrates, die schwierigen Diskussionen in der Koalition der letzten DDR-Regierung, sind bis heute nicht veröffentlicht oder gar aufgearbeitet. Die Minister dieser Regierung erhalten heute eine „Ehrenpension" (eine sehr merkwürdige Kategorie für eine gewählte Regierung!), die Staatssekretäre, die an den Verhandlungen zur deutschen Einheit beteiligt waren, werden behandelt wie die früheren kommunistischen DDR-Regierungen. Es gibt hier bis heute noch viel zu tun.

Gesellschaftliche und mentale Aspekte des Zusammenwachsens von Ost und West

Obwohl die breite Mehrheit der DDR-Bevölkerung 1990 die Einheit auf schnellstem Wege wollte, sollte sich - als sie erreicht war - das Gefühl der Zusammengehörigkeit nicht als so selbstverständlich erweisen, wie erwartet.

Die fünfundvierzig Jahre andauernde Teilung in zwei politisch, gesellschaftlich und ideologisch konträre Systeme hatte zu einer weitaus stärkeren Auseinanderentwicklung geführt als erwartet. Tatsächlich haben wir nicht nur die materiellen und finanziellen Implikationen dieser „Wiedervereinigung über Nacht" vollkommen unterschätzt. Über die sozialpsychologischen Auswirkungen des Vereinigungsprozesses haben wir uns vorher überhaupt keine Gedanken gemacht. So wurde gerade den Ostdeutschen ja nicht nur im Schnellverfahren eine Verabschiedung von ihrer bisherigen Lebens- und Berufsbiographie und von ihren Denk- und Verhaltensmustern abverlangt, sondern zugleich eine enorme Umstellungs- und Anpassungsleistung an ein neues, ihnen bis dahin fremdes System, das sich eben nicht nur durch den erwarteten materiellen Wohlstand und Warenüberfluss auszeichnete. Sehr bald - und bis in die Gegenwart hinein - empfanden und bewerteten viele Ostdeutsche die Marktwirtschaft als bedrohlich und/oder ungerecht. Vertrauen in das Justizwesen und in den Rechtstaat ist bis heute nicht gewachsen. Sogar heute sind viele noch der Meinung, damals gewissermaßen im Kolonialstil erobert worden zu sein. Dem entspricht bei Älteren das immer noch häufige Erleben, in diesem vereinten Land „Bürger zweiter Klasse" zu sein. Die Auseinandersetzung mit der kommunistischen Vergangenheit wird einerseits noch vielfach verdrängt, andererseits oft in vereinfachten Kategorien geführt. Ich nenne nur die Diskussion um die DDR als „Unrechtsstaat".

Auch mehr als zwei Jahrzehnte nach dem Ende der DDR müssen wir feststellen, dass manche Prägungen in unterschiedlichen Gesellschaftssystemen bis in die Gegenwart nachwirken. Eine liberale beziehungsweise totalitäre Sozialisationserfahrung führt zu ganz unterschiedlichen Mustern des Denkens und Verhaltens. Das wirkt auch im Alltag bis heute nach. Interessanterweise werten Ostdeutsche aller Generationen nach wie vor die eigene familiäre Erziehung und Bindung positiver als Westdeutsche, was damit zu tun haben mag, dass ostdeutsche Generationen angesichts fehlender kritischer 1968er Jahre und auf Grund restriktiver bis regressiver gesellschaftlicher Rahmenbedingungen am Verhalten ihrer Vorfahren weniger auszusetzen haben.

Auch das den einstigen DDR-Bürgern von klein auf anerzogene Freund-Feind-Denken, welches das eigene moralisch-ideologisch höherwertige System gegen Kritik immunisierte, den „Klassengegner im Westen" sah und das „Andere" und „Fremde" als Bedrohung wahrnahm, ist offenkundig langlebig. Dies zeigt sich zum Beispiel in zu beobachtender Fremdenfeindlichkeit und rechtsextremistischen Einstellungen. Entsprechend bewerten sich die Ostdeutschen weiter selbst als sozial eingestellt, gefühlsstark, fleißig, friedfertig und engagiert, während „Wessis" zuweilen immer noch als überheblich, selbstbewusst, machtgierig, ehrgeizig, unehrlich und egoistisch beschrieben werden.

Die Westdeutschen wiederum gestehen ihren „Brüdern und Schwestern" zu, hilfsbereit, freundlich, ehrlich und zuverlässig zu sein, sehen sie aber darüber hinaus vor allem als unzufrieden, misstrauisch, melancholisch und ängstlich an.

Die Nachwirkungen der autoritär-repressiven Sozialisationserfahrungen in einem totalitären Staat halten bis heute an. Werte wie Fleiß, Ordnung, Sauberkeit, Streben nach hohem materiellen Lebensstandard und Sicherheit haben auch heute noch bei vielen Ostdeutschen einen höheren Stellenwert als politisches Engagement, Toleranz oder das Streben nach Macht und Einfluss. Ist dies der Grund dafür, dass bis heute in Führungsetagen in Ostdeutschland mehrheitlich westlich sozialisiertes Personal zu finden ist? Oder ist es westdeutsche Dominanz? Doch die Entscheidungen werden ja heute vielfach im Osten getroffen. Selbst die ostdeutschen Kirchen haben sich ihre Bischöfe aus dem Westen geholt (Mecklenburg war da eine Ausnahme!). Wie ist das zu erklären? Mir fällt eine solche Erklärung schwer.

Andererseits haben sich viele einstige Westdeutsche in den östlichen Bundesländern angesiedelt, um hoch motiviert und engagiert am „Aufbau Ost" mitzuwirken. Dennoch werden sie von „Alteingesessenen" bis in unsere Tage hinein oft als die „Fremden" oder die dominanten „Wessis" angesehen. So mancher hat den Osten wieder verlassen, weil er dies im Alltag nicht ertragen hat.

Die neuen Bedingungen nach der Vereinigung wurden von den Ostdeutschen höchst unterschiedlich erlebt und gestaltet. So fühlten sich die einen angespornt und nahmen diese Herausforderung an. So entstanden ganz bemerkenswerte Karrieren. Andere sahen primär Verluste und Nachteile und verloren Orientierung und Initiative.

Anders als unsere östlichen Nachbarn hatten wir in Ostdeutschland die Chance, dass Fachleute aus dem Westen mit ihren Erfahrungen wichtige Positionen besetzten und Aufgaben übernahmen. Ohne sie wäre die vollzogene Entwicklung in Ostdeutschland gar nicht möglich gewesen. Dass aber ein „Sich- zusammenfinden" von Ost und West im konkreten Zusammenleben so kompliziert sein würde, damit haben die wenigsten gerechnet. Dabei war es nachträglich betrachtet absehbar. Immerhin trafen sehr unterschiedliche soziale Muster aufeinander, gespickt mit gegenseitigen Vorurteilen.

Bis heute ist oft das Zusammenleben nicht leicht. Vorurteile und Misstrauen spielen immer noch eine Rolle, vermutlich in den Dörfern der Uckermark oder auch Mecklenburgs, die ich gut kenne, mehr als in Schwerin, Potsdam oder Leipzig. Gleichzeitig aber sind die aus dem Westen oder Berlin Zugezogenen ein nicht wegzudenkender Faktor der regionalen Entwicklung. Nicht selten kommen Innovation und Initiativen von ihnen. Man kann sich da schon an den Entwicklungsschub erinnert fühlen, den etwa die Hugenotten in viele Regionen brachten, als sie vor gut drei Jahrhunderten nach Preußen kamen.

Zwei Jahrzehnte „Aufbau Ost"

Wer heute durch Ostdeutschland fährt und es noch als DDR kannte, erkennt vieles einfach nicht wieder. Das Grau in Grau ist verschwunden, alte kulturelle Zentren sind wieder zum Leben erwacht. Unzählige Altstädte konnten vor dem drohenden Verfall und Abriss gerettet werden und zeigen ihre alte Pracht; in Schwerin ist das auch in bewundernswerter Weise zu sehen. Kirchen sind renoviert. Das kulturelle Erbe wird neu erschlossen und blüht vielfach neu auf. Die öffentliche Infrastruktur ist völlig erneuert. Die Erfolge sind allenthalben sichtbar. Selbst in vielen Dörfern, wo Arbeitslosigkeit und Abwanderung hoch sind, sind die Häuser und Gehöfte oft schön renoviert.

Vieles wurde geleistet. Das alles wäre ohne die erheblichen Transfermittel aus dem Westen so nicht möglich gewesen. Unsere östlichen Nachbarn haben uns oft darum beneidet.

Trotz deutlicher Verbesserungen während der letzten fünf Jahre ist aber die Arbeitslosigkeit noch immer weitaus höher als im Westen. Der wirtschaftliche Angleichungsprozess hat sich seit Jahren verlangsamt und ist teilweise ins Stocken geraten. Gleichzeitig sind die Unterschiede innerhalb Ostdeutschlands erheblich. Potsdam, Jena, Leipzig und Dresden boomen vergleichsweise, während für Pommern, Teile Mecklenburgs, die Uckermark oder die Altmark die Gefahr einer Spirale nach unten droht. Es fehlen zwischen Bund und Ländern vereinbarte Strategien, wie den strukturschwachen und von Abwanderung geprägten Regionen – übrigens in Ost *und* West! – eine Perspektive gegeben werden kann. Über Ansätze ist man nach meinem Eindruck da nicht hinausgekommen. Gewiss könnte dabei der Blick auf vergleichbare Regionen in Europa helfen.

Die Angleichung der Lebensverhältnisse ist nach Auftrag des Grundgesetzes eine Aufgabe der Bundespolitik. Bis zum Jahr 2019 sind auch Transferzahlungen an den Osten vertraglich vereinbart. Doch was kommt danach? Wird es danach eine selbsttragende Wirtschaft in Ostdeutschland geben? Ich gestehe, dass ich große Zweifel habe. Durch die im letzten Jahr veröffentlichte Studie „Zukunft Ost", die vom Land Thüringen in Auftrag gegeben wurde, werden diese Zweifel leider bestärkt. In dieser wird erstmals ein Anschlussprogramm „Zukunft Ost" für die Zeit bis 2030 gefordert. Politisch wagt sich bis heute niemand da heran. Und wer es wagt, bekommt heftigen Widerspruch aus Nordrhein-Westfalen (und nicht nur von dort). Angesichts der Krise des Euro ist dieses Thema heute sowieso ein Tabu.

Schon während der letzten zehn Jahre gab es kaum noch eine strategische Bundespolitik, die den Aufbau Ost in den Blick nahm. Vorschläge, die Klaus von Dohnanyi unter anderem am Anfang des letzten Jahrzehnts machte, den Osten durch gezielte Maßnahmen und Innovationen von Bund und Ländern zu einer wissensbasierten Forschungslandschaft zu entwickeln, blieben weitgehend ungehört. Sachsen blieb hier leider die Ausnahme. Stattdessen hat die Föderalismusreform der großen Koalition es dem Bund weitgehend unmöglich gemacht, in diesen Feldern aktiv zu werden - ein Sündenfall, der dringend repariert werden muss! (Ich konnte damals als SPD-Abgeordneter nur gegen meine eigene Fraktion stimmen, die die Reform auf Drängen der CDU mit vereinbart hat!)

[...] Auch die Statistik der Transfers macht deutlich, wie auf Bundesebene lange (und teilweise immer noch) gedacht wurde. Es werden nämlich Bruttosummen genannt. Jeder Euro, der aus dem Bundeshaushalt in die östlichen Länder fließt, wird zusammengezählt. Die Rückflüsse aber werden nicht abgezogen. Sogar Ausgaben für die Bundeswehr, für unsere Sicherheit also, sind in einer solchen Statistik „Aufbau Ost" enthalten. Für das Saarland oder die Stadtstaaten werden solche Rechnungen nicht aufgemacht. Ich will das auch nicht fordern (obwohl die Berechnung interessant wäre), aber es ist Unsinn! Man vergisst in der „Transfer-Rechnung" übrigens auch, die „Entwicklungshilfe" zu berücksichtigen, die wir aus dem Osten nach Süddeutschland schicken: Mehr als eine Million meist gut ausgebildeter junger Menschen sind in den letzten beiden Jahrzehnten nach Bayern und Baden-Württemberg gegangen, da sie nur dort angemessene Verdienstmöglichkeiten fanden. Sie haben natürlich dort ihre Steuern gezahlt. Diese oft hoch qualifizierten Arbeitskräfte fehlen im Osten, was zu einem zunehmenden Problem für Investitionen und Entwicklung wird.

Wenn ich solche Dinge nenne, will ich nur deutlich machen, dass wir meines Erachtens noch weit davon entfernt sind, eine normale föderative Situation erreicht zu haben, besonders in den Köpfen. Bis heute ruft die Forderung nach einem neuen Ansatz einer Politik für Ostdeutschland mehr Ängste und Empörung hervor als die Bereitschaft zum Nachdenken.

Es hat auch in der SPD lange gedauert, doch nach einer intensiven Debatte ist die SPD mit ihrem Programm heute die einzige Partei, die in der Frage der Ost-Renten eine klare Perspektive der Anpassung hat. Gewiss waren die ostdeutschen Rentner 1990 die großen Gewinner der Einheit. Doch angesichts der Arbeitsbiographien nach der Vereinigung ist eine breite Altersarmut im Osten noch stärker vorprogrammiert als im Westen, zumal man hier wegen der schlechten Vermögenslage so gut wie vollständig auf die Rente angewiesen ist.

Gewiss gibt es in allen Ländern Ostdeutschlands hervorragende und innovative Projekte und Initiativen. Doch ist die Decke dafür insgesamt noch zu dünn. Und ohne eine bundespolitische strategische Bemühung, die natürlich nur mit den Ländern gemeinsam erfolgen kann, droht Ostdeutschland den Anschluss zu verlieren und bleibt ein Klotz am Bein der gesamtdeutschen Wirtschaftsentwicklung.

Ich bin überzeugt: Wir brauchen einen Innovationspakt „Zukunft Ost“ mit Ideen und Engagement. Es braucht auch den Mut, sich unbeliebt zu machen oder sich Streit einzuhandeln. Dabei bin ich mir bewusst, dass das erst nach der Bundestagswahl möglich ist. […] So bleibt mir nur, Ihnen zu danken!

Aufruf: In welcher Verfassung wollen wir leben? Das Grundgesetz zur deutschen Verfassung machen. Ein Aufruf zur Selbstverständigung der Deutschen (2019)

2019 wird unser Grundgesetz siebzig Jahre und 2020 die Deutsche Einheit dreißig Jahre alt.

Nach der Friedlichen Revolution in der DDR 1989 und im folgenden Prozess bis zum 3. Oktober 1990 wurde viel darüber diskutiert, ob sich die Deutschen aus Ost und West auf der Grundlage des Grundgesetzes eine gemeinsame Verfassung geben sollten – als ein besonders identitätsstiftendes Moment für das wieder vereinigte Deutschland.

Dazu ist es nicht gekommen.

Eine Verfassungskommission aus Bundestag und Bundesrat widmete den Artikel 23 um zum Europaartikel. Einen weiterführenden öffentlichen Diskurs darüber, mit welcher Verfassung wir leben wollen, gab es nicht. Der Artikel 146 besteht fort: „Dieses Grundgesetz, das nach Vollendung der Einheit und Freiheit Deutschlands für das gesamte deutsche Volk gilt, verliert seine Gültigkeit an dem Tage, an dem eine Verfassung in Kraft tritt, die von dem deutschen Volke in freier Entscheidung beschlossen worden ist."

Warum diese Vorläufigkeit? Lasst uns miteinander reden. Lasst uns der Werte und Grundlagen unseres Gemeinwesens bewusst werden. Das Grundgesetz hat sich bewährt und erfreut sich breiter Anerkennung.

Lasst uns seine Vorläufigkeit aufheben und Artikel 146 streichen.

Dreißig Jahre nach der Deutschen Einheit stehen die liberalen Werte, welche die Basis unseres Grundgesetzes und des Lissaboner Vertrages der EU bilden, in vielen Ländern des Kontinents unter Druck. Umso dringender ist die öffentliche Selbstvergewisserung darüber, in welcher Verfassung wir Deutschen leben wollen.

Ein solcher Dialog gibt den Ostdeutschen die Chance, ihre Erfahrungen aus drei Jahrzehnten deutscher Einheit einzubringen und allen Deutschen gemeinsam die Gelegenheit, neue Herausforderungen daraufhin zu überprüfen, ob neue Kriterien und Grundlagen definiert werden sollten, um konstruktiv und zukunftsorientiert die Grundlagen unserer Demokratie zu bereichern und zu stärken.

Beispielhaft seien zwei Themen genannt, über die nachzudenken wäre:

- Brauchen wir angesichts der schnellen Entwicklungen dieser globalen Welt, etwa im Zusammenhang der Digitalisierung vieler Lebensbereiche, Orientierungen und Kriterien, die wir für uns gemeinsam festlegen wollen?
- Drei Jahrzehnte nach dem Kalten Krieg hat Europa sein Gesicht grundlegend verändert: Die Hoffnungen auf eine Friedensdividende, die 1990 in der KSZE-Charta von Paris ihren Ausdruck fanden, haben sich so nicht erfüllt. Unsere Sicherheit ist wieder zu einem Thema geworden. Die Europäische Union hat sich um viele neue Demokratien erweitert, ihre Integration vertieft und ist zu einem zentralen Anker von Demokratie und Stabilität, von Wohlstand und Sicherheit geworden. Gleichwohl muss sie sich Krisen erwehren und ihre Handlungsfähigkeit verteidigen und weiter entwickeln. So stellt sich die Frage: Sind die Verankerung und Verantwortung Deutschlands in der Europäischen Union im Grundgesetz klar genug ausgedrückt?

In welcher Verfassung wollen wir in Deutschland und Europa leben? Lassen Sie uns darüber streiten und einig werden. Lassen Sie uns das Ergebnis ins Grundgesetz schreiben – verbindlich statt vorläufig – und das Ergebnis als neue und dauerhafte Verfassung Deutschlands beschließen!

Rede im Deutschen Bundestag: Errichtung eines Freiheits- und Einheitsdenkmals (2000)*

Herr Präsident! Meine Kolleginnen und Kollegen! Wir schlagen heute ein Freiheits- und Einheitsdenkmal vor, um der Ereignisse vor zehn Jahren zu gedenken und uns darüber zu freuen und für dieses Freudenereignis einen entsprechenden Ort zu schaffen.

Wir haben in den letzten Monaten bei verschiedenen Ereignissen gemerkt, dass wir Deutschen wahrhaft Schwierigkeiten haben, angemessene Formen der Erinnerung und des Gedenkens zu finden, sowohl beim Erinnern und beim Gedenken an eigenes Unrecht, an Schuld als auch bei so erfreulichen Ereignissen, wie es nun einmal Mauerfall, eine friedliche Revolution und deutsche Einheit sind. Noch im Jahre 1948 zum Gedenken an den Jahrestag 1848 hat Carlo Schmid erklärt, dass wir Deutsche eben keine gelungene Revolution haben. Jetzt haben wir eine. Dies ist ein wesentlicher Teil unserer Identität, unseres Gemein- und unseres Selbstverständnisses.

Gerade nach den Schrecken des 20. Jahrhunderts ist dies nun wahrhaftig ein Geschenk – ein Geschenk, zu dem der eine oder andere und dann doch sehr viele ihren Teil beigetragen haben, aber das keiner von uns aus eigener Kraft erreichen konnte. Dies war eine Konstellation, die die große Mehrheit des deutschen Volkes glücklich gemacht hat.

Wenn ich sage, dass wir Schwierigkeiten haben, so zeigt sich dies an einer Kleinigkeit: indem wir etwa dieses Denkmal gemeinsam vorschlagen, die Reihenfolge der Begriffe aber unterschiedlich setzen – manchmal ein und dieselbe Person. Der Antrag selbst ist überschrieben mit „Errichtung eines Einheits- und Freiheitsdenkmals", und im Text selber schreiben wir von einem „Freiheits- und Einheitsdenkmal".

* Plenarrede in der 99. Sitzung des Deutschen Bundestages, 14. Wahlperiode, 13. April 2000 (http://dip21.bundestag.de/dip21/btp/14/14099.pdf, abgerufen 29.6.2019)

Der Zusammenhang von Freiheit und Einheit ist eine ganz wesentliche Sache, über die wir miteinander nachdenken sollten, vielleicht sogar miteinander streiten sollten, die von ganz zentraler Bedeutung ist und für die Gestaltung dieses Denkmals sein wird.

Ich habe vor einigen Jahren in Bonn im Plenum schon einmal sagen hören, dass man sich freue, dass wir, die sechzehn Millionen Ostdeutschen, durch die Einheit die Freiheit erhalten hätten. Ich muss einfach sagen: Das war falsch. Denn erst war die Freiheit und dann war die Einheit. Weil wir im Osten Selbstbestimmung errungen haben, war und wurde die Einheit möglich, und zwar durch einen selbstbestimmten Weg der Ostdeutschen.

Diese Zusammenhänge sind Teil unserer Identität geworden, Teil unseres Erbes. Wir merken, dass wir noch viel miteinander reden müssen, um festzustellen, dass wir auch zu gemeinsamen Selbstverständnissen kommen, dass wir diese Zusammenhänge gemeinsam und wirklich zusammen beschreiben können.

Ich denke, dass es ganz wichtig ist, dass wir über diese Zusammenhänge bei der Gestaltung dieses Denkmals und bei der Diskussion über dieses Denkmal - wir werden noch viele Diskussionen haben - laut nachdenken.

Es soll ein Denkmal sein, das für uns alle, für unser Gemeinwesen, eine Bedeutung hat. Es soll kein Heldenmal sein. Mein Freund Gunter Weißgerber hat uns ein wichtiges Argument gegen den vorliegenden Vorschlag genannt. Er sagte: Es ist gut, dass gerade ihr, die ihr damals beteiligt wart, ein solches Denkmal vorschlagt. Es wird später bestimmt kommen. Aber sollt ihr selber euch ein Denkmal errichten? Seine Frage hat mich durchaus nachdenklich gemacht. Ich denke aber, es geht eben nicht darum, dass wir ein Heldendenkmal für den einen oder den anderen errichten. Es geht darum, dass wir dieses nationalen Ereignisses, an dem Tausende, an dem die Bevölkerung in Ost und in gewisser Weise auch in West beteiligt waren, miteinander gedenken und diesem Freudenereignis einen Ort geben.

Wenn von Einheit und Freiheit gesprochen wird, so hat dies eine lange Tradition. 1848 habe ich als Stichwort schon genannt. Auch damals ging es um Einheit und um Freiheit. Die Diskussion in Deutschland war während des ganzen 19. Jahrhunderts von diesen beiden Begriffen geprägt. Das erste Nationaldenkmal war ein Einheitsdenkmal, jedoch kein Freiheitsdenkmal. Es kam durch ganz andere Zusammenhänge zustande. Deshalb ist es wichtig, das Streben nach Einheit und Freiheit anhand der Ereignisse von vor zehn Jahren heute neu zu beschreiben.

Wenn bei dem geplanten Denkmal vielleicht auch von einem Nationaldenkmal geredet werden kann - ich scheue mich nicht, dieses Wort in den Mund zu nehmen -, dann macht dies gleichzeitig deutlich, dass die Ereignisse der vierzehn Monate vom Sommer 1989 bis zum Oktober 1990 keine nationalen, gegen die anderen Völker gerichteten Ereignisse waren; denn die friedliche Revolution im Herbst war Teil der ost- und mittelosteuropäischen Revolution, die den Ostblock zersprengt hat. Bei dieser Revolution hat nicht der Westen im Sinne eines Blockes gesiegt. Vielmehr haben sich Freiheit und Demokratie durch den Willen der Menschen durchgesetzt.

Auf der anderen Seite ist es ein Einheitsdenkmal, weil die deutsche Einheit eben durch Mitwirkung der Nachbarn zustande gekommen ist. Durch den Zwei-plus-Vier-Prozess eingebunden in Europa, wollte die deutsche Einigung ein Impetus für das Zusammenwachsen in Europa sein und ist es dann auch gewesen. Der Fall der Mauer ist nicht nur für uns, er ist weltweit das Symbol für das Ende der Teilung Europas und für den Beginn des Zusammenwachsens, für das Ende des Kalten Krieges geworden. Ich denke, dass dies eine ganz wesentliche Dimension ist. Es lohnt sich und es ist wichtig, sie in dieser Weise in Form zugießen.

Über den Ort ist nachzudenken. Wir haben den Vorschlag gemacht, das Denkmal am Schloßplatz zu errichten. Ich denke, das ist ein guter Ort, weil er in gewisser Weise die Tradition von Einheit und Freiheit neu bestimmt. Natürlich braucht es Zeit, bis wir ein Konzept haben, wie der Schloßplatz insgesamt gestaltet werden wird. Was wird mit dem Schloss? Ich selber bin sehr dafür, dass es wieder aufgebaut wird, zumindest was die äußere Form, den stadtarchitektonischen Rahmen anbelangt. Ich denke dabei auch an die Bauakademie oder eben die Gewölbe, über die hier noch zu reden sein wird. All dies braucht natürlich ein Gesamtkonzept. Jedenfalls denke ich, dass der Schlossplatz ein guter Ort wäre. Wir werden im

Prozess des Nachdenkens möglicherweise dazu kommen müssen, zu sagen: Entweder wir warten noch eine Weile, bis alles zusammen gemacht werden kann, oder wir müssen einen anderen Ort suchen. Ich muss gestehen, ich halte auch das nicht für ausgeschlossen. Auch andere Orte bieten sich durchaus an. Ich will kurz nennen, was mir so einfällt. Hinter uns, im Osten des Reichstages, verlief zwischen Reichstag und dem alten Reichstagspräsidentengebäude die Mauer. Warum nicht an diesem Ort, an einer entsprechend guten Stelle ein solches Denkmal aufstellen? Auch das halte ich für möglich. Ein anderer möglicher Ort wäre auf der anderen Seite des Schlosses – heute noch des Palastes der Republik, der nun etwas fahl und verlassen dasteht –, in dem Park, in dem heute noch Marx und Engels stehen.

Es ist die Frage, ob nicht auch das ein Ort im Zentrum Berlins ist, der durch ein solches Denkmal neu gestaltet werden kann und dann auch eine neue Bestimmung erhält.

Ich glaube, dass diese verschiedenen Vorschläge bedacht und debattiert werden müssen. Ich hoffe sehr, dass uns dies in der Weise gelingt, dass dieses Projekt nicht einfach nur auf die lange Bank geschoben wird, sondern dass wir konzentriert und sachlich miteinander darüber diskutieren und dann – hoffentlich noch in diesem Jahr – zu einer Klärung kommen, wie und in welchen Schritten wir diese Vorschläge umsetzen können. Ich danke Ihnen.

Predigt zum 9. November: Gott ist unsere Zuversicht und Stärke (2014)*

Gott ist unsere Zuversicht und Stärke. Eine Hilfe in den großen Nöten, die uns getroffen haben. Darum fürchten wir uns nicht.
(Ps. 46,2-3a)

Liebe Gemeinde,

dies ist ein wunderbarer Tag – in der vielfältigen Erinnerung daran, wie sich unser Volk vor fünfundzwanzig Jahren in den Armen lag. Es war schlichtweg ein Wunder, das keiner so erwartet hatte, ein Geschenk nach Jahrzehnten der Teilung zwischen Ost und West. Und wie das bei Wundern so ist, halten bis heute die Überlegungen und Gespräche darüber an, was damals wirklich geschah, wie es dazu kommen konnte und wer wie mitgewirkt hat. Für mich aber ist klar: Am 9. November fiel die Mauer im Zuge der Friedlichen Revolution. Nach der seinerzeit missverständlichen Pressekonferenz des Politbüros über das neue Reisegesetz zogen die Leute einfach los und drückten gewissermaßen von innen heraus die Grenze zwischen Ost und West auf. Geschossen wurde nicht – weil eben auch schon seit dem 9. Oktober nicht geschossen wurde. Der Fall der Mauer wurde zum internationalen Symbol für den Sieg von Freiheit und Demokratie, für das Ende des Kalten Krieges, zum Symbol einer mitteleuropäischen Revolution, wie 1789 der Sturm auf die Bastille für die Französische Revolution.

In den Jahren zuvor hatte die relativ überschaubare Opposition in der DDR mit ihren sehr begrenzten Möglichkeiten gearbeitet. Meist geschah das innerhalb des kirchlichen Raumes, „unter dem Dach der Kirche" wie es oft heißt. Doch halte ich das nicht für eine angemessene Beschreibung, denn es waren viele engagierte Christen, die sich für Veränderungen einsetzten. Insofern war die Kirche nicht nur Dach, sondern unser genuiner Ort. Natürlich ar-

* Predigt in der in der St. Matthäuskirche Berlin, 9. November 2014

beiteten wir damals auf vielfältige Weise mit Nichtchristen, diese gehörten einfach dazu und wir fragten nicht nach dem Taufschein. Für uns damals in der Opposition engagierten Christen kann das Psalmwort für die heute Predigt auch nachträglich als Leitwort für die Zeit damals stehen: *Gott ist unsere Zuversicht und Stärke. Unsere Hilfe in den großen Nöten, die uns getroffen haben. Darum fürchten wir uns nicht.*

Dass das jahrelange Engagement für Freiheit, für Gerechtigkeit, Frieden und Bewahrung der Schöpfung einmal zu so grundlegenden Veränderungen führen könnte, haben wir doch nie zu hoffen gewagt. Ich jedenfalls nicht. Die Bedingungen unseres Handelns wie die Folgen lagen nicht wirklich in unserer Hand. Oder, wie Paulus es im Philipperbrief sagt: *Denn Gott ist es, der in euch beides wirkt, das Wollen und das Vollbringen, nach seinem Wohlgefallen (2,13).* […]

Polen und Ungarn waren damals wichtige Vorreiter. Zu sehen, was dort möglich war, machte schlichtweg Mut. Und das war doch die große Erfahrung dieses Herbstes: dass die Menschen die Angst verloren! Ich erinnere mich noch, wie ich 1980 angesichts der Gründung der Gewerkschaft Solidarność in Polen dachte: das ist mit Deutschen nicht möglich. Ich hatte Unrecht.

Der Herbst 1989 hat es gezeigt. Auch Deutsche machten hier eine Revolution der Freiheit – und erstmalig in ihrer Geschichte erfolgreich. Ja, das war wie ein Wunder. War doch in den Jahren zuvor die Angst so wirkmächtig. Wer es wagte, seine Stimme zu erheben, war oft doch sehr allein. Deshalb waren in den 1980er Jahren die Gruppen so wichtig. Sie bildeten eine Gemeinschaft, um dem Einzelnen beizustehen. Nun aber, im Herbst 1989, spürten die Menschen, dass etwas in Bewegung geriet und es waren dann schnell sehr viele in den Kirchen und auf den Straßen. Das machte Mut, das ließ die Angst weichen.

Als dann im Zuge der Revolution die Mauer fiel, als die Menschen plötzlich merkten, dass Ihre Stimme zählte, dass sie etwas bewirkten, wurde schnell zum Ausdruck gebracht, was der tief sitzende und weit verbreitete Wunsch war: die Einheit Deutschlands. Dass diese dann tatsächlich auch möglich wurde (und das hing ja nicht nur von uns ab), ist für mich das nächste Wunder dieser Zeit.

Wir Deutschen frei und geeint, nach all dem Schrecklichen, das wir fünfzig Jahre zuvor über Europa gebracht hatten - ich kann es nicht anders als ein Geschenk Gottes bezeichnen und bin immer noch dankbar dafür. Dabei bleibt aber eines festzuhalten: Freiheit, die von uns erlangte Freiheit ist eine Kategorie der christlichen Botschaft. Gott will, dass der Mensch frei sei. Er will uns als Partner, die Verantwortung tragen.

Die deutsche Einheit war damals der erste Wunsch, den wir uns als Freie erfüllen konnten. Aber als solche ist die nationale Einheit nicht von christlichem Wert, auch wenn die Kirchengeschichte uns manchmal bis in die Gegenwart hinein diesen Eindruck vermittelt. Allzu oft sind ja Glauben, Religion und Konfession mit Ethnien und Nationen historisch verbunden. Das macht es uns als Kirchen im zusammenwachsenden Europa nicht gerade leicht, Vorreiter des ökumenischen und europäischen Gedankens zu sein. Oft genug ist es schon ein Gewinn, wenn es uns gelingt, nicht zu stören.

Die Nation ist kein eigener theologischer (christlicher) Wert. Sie ist - wie Europa heute - der Rahmen unseres politischen Handelns und es gilt darauf zu achten, dass sie nicht zu einem überhöhten Eigenwert stilisiert wird.

Mich hat im Jahr 1989 der Bericht eines befreundeten Mosambikaners schockiert. Er lebte in der DDR, war bei den Demonstrationen dabei und erzählte dann, dass er noch nie so rassistisch angegriffen worden sei wie bei diesen Demos. Das geschah auf einer unserer Freiheitsdemonstrationen, auf die wir so stolz waren und sind!

Abgrenzung, Intoleranz, die Tendenz, das Andere, das Fremde erst einmal auszugrenzen - dies erleben wir noch immer in den verschiedensten Facetten, auch an ungeahnten Orten und in ungeahnten Zusammenhängen. Das Fremde macht Angst. Und wer nicht gewohnt ist, mit Fremden umzugehen, wer nicht gelernt hat, das Leben in Verschiedenheit zu akzeptieren und zu gestalten, den verunsichert es offensichtlich umso mehr. Wir alle wissen, dass solche Stimmungen bis hin zu furchtbaren Gewaltakten nach 1990 im Osten bittere Realität wurden - kurze Zeit nachdem die Freiheit erkämpft worden war! So etwas Unfassbares geschah natürlich nicht nur im Osten - Mölln liegt dort bekanntermaßen nicht. Fremdenhass ist eine Gefahr in ganz Europa und darüber hinaus. Im Europaparlament sitzen heute mehr nationalistische und fremdenfeindliche Abgeordnete denn je!

Und wieder geht es um Angst – Angst vor Veränderung, vor dem Fremden, Angst davor, dass der eigene nun erreichte Wohlstand gefährdet sein könnte und geteilt werden muss. Wir haben wieder Mauern gebaut und bewachen sie immer wirksamer. Sie sind nicht so sichtbar wie die Mauer in Berlin damals, aber die Zahl der im Mittelmeer ertrinkenden Flüchtlinge ist immens und steigt ständig. Wir bauen die Festung Europa aus Angst und Feigheit. Dabei wollen die, die da kommen, nichts anderes als die, die über die Berliner Mauer zu entkommen suchten.

Natürlich können nicht alle aus der ganzen Welt nach Europa zu uns kommen. Doch wie wir uns verhalten, das ist weder effektiv noch human. Es ist ein Schlag ins Gesicht für die Werte, die wir sowohl im Grundgesetz wie auch in die Grundwertecharta des Lissaboner Vertrages geschrieben haben. Wir können auch ganz schlicht sagen: Es widerspricht dem Wort Gottes.

So lasst uns fünfundzwanzig Jahre, nachdem wir die Angst verloren, Freiheit gewannen und fähig waren, die Mauer zu Fall zu bringen, wiederum die Angst verlieren, offener werden und die Mauern der Festung Europa einreißen.

Lasst uns ein Europa gestalten, das seinen Werten entsprechend handelt – mit Deutschland an der Spitze als einem Land, von dem man sagt: es hat auch hier aus seiner Geschichte gelernt. Ich kann nicht anders als von unserer Mitverantwortung für diese Flüchtlinge zu sprechen. Sie in unsere Gebete einzuschließen muss Folgen haben.

Als ich 1990 den Gottesdienst zur Eröffnung des ersten gesamtdeutschen Bundestages erlebte, hatte ich das Gefühl, dass da über einen öffentlichen Akt einfach religiöse Soße gegossen wurde. Damals fühlte ich mich in dieser Kirche nicht heimisch. Das hat sich längst geändert. So war ich in diesem Jahr am 3. Oktober sehr froh, als beim Gottesdienst in Hannover zum Tag der Einheit die Frage, wie wir mit Flüchtlingen umgehen, als eine der zentralen Herausforderungen Jesu an uns heute beschrieben wurde.

Der Psalmvers gilt auch für die Flüchtlinge:

„Gott ist unsere Zuversicht und Stärke. Eine Hilfe in den großen Nöten, die uns getroffen haben. Darum fürchten wir uns nicht."

Gott ruft uns, für sie zu Botschaftern Gottes zu werden. Er ruft uns an die Seite dieser Flüchtlinge. Er ruft uns, die Angst zu überwinden und menschlich zu handeln. Gott ist unsere Zuversicht und Stärke - das galt nicht nur damals, das gilt auch heute, wenn wir uns daran machen, unser Europa humaner zu gestalten, Mauern einzureißen und Flüchtlinge und Fremde endlich als Menschen in Würde zu behandeln.

Amen.

Teil II
Die Zukunft der Vergangenheit – Erinnerung und Aufarbeitung

1. Das Zeitalter der Extreme

1914, 1989 und das Zeitalter der Extreme. Ein Manifest (2014)*

2014 erinnert sich Europa aufwändig an den Ausbruch des Ersten Weltkriegs vor einhundert Jahren. Dabei zeichnet sich eine fatale Engführung der Perspektive ab: Die Ursachen dieses Krieges werden als Versagen der Diplomatie erzählt. Mit befremdlicher Einmütigkeit wurde die These willkommen geheißen, die europäischen Mächte seien schlafwandelnd und letztlich ohne benennbare Verantwortung in einen Krieg geschlittert. Dieser wird zwar allenthalben als „Urkatastrophe des 20. Jahrhunderts" bezeichnet. Hingegen wird den Folgen dieses Krieges für Europa im Erinnerungsjahr 2014 nicht die gebührende historische Aufmerksamkeit gewidmet. Dabei fordert 2014 geradezu zu einer solchen europäischen Perspektive auf das 20. Jahrhundert heraus. In diesem Jahr blicken wir nicht nur auf den Ausbruch des Ersten Weltkriegs vor einhundert Jahren zurück. Fünfundsiebzig Jahre werden seit dem Beginn des von Deutschland entfesselten Zweiten Weltkriegs vergangen sein, fünfundzwanzig Jahre seit den friedlichen Revolutionen gegen die kommunistischen Diktaturen und zehn Jahre seit der Erweiterung der Europäischen Union um acht Staaten Ostmitteleuropas.

Das Europa der Diktaturen und der Zweite Weltkrieg sind ohne den Ersten Weltkrieg nicht zu erklären. Die Errichtung neuer, parteidiktatorischer Regime in Ostmitteleuropa nach 1945 sowie die Teilung Deutschlands, Europas und der Welt waren wiederum Folgen des Zweiten Weltkriegs. Demokratie, Freiheit und Völkerverständigung, die nach 1945 in Westeuropa Schritt für Schritt All-

---

* Initiatoren: Markus Meckel, Berlin; Basil Kerski, Danzig; Ulrich Mählert, Berlin; Stefan Troebst, Leipzig; Krzysztof Ruchniewicz, Breslau; Anna Kaminsky, Berlin. Veröffentlicht am 16. März 2014 als Presseerklärung
Siehe auch „Gedenkjahr 2014: Manifest für eine europäische Erinnerungskultur", in: H-Soz-Kult, 17.04.2014 (www.hsozkult.de/news/id/news-85; abgerufen am 10.06.2019)

gemeingut wurden, blieben Ostmitteleuropa vier weitere Jahrzehnte verwehrt. Allerdings gab es auch östlich des Eisernen Vorhangs eine europäische Freiheitsgeschichte, die über 1953, 1956, 1968, 1970 und 1980/81 dann 1989 schließlich zum Sieg der Demokratie führte.

Mit den Revolutionen des Jahres 1989 gewannen die Menschen im östlichen Mitteleuropa ihre Freiheit und Unabhängigkeit zurück. Die revolutionären Umwälzungen waren nicht nur die Voraussetzung für die Überwindung der deutschen und europäischen Teilung, sondern auch für den neuerlichen Schub der europäischen Integration, welche 2004 mit der ersten Osterweiterung der EU und dem Lissaboner Vertrag einen vorläufigen Höhepunkt erreichte. Die in die Europäische Union eingebundenen Völker und Staaten haben Lehren aus der Geschichte gezogen. Sie haben sich verpflichtet, Konflikte im Konsens zu lösen und gemeinsam zum Wohle der Staatengemeinschaft zu wirken.

Die Teilung Europas wirkt bis heute im europäischen Geschichtsbewusstsein fort. Für Westeuropäer ist die zentrale Zäsur zwischen Diktatur und Demokratie das Jahr 1945 – Spanier, Portugiesen und Griechen ausgenommen. Insoweit von einer europäischen Öffentlichkeit überhaupt die Rede sein kann, ist diese in erinnerungskultureller Hinsicht vom westeuropäischen Blick geprägt. In den Jahrzehnten der europäischen Teilung waren die Staaten und Gesellschaften hinter dem Eisernen Vorhang zunehmend aus dem Gesichtsfeld der Westeuropäer geraten. So kann es nicht verwundern, dass bei dem unverhofften Anschluss Ostmitteleuropas an die westeuropäische Integrationsgeschichte in der Nachkriegszeit im Westen des Kontinents kaum Wissen über die Folgen der kommunistischen Diktaturen sowie über den friedlichen Freiheitskampf östlich des Eisernen Vorhangs vorhanden war – und bis heute kaum vorhanden ist. Europa ist nicht nur durch den westlichen Integrationsprozess zusammengeführt worden, sondern auch durch das Streben nach Freiheit der Demokratiebewegungen in Ostmitteleuropa, durch Solidarność und Charta 77 und durch die Bürgerrechtsbewegung in der DDR. Architekten der europäischen Einigung waren nicht nur westliche Politiker wie Schuman, Monnet, Adenauer oder Brandt, sondern auch Mitteleuropäer wie Václav Havel, Tadeusz Mazowiecki oder Bronisław Geremek.

Ein verengter Blick auf den Ersten Weltkrieg verschenkt im Jahr 2014 die Chance, einen europäischen Geschichtsdiskurs anzustoßen, der die im doppelten Wortsinne geteilte europäische Geschichte von Diktatur und Demokratie im 20. Jahrhundert in ihren langen Linien in den Blick nimmt. Eine solche Perspektive würde den Stellenwert der friedlichen Revolutionen des Jahres 1989 in der europäischen Freiheitsgeschichte kenntlich machen. Diese werden in Westeuropa nach wie vor weniger als Teil der gemeinsamen europäischen Geschichte, sondern vielmehr als Regionalhistorie eines nach wie vor fremden „Ostens" betrachtet. Wer über 1914 und den Ersten Weltkrieg spricht, der muss sich jedoch bewusst sein, dass dieser Krieg Entwicklungen in Gang setzte, die in einem Zeitalter der Extreme kulminierten, das für Ostmitteleuropa erst 1989 endete. Gleichzeitig brachen sich nach der Überwindung der kommunistischen Regime Konflikte Bahn, die auf den Ersten Weltkrieg und die nachfolgende Friedensordnung zurückzuführen sind und die in der Zeit der Fremdbestimmung über Ostmitteleuropa gleichsam auf Eis gelegt worden waren. Während sich die Tschechoslowakei 1992 friedlich in zwei Staaten teilte, kam es in Jugoslawien zu blutigen Kriegen. Und einhundert Jahre nach dem Ersten Weltkrieg schockieren die Nachrichten aus der Ukraine, ein Land, dessen Streben nach Eigenstaatlichkeit im Gefolge des Ersten Weltkrieges erfolglos blieb und das seines übermächtigen östlichen Nachbarn wegen bis heute kaum je die Chance hatte, über die eigene Zukunft selbstbestimmt zu entscheiden. Die Annexion der ukrainischen Krim durch die Russländische Föderation ist ein Rückfall in eine Zeit, in der nicht die Stärke des Rechts, sondern das Recht des Stärkeren galt.

Es ist gut und richtig, dass 2014 in Europa an den Ersten Weltkrieg erinnert wird. Doch ebenso wenig wie die Rückschau auf Verdun oder Flandern die Kriegsschauplätze im Osten ausblenden darf, darf sich die Perspektive im Jahr 2014 auf den Ersten Weltkrieg beschränken. Zwischen dessen Beginn und dem deutschen Überfall auf Polen lagen fünfundzwanzig Jahre. Ein halbes Jahrhundert verging zwischen dem Beginn des Zweiten Weltkriegs und den friedlichen Revolutionen des Jahres 1989, die mittlerweile ebenfalls fünfundzwanzig Jahre zurückliegen. Der Hinweis auf diese Zeitabstände verdeutlicht, dass für die Zeitgenossen der hier benannten Zäsuren Zusammenhänge selbstverständlich waren, die sich jene, die heute politische und mediale Verantwortung tragen, erst vergegenwärtigen müssen. Angesichts der zunehmenden Legitimationskrise, in der sich die „EU der 28" befindet, bedarf es einer europäischen Selbstverständigung über die gemeinsame Geschichte. Diese Selbstverständigung soll nicht an die Stelle der jeweiligen Nationalgeschichten treten, sondern diese produktiv infrage stellen.

Besonderer Stellenwert kommt dabei aus Sicht der Unterzeichner dem Jahr 1989 zu, das mit Blick auf die europäische Freiheits- und Demokratiegeschichte in einem Atemzug mit der Französischen Revolution von 1789 genannt werden muss. Die den Unterzeichnern bekannten Planungen der europäischen Institutionen wie auch der nationalen Regierungen hinsichtlich des 25. Jahrestags der friedlichen Revolutionen werden der Bedeutung dieses Ereignisses für die gemeinsame Geschichte bei Weitem nicht gerecht. Hier muss nachgesteuert werden, und dies nicht nur mit Blick auf den 25. Jahrestag der Diktaturüberwindung in Europa. Die friedlichen Revolutionen müssen Eingang in eine europäische Erinnerungskultur finden, die von Irland bis zur Slowakei, von Schweden bis Zypern Bewusstsein für die Geschichte der Diktaturen wie auch der Demokratie in Europa im 20. Jahrhundert schafft.

1918–2018: Ein Manifest*

Es sollte der Krieg sein, der alle Kriege beendet. Als vor fast einhundert Jahren, am 11. November 1918, der Erste Weltkrieg an der Westfront endete, schien eine neue Epoche der Geschichte anzubrechen, geprägt von Frieden, Demokratie und Menschenrechten, von nationaler Selbstbestimmung und internationaler Verständigung. Das Frauenwahlrecht begann seinen Siegeszug. Der Völkerbund sollte internationales Recht durchsetzen. Und bei vielen Menschen außerhalb Europas weckte das Versprechen von Selbstbestimmung auch Hoffnung auf das Ende des Kolonialismus. Doch alle Seiten, Sieger und Besiegte, neue und alte Nationalstaaten, verspielten diese Chance zu einer dauerhaften Friedensordnung – in Europa und der ganzen Welt. Zwei Jahrzehnte danach begann mit dem deutschen Überfall auf Polen der nächste Großkonflikt mit noch schlimmeren Verheerungen, höheren Opferzahlen und unvorstellbaren Verbrechen.

Nach dem Zweiten Weltkrieg gewann Westeuropa im transatlantischen Bündnis Zeit für eine stabile und friedliche Entwicklung und schuf mit der Europäischen Einigung ein Projekt des Friedens und des Wohlstandes, das aus den Schrecken der jüngsten Vergangenheit Lehren zog. Doch heute, fast dreißig Jahre nach dem Zusammenbruch der kommunistischen Diktaturen und der Vereinigung des Kontinents, sind Demokratie, europäische Integration und auch der Frieden wieder in Gefahr. Etliche der gegenwärtigen Spannungen und Krisen erinnern an jene Schwierigkeiten, die durch die nach 1918 geschlossenen Friedensverträge gelöst werden sollten. Was damals ungelöst geblieben ist, erfährt heute erschreckende Aktualität. Lag der schweizerische Historiker und Diplomat Paul Widmer doch richtig, als er 1993 formulierte, Europa habe zwar die Folgen des Zweiten Weltkriegs leidlich bewältigt, laboriere aber weiter an denen des Ersten?

* In der Vorbereitung des 100. Jahrestages des Endes des Ersten Weltkrieges erarbeitete Markus Meckel mit einer Initiatorengruppe das „Manifest 1918-2018", das in zehn europäischen Zeitungen veröffentlicht wurde. http://1918-2018.org/ein-manifest/ (aufgerufen am 3. Juli 2019)

Das Russland Putins tut sich schwer, die Unabhängigkeit der Ukraine, die vor einhundert Jahren zum ersten Mal ausgerufen wurde, zu akzeptieren, und erst recht ihren Weg nach Westen. Ähnliches gilt für Georgien und die baltischen Staaten, die ebenfalls nach dem Ersten Weltkrieg erstmals eigenständig wurden. Die Staatenordnung, die nach 1918 im Nahen und Mittleren Osten entstand, hat sich nicht als haltbar erwiesen. Die Türkei leidet heute mehr denn je unter dem Phantomschmerz, die Bedeutung des Osmanischen Reiches verloren zu haben. Heute lebt die Menschheit erneut in einer multipolaren, instabilen und krisenhaften Welt – ähnlich wie nach 1918.

Im kommenden Jahr werden all diese Fragen zusätzliche Aktualität bekommen. Viele Länder Europas werden das Centennium ihrer staatlichen Unabhängigkeit oder ihres Sieges feiern. Andere werden eher an Niederlagen und deren Folgen erinnern. In West und Ost haben populistische Bewegungen, die parlamentarischer Demokratie und europäischer Integration skeptisch gegenüberstehen, an Zulauf gewonnen. Es droht eine neue Welle des Nationalismus. Wird es gelingen, dem Gedenken an das Ende des Ersten Weltkrieges dennoch eine – erneuerte – europäische Perspektive zu geben?

Es geht um mehr, als allein an die Opfer eines schrecklichen Krieges und an seine Folgen zu erinnern. Zu würdigen sind die Bedeutung des Friedens für Europa und die Welt, die Ideen eines universalen Völkerrechts und der rechtsstaatlichen Demokratie. Der erste Anlauf, diesen Werten nach 1918 weltweit Gestalt zu geben, scheiterte. Mit der Gründung der Vereinten Nationen und der Verabschiedung der Allgemeinen Erklärung der Menschenrechte wurde nach 1945 ein zweiter Versuch unternommen. In Europa kam dies aber zunächst nur der westlichen Hälfte zugute. Nach dem Ende des Kalten Krieges schienen sich diese fundamentalen Werte endgültig durchzusetzen. Doch heute stehen sie unübersehbar und fast überall wieder unter Druck. Die einhundertste Wiederkehr des Kriegsendes und des Bemühens nach 1918, eine umfassende Friedensordnung herzustellen, ist der geeignete Zeitpunkt, über Grenzen hinweg ein deutliches Zeichen zu setzen für Menschenrechte und Meinungsfreiheit, für Rechtstaatlichkeit und Einhaltung des Völkerrechts.

Dazu wollen wir aufrufen!

Initiatoren

Markus Meckel, Politiker, Berlin
Etienne Francois, Historiker, Berlin
Bettina Greiner, Historikerin, Berlin
Oliver Janz, Historiker, Berlin
Sven Felix Kellerhoff, Publizist, Berlin
Martin Lengemann, Fotograf, Berlin
Gorch Pieken, Historiker, Potsdam
Stefan Troebst, Historiker, Leipzig

Unterzeichner

Belgien
Simon Louagie, Educational Manager, Mesen
Valerie Rosoux, Historiker, Louvain la Neuve
Nicholas Whyte, Politikwissenschaftler, Brüssel

Deutschland
Marieluise Beck, Politikerin, Berlin
Tim von Beveren, Filmemacher, Berlin
Sarah-Maria Brech, Journalistin, Berlin
Marie-Janine Calic, Historikerin, München
Markus Dröge, Bischof, Berlin
Michael Epkenhans, Historiker, Potsdam
Bernd Faulenbach, Historiker, Bochum
Katja Fischer, Künstlerin, Berlin
Ralf Fücks, Publizist, Berlin
Gerhard Gnauck, Journalist, Warschau
Bernd Greiner, Historiker, Berlin-Hamburg
Thomas Hennig, Dirigent, Berlin
Gerhard Hirschfeld, Historiker, Stuttgart
Susanne Junker, Kulturwissenschaftlerin, Berlin
Anna Kaminsky, Historikerin, Berlin
Basil Kerski, Publizist, Gdansk
Axel Klausmeier, Historiker, Berlin
Jürgen Kocka, Historiker, Berlin
Hartmut Koschyk, Politiker, Goldkronach
Gerd Krumeich, Historiker, Düsseldorf
Norbert Lammert, Politiker, Berlin
Jörn Leonhard, Historiker, Freiburg
Wilfried Loth, Historiker, Duisburg-Essen

Ulrich Mählert, Historiker, Berlin
Maria Menzel, Filmemacherin, Berlin
Gabriele Metzler, Historikerin, Berlin
Andreas Nachama, Publizist und Rabbiner, Berlin
Sönke Neitzel, Historiker, Potsdam
Cornelius Ochmann, Politologe, Warschau
Joachim von Puttkamer, Historiker, Jena
Nikolaus Schneider, Theologe, Berlin
Klaus-Heinrich Standke, ehem. Diplomat, Berlin/Cabourg
Matthias Weber, Historiker, Oldenburg
Dorothee Wierling, Historikerin, Hamburg
Manfred Wilke, Historiker, Berlin
Heinrich August Winkler, Historiker, Berlin
Andreas Wirsching, Historiker, München

Finnland
Bo Strath, Historiker, Helsinki

Frankreich
Corine Defrance, Historikerin, Paris
Ferry Jean-Marc, Historiker, Nantes
Mascha Join-Lambert, Aktivistin, Chambéry
Elise Julien, Historikerin, Lille
Sandrine Kott, Historikerin, Genf
Pierre Monnet, Historiker, Frankfurt a.M.
Nicolas Offenstadt, Historiker, Paris
Ulrich Pfeil, Historiker, Metz
Jakob Vogel, Historiker, Paris

Großbritannien
Timothy Garton Ash, Historiker, Oxford
Mary Fulbrook, Historikerin, London
Elizabeth Harvey, Historikerin, Nottingham
Thomas Kielinger, Publizist, London
Christine Reh, Politikwissenschaftlerin, London
Nick Roberts, Unternehmer, London
Albert Weale, Politikwissenschaftler, London

Irland
Robert Gerwarth, Historiker, Dublin
Alan Kramer, Historiker, Dublin

Italien
Guido Franzinetti, Historiker, Vercelli
Oswald Ueberegger, Historiker, Bozen

Lettland
Valters Nollendorfs, Historiker, Riga

Litauen
Alvydas Nikžentaitis, Historiker, Vilnius

Niederlande
Jan Marinus Wiersma, Politiker, Amsterdam

Österreich
Erhard Busek, Politiker, Wien
Christa Hämmerle, Historikerin, Wien
Stefan Karner, Historiker, Graz
Helmut Konrad, Historiker, Graz
Hannes Leidinger, Historiker, Wien
Verena Moritz, Historikerin, Wien
Dieter Pohl, Historiker, Klagenfurt
Oliver Rathkob, Historiker, Wien
Manfried Rauchensteiner, Historiker, Wien
Arnold Suppan, Historiker, Wien
Martin Pollack, Schriftsteller, Bocksdorf

Polen
Włodzimierz Borodziej, Historiker, Warschau
Maciej Górny, Historiker, Jena-Warschau
Adam Krzemiński, Publizist, Warschau
Jacek Kucharczyk, Politikwissenschaftler, Warschau
Aleksander Kwaśniewski, Präsident a.D., Warschau
Agnieszka Łada, Politikwissenschaftlerin, Warschau
Paweł Machcewicz, Historiker, Warschau
Piotr Madajczyk, Historiker, Warschau
Adam Michnik, Publizist, Warschau
Adam Daniel Rotfeld, Politiker, Warschau
Krzysztof Ruchniewicz, Historiker, Wroclaw
Marek Siwiec, Politiker, Kiew
Krzysztof Stanowski, Aktivist, Lublin
Dariusz Stola, Historiker, Warschau
Robert Traba, Historiker, Berlin

Rumänien
Lucian Boia, Historiker, Bukarest

Russland
Irina Schwerbakowa, Historikerin, Moskau

Schweden
Peter Englund, Historiker, Uppsala

Slowakei
Dušan Kováč, Historiker, Bratislava
Juraj Stern, Wirtschaftswissenschaftler, Bratislava
Zuzana Sternova, Technische Wissenschaftlerin, Bratislava

Spanien
Jesús Izquierdo, Historiker, Madrid
Faraldo Jarillo Jose Maria, Historiker, Madrid
Ludger Mees, Historiker, Leioa
Ana Ruiz, Literaturwissenschaftlerin, Madrid
Carlos Collado Seidel, Historiker, Marburg

Tschechische Republik
Zdeněk Hazdra, Historiker, Prag
Ondřej Matějka, Historiker, Prag
Blanka Mouralová, Politologin, Prag
Petr Pithart, Politiker, Prag
Vladimír Špidla, Politiker, Prag

Matěj Spurný, Historiker, Prag
Oldřich Tůma, Historiker, Prag

Ukraine
Oksana Holovko-Havryševa, Völkerrechtlerin, Kiew
Oksana Sabuschko, Schriftstellerin, Kiew

Ungarn
Péter Balázs, Politiker, Budapest
György Dalos, Schriftsteller, Berlin
István Gyarmati, Diplomat, Budapest
István Hegedüs, Budapest-Brüssel
Géza Jeszenszky, Historiker, Budapest
Attila Pók, Historiker, Budapest
Krisztián Ungváry, Historiker, Budapest

USA
James D. Bindenagel, Diplomat, Hochschullehrer, Bonn
Jackson Janes, Think Tanker, Washington D.C.
Konrad Jarausch, Historiker, Chapel Hill
Hope Harrison, Historikerin, Washington D.C.
Norman M. Naimark, Historiker, Stanford
Jay Winter, Historiker, New Haven

1918 – 2018. Nation und Demokratie – Herausforderung auch für die Kirchen (2018)*

In diesem Jahr jährt sich das Ende des Ersten Weltkrieges zum 100. Male. Zwar hat es 2014 in Deutschland schon einmal eine Welle von Veranstaltungen gegeben, die sich mit dem Ersten Weltkrieg beschäftigten, doch lag der Akzent damals weitgehend bei der Frage der Kriegsschuld Deutschlands und dem Scheitern der Diplomatie.

Grundsätzlich müssen wir feststellen, dass der Erste Weltkrieg in unserem öffentlichen Gedenken weithin verschwunden ist. Wir Deutschen waren und sind seit Jahrzehnten mit den Schrecken befasst, die das nationalsozialistische Deutschland über Europa und die Welt gebracht hat. Es war ein langer Weg, bis Schuld und Verantwortung dafür in der Breite der Gesellschaft anerkannt waren. Und nun merken wir, dass dieser gesellschaftliche Konsens auch wieder infrage gestellt wird.

Sich der Zeit zum Ende des Ersten Weltkrieges anzunähern, erfordert erst einmal Mühe. Man kann sich kaum vorstellen, welch ein Zivilisationsbruch dieser Krieg damals nicht nur für Deutschland, sondern für ganz Europa war. Zu Beginn des Krieges 1914 galt das Führen von Kriegen zur Durchsetzung politischer Ziele noch gemeinhin als legitim. Diese Ansicht teilten auch die Kirchen. Es ist für uns heute schwer verständlich, wie stark die Kirchen damals konfessions- und nationenübergreifend Teil des Denkens in kriegerischen Kategorien waren. Krieg gehörte zum weltlichen Leben, da der Mensch Sünder war. Es galt, auf der rechten Seite zu stehen. Krieg war gerechtfertigt, wenn er der Selbstbehauptung eines Volkes diente (Wilhelm Hermann).

Schon damals war es natürlich wichtig, den Eindruck zu erwecken, die anderen hätten mit der Gewalt begonnen. So gelang es den kriegführenden Staaten allerorten, die eigene nationale Öffentlichkeit davon zu überzeugen, dass man keine Wahl gehabt habe und genötigt sei, Ehre und Kultur zu verteidigen. Von der Kanzel

---

* Vortrag zur Kreissynode Neukölln, Berlin, 10. März 2018, bisher unveröffentlicht

wurde die Einheit von Kaiser, Volk, Vaterland und Protestantismus beschworen. Der christliche Glaube wurde zur Quelle der Kraft und des Willens, für Kaiser, Volk und Vaterland letzte Opfer zu bringen.

Die deutschen protestantischen Kirchen waren zu Beginn des letzten Jahrhunderts eng mit der Monarchie und dem Geist der Zeit verbunden. Nation, Protestantismus und Sittlichkeit galten als Einheit, der jeder verpflichtet war. Der Kaiser war der höchste Repräsentant der Kirche. Deshalb steht der Berliner Dom auch direkt neben dem Berliner Schloss. Martin Luther war zum 400. Jahrestag der Reformation als deutscher Nationalheiliger gefeiert worden. In der neu restaurierten Wittenberger Schlosskirche ist dieser Geist in seiner architektonischen Gestalt in beeindruckender Weise zu besichtigen. Die Philipp-Melanchthon-Kirche, in der wir uns gerade befinden, ist 1916 mitten im Ersten Weltkrieg gebaut und eingeweiht worden. Ihre Glocken trugen die Namen: „Kampf", „Sieg", „Friede", „Menschengedanken"!

Einige Beispiele für diese Einheit von Thron und Altar bis in die konkrete Politik hinein möchte ich zitieren:[1]

> Oberhofprediger Ernst von Dryander (am Dom): „Wir ziehen in den Kampf für unsere Kultur gegen die Unkultur, für die deutsche Gesittung wider die Barbarei, für die freie, deutsche, an Gott gebundene Persönlichkeit wider die Instinkte der ungeordneten Masse".

> Prof. Paul Althaus: „Wir kämpfen für das edlere England gegen das verdorbene, entartete, für den Sieg des Wahren und Guten bei unseren Feinden gegen das Niedrige, Häßliche, Verlogene. Das adelt unseren Zorn und heiligt unser Zerstören. Indem wir hart zerbrechen, bauen wir schon wieder auf."

In diesem Geist wurde dann im Juli 1917 auch die Friedensresolution des Deutschen Reichstages bekämpft, die einen „Verständigungsfrieden ohne Eroberungen" zum Ziel hatte. Ebenso wurde es im Reformationsjahr 1917 als Zumutung angesehen, dass der

1 Martin Greschat: Begleitung und Deutung der beiden Weltkriege durch evangelische Theologen, in: Bruno Theiß / Hans-Erich Volkmann (Hg.), Erster Weltkrieg - Zweiter Weltkrieg. Ein Vergleich. Krieg, Kriegserlebnis, Kriegserfahrung in Deutschland, Paderborn 2002, S. 504

Papst dem deutschen Volk Friedensvorschläge unterbreitet hatte. Als im Oktober 1917 fünf liberale Berliner Pfarrer mit dem Hinweis auf das Reformationsjubiläum öffentlich für Frieden und Völkerverständigung eintraten, gab es umgehend eine Erklärung von 160 Berliner Pfarrern, die diesen fünf eine „Politisierung der Kirche" vorwarfen. In dieser Erklärung heißt es:

> „Es gibt nur zweierlei für das deutsche Volk: Sieg oder Untergang! Wenn wir erst den Sieg errungen haben, wird es an der Zeit sein, den Engländern und Franzosen unsere Bereitschaft zur Versöhnung kundzutun, wie schwer es uns auch fallen mag, all das Furchtbare zu vergessen, was sie uns in Haß und Lüge angetan haben.[...] Einstweilen haben wir noch ein Recht zum heiligen Zorn." [...]

Von der großen Mehrheit der protestantischen Kirchen und vom konservativ-christlichen Kirchenvolk wurden die Novemberrevolution und das Ende der Monarchie als Katastrophe empfunden. Die Akzeptanz von Republik und Demokratie war gering ausgeprägt. Umso bemerkenswerter ist, dass es im Zuge der Erarbeitung der Weimarer Verfassung gelang, ein Modell für das Staat-Kirche-Verhältnis zu finden, das im Wesentlichen bis heute Bestand hat. So wurden zwar einerseits Staat und Kirche getrennt, den Kirchen aber der Status einer öffentlich-rechtlichen Körperschaft zuerkannt. Dies ermöglichte ihnen Verantwortung in der Öffentlichkeit und in staatlichen Institutionen wie Universitäten und Schulen.

Ein wesentliches Verdienst an diesem Ergebnis hatten liberale Protestanten, die zwar nicht die Mehrheit des Kirchenvolkes repräsentierten, sich aber konstruktiv in die Verhandlungen einbrachten. Es gab damals durchaus auch den vernehmbaren Ruf nach einer Erneuerung der Kirchen. Doch in der großen Mehrheit richtete sich die konservativ-protestantische Christenheit in Deutschland zwar in der neuen und ungeliebten liberalen Demokratie der Weimarer Republik ein, hoffte jedoch weiterhin auf einen starken Staat. Diese Hoffnung machte schließlich auch große Teile des Kirchenvolkes anfällig für Versprechungen von Bedeutung und Größe der Nation und des die Nation repräsentierenden Staates. Solche Erwartungen waren mit dem Aufstieg der NSDAP und der Machtübernahme

Hitlers verbunden. Anders als bei den gewählten Regierungen der Weimarer Republik sollte nun wieder eine mit Autorität ausgestattete Obrigkeit dem Volk seine Einheit und Größe geben. Dazu kam die weit verbreitete Angst vor dem Bolschewismus. Hitlers Machtergreifung wurde gerade auch in Kirchenkreisen begrüßt. Man glaubte, dass so die „bolschewistische Gefahr im Inneren" gebannt würde. Auch der Überfall auf die Sowjetunion 1941 fand breite Zustimmung, es wurde begrüßt, dass Hitler *„den Pestherd beseitigen"* wollte (so ein Telegramm des Geistlichen Vertrauensrates an Hitler im Juni 1941). Wenn Hitler im Westen – so die Selbstdarstellung – die „jüdisch demokratische Weltverschwörung" bekämpfte und im Osten den „jüdischen Bolschewismus", so konnte er sich breiter Unterstützung des Kirchenvolks für diese Kriegsziele sicher sein.[2]

Gewiss gab es durchaus Theologen und gesellschaftlich aktive Christen, welche die liberale Ordnung der Weimarer Republik als Chance verstanden und sich in der entstehenden ökumenischen Bewegung engagierten. Martin Rade, Rudolf Otto, Paul Tillich, Karl Barth, Otto Baumgarten, Friedrich Siegmund-Schultze und weitere gingen und wiesen andere Wege. Doch waren sie damals nicht repräsentativ. Ihre Orientierung sollte erst sehr viel später die verdiente Anerkennung bekommen und Wirkung entfalten. Günther Dehn, Pfarrer in Berlin und später Professor in Heidelberg, spielte eine völlige Außenseiterrolle, wenn er schrieb:

> „Wer Gott ernst nimmt, weiß, dass es […] kein heiliges Volkstum […], keinen heiligen Staat, keinen heiligen Sozialismus, keine heilige Kunst gibt und ebenso keinen heiligen Krieg."

Er spricht dann 1931 davon, dass ein

> „rein machtpolitischer orientierter Staat, der von seiner Verantwortung Gott gegenüber nichts mehr weiß, von der Kirche entweder völligen Gehorsam verlangen oder sie für staatsgefährlich erklären wird. […] Hier muß Widerstand geleistet werden […] Verzerrter Idealismus ist Dämonie. Es ist ja einfach nicht wahr, daß diese fanatische, meinetwegen religiös gefärbte, tat-

2 Günter Brakelmann, Kirche im Zweiten Weltkrieg, in: ders. (Hg.), Für eine menschlichere Gesellschaft, Bochum 1996, 65-88.

sächlich aber von Gott gelöste Vaterlandsliebe dem Vaterland wirklich hilft. Im Gegenteil, sie wird das Vaterland ins Verderben führen."

Auch die „Bekennende Kirche", die sich gegen die Übergriffe des nationalsozialistischen Staates auf die Kirchen wehrte, hat solche klaren Worte später kaum gefunden. Die „Barmer Theologische Erklärung" setzte sich mit dem übergriffigen NS-Staat auseinander, nicht jedoch mit der Nation. Hitler blieb für viele Christen auch der Bekennenden Kirche als Kanzler der Repräsentant der Nation, für die man einstehen wollte. Erst nach dem Zweiten Weltkrieg und seinen furchtbaren Schrecken begann ein Umdenken, eine Distanz zum Denken in nationalen Kategorien und ein Infragestellen fragloser Akzeptanz der Obrigkeit.

Nach dem Zweiten Weltkrieg setzte das Stuttgarter Schuldbekenntnis vom Oktober 1945 unter heftigen Diskussionen einen Prozess der kritischen Auseinandersetzung mit der eigenen Schuld und Verantwortung in Gang. Das „Darmstädter Wort" der Bruderräte von 1947, das sich auch kritisch mit dem eigenen Weg der Kirche hin zum Desaster des Nationalsozialismus beschäftigte, wurde jedoch von breiten Schichten der Kirchen nicht mehr mitgetragen. Diesen schwierigen Diskussionsprozess teilte die Kirche mit der ganzen Gesellschaft – über Jahrzehnte. Ich kann diesen hier nicht im Einzelnen nachzeichnen.

In Fragen der Versöhnung mit den Nachbarn, insbesondere mit Polen, spielte die EKD durch die Ostdenkschrift von 1965 eine zentrale Rolle. Es ist jedoch bemerkenswert, dass eine systematische Auseinandersetzung mit der Demokratie als Staatsform und ein Bekenntnis zu ihr erst in einer Denkschrift im Jahr 1983 erfolgte.

Nach dem Zweiten Weltkrieg wurde Deutschland geteilt. Die in der EKD zusammengeschlossenen Kirchen bewahrten ihren institutionellen Zusammenhang auch nach der Gründung der beiden deutschen Staaten noch über zwanzig Jahre. Dann wurde der „Bund der Evangelischen Kirchen in der DDR" gegründet. Das war heftig umstritten, erwies sich aber als sinnvoll, da die Kirchen in der DDR so authentischer und immer im Bewusstsein des eigenen Risikos zur Lage sprechen und ihre eigenen Verhältnisse klären und organisieren konnten. Die auch darüber hinaus im Statut festgehaltenen „besonderen Beziehungen" zwischen dem Bund und der EKD fanden auch weiterhin vielerlei Gestalt. Durch ein flächendeckendes Netz von Gemeindepartnerschaften und institutionalisierten Kontakten auf Leitungsebene wurde in beispielloser Weise der Zusammenhalt der Gemeinden in Ost und West durch regelmäßigen Austausch und vielfältige Solidarität gestärkt.

Gleichwohl trat nach der schweren Belastung Deutschlands durch die nationalsozialistischen Verbrechen und die Teilung die Beschäftigung und Identifizierung mit der Nation immer stärker in den Hintergrund. In der erstarkenden ökumenischen Bewegung trat dagegen im Kalten Krieg die Friedensfrage in den Vordergrund. 1948 hatten die Kirchen bei der Gründungsversammlung des Weltrates der Kirchen in Amsterdam erklärt: „Krieg soll nach Gottes Willen nicht sein!" Dem fühlten sich die Kirchen in Ost und West verpflichtet. Hier war es dann insbesondere die Auseinandersetzung um die Frage der Atomwaffen beziehungsweise atomaren Abschreckung, welche die Debatte über Jahrzehnte bestimmte.

Gerade für die Kirchen in der DDR wurde die Friedensfrage zu einem Thema intensiver Beschäftigung, gleichzeitig aber auch zu einem beständigen Konfliktfeld mit dem Staat. Wegen ihrer institutionellen Zusammengehörigkeit in der EKD gerieten die Kirchen in den 1950er Jahren in den Verdacht, „NATO-Kirchen" zu sein und die Interessen des Gegners zu vertreten. Nach Einführung der Wehrpflicht in der DDR 1962 wurden die Kirchen zum Anwalt des Rechts auf Wehrdienstverweigerung und der Einrichtung eines zivilen Ersatzdienstes. Das sogar mit gewissem Erfolg, denn als einziges Land im Ostblock schuf die DDR die Möglichkeit eines unbewaffneten Wehrdienstes als Bausoldat. Die gesellschaftlichen Auseinandersetzungen um die Militarisierung in der DDR, die Aufstellung der SS20 und die Planungen der NATO für eine Nachrüstung Ende der 1970er, Anfang der 1980er Jahre führten in der DDR dann zur Entstehung der oppositionellen Gruppen. In vielen Debatten auf dem Weg zur Friedlichen Revolution kam es zu einer immer wichtiger werdenden Verbindung der Friedensfrage mit der Forderung nach einer Demokratisierung der DDR.

Die Friedliche Revolution wiederum schlug das Tor zur Deutschen Einheit auf, die schneller zur Realität wurde, als man es vorher für möglich gehalten hätte. […] So wurde Deutschland wieder zu einem Nationalstaat. Manche in Europa hatten damals durchaus Sorge. Zu Unrecht. 2011 erklärte dann sogar ein polnischer Außenminister, dass er sich mehr deutsche Verantwortung und Initiative in Sicherheitsfragen wünsche.

Nach dem Zweiten Weltkrieg entstand unter dem Druck des Kalten Krieges die Europäische Gemeinschaft, aus der die EU wurde. Sie war gewissermaßen die Gestalt gewordene Lehre aus den furchtbaren Erfahrungen der ersten Hälfte des 20. Jahrhunderts. Durch Verflechtung und integrierte Strukturen, anfangs nur wirtschaftlich, dann aber weit darüber hinaus, sollte Krieg unmöglich gemacht werden. So wurde die EU zu einem einmaligen Friedenswerk, Garant für Stabilität und Recht, für Demokratie und gewaltfreie Konfliktaustragung. Ein gemeinsamer Wertekanon sollte nun die Basis dieses Staatenbundes sein.

Die neuen Demokratien nach 1989 wurden nach schwierigen Prozessen und Verhandlungen Mitglieder der EU. Dies war von zentraler Bedeutung, für sie selbst wie für Europa. Es war eine ungeheure Leistung der EU, dass 2004 die Erweiterung stattfand und der Entwurf einer europäischen Verfassung fertig wurde. Auch wenn es nicht möglich war, die Verfassung durchzusetzen, ist doch im Lissaboner Vertrag das meiste gerettet und heute geltendes europäisches Recht! Dazu gehört auch die europäische Grundrechtecharta, die modernste Charta der Menschen- und Minderheitenrechte.

Die EKD bekennt sich heute zu dieser Entwicklung, zur europäischen Integration und zu den Werten des Lissabonner Vertrages. Ja, es gibt wichtige Grundlagentexte, in welchen diese Werte theologisch begründet werden. Das alles ist zu begrüßen! Es ist ein großer Schritt, wenn wir es als Kirchen in den Fragen unserer Zeit ernst nehmen, dass die Würde des Menschen viel mit der Ebenbildlichkeit Gottes zu tun hat und damit, dass Gott in Jesus Christus uns liebt. Nicht zuerst den Deutschen, sondern den Menschen, jeden von uns. Das hat Folgen für das gesellschaftspolitische Engagement unserer Zeit, im Eintreten für demokratische Prozesse, für Versöhnung zwischen den Völkern und im kritischen Blick auf jede nationalistische Politik. Trotzdem ist Bescheidenheit notwendig.

Wir haben es gesehen, noch für das 20. Jahrhundert war das auch für uns in Deutschland keineswegs selbstverständlich und ein langer, umstrittener Prozess.

Historisch waren die Kirchen keine Vorreiter von Demokratie und Menschenrechten. Wir müssen leider festhalten, dass diese vielfach gegen die Kirchen durchgesetzt werden mussten. Und auch heute noch ist der Konfessionalismus eine große Herausforderung. Bis heute sind viele Kirchen in Europa auf eine bestimmte ethnische Gruppe bezogen und damit auch Partei in historisch belasteten Konflikten. Wenn für die Politik die zentrale Herausforderung darin besteht, Europa zur gemeinsamen Lösung der Probleme, die nicht mehr national zu lösen sind, fit zu machen, so besteht sie für die Kirche in der Ökumene. Wir haben wiederum viel für Europa getan, wenn wir uns als Kirchen in den Konflikten für Versöhnung einsetzen. Wir haben viel geschafft, wenn wir als Kirchen den europäischen Integrationsprozess nicht stören und belasten.

Das Evangelium wird heute in der Welt nur noch gehört und ernst genommen werden, wenn es uns gelingt, in zentralen Fragen gemeinsam zu sprechen. Gerade heute, auch mit diesem Papst in Rom, sind die Chancen dafür groß. Letztlich aber gilt es, sich jeweils vor Ort zu bewähren.

Rede im Deutschen Bundestag: 90. Jahrestag des Völkermords an den Armeniern im Osmanischen Reich (2005)*

Sehr geehrter Herr Präsident!
Liebe Kolleginnen und Kollegen!

Wir erinnern und gedenken heute der Opfer des Völkermords an den Armeniern vor neunzig Jahren. Wir wollen das allzu lange Schweigen, von dem eben schon die Rede war, brechen und einen Beitrag dazu leisten, den Toten ihre Ehre und ihre Würde wiederzugeben. Gleichzeitig denken wir aber an alle Opfer dieser Jahre: an die Christen der verschiedenen ethnischen Gruppen im Osmanischen Reich, an Tataren, Türken und Kurden, die ebenfalls zu Hunderttausenden umgekommen sind. Es kann und es darf kein Aufrechnen der verschiedenen Opfer geben.

Ich bin dem Kollegen Bergner für seine Initiative zu der heutigen wichtigen Debatte dankbar. Meine Fraktion ist überzeugt, dass wir in den Gesprächen und Beratungen, die wir im Ausschuss miteinander führen werden, zu einem gemeinsamen Antrag kommen werden.

Wir alle wissen: In der Türkei sind die damaligen Ereignisse noch heute heftig umstritten. Offiziell und mit Leidenschaft wird geleugnet, dass es sich bei den Deportationen und Massakern um eine gezielte staatliche Politik zur Vernichtung der armenischen Bevölkerung handelte. Wir halten es als deutsche Parlamentarier für wichtig, uns mit dieser Frage auseinander zu setzen, nicht zuletzt deshalb, weil sie Teil unserer eigenen Geschichte ist. Deutsche Regierungen haben nach dem Ersten Weltkrieg nie – das wurde schon

* Plenarrede in der 172. Sitzung des Deutschen Bundestages, 15. Wahlperiode, 21. April 2005 (http://dipbt.bundestag.de/doc/btp/15/15172.pdf, abgerufen am 10.Juni 2019), bereits veröffentlicht in: Martin Tamcke, Zur Situation der Christen in der Türkei und in Syrien, Exemplarische Einsichten, Göttinger Orientforschungen SYRIACA Band 43, Wiesbaden 2013, S. 81 - 88

angesprochen - aus eigenem Antrieb der armenischen Opfer gedacht und sich zu ihrer Mitverantwortung bekannt.

Dieses Schweigen in Deutschland und international in vielen Bereichen hat ein Mann wie Adolf Hitler genau beobachtet. Am 22. August 1939, wenige Tage vor dem Kriegsbeginn, hat er auf dem Obersalzberg der deutschen Militärführung die gnadenlose Vernichtung der polnischen Bevölkerung angekündigt und aufgetragen. Die noch vorhandenen Skrupel der Militärs versuchte er mit dem Satz zu beseitigen: *„Wer redet heute noch von der Vernichtung der Armenier?“*[1]

Glücklicherweise gab es auch andere Stimmen in Deutschland, die sich ehrlich und intensiv bemühten. Der evangelische Theologe Johannes Lepsius wurde schon erwähnt mit seinen vielfältigen Bemühungen und seiner Rede im Presseklub, aber eben auch mit seiner Dokumentation nach den furchtbaren Ereignissen. Es wurde schon berichtet von der Zensur der öffentlichen Stellen damals - die deutschen Reichstagsabgeordneten bekamen seine Dokumentation erst Jahre später zugestellt - und auch von der Aussage des Reichskanzlers, die auch ich in meinem Manuskript stehen habe, weil es so eklatant ist, dass wir, dass die kaiserliche deutsche Politik im Ersten Weltkrieg dies einfach hingenommen hat. Darauf beruht auch unsere besondere deutsche Verantwortung, uns dieser Geschichte zu stellen.

Die Archive des Auswärtigen Amts sind seit langem offen, auch für die internationale Forschung, die die Ereignisse anhand der Akten bereits deutlich rekonstruiert hat. Kopien sämtlicher relevanter Akten des Auswärtigen Amts wurden der Türkei und Armenien vor einigen Jahren übergeben. Es wäre gut, wenn sie auch in der Türkei für alle öffentlich zugänglich wären, vielleicht in wichtigen Teilen übersetzt.

Allein aus den deutschen Akten geht klar hervor, dass das damals die Macht habende Komitee für Einheit und Fortschritt die Vernichtung der Armenier systematisch betrieb, mithilfe staatlicher Behörden und paramilitärischer Organisationen. Dass dies eine ge-

1 Zitiert nach: Akten zur deutschen auswärtigen Politik 1918-1945 aus dem Archiv des deutschen Auswärtigen Amtes, Baden-Baden 1956, S. 171

zielte Politik war, gehört zur Definition des Begriffs „Völkermord“, wie sie später in der UN-Konvention von 1948 verankert wurde. Dabei ist bemerkenswert, dass Raphael Lemkin, der diesen Begriff neu schuf und wesentlich zur Durchsetzung dieses neuartigen völkerrechtlichen Instruments beigetragen hat, von sich bekannte, dass er dabei sowohl das Schicksal der Armenier als auch das der europäischen Juden im Blick hatte.

Es wäre gut, wenn sich auch die Türkei der Erkenntnis öffnen würde, dass das Sich stellen der eigenen Geschichte, auch der eigenen historischen Verantwortung und Schuld, keinen Verzicht auf Patriotismus und nationalen Stolz bedeutet. Wir als Deutsche haben diese Erfahrung gemacht, uns einer wahrhaftig noch furchtbareren Geschichte und Schuld zu stellen. Wir haben dabei die Erfahrung gemacht, dass gerade daraus internationale Anerkennung gewachsen ist, ohne die übrigens auch die deutsche Wiedervereinigung nicht möglich gewesen wäre.

Versöhnung setzt Offenheit voraus. Offenheit heißt, das ganze Bild der historischen Fakten offen zu legen. Gerade daraus kann Versöhnung und neu gewonnene Fähigkeit zu guter Nachbarschaft wachsen. In dieser Hinsicht ist es etwa wichtig, dass die türkisch-armenische Grenze geöffnet wird, was sowohl für den Osten der Türkei wesentlich ist als auch für das isolierte Armenien, das aus seiner Ecke herauskommen muss, in der es in vielen Bereichen steckt.

Meine Damen und Herren, ich glaube, es ist wichtig, dass wir diesen Teil der Geschichte bei uns und anderswo in Europa, aber eben auch in der Türkei und in Armenien, verarbeiten, damit Geschichte endlich ruhen kann und unsere Zukunft nicht mehr belastet. Dies ist das Ziel der Beschäftigung mit der Geschichte, an der wir alle – das gilt auch für die Türkei – nicht vorbeikommen. Der 90. Jahrestag wäre meines Erachtens ein guter Anlass, dies zu tun.

Der Blick auf die heutige Türkei zeigt jedoch leider ein gespaltenes Bild. Es gibt durchaus hoffnungsvolle Anzeichen. Es gibt viele in der Gesellschaft, die das Thema aufgreifen. Ministerpräsident Erdogan selber hat im vergangenen Dezember das erste Museum über armenisches Leben in Istanbul eröffnet. Das ist ein wichtiger Schritt.

Aus der Zivilgesellschaft heraus gab es übrigens deutlichen Widerstand gegenüber einem in meinen Augen relativ absurden Aufsatzwettbewerb, der sich vom Thema her gezielt gegen den Vorwurf des Genozids richtete. Viele haben es abgelehnt, sich daran zu beteiligen. Ich glaube, das ist ein gutes Zeichen.

Ich halte es auch für gut, dass sich das türkische Parlament in der vergangenen Woche erstmals in einer Plenardebatte mit diesem Thema befasst hat. Betrachtet man allerdings den Verlauf dieser Debatte, so stimmt einen dies eher betrübt, weil darin alte Geschichtsbilder zementiert und erneut propagiert wurden.

Wenn einerseits die Ansicht vertreten wird, dass Geschichte nicht Thema der Politik sein darf, sondern den Historikern überlassen werden sollte, und andererseits beschlossen wird, das britische Parlament aufzufordern, das „Blaue Buch", eine Dokumentensammlung, zu Propaganda zu erklären, dann ist das ein Widerspruch und entspricht in keiner Weise dem, was heute notwendig ist.

Problematisch sind die diplomatischen Bemühungen auf europäischer, aber auch auf internationaler Ebene, die Behandlung des Themas beiseite zu drängen oder mithilfe konkreter Kontakte zu verhindern. Dies wird dem Ansehen der Türkei nicht gerecht.

Für konstruktiv halte ich dagegen die bereits angesprochene Historikerkommission. Meiner Ansicht nach sollte sie aber nicht bilateral, sondern international zusammengesetzt sein. Dabei muss klar sein, dass Geschichte nicht verhandelbar ist. Es geht vielmehr darum, Geschichte öffentlich zu machen und einen öffentlichen Diskurs über die verschiedenen Akten und Perspektiven zu eröffnen, der für die Gesellschaften aller Länder notwendig ist. Es wäre sicherlich gut, wenn Armenien bereit wäre, sich an einem solchen Diskurs und einer solchen Kommission zu beteiligen.

Schlimm ist – damit möchte ich schließen – dass in der Türkei die Behandlung dieses Themas leider bis heute unter Strafandrohung steht. Ich denke, dass das in keiner Weise akzeptabel ist, und das müssen wir sehr deutlich machen. Dass der türkische Schriftsteller Orhan Pamuk unter Strafandrohung steht, weil er dieses Thema aufgeworfen hat, und zurzeit aus Angst vor Todesdrohungen im Untergrund lebt, ist ein Skandal für die Türkei. Ich denke, wir müssen die Türkei bzw. die türkische Regierung aufrufen, sich vor ihn zu stellen und deutlich zu machen: Wir wollen ihn schützen; wir wollen diesen Diskurs.

Gerade angesichts der Vorgänge in meinem Heimatland Brandenburg vor einigen Wochen muss ich gestehen, dass das ein Problem war. Man hat aber übersehen, dass das Problem nicht nur Brandenburg betrifft. Es war das erste Bundesland, in dem diese Themen im Unterricht behandelt wurden. Wir sollten uns insofern in allen Bundesländern dafür einsetzen, dass das Thema Bestandteil des öffentlichen Diskurses in Deutschland wird und dass in allen Schulen und Schulklassen offen mit dieser Geschichte umgegangen wird.

Ich hoffe, dass uns dies gelingt und dass wir gemeinsam dafür eintreten, uns zunächst einmal mit unserer eigenen Geschichte, zu der auch die türkische Geschichte gehört - denn wir alle leben in Europa und haben eine gemeinsame Geschichte –, so zu befassen, dass daraus eine gute gemeinsame Zukunft erwächst.

Ich danke Ihnen.

Rede zum Gedenktag der armenischen Gemeinde an den Völkermord an den Armeniern (2009)*

Gemeinsam mit allen Armeniern überall auf der Welt und all denen, die am Schicksal dieses Volkes Anteil nehmen, erinnern wir heute, am 24. April, an den Völkermord an den Armeniern. Mitten im Ersten Weltkrieg und in seinem Schatten verloren 1,5 Millionen Menschen ihr Leben. Das armenische Volk wurde aus seiner anatolischen Heimat vertrieben und entwurzelt. Am 24. April 1915 wurde die geistige Elite der in Konstantinopel, dem heutigen Istanbul, lebenden Armenier in einer Nacht- und Nebelaktion aus ihren Häusern und Wohnungen geholt und umgebracht. Dieses Datum wurde zum Symbol für die Massaker, Deportationen und Morde an den Armeniern im Osmanischen Reich in den Jahren 1915/16. Es war der erste Völkermord im Europa des 20. Jahrhunderts, dem in diesem Jahrhundert dann noch so viel Furchtbares folgen sollte.

Wir gedenken heute der Opfer, die umkamen. Wir gedenken der Überlebenden, der über die Welt Verstreuten und Heimatlosen, die sich mit ihren Nachkommen bis heute nicht von diesem Trauma erholt haben. Wir gedenken der Entwurzelten, derer, die bis heute auf der Suche nach ihrer Identität sind und derer, die in eine neue Identität gezwungen wurden.

Solche Wunden können nur heilen, wenn sie erinnert werden. Opfer wie Überlebende und ihre Nachkommen brauchen die Anerkennung dieses ihres Schicksals, um Leben und Zukunft zu gewinnen. Deshalb sind wir hier und es ist gut, dass Sie gekommen sind.

Die öffentliche Erinnerung an diesen Völkermord begann am 24. April 1919, vier Jahre nach den Ereignissen, unmittelbar nach dem Ersten Weltkrieg, heute vor genau neunzig Jahren. Im März 1919 hatte sich in Konstantinopel, der damals noch von den Sieger-

---

* Rede im Französischen Dom Berlin, 24. April 2009, Veröffentlicht zuvor in Martin Tamcke: Zur Situation der Christen in der Türkei und in Syrien, Exemplarische Einsichten, Göttinger Orientforschungen SYRIACA Band 43, Wiesbaden 2013, S. 89 - 93

mächten des Ersten Weltkriegs besetzten Hauptstadt des Osmanischen Reiches, eine Gruppe überlebender armenischer Intellektueller zu einem Komitee zur Vorbereitung für eine Trauer- und Gedenkfeier zusammengefunden. Mit dieser Trauerfeier begründeten sie eine Tradition, genau an diesem Tag in jedem Jahr des Völkermordes zu gedenken. Auch in Deutschland hat die von Johannes Lepsius gegründete „Deutsch-Armenische Gesellschaft" im Jahr 1919 in der St. Hedwigs-Kathedrale, nicht weit von hier, einen Gedenkgottesdienst gehalten.

Dass wir gerade in Deutschland diese Erinnerung wach halten ist schon deshalb wichtig, weil wir als Deutsche ein Stück Mitverantwortung an diesem Völkermord tragen. Das Deutsche Reich war damals bestens über die mörderischen Vorgänge im Osmanischen Reich informiert, durch Diplomaten, Militärs, die mit der verbündeten osmanischen Armee zusammenarbeiteten, und durch engagierte Zivilisten wie Johannes Lepsius. Trotzdem gab es keine Intervention bei den osmanischen Verbündeten, keinen Versuch Deutschlands, dem Morden Einhalt zu gebieten. Das Verfolgen der eigenen Kriegsziele und -interessen hatte bei der damaligen deutschen Reichsregierung und dem Generalstab Priorität vor dem Eintreten für das massakrierte Volk.

Dass zu Terror, Mord und Menschenrechtsverletzungen wegen anderer politischer Interessen geschwiegen wurde, hat sich dann später in diesem unseligen, letzten Jahrhundert oft wiederholt. Darin liegt eine Herausforderung bis heute! Wir dürfen nicht wegsehen! Wir dürfen nicht schweigen wo Menschen leiden und ihrer Rechte beraubt werden, wo ganze Völker dem Tode geweiht werden. *„Wo wir schweigen, werden die Steine schreien!"* heißt es in der Bibel. Aber wir sollten schreien! Die Versuchung, sich die Situation in Ländern schön zu reden, in denen Menschenrechte verletzt werden, weil man die Kooperation mit ihnen sucht und weil man sie braucht, ist auch heute groß. Doch wir dürfen ihr nicht erliegen! Wo wir von Menschenrechtsverletzungen, Terror und Mord, gar Völkermord wegschauen, versündigen wir uns!

Mit Recht haben die Vereinten Nationen in der Völkermordkonvention die Pflicht zum Eingreifen international festgeschrieben. Doch es ist eine Tragödie zu erleben, wie seitdem bei massenhaftem Morden (ich denke etwa an Darfur) der Streit darüber geführt wird, ob es sich schon um einen Völkermord handelt oder nicht – um der Pflicht zur Intervention und zum Beenden des Mordens zu entgehen.

Gerade wegen unserer eigenen Verflochtenheit in den Völkermord an den Armeniern bin ich froh, dass es uns vor vier Jahren, zum 90. Jahrestag, gelungen ist, im Deutschen Bundestag in einer Resolution dieser furchtbaren Geschichte zu gedenken. Hinter diese von uns damals gefundenen Aussagen dürfen wir nicht wieder zurückfallen. Und die damals beschriebenen Vorsätze müssen wir umsetzen!

Leider ist das bis heute nicht ausreichend der Fall. Zwar gibt es durchaus Lehrmaterialien für Schulen, in denen der Völkermord behandelt wird, aber bis auf das Land Brandenburg gehört er nicht in die Lehr- und Rahmenpläne. Das aber ist wichtig, nicht zuletzt wegen der vielen türkischstämmigen Mitbürger, die mit uns hier in Deutschland leben. Das gilt besonders auch hier in Berlin. Denn gerade angesichts aktiver türkischer Desinformationskampagnen ist es von großer Bedeutung, dass an unseren Schulen nicht Vorurteile, sondern Kenntnisse über die Ereignisse nach dem letzten Stand der historischen Forschung vermittelt werden. Denn nur auf der Grundlage eines solchen Kenntnisstandes kann sich der von uns immer wieder erwartete Dialog zwischen Türken und Armeniern entwickeln! Und wenn es schon zwischen der Türkei und Armenien so schwierig ist, warum tun wir nicht wenigstens bei uns hier in Deutschland alles, damit das Gespräch zwischen Armeniern und Türken, die bei uns leben, auf entsprechender Grundlage geschehen kann? Hier gibt es nach wie vor Handlungsbedarf bei den Ländern!

Ich bin sehr zufrieden, dass es mit viel Mühe und Engagement gelungen ist, in Potsdam das Lepsiushaus zu einem Ort zu entwickeln, an welchem der Dialog und das Gespräch zu diesen Fragen gefördert und geführt werden. Im Bundeshaushalt sind die Mittel für den Innenausbau und die Einrichtung eingestellt und beschlossen. Umso betroffener macht es mich, dass die Umsetzung der Beschlüsse durch die Bundesregierung immer wieder verzögert wurde. Das muss ein Ende haben! Die Arbeit am Lepsiushaus ist nicht gegen die Türkei gerichtet. Im Gegenteil! Türkische Mitbürger aus Deutschland und der Türkei sind eingeladen, sich an der Arbeit dort zu beteiligen, am Dialog und dem noch heute so dringenden Werk der Versöhnung. Doch kann die Grundlage dafür nur sein, dass die historische Wahrheit nicht verschwiegen und verdrängt wird! Die Bundesregierung darf sich nicht in den Verdacht bringen lassen, dass sie solchem Verdrängen Vorschub leistet. Deshalb hoffe ich sehr, dass die Mittel nun schnell fließen und der Innenausbau durchgeführt werden kann!

Mit Freude können wir feststellen, dass es in der türkischen Gesellschaft immer mehr Menschen gibt, die sich das Verbiegen der Geschichtsdarstellungen nicht bieten lassen wollen. So erinnerte heute Nachmittag in Istanbul eine „Kommission gegen Rassismus und Diskriminierung" an den großen Verlust, den die Vernichtung der kulturellen armenischen Elite nicht nur für die armenische Kultur und Sprache bedeutet, „sondern auch für uns!" Bei dieser Gedenkfeier wurden armenische Lieder vorgetragen. Solche Initiativen machen Hoffnung!

Natürlich wissen wir, dass es noch ein weiter Weg ist, bis der Gedenktag am 24. April in der Türkei in einer breiten Öffentlichkeit und ohne Anfeindungen begangen werden kann. Ich aber bin überzeugt, dass dieser Tag kommen wird! Viele Türken werden dafür kämpfen und sich daran beteiligen. Wir können es heute schon sehen.

Vor einigen Wochen hatte ich die Möglichkeit, von der armenischen Grenze aus auf die östliche Türkei zu schauen und Ani zu sehen, diese uralte Hochburg armenischer Tradition und Kultur. Mir blutete das Herz zu sehen, was davon übrig geblieben ist. Und doch glaube ich fest daran, dass genau dort, im Osten der Türkei, einmal ein allgemein zugänglicher Ort des Gedenkens, ein Ort der Erinnerung an diese reiche Tradition und ihr trauriges Ende entstehen wird. Ein Ort, der für Türken und Armenier wichtig ist!

Diese Visionen, die ich hier ausspreche, sind verbunden mit der Vision einer demokratischen Türkei, in welcher die Meinungsfreiheit zu Hause ist, in welcher alle Religionen gleichberechtigt nebeneinander praktiziert werden und sowohl Kurden wie Armenier anerkannt werden, frei leben und ihre Sprachen und Traditionen pflegen. Es wird eine Türkei sein, in welcher offener Streit zu gesellschaftlichen und historischen Fragen friedlich ausgetragen wird. Das ist dann die Türkei, die auch Mitglied der Europäischen Union sein wird. Solche Visionen müssen gedacht und ausgesprochen werden, damit sie Wirklichkeit werden können.

Meine Damen und Herren, die furchtbaren Ereignisse von Tod, Terror, Deportation und Entwurzelung vor vierundneunzig Jahren haben sich tief und prägend in die Identität des armenischen Volkes eingegraben, denn kaum eine Familie blieb damals verschont. So ist wohl fast jeder Armenier heute Nachkomme eines Überlebenden, der aber eben auch betroffen war durch Deportation, Flucht und Entwurzelung. So ist es völlig verständlich, wenn Armenier heute in Armenien und in aller Welt darum ringen, dass dieses Trauma ihrer Geschichte anerkannt und nicht relativiert wird. Das ist nicht nur berechtigt, sondern auch zu unterstützen!

Und doch – glaube ich – reicht das nicht. Bestärkt wurde ich im Nachdenken darüber durch einen Aufsatz von Hrant Dink, dem türkischen Armenier, der sein öffentliches Nachdenken und seine klaren Worte in Istanbul mit dem Leben bezahlte. Er schrieb vor drei Jahren:

> „Wir sollten der Reichtümer gedenken, welche die einheimische Bevölkerung in Anatolien geschaffen hatte. Wir sollten an das Niveau denken, welches die höheren Schulen der Armenier, die in sieben Sprachen unterrichteten, der Weinbau, die Seidenherstellung, Handwerk und Literatur, Architektur, Musik, Theater und Kunst zu dieser Zeit erreicht hatten.“ [1]

Hrant Dink beschreibt diese Erinnerung als Herausforderung, sich nicht allein vom Trauma des Genozids bestimmen zu lassen, sondern eben auch von dem großen kulturellen und geistigen Reichtum der armenischen Tradition und Geschichte und diesen für die Zukunft fruchtbar zu machen!

Was bedeutet es für die Armenier weltweit, dass es heute, nach Völkermord, Vertreibung und Entwurzelung, einen unabhängigen Staat Armenien gibt, der nicht mehr Teil der kommunisti-

---

1 Hrant Dink: Türken und Armenier: Zwei nahe Völker. Türkei und Armenien: zwei entfernte Nachbarn; in: Heinrich-Böll-Stiftung (Hg.) Wenn man die Armenienfrage diskutiert…, Istanbul 2006, S. 68

schen Sowjetunion ist, einen Staat, in welchem dieses reiche Erbe fruchtbar gemacht werden kann? Gewiss, die Geschichte lastet auch auf diesem Land, sie ist neben dem Berg-Karabach-Konflikt wohl die größte Last. Fast scheint es, als wäre die Identität beider Nachbarn, Armeniens und der Türkei, ganz wesentlich durch die unverarbeitete Geschichte und die negative Abgrenzung voneinander bestimmt. Und doch gibt es auch hier Hoffnungszeichen. Die Gespräche zwischen beiden Ländern nach dem „Fußball-Gipfel" im letzten Jahr haben erklärtermaßen eine Normalisierung der Beziehungen zum Ziel. Es ist wichtig, die Erwartungen nicht zu hoch zu schrauben. Wenn es gelänge, diplomatische Beziehungen aufzunehmen und in absehbarer Zeit die Grenze zu öffnen, wären das riesige Schritte.

Die Aufgaben sind groß. Man muss bedenken, dass die Unkenntnis übereinander in beiden Gesellschaften unvorstellbar groß ist. Und natürlich stellt das Unwissen nicht nur eine Quelle von Vorurteilen und Stereotypen dar, die zum Teil auch noch gezielt geschürt werden, sondern auch von Unsicherheit und Angst. Daraus wiederum entsteht leicht Hass. Deshalb wird es Zeit brauchen: Zeit für Kontakte zwischen den Menschen; Zeit, um sich kennenzulernen. Das aber kommt nicht von allein. Es ist eine große politische und gesellschaftliche Aufgabe.

In meinen Augen reicht es auch nicht darauf zu hoffen, dass etwa eine türkische Regierung sich überwindet und den Genozid an den Armeniern anerkennt. Eine solche Aussage muss auch von der eigenen, desinformierten Gesellschaft verstanden werden können. Was aber bedeutet es, wenn – wie eine Studie vor kurzem feststellte – 40 Prozent der Befragten in der Türkei nicht einmal wusste, dass Armenier anatolischen Ursprungs sind? Ich glaube, es ist viel komplizierter und braucht Zeit, Zeit für ziviles gesellschaftliches Engagement, offene Informationen und einen öffentlichen Diskurs, der die Gesellschaft vorbereitet und mitnimmt. Dafür trägt natürlich auch die türkische Regierung ihre Verantwortung. Aber nicht nur sie!

Und genau an dieser Stelle kommt das Demokratiedefizit in der Türkei, aber auch das in Armenien ins Spiel. Ich bin überzeugt, dass in einer wirklichen, bis tief in die Gesellschaft reichenden Demokratisierung sowohl der Türkei als auch Armeniens die eigentliche Herausforderung liegt. Die Entwicklung Armeniens wird eben nicht nur durch die geschlossenen Grenzen zur Türkei und zu Aserbaidschan behindert und durch die damit verbundene Isolierung, sondern auch durch die fehlende Demokratie und den fehlenden Konsens im Lande. Deshalb ist die Freilassung der politischen Gefangenen auch ein Entwicklungsfaktor für Armenien selbst. Erst ein offener gesellschaftlicher Diskurs und die Möglichkeit der Partizipation für jeden Bürger werden diejenigen Kräfte freisetzen, die für Armenien so dringend erforderlich sind.

Dafür aber braucht es nicht nur eine klare Ansage der europäischen und der deutschen Politik, sondern vor allem eine aktive Zivilgesellschaft und ihre Unterstützung durch das westliche Ausland. Und genau hier hat die weltweite armenische Diaspora eine große und weitreichende Aufgabe. Ich bin mir nicht sicher, ob diese heute schon in ausreichendem Maße wahrgenommen wird.

Das heutige unabhängige – und übrigens auch von der weltweiten Krise schwer getroffene – Armenien braucht Aufmerksamkeit und Empathie, es braucht Engagement und kritische Solidarität. Von uns allen!

Lassen Sie mich zum Schluss noch einmal Hrant Dink zitieren. Er schreibt:

> „Jean-Claude Kebapdjian, französischer Staatsbürger, gebürtig in Yozgat und armenischer Intellektueller, sagte bei einem Podiumsgespräch in Istanbul vor einigen Jahren: ‚Als meine Väter abgeschleppt wurden, blieb die berühmte Uhr in Yozgat stehen. Es war 19.15 Uhr'. Der Journalist Oral Çalişlar richtete bei einer Veranstaltung in Frankreich einen Aufruf an die Armenier und sagte: ‚Lasst und diese Uhr wieder in Betrieb setzen!'"[2]

Dem möchte ich mich anschließen!

2 siehe Fußnote 1 auf S. 148.

Zum 10. Jahrestag der Einrichtung der Enquete-Kommission des Deutschen Bundestages zur Aufarbeitung der DDR-Geschichte (2002)*

Sehr geehrte Kolleginnen und Kollegen aus dem Deutschen Bundestag,
aus den beiden früheren Enquete-Kommissionen,
verehrte Disputantinnen und Disputanten der gleich folgenden Podiumsdiskussion,
verehrte Damen und Herren,

wir begehen heute den 10. Jahrestag der Einrichtung der Enquete-Kommission des Deutschen Bundestages zur Aufarbeitung der DDR-Geschichte. Wir blicken dabei gleichzeitig auf beide Enquete-Kommissionen zu diesem Thema in der 12. und 13. Legislaturperiode zurück. Die erste von beiden begann vor zehn Jahren mit ihrer Arbeit.

Gerade angesichts der aktuellen Diskussion, die wir in Deutschland nach dem Urteil zu Helmut Kohls Klage gegen die Herausgabe seiner Akten erleben, ist dies ein guter Termin. Ich bin nämlich fest davon überzeugt, dass die Zukunft in Deutschland ganz wesentlich davon geprägt sein wird, wie wir als Deutsche uns mit beiden Diktaturen auseinandersetzen. Die Auseinandersetzung mit der Vergangenheit ist ein wichtiger Indikator für die Glaubwürdigkeit unserer demokratischen politischen Kultur.

Als ich im November 1991 nach einem Gespräch mit Martin Gutzeit in einer Presseerklärung mit dem Vorschlag an die Öffentlichkeit trat, eine Enquete–Kommission zur Aufarbeitung der DDR-Geschichte zu bilden, hätte ich ehrlich gesagt nicht gedacht, was für ein Erfolg das wird. Ja, ich hätte anfangs noch nicht einmal für möglich gehalten, dass diese Kommission überhaupt zustande kommt, war ich doch Abgeordneter der Opposition. Auch meine eigene Fraktionsführung war ausgesprochen skeptisch, ob dies ein guter

* Rede im Festsaal des Abgeordnetenhauses von Berlin, 12. März 2002

Vorschlag sei. Die Begeisterung war jedenfalls nicht wahnsinnig groß. Zuvor hatte ich mit Willy Brandt gesprochen, mit Burkhard Hirsch, mit Winfried Penner und Gerhardt Jahn, alt-erfahrene Parlamentarier. Ich wollte mich als damals frischgebackener Abgeordneter vergewissern, ob diese Art Institution würde leisten können, was sie sollte. Und sie bestärkten mich, den Vorschlag zu machen. Willy Brandt hat bei der Einsetzung der Enquete vor zehn Jahren seine letzte Parlamentsrede gehalten.

Ich war fest davon überzeugt, dass ein Tribunal, wie es damals in der Diskussion war, kein angemessenes Instrument der Aufarbeitung in einer pluralistischen Gesellschaft sein könne. Dass schließlich der Vorschlag eines Oppositions-Abgeordneten zur Realisierung einer Bundestags-Kommission führte, ist – wie ich denke – ein Zeichen dafür, was sachliche Argumentation und Überzeugungsfähigkeit in einer parlamentarischen Demokratie bewirken können. Mehrheiten sind eben nicht nur auf dem Hintergrund parteipolitischer Interessen möglich! Damals beschäftigte sich der Deutsche Bundestag (gewissermaßen als Erbe der frei gewählten Volkskammer in der DDR) in vielerlei Hinsicht mit der Hinterlassenschaft der DDR. Wir hatten uns zum Beispiel zu fragen, wie die Rehabilitierung der Opfer aussehen soll. Es kam, durchaus mit viel Streit und Auseinandersetzung, zu entsprechenden Gesetzen. Die justizielle Aufarbeitung der Vergangenheit war voll im Gange, die Ermittlungen liefen. Einige, die daran beteiligt waren, sind hier im Raum. Es ging um die Täter und die Verantwortlichkeiten im DDR-System.

Damals war die Staatssicherheit das bestimmende Thema für die DDR-Geschichte. Aber darüber hinaus bestand ein breiter Regelungsbedarf in vielen gesellschaftlichen Fragen, etwa wie man mit den Altschulden umgehen sollte. Oder das Problem der Renten, das uns bis in die jüngste Zeit hinein beschäftigt hat.

Heute diskutieren wir wieder über das Gesetz zu den Stasiunterlagen. Ich denke, dass es damals ein ganz wichtiges, in Europa einmaliges Gesetz war. Die wichtigsten Punkte waren, (1) dass der Zugang für die Opfer zu den Unterlagen der Staatssicherheit ermöglicht werden sollte. Der Einzelnen sollte Zugang zu den über ihn gesammelten Informationen erhalten. Das Herrschaftswissen über diese Dinge sollte nicht bei den Mitarbeitern der Stasi bleiben. Das andere Anliegen war (2) die Möglichkeit zu überprüfen, ob jemand aus der Mitarbeiterschaft von öffentlichen Institutionen und Verbänden informell oder hauptamtlich für die Staatssicherheit gearbeitet hatte. Dabei ging es uns um die Glaubwürdigkeit der demokratischen Institutionen. Gerade diese Glaubwürdigkeit schien uns für den Aufbau einer Demokratie eine ganz wesentliche Frage zu sein. Und schließlich wollten wir (3), dass dieses Repressionssystem in seinen verfeinerten Strukturen und Verantwortlichkeiten durchleuchtet werden könnte, dass historische Forschung möglich würde, dass man den Apparat und die Funktionsweisen des Systems erforschen könne. Darüber hinaus wurde durch die Akten nicht nur Zeugnis über Täterschaft und über Strukturen der Repression gegeben, sondern ebenfalls über Mut, Freiheitswillen und Zivilcourage vieler Menschen.

Über diese Gesetze hinaus schien mir mit dem Vorschlag der Bildung einer Enquete-Kommission wichtig, dass der Bundestag sich selbst systematisch und grundsätzlich mit dem Erbe der DDR befasste, nicht nur spezifisch für das einzelne Gesetz. Dazu kam die notwendige öffentliche Diskussion. Aufarbeitung von Vergangenheit ist nach meiner Überzeugung von zentraler Bedeutung für die Entwicklung einer demokratischen politischen Kultur. Sie gehört zum Selbstverständigungsprozess unserer demokratischen Gesellschaften in der Mitte Europas. Nach einer Diktatur wird die Vergangenheit leicht zu einem Knüppel im politischen Kampf. Belege dafür bietet nicht nur der Blick auf die Nachbarländer, das heißt auf ehemalige sozialistische „Bruderländer" und ihre Nachfolgestaaten. Instrumentalisierung der Vergangenheit als Knüppel im politischen Kampf gibt es natürlich auch in Deutschland und niemand glaube, dass dies völlig zu vermeiden wäre. Meine These ist aber, dass gerade die Arbeit der Enquete-Kommissionen wesentlich dazu beigetragen hat, die öffentliche Debatte zu versachlichen. Dies war nicht zuletzt deshalb möglich, weil eine Reihe wichtiger Sachverständiger und nicht nur Vertreter politischer Parteien den Enquete-Kommissionen angehörten. So ist es uns gelungen, in der Kommission eine Instrumentalisierung der Vergangenheit für parteipolitische Zwecke deutlich in Grenzen zu halten.

Während der Arbeit der Kommissionen hat sich ein klarer, grundlegender anti-totalitärer Konsens gezeigt. Und wurde zu einer lebendigen Wirklichkeit, zur tragenden Grundüberzeugung in der Arbeit beider Enquete-Kommissionen. Eine wichtige Aufgabe war, die öffentliche Kenntnis über die DDR zu erweitern, Beurteilungen zu differenzieren und ganz unterschiedliche Lebenserfahrungen, Perspektiven und Horizonte zur Sprache kommen zu lassen. Wir fragten nach den Funktionsweisen des Systems der Repression, nach Verantwortlichkeiten, aber ebenso natürlich nach der Situation der Opfer und ihrer Perspektive – und nach dem Alltagsleben unter den Bedingungen der Diktatur.

Von großer Bedeutung war die gesamtdeutsche Perspektive. Sich mit der DDR zu beschäftigen heißt immer, das geteilte Deutschland in den Blick zu nehmen. Jeder der beiden deutschen Staaten war ohne den ständigen Blick auf den anderen nicht verständlich. Deshalb ist wichtig festzuhalten, was bis heute Aufgabe bleibt: Die Aufarbeitung der DDR-Geschichte ist eine gesamtdeutsche Aufgabe, die in der westdeutschen Gesellschaft allerdings erst nach und nach wahrgenommen wird.

Die Enquete-Kommissionen haben für die historische Forschung wichtige Anstöße gegeben. Gerade am Anfang war es wichtig, weiße Flecken und Desiderate in der Forschungslandschaft und in der historischen Erkenntnis festzuhalten. Eines war uns von Anfang an klar: Ohne historische Forschung geraten die gesellschaftliche und politische Aufarbeitung und damals natürlich auch die justizielle Aufarbeitung in eine Sackgasse. […]

Der eigentliche Sinn von Enquete-Kommissionen ist es, Empfehlungen für den Deutschen Bundestag zu geben. In unserer ersten Enquete-Kommission haben wir diesen Zweck nicht erfüllt. Deshalb haben wir dann auch eine zweite Enquete-Kommission auf den Weg gebracht, die dann von 1995 bis 1998 gearbeitet und eine ganze Reihe solcher Empfehlungen gegeben hat. Sie hat zum Beispiel den Novellierungsprozess in der Frage der Rehabilitierung der Opfer wesentlich mitbestimmt. Wir haben damals auch ein Gedenkstättenkonzept erarbeitet. Ich hatte zunächst nicht für möglich gehalten, dass es uns gelingen würde, im parteiübergreifenden Konsens zu einer gemeinsamen Gedenkstättenkonzeption zu kommen. Die Bundesregierung hat das Konzept dann für ihre eigene Gedenkstättenkonzeption aufgegriffen und in wesentlichen Teilen umgesetzt. Ein drittes Beispiel ist die Stiftung zur Aufarbeitung der SED-Diktatur. Auch dies geschah im parteiübergreifenden Konsens, der es sogar ermöglicht hat, dass wenige Monate vor der Bundestagswahl 1998 das Gesetz zur Gründung dieser Stiftung beschlossen wurde und die notwendigen Arbeiten beginnen konnten. Hintergrund dafür war, dass die vielen Aufarbeitungsinitiativen und -archive dringend Hilfe aus den Haushaltsmitteln des Bundes brauchten. Die Stiftung arbeitet nun seit einigen Jahren. Gestern haben wir den ersten Tätigkeitsbericht verabschiedet.

Nach der Diktaturerfahrung ist Aufarbeitung von Vergangenheit immer ein Thema von aktiven Minderheiten. Oft genug sind es erst einmal die Opfer des Systems, die sich für die Aufarbeitung der Diktatur einsetzen und sich von der Mehrheitsgesellschaft – leider – allein gelassen fühlen. Auch das sollte uns Stoff zum Nachdenken geben. Es ist nach 1990 ähnlich wie in den 1940er, 1950er und 1960er Jahren: Die Minderheiten, welche die Notwendigkeit der Aufarbeitung einklagten, taten etwas, das für die gesamte Gesellschaft, für die Entwicklung eines nationalen Selbstverständnisses nach einer Diktatur von eminenter Bedeutung ist. Das gilt heute in der Frage des Kommunismus ebenso wie für die Zeit des Nationalsozialismus. Das, was wir heute gewissermaßen als den Gründungskonsens der Bundesrepublik Deutschland bezeichnen können – die Wertschätzung des Widerstands gegen die Diktatur des Nationalsozialismus, wie zum Beispiel am 20. Juli - ist erst im Laufe der Jahrzehnte gewachsen. Ähnlich wie nach 1945 braucht es auch heute nach dem Sturz des kommunistischen Systems diese aktiven Minderheiten. Sie nehmen für eine künftige politische Kultur in Deutschland und in Europa eine ganz wichtige Aufgabe wahr. Es ist auch nicht nur eine deutsche Aufgabe, sondern eine europäische. Denn auch durch die Herausforderung der Aufarbeitung des Kommunismus sind wir mit den anderen Ländern des ehemaligen Ostblocks verbunden. Auch sie befinden sich in diesem Prozess, einen notwendigen gesellschaftlichen Konsens darüber zu finden. Das braucht hier wie dort viel Diskussion, ja, Streit. In diesem Streit werden wir es im Laufe der Jahre schaffen, einen gesellschaftlichen Konsens zu bilden. Doch das wird noch ein paar Jahre dauern.

Das gilt nicht nur für die Zeit der SED-Diktatur, sondern auch für den Prozess der Deutschen Einheit. Denn fast unbemerkt von der Öffentlichkeit war auch der Prozess der Deutschen Einheit Thema der zweiten Enquete-Kommission. Wir haben uns auch nicht nur mit der staatlichen Vereinigung im Jahr 1990 befasst, sondern mit dem gesamten Prozess des Zusammenwachsens beider deutscher Gesellschaften. Natürlich war gerade dieser Themenbereich in der Kommission besonders strittig. Für den Charakter von Enquete-Kommissionen ist es grundlegend, dass nicht nur die Mehrheitsmeinungen, sondern auch die Positionen von Minderheiten oder sogar von einzelnen in Sondervoten ihren Ort haben, welche im Bericht und in den vielen ihnen möglicherweise bekannten Bänden, welche die Arbeit der Enquete-Kommission dokumentieren, festgehalten sind. Ich bin übrigens überzeugt, dass die künftige Bedeutung der Enquete-Kommissionen nicht das ist, was sie an historischer Forschung über die DDR initiiert hat. Die in Auftrag gegebenen Expertisen sind inzwischen schon zum Teil überholt oder werden es in den nächsten Jahren sein. Das wichtigste ist, dass sie ein Zeugnis dafür sind, wie wir als Deutscher Bundestag in den Jahren zwei bis acht der Deutschen Einheit mit der Vergangenheit umgegangen sind. Was haben wir thematisiert, worüber haben wir uns gestritten, was wurde verdrängt und war überhaupt nicht Thema? Wo hat man versucht, Vergangenheit zu instrumentalisieren? Das werden künftig die Fragen sein, die in der historischen Betrachtung der 1990er Jahre viel mehr interessieren! Die Fragen, vor denen wir standen und zum Teil immer noch stehen sind Problemstellungen, vor denen auch manche unserer Nachbarländer standen und stehen. Wir stehen vor vergleichbaren Fragen, bei allen Unterschieden der Struktur in den verschiedenen Staaten und Gesellschaften des ehemaligen Ostblocks. Wie soll man beim Aufbau einer Demokratie mit der diktatorischen Vergangenheit umgehen? Soll man sie beiseiteschieben? Gibt es eine Versöhnung ohne Auseinandersetzung mit der Vergangenheit? Wir waren vor zehn Jahren der Meinung, dass Versöhnung Wahrheit braucht. Ja, wir glaubten – und ich bin noch heute überzeugt davon –, wir müssten durch dieses Tal der Tränen hindurch, wenn es eine glaubhafte und glaubwürdige Versöhnung in der Gesellschaft geben sollte. Glaubwürdige Demokratisierung ist nur in der Auseinandersetzung mit der eigenen Geschichte möglich. Nicht in allen ehemals kommunistischen Staaten ist das gleichermaßen geschehen und da, wo es nicht geschah, bricht unbewältigte Vergangenheit immer wieder hervor. Die Geschichte der letzten zwölf Jahre hat das deutlich gezeigt. Meine Erfahrung ist aber, dass das Interesse in allen Gesellschaften Ostmitteleuropas an der Auseinandersetzung mit der Vergangenheit wächst. Es gibt auch ein zunehmendes Interesse an einem grenzüberschreitenden und intensiven Dialog zu diesen Fragen. Wir haben viel voneinander zu lernen. Das Interesse an unseren Erfahrungen in Deutschland ist bei unseren Nachbarn sehr groß. Die Stiftung Aufarbeitung, die Behörde der Bundesbeauftragten für die Unterlagen der Staatssicherheit oder auch das Haus der Geschichte in Leipzig, alle diese Institutionen haben im grenzüberschreitenden Dialog eine wichtige Aufgabe.

Jedes Volk entwickelt und braucht ein Bild von sich selbst. Dies entsteht nicht dadurch, dass es dekretiert wird, sondern dadurch, dass es in einem pluralen gesellschaftlichen Streit nach und nach in wichtigen Grundlagen zu einem Konsens wird. Ich glaube, dass wir in Deutschland dieses Bild von uns selbst noch lange nicht haben. Ein Blick zurück auf die Art und Weise, wie wir vor wenigen Jahren die zehnten Jahrestage gefeiert haben, kann das verdeutlichen. Ich glaube, dass wir um der Zukunft willen die Beschäftigung mit unserer Vergangenheit weiterhin brauchen! Gerade eine ehrliche Auseinandersetzung mit unserer Vergangenheit, realistisch, streitbar und gelassen, macht uns zu einem glaubwürdigen Partner in Europa. Die Erwartungen an uns Deutsche sind hier besonders groß. Wir sollten sie nicht enttäuschen.

Rede im Deutschen Bundestag: Errichtung der Stiftung zur Aufarbeitung der SED-Diktatur (1998)*

Verehrter Herr Präsident!
Meine Damen und Herren!

Ich freue mich ebenfalls sehr, dass wir heute so weit sind, dieses Gesetz zu verabschieden und in der Folge die Stiftung zu gründen.

1994 haben wir in dem Sondervotum der SPD zu der ersten Enquete-Kommission diesen Vorschlag gemacht. Er ist dann verschiedentlich aufgenommen und diskutiert worden. Es war von Anfang an klar, dass eine solche Stiftung nur möglich sein wird, wenn man sie nicht im Alleingang, sondern gemeinsam zu gründen versucht.

Denn es ist eine ganz zentrale Dimension der Aufarbeitung von Vergangenheit, dass sie nicht unpolitisch ist - Vergangenheitsaufarbeitung ist immer auch ein politisches Geschäft; sie ist immer auch strittig, aber sie muss nicht entlang der Parteigrenzen strittig sein -, dass sie nur sehr begrenzt parteipolitisch instrumentalisierbar ist, auch wenn dies unbezweifelbar immer wieder versucht wird. Es ist eine Frage der politischen Kultur eines Landes, wieweit man fähig ist, daraus nicht nur parteipolitischen Streit zu machen. Ich bin sehr froh, dass es uns heute mit den vier Fraktionen dieses Bundestages gelungen ist, dieses Gesetz einzubringen und gemeinsam zu verabschieden. Ich möchte mich bei allen bedanken – das ist in unserem Hause nicht so sehr üblich –, bei den Mitarbeitern der Enquete-Kommission und des Innenausschusses, die die Arbeit bereitwillig mitgetragen haben, und den Sachverständigen, die die Arbeit der Enquete-Kommission und das Erstellen des Zwischenberichts mitgetragen haben. Ein Teil von ihnen sitzt auf der Tribüne.

* Plenarrede in der 227. Sitzung des Deutschen Bundestages, 13. Wahlperiode, 2. April 1998, (http://dipbt.bundestag.de/doc/btp/13/13227.pdf, abgerufen am 30. Juni 2019)

Die Auseinandersetzung mit unserer Vergangenheit ist eine Aufgabe, von der wir überzeugt waren und sind, dass sie nicht nur eine Aufgabe für ehemalige DDR-Bürger ist, sondern eine Aufgabe aller Deutschen. Wir wissen - manchmal muss man es aber auch sagen -, dass die DDR-Geschichte ein Teil der Nachkriegsgeschichte Deutschlands ist. Damit ist die DDR nicht nur „der eine deutsche Staat", sondern auch der Staat, auf den sich der andere deutsche Staat immer wieder bezogen hat. Auch die Politik der alten Bundesrepublik wäre gar nicht verständlich ohne die ständige Auseinandersetzung mit diesem anderen Teilstaat.

Insofern geht es bei der Betrachtung unserer Geschichte nicht nur um die gesamtdeutsche Notwendigkeit, sich mit der DDR auseinanderzusetzen, sondern auch darum, sich mit der Geschichte der Teilung und den verschiedenen Dimensionen und Perspektiven auseinanderzusetzen. Ich glaube, dass auch wir als Enquete-Kommission dieses nicht immer hinreichend und deutlich genug getan haben. Dies wird für die Zukunft eine wesentliche Aufgabe sein.

Für viele Menschen im Westen sind die Geschichte der DDR und die Erfahrungen, die man dort gemacht hat, weitgehend eine Terra incognita, ein unbekanntes Land - Erfahrungen, die wenig bekannt, nur sehr schemenhaft und oft auch nur in wenigen Stichworten aufzeigbar sind. Ich glaube, hier muss sich etwas ändern, wenn wir als Deutsche in Ost und West künftig gemeinsam als deutsches Volk Geschichte machen und miteinander leben wollen.

Das betrifft zum Beispiel auch die Frage der Schulbücher. Was in der Wissenschaft erkannt worden ist, hat noch lange nicht Eingang in die Schulbücher gefunden.

Aber das gilt auch für die DDR-Bürger. Viele von ihnen glauben, sie seien von vornherein Experten für DDR-Geschichte. Dabei gehörte es zum System, dass, da es keine Öffentlichkeit und keine öffentliche Debatte gab, jeder nur seinen Ausschnitt kannte. Ich muss sagen: In den letzten Jahren, in denen wir uns mit unserer Geschichte befasst haben, habe ich selbst, der ich die ganze Zeit in der DDR gelebt habe, über dieses Land, seine Bezüge und ganz andere gesellschaftliche Bereiche sehr viel gelernt. Ich denke, das ist eine Aufgabe, der wir uns im Miteinander, im gegenseitigen Erzählen, durch Förderung von Wissenschaft und politischer Bildung sowie im Zur-Sprache-Bringen und Zur-Sprache-bringen-Lassen der Menschen, die ihre jeweiligen besonderen Erfahrungen gemacht haben, stellen müssen. Dies wird wichtig sein.

Dies ist die Aufgabe der Stiftung. Sie soll keine Oberbehörde oder Zentrale für Aufarbeitung sein – es ist ganz klar: notwendig sind plurale Träger in den verschiedenen Bereichen der politischen Bildung, der Wissenschaft –, das kann die Stiftung nicht leisten; denn dann müssten wir sie ganz anders ausstatten. Ihre Aufgabe soll vielmehr sein, diese pluralen Träger, diese vielen kleinen und größeren Träger zu unterstützen, zusammenzuführen, ihnen Anregungen zu geben und damit ein Motor in diesem gesamtgesellschaftlichen Geschäft zu sein.

Meine Damen und Herren, es gibt schon viele, die sich dieser Aufgabe widmen, auch in der politischen Bildung, auch in der Wissenschaft. Ich nenne insbesondere die mehr als sechzig Aufarbeitungsinitiativen in Ostdeutschland, die mit großem Engagement – wenn heute auch nicht mehr mit Risiko; es sind viele, die vorher in der Opposition tätig waren – und durchaus mit manchen Entbehrungen tätig waren und sind; denn bezahlt wurde diese Arbeit oft nicht. Viel ehrenamtliche Tätigkeit steckt dahinter, und dort, wo in der Vergangenheit öffentliche Mittel zur Verfügung standen, sind diese oft ausgelaufen. Deshalb ist es besonders wichtig, dass auch diese Aufarbeitungsinitiativen von dieser Stiftung Mittel erhalten, um ihre Arbeit weiter tun zu können; denn obwohl es sich nur um Minderheiten in der Gesellschaft handelt – an Aufarbeitung sind übrigens immer nur Minderheiten interessiert –, tun sie etwas, was für die gesamte Gesellschaft, für die Nation und ihr Selbstverständnis wichtig ist. Deshalb ist es eine wesentliche Aufgabe und uns ein wesentliches Anliegen – es soll auch das erste sein, was die Stiftung macht –, diesen Initiativen zu helfen, ihre Arbeit fortzusetzen.

Es sind nur Projektmittel, die wir zur Verfügung stellen können. Ich muss vor zu hohen Erwartungen warnen, auch vor der Erwartung, dass alles, was jetzt geschieht, künftig von der Stiftung finanziert wird. Dies wird nicht möglich sein. Ich denke nur daran, dass der Beauftragte für die Stasiunterlagen in Berlin, bisher allein durch den Senat finanziert, für seine Arbeit jedes Jahr mehrere Millionen DM erhält. Diese Summe wird nicht allein von der Stiftung übernommen werden können. Die Länder und die Gemeinden bleiben in der Pflicht. Gleichzeitig muss man sagen, dass sich auch andere Stiftungen, auch andere Träger dieser Arbeit weiterhin hier engagieren müssen, nicht nur mit Rat und Tat, sondern eben auch mit Geld.

Aufarbeitung der Vergangenheit – ich sagte es – ist etwas, was uns als Deutsche alle betrifft; aber es ist nicht nur etwas für uns Deutsche, sondern es hat eine Dimension, die europäischen Charakter hat. Wir haben im Januar eine Veranstaltung durchgeführt, auf der verschiedene Personen aus mehr als einem Dutzend Ländern Europas anwesend waren, aus dem ganzen früheren Ostblock, also aus Ländern, in denen es vergleichbare Probleme gibt, wenn auch ganz anders in der konkreten Geschichte, ganz anders im Umgang mit ihr danach. Oft schaut man neidvoll nach Deutschland.

Hier wird durchaus auch erwartet, dass diese Stiftung in der Kommunikation, im europäischen Miteinander des Bedenkens dieser Fragen Anregungen für die wissenschaftliche Forschung, für die parlamentarische Zusammenarbeit zwischen den Ländern gibt. Hier werden wir auch künftig in dieser Weise gefragt sein.

Wesentlich ist – und damit möchte ich schließen –, dass diese Stiftung zu einer Erinnerungskultur in Deutschland beitragen kann. Auch das kann sie nicht allein machen; aber sie kann zum Beispiel bei der Ausgestaltung von Gedenktagen, etwa des 17.Juni oder des 13. August, zur Verfügung stehen.

Ich möchte einen Tag hinzufügen, der in Verbindung mit der Erinnerung an ein ganz anderes Datum gerade jetzt sehr häufig erwähnt wird, und zwar den 18. März. Wir haben ja in den letzten Wochen oft des 18. März als des 150. Jahrestages der 1848er Revolution und damit einer wesentlichen demokratischen deutschen Tradition gedacht. In dieser ganzen Debatte hat fast nirgendwo die Tatsache eine Rolle gespielt, dass der 18. März zugleich das Datum der freien Wahl in der DDR war, das Datum, an dem wir eine siegreiche Revolution zu Ende geführt haben und ein demokratischer deutscher Staat entstand, der dann die Möglichkeit und auch die

Fähigkeit hatte, zusammen mit der Bundesrepublik die deutsche Vereinigung zu organisieren.

Ich wünsche dieser Stiftung alles Gute. Ihre Arbeit beginnt jetzt. Wir sollten sie auch als Bundestag künftig begleiten; denn von uns wird es abhängen, dass sie genügend Finanzmittel bekommt, um ihre Arbeit tun zu können. Vielen Dank.

Rede im Deutschen Bundestag: Würdigung der Opfer des Kommunismus: Für eine SED-Opferrente (2007)*

Sehr geehrte Frau Präsidentin!
Meine Kolleginnen und Kollegen!

Es ist gut, dass wir heute in dieser Entschlossenheit zusammengekommen sind, um deutlich zu machen, dass wir in den nächsten Wochen und Monaten in möglichst großer Breite einen Gesetzentwurf einbringen werden, um die Situation der Opfer des Kommunismus zu verbessern. Wir alle wissen, dass das dringend nötig ist.

Opfer von Diktaturen haben es in Deutschland – nicht nur in Deutschland – auch nach der Zeit der Diktatur schwer. Das gilt gerade im Vergleich mit den Tätern; denn Angehörige der Täterorganisationen – das sind in Diktaturen normalerweise ja staatliche Organisationen – haben wegen der Trennung von Sozial- und Strafrecht das Recht, alle sozialen Rechte in einem Sozialstaat in Anspruch zu nehmen. Wir haben dies in der Weise erlebt, wie Herr Vaatz das eben dargestellt hat.

Deshalb gibt es natürlich diese Schwierigkeit, da die Opfer aufgrund ihrer Biografie oft nicht die Chance hatten, eine entsprechende Würdigung zu erfahren. Es war oft ein sehr schwieriger Prozess – das gilt für beide Diktaturen –, den Opfern zu ihrem Recht zu verhelfen. Wir haben sehr darauf zu achten – das ist eine Frage der Glaubwürdigkeit der Demokratie –, dass die Entschädigung nicht nach Kassenlage geschieht.

Bei der Entschädigung für die Opfer des Nationalsozialismus war das ein jahrzehntelanger Weg. Wir erinnern uns, dass wir erst im Jahre 2000 die Stiftung „Erinnerung, Verantwortung und Zukunft“ geschaffen haben. Das war fünfundfünfzig Jahre nach dem Krieg. Zum anderen – weniger bekannt – gab es im Oktober 1992 – das ist schon angesprochen worden – eine Sondervereinbarung des

---

* Plenarrede in der 82. Sitzung des Deutschen Bundestages, 16. Wahlperiode, 1. März 2007, (http://dipbt.bundestag.de/doc/btp/16/16082.pdf, abgerufen am 10. Juni 2019)

Bundesfinanzministers mit der Jewish Claims Conference, in der übrigens im Unterschied zu dem, was vorher üblich war und in anderen Bereichen üblich ist – es war also gewissermaßen ein Systembruch –, monatliche Beihilfen für bedürftige jüdische Opfer des Nationalsozialismus beschlossen wurden. Das war ein wesentlicher Schritt. Nichtjüdische Opfer blieben übrigens außen vor. Diese Regelung war nun das Muster für das, was wir heute hier gemeinsam beschließen, um die Situation der Opfer zu verbessern.

Dass dringend etwas für die Opfer des Kommunismus getan werden muss, ist seit Jahren klar. Ich bin sehr dankbar, dass Frau Leutheusser-Schnarrenberger noch einmal auf die Rede von Bundespräsident Rau verwiesen hat, in der er dies auch entsprechend deutlich gesagt hat.

Aber auch die Situation der Opfer des Kommunismus nach 1990 war von einer Schieflage gekennzeichnet. Erinnern wir uns an die Situation Anfang der 1990er Jahre zurück: Damals hat der Deutsche Bundestag mit den entsprechenden Mehrheiten Gesetze geschaffen, die dafür sorgten, dass gerade diejenigen, die an Eigentum und Vermögen Unrecht erlitten hatten, durchaus sehr gut dastanden. Wir haben hier Millionensummen an Entschädigung bezahlt. Mit Geldern für diejenigen, die an Leib und Leben litten, waren wir sehr viel knausriger. Erst Rot-Grün hat 1999 deutliche Verbesserungen beschlossen und die Höhe der Kapitalentschädigung angepasst.

Heute gehen wir einen weiteren großen Schritt, indem wir der eben genannten Regelung folgen und monatliche Zahlungen für Opfer des Kommunismus vorsehen. Es schien in den letzten Jahren undenkbar zu sein, dass wir uns darauf einigen könnten. Ich bin sehr dankbar, dass das möglich geworden ist. Deshalb sollte man dies auch nicht kleinreden.

Gewiss, manches ist im Gesetzgebungsverfahren noch zu ändern. Darüber ist hier gesprochen worden. Besonders wichtig ist es – das haben wir ja auch in unsere Koalitionsvereinbarung geschrieben –, dass wir Erleichterungen bei der Anerkennung von gesundheitlichen Schäden vorsehen. Damit könnten wir miteinander dafür sorgen, dass würdig mit den Betroffenen umgegangen wird. Die Art und Weise, wie auf den Versorgungsämtern manchmal mit den Opfern umgegangen wird, bringt diese – das muss man einfach so sagen – schlichtweg in eine unwürdige Situation. Diesen Zustand müssen wir beenden.

Ich denke auch an Schüler, die in der DDR verfolgt wurden, ins Gefängnis kamen und dann freigekauft wurden. Wenn diese nun in der Bundesrepublik in den 1980er Jahren studierten und BAföG in Anspruch nahmen – damals wurde BAföG nur als Kredit gewährt –, häuften sie hohe Schuldensummen auf, die sie zum Teil bis heute vor sich her schieben. Es sind zwar wenige, aber auch das ist ein wichtiger Punkt. An dieser Stelle könnten wir nämlich allein durch eine Stichtagsänderung etwas zum Positiven verändern.

Ich glaube, das sollten wir tun. Auch ich verstehe manche Kritik, die geübt wird. Ich muss gestehen, auch ich selber hätte mir an der einen oder anderen Stelle Änderungen oder etwas mehr gewünscht. So stellt zum Beispiel die Tatsache, dass wir ein halbes Jahr und zehn Jahre Haft quasi gleichsetzen, natürlich ein Problem dar, vor dem man nicht die Augen verschließen sollte. Ich hätte mir auch gewünscht, für alle Betroffenen ohne Prüfung der Bedürftigkeit einen Sockelbetrag vorzusehen und diesen dann je nach Bedürftigkeit aufzustocken. Auch das hätte mir, wie ich gestehen muss, besser gefallen. Wir alle wissen aber, dass das nicht drin war, insbesondere deswegen nicht, um die Verhältnismäßigkeit zu den Entschädigungsleistungen für NS-Opfer zu wahren. Wenn es uns allerdings gelungen wäre, in diesem Zusammenhang zugleich auch noch etwas für die NS-Opfer zu tun, wäre das auch nicht schlecht gewesen; denn zu gut geht es denen wahrhaftig nicht.

Nichtsdestotrotz stellt das Ergebnis, das wir gemeinsam erzielt haben, einen wichtigen und großen Schritt dar. Deshalb sollten wir gemeinsam entschlossen die Arbeit an diesem Gesetzentwurf aufnehmen. In diesem Rahmen sollte dann natürlich, wie schon angesprochen, auch eine Anhörung mit den gesellschaftlichen Gruppen und Opferverbänden durchgeführt werden. Wenn irgendwie möglich, sollten wir diesen großen Schritt, den wir uns vorgenommen haben, noch vor der Sommerpause, vielleicht sogar schon bis zum 17. Juni, in Gesetzesform gießen. Damit würde dann endlich eine Verbesserung der Situation der Opfer eintreten. Ich danke Ihnen.

Zwanzig Jahre Gedenkstätte Geschlossener Jugendwerkhof Torgau (2018)[1]

Seit zwei Jahrzehnten arbeitet diese Gedenkstätte und ruft uns das furchtbare Leiden ins Gedächtnis, das junge Menschen im Alter zwischen vierzehn und achtzehn Jahren hier erfahren haben. Aber schon das ist nicht präzise formuliert: Diese Opfer der kommunistischen Diktatur mussten uns und der deutschen Öffentlichkeit überhaupt erst einmal ins Bewusstsein gebracht werden. Am Anfang war dies der Kampf Einzelner, die sich schon 1991 im „Förderverein Dokumentations- und Informationszentrum Torgau" zusammenschlossen. Später, nach der gelungenen Gründung, waren es auch der Trägerverein dieser Gedenkstätte, die „Initiativgruppe Geschlossener JWH Torgau", die Mitarbeiter und Gremienmitglieder und schließlich zunehmend auch die Vertreter der Opfer selbst.

Es ist jetzt fünfundzwanzig Jahre her, dass ich im März 1993 mit der SPD-Arbeitsgruppe in der Enquete-Kommission des Bundestages diesen Ort erstmals besuchte. Sie, Frau Beyler, waren damals schon hier und haben sich dafür stark gemacht, das Schicksal der Opfer nicht zu vergessen und eine Gedenkstätte einzurichten. Der Besuch und das Gespräch mit den Jugendlichen, das Sie ermöglichten, haben uns damals tief erschüttert. Ich erinnere mich, dass ich danach in der Öffentlichkeit den Begriff „Jugend-KZ" benutzte, denn solche Geschichten hatte ich vorher nur über KZ´s gehört. So wurde der Geschlossene Jugendwerkhof Torgau für mich zum Beispiel dafür, dass auch DDR-Bürger die DDR nicht wirklich kannten. Ich, der ich mich für einen wachen Zeitgenossen hielt, wusste bis dahin nichts davon. Jeder, der in der DDR gelebt hat, kannte seinen Bereich, seinen Sektor und vieles andere eben nicht! Deshalb ist die Aufarbeitung für uns alle wichtig, im Westen wie im Osten!

Wir konnten schließlich die Gesamtkommission davon überzeugen, den Gedenkort 1994 in unsere Empfehlungen aufzunehmen. Im gleichen Jahr noch beschloss der sächsische Landtag, dass

---

[1] Rede beim Festakt in der Gedenkstätte Torgau, 17.11.2018

hier eine Gedenkstätte errichtet werden solle. Doch bis dies wirklich geschah, war es noch ein weiter Weg. Noch weiter war der Weg bis zu einer ordentlichen Förderung durch den Bund, was nun seit fünf Jahren der Fall ist.

Es hat ebenfalls lange gedauert, bis die Kinder und Jugendlichen der DDR-Heimerziehung in angemessener Weise als eine eigene Opfergruppe der kommunistischen Diktatur anerkannt wurden. In den Spezialkinderheimen waren sogenannte Schwererziehbare zwischen sechs und sechzehn Jahren untergebracht. Die offenen Jugendwerkhöfe waren Zwangsarbeitslager für Jugendliche mit militärischem Drill. Hier in den Geschlossenen Jugendwerkhof (GJWH) Torgau kamen Jugendliche zwischen vierzehn und achtzehn Jahren, die sich in anderen Heimen als renitent erwiesen hatten. Eingewiesen wurden sie direkt durch Margot Honecker, die DDR-Ministerin für Bildung. Hier erlebten sie die Spitze der Repression gegen Jugendliche. Erklärtes Ziel war es, ihren Widerstand zu brechen. Das hieß faktisch, ihre Persönlichkeit zu brechen und sie durch eine Alltagspraxis der Entwürdigung und der strukturellen psychischen und physischen Gewalt zu unterwerfen und gefügig zu machen. Dazu gehörte der Entzug jeglicher Privatsphäre und Individualität. Alles geschah im Kollektiv unter militärischem Drill. Elternkontakte wurden unterbunden. Prügel und gezielte Demütigung waren Alltagspraxis. Isolation und Arrestzellen, wie man sie sonst nur aus KZ und dem Stasiknast kennt, waren beliebte Sanktionsmittel. Ärztliche Betreuung wurde verweigert, Psychopharmaka verabreicht. Nach internationalen Maßstäben sind die Methoden, die hier verübt wurden, als Folter zu bezeichnen.

Die jeweils fünfzig bis sechzig Jugendlichen verbrachten hier vier bis sechs Monate – gezeichnet waren sie danach für ein ganzes Leben. Die erfahrene Gewalt, Demütigung und Entwertung sowie der Mangel an menschlicher Fürsorge und Wärme hat für viele zu schwerwiegenden Schädigungen geführt, die Jahrzehnte nachwirken. Oft ist bis heute das Führen eines normalen sozialen Alltagslebens nicht oder nur mit großen Anstrengungen möglich. Dazu kommt die Verweigerung von Bildung, die zu einer extremen Verschlechterung der beruflichen Entwicklungschancen führte. Das war schon in DDR-Zeiten der Fall, in noch stärkerem Maße aber natürlich nach der Vereinigung.

Das Unrecht, das hier an jungen Menschen geschehen ist, ist unfassbar. Wir haben ja nach 1990 eine Rechtsordnung geschaffen, die versucht, den Opfern ihre Würde wiederzugeben, ihnen Anerkennung zu zollen und Rehabilitation zu ermöglichen. Leider muss man immer wieder feststellen, dass unsere Rehabilitierungsgesetze nicht so recht passen. Für den GJWH wird der Aufenthalt zwar mit Haft gleichgesetzt, und das wahrhaftig zu recht! Doch verbrachten die Jugendlichen hier normalerweise weniger als sechs Monate. Eine Opferrente erhält man aber erst mit mindestens sechs Monaten. Die anderen Spezialjugendheime und Jugendwerkhöfe, in denen die Opfer oft Jahre waren, haben diesen Status nicht. Dabei gilt auch hier, dass der Aufenthalt rechtstaatswidrig und eine Freiheitsberaubung war. Trotzdem haben Anträge von Betroffenen auf Rehabilitation hier in weniger als zehn Prozent der Fälle zu Erfolg geführt. Man spürt, dass auch Richter, Staatsanwälte und Gutachter erst mit den Realitäten dieser Orte konfrontiert werden müssen, um zu begreifen, was sich hier abgespielt hat. In meinen Augen sind dringend Nachbesserungen vorzunehmen.

Ein Problem, das wir schon seit Jahren beklagen, betrifft auch die Opfer der kommunistischen Heimerziehung: die Frage der gesundheitlichen Nachfolgeschäden. Das Problem ist so alt wie verständlich und betraf schon die Opfer aus den KZ's und anderem Naziunrecht. Jedem leuchtet unmittelbar ein, dass solche Haft- und Gewalterfahrung zu gesundheitlichen Schäden führt, physischen wie psychischen. Und ebenso einleuchtend ist es, dass es nach Jahren im Einzelfall schwer nachweisbar ist, wo konkret die Ursachen der Schäden liegen. Auch wenn es damals ebenfalls Jahre gebraucht hat, ist schließlich für die NS-Opfer die Umkehrung der Beweislast beschlossen worden. Es wurde also grundsätzlich als angemessen betrachtet, dass eine derartige Behandlung wie im KZ Schäden verursacht, dass diese anzuerkennen sind und nur solche Fälle ausgeschlossen werden, in denen eine andere Ursache (wie etwa ein späterer Unfall) konkret nachweisbar ist. Wir fordern nun seit langem, dass die Umkehr der Beweislast endlich auch für die Opfer kommunistischer Gewalt beschlossen wird. Dies käme dann auch Ihnen zugute, die hier leiden mussten! Hinzu kommt, dass schon die ständige Begutachtung und Notwendigkeit der Beweisführung für Traumatisierte wie eine Fortführung der Folter wirkt. Damit muss endlich Schluss sein!

Wichtig wäre in meinen Augen eine grundlegend neue Bewertung des Heimerziehungssystems in der DDR in den Spezialheimen und Jugendwerkhöfen. Den Gutachten der Experten folgend hätten diese durch die fehlende Rechtstaatlichkeit und den Freiheitsentzug grundsätzlich als kommunistisches Unrecht anerkannt werden müssen. Die Politik stimmte dem trotzdem nicht zu. Ich halte das für einen grundlegenden Fehler, der behoben werden muss. Ich befürchte, man kann hier der Politik den Vorwurf nicht ersparen, Rehabilitation nach Kassenlage gemacht zu haben. Das wäre nicht das erste Mal in der deutschen Geschichte. Das aber muss ein Ende haben!

Vor einigen Jahren erregten die Missstände an den Kinderheimen in der Bundesrepublik in früheren Jahrzehnten die deutsche Öffentlichkeit. Es war gut, dass der Staat sich dem Thema konzentriert zugewandt hat. Gleichzeitig ist völlig unverständlich, dass die Zustände in der DDR ausgeblendet blieben. Es bedurfte erst großer Anstrengungen, nicht zuletzt der Betroffenen selbst, das zu ändern. Schließlich wurde im Jahr 2012 die Einrichtung des Fonds „Heimerziehung in der DDR 1949-1990" erreicht. Dessen Tätigkeit und die der „Anlauf- und Beratungsstellen" haben sich dann als außerordentlich segensreich herausgestellt. Erstmals hatten viele der Betroffenen das Gefühl, dass Ihr Schicksal wirklich anerkannt und ernstgenommen wird – ja, dass man sich um sie kümmerte. Hier gilt es, einen Dank auszusprechen an alle, die daran mitgewirkt haben! Wenn diese Arbeit nun Ende des Jahres zu Ende geht, stellt sich die Frage, wie die Zuwendung und Begleitung – denn dazu haben sich die „Anlauf- und Beratungsstellen" entwickelt – zukünftig gestaltet werden soll. Denn wichtig und notwendig bleiben diese auch in Zukunft! Leider gibt es bis heute keine Lösung für diese Frage.

Das Thema des sexuellen Missbrauchs hat in den letzten Jahren glücklicherweise immer wieder die öffentliche Aufmerksamkeit gefunden. Für die Heimerziehung im Westen wird dies systematisch behandelt. Völlig inakzeptabel ist indes, dass die Praxis von sexuellem Missbrauch in DDR-Heimen ausgeblendet bleibt und die Opfer hier nichts erhalten, weil man sich darüber streitet, wer bezahlt. Hier besteht dringender Handlungsbedarf! Schließlich wird man darauf achten müssen, dass die spezifischen Rahmenbedingungen in der DDR in den Blick kommen und man nicht die westlichen Verhältnisse schlicht auf die DDR-Situation überträgt. Leider geschieht das immer wieder!

Bisher habe ich über die Opfer gesprochen, und das hat gewiss auch Priorität. Doch zur Aufarbeitung von Vergangenheit gehört auch die Frage, wie wir mit den Tätern umgehen! Nachdem wir 1993 hier waren, haben wir Strafanzeige gegen Margot Honecker und alle Mitverantwortlichen hier im GJWH gestellt. Das Ergebnis war und ist ernüchternd. Margot Honecker entzog sich der Verantwortung und lebte bis zu ihrem Tode 2016 völlig unbehelligt in Chile. Eberhard Mannschatz, der verantwortliche konzeptionelle Akteur an Honeckers Seite, hat sogar nach 1990 noch an wissenschaftlichen Diskursen zur Sozialpädagogik teilgenommen und beriet seine Genossen bei den Linken in Sachen Bildungs- und Sozialpolitik. Das ist eine Schande! Aber auch die deutschen Gerichte haben sich im Umgang mit den sogenannten „Erziehern" nicht mit Ruhm bekleckert. Wie auch bei ehemaligen KZ-Wächtern wurde immer nach konkreten einzelnen Taten und Nachweisen gefragt. Diese sind naturgemäß schwer zu erbringen. Erst kürzlich, also Jahrzehnte nach dem Tod der meisten Betroffenen, ist die deutsche Justiz in den KZ-Verfahren dazu übergegangen, schon die Zugehörigkeit zum Bewachungspersonal eines KZ als strafwürdig anzuerkennen. Dieser Kategorienwechsel kam spät und war überfällig! Es ist nun überhaupt nicht einzusehen, weshalb dies nicht auch hier, bei den sogenannten Erziehern, die faktisch Folterer waren, gerichtliche Praxis werden kann. Doch leider sind wir davon weit entfernt! Ja, es würde sich eine Analyse lohnen, die weitere Beschäftigung dieser sogenannten Erzieher nach 1990 zu untersuchen. Ich befürchte, die Ergebnisse wären kein Ruhmesblatt für unsere Bildungs- und Sozialpolitik und ihre gesellschaftlichen Träger.

Wenn ich bisher ein eher düsteres Bild gemalt habe, so verstehen Sie das bitte als Beschreibung der vergangenen und gegenwärtigen Herausforderungen, denen sich diese Gedenkstätte und ihre Mitarbeiter in den letzten beiden Jahrzehnten und darüber hinaus gestellt haben. Hier wurde die Arbeit am Gedenkort nicht nur als ein Job betrachtet, sondern als Berufung, sich an die Seite der Opfer zu stellen, ihr Schicksal bekannt zu machen und sich für ihre Rechte und Interessen stark zu machen. Für diese engagierte Arbeit sei Ihnen heute von Herzen gedankt!

Wer die Fülle und Breite Ihrer Arbeit kennenlernen möchte und nicht die Chance hat, dies unmittelbar zu erleben, muss nur auf die Website der Gedenkstätte schauen. Was hier geleistet wurde und wird, ist beachtlich! Sie tragen nicht nur zur besseren Erkenntnis über die kommunistische Diktatur und ihre Repressionsmethoden bei und beschreiben die Schicksale der Opfer. Sie geben den Opfern nicht nur eine Stimme, sondern stellen sich ihnen an die Seite und helfen ihnen, selbst ihre Stimme zu erheben. Gerade letzteres ist noch einmal besonders wichtig. Da, wo Entwürdigung und das Brechen der Persönlichkeit Programm war, ist dieses Subjekt-Werden in der Gesellschaft schon selbst ein Akt der Therapie und Heilung. Durch Sie wurde dieser Ort des Schreckens für viele Opfer zu einem Ort der Anerkennung und des Verstandenwerdens, ja, man kann sagen, zu einem Stück Heimat.

Unsere Verantwortung nun ist es und wird es sein, Ihnen darin zur Seite zu stehen. Die Bundesstiftung zur Aufarbeitung der SED-Diktatur hat Ihnen in zwei Jahrzehnten vielfache Unterstützung gegeben und wird das auch weiterhin tun. Doch sind wir alle herausgefordert, nicht nur die Gedenkstätte, sondern das Schicksal derer, die hier und in den vielen anderen Heimen und Jugendwerkhöfen gelitten haben, ins öffentliche Bewusstsein zu rücken und ihnen Anerkennung und Gerechtigkeit widerfahren zu lassen. Dass hier noch einiges zu tun bleibt, ist hoffentlich deutlich geworden. Die vor uns stehenden 30. Jahrestage von Friedlicher Revolution und Deutscher Einheit sollten uns Anlass sein, hier schon bald die nächsten Schritte zu gehen.

2. Europäisch Erinnern

Europa gemeinsam erinnern (2013)*

Im Jahr 2005 fand zur Erinnerung an den 60. Jahrestag des Endes des Zweiten Weltkrieges die wichtigste Veranstaltung in Moskau statt. Der damalige (und auch wieder heutige) russische Präsident Wladimir Putin hatte Staats- und Regierungschefs aus aller Welt eingeladen, um den Sieg über den Nationalsozialismus zu feiern. Auch der deutsche Bundeskanzler Gerhard Schröder war eingeladen und nahm teil, ein wichtiges Signal der Versöhnung, ähnlich wie schon seine Einladung zum Jahrestag der Landung der Alliierten in der Normandie im Jahr zuvor. Dies zeigte ebenso wie der große internationale Staatsakt in Oświęcim zum Gedenken an die Befreiung des deutschen KZ Auschwitz, dass es heute in der Bewertung des Nationalsozialismus und seiner Verbrechen international einen breiten Konsens gibt. Gleichzeitig aber wurde klar, dass dies für den Kommunismus noch lange nicht gilt. Präsident Putin war nur bereit, mit den eingeladenen Gästen den Sieg im „Großen Vaterländischen Krieg" zu begehen, nicht aber zu berücksichtigen, dass die Befreiung vom Nationalsozialismus für die Hälfte Europas nicht zur Freiheit, sondern zu einer neuen Diktatur führte, dem von der Sowjetunion oktroyierten Kommunismus. Und auch im Westen Europas gab es für die Präsidenten der baltischen Staaten, die dieses Ausblenden der Nachkriegszeit kritisierten, wenig Verständnis.

Inzwischen ist jedoch einiges geschehen. Es hat eine Debatte darüber begonnen, wie wir in Europa Geschichte gemeinsam erinnern können. Vielfach wurde bezweifelt, dass dies überhaupt möglich sei. Geschichte spalte. Man solle sie deshalb lieber ruhen lassen und sich für das europäische Vereinigungswerk auf die ökonomischen und politischen Herausforderungen konzentrieren. So sagen die einen. Doch gerade aus den neuen EU-Mitgliedsländern kommt

---

* Impulsvortrag zur Einführung in eine Podiumsdiskussion zur Herausforderung, Geschichte europäisch zu erinnern, Economic Forum Krynica / Polen, September 2013

immer stärker der Ruf, dass es für Europa wichtig ist, sich auch seiner Geschichte zu stellen.

Das Europäische Parlament hat sich dieser Aufgabe immer wieder angenommen und die Initiative ergriffen. So entsteht in Brüssel jetzt ein „Europäisches Haus der Geschichte". Seine Konzeption ist noch nicht öffentlich, muss aber natürlich in ganz Europa breit diskutiert werden. Das Europäische Parlament erinnerte 2005 in einer Debatte an den 60. Jahrestag des Kriegsendes und rief 2009 dazu auf, den 23. August, den Tag des Hitler-Stalin-Paktes von 1939, als Gedenktag für die Opfer totalitärer Gewalt einzuführen. Die Entschließung fand zwar die notwendige Mehrheit, doch die Diskussion dazu machte deutlich, dass noch viele Fragen debattiert werden müssen, um einen allgemein anerkannten Konsens zu erreichen. Öffentliche Gedenktage werden schließlich nur dann lebendig, wenn sie auch von der Gesellschaft getragen und mit Leben erfüllt werden. Bis heute gilt das meist nur national. Wir kennen uns in Europa gegenseitig noch zu wenig. Gerade Nachbarländer haben in der europäischen Geschichte sehr oft eine belastete Geschichte miteinander. Deshalb sind alle Initiativen und Veranstaltungen wichtig, so wie das heutige Podium. Sie helfen uns, die Erfahrungen anderer Europäer kennenzulernen und besser zu verstehen, was sie für ihr Selbstverständnis als prägend ansehen. Hier spielt die Geschichte des 20. Jahrhunderts überall eine tragende Rolle.

Bezeichnend war ein Ereignis bei der Eröffnung der Leipziger Messe vor wenigen Jahren. Die damalige lettische Außenministerin Kalniete, die nach der Deportation ihrer Eltern im sowjetischen Gulag geboren wurde, erzählte in ihrer Rede von den eigenen Erfahrungen mit den großen Totalitarismen des 20. Jahrhunderts. Für den stellvertretenden Vorsitzenden der Jüdischen Gemeinde in Deutschland, Salomon Korn, war es inakzeptabel, dass sie den Kommunismus auf die gleiche Stufe mit dem Nationalsozialismus stellte. Er verließ den Saal.

Dies ist nur ein besonders hervorgehobenes Beispiel dafür, dass es in Deutschland und ganz Westeuropa oft schon Widerstände hervorruft, wenn man Nationalsozialismus und Kommunismus vergleicht. Trotzdem ist genau dies dringend notwendig.

Denn sowohl Gemeinsamkeiten wie auch Unterschiede können erst dann wirklich herausgearbeitet werden, wenn ein Vergleich stattfindet. Der Historiker Bernd Faulenbach hat für diesen Vergleich eine wichtige Formel geprägt: Er muss so geschehen, dass dadurch der Nationalsozialismus nicht relativiert, der Kommunismus aber auch nicht bagatellisiert wird. Leider geschieht vielfach jedoch genau dies. Für die Diskussion in Deutschland ist es oft bezeichnend, dass nur die SED-Diktatur in der kleinen DDR im Blick ist und nicht der Kommunismus in seiner Breite, der in der Sowjetunion über siebzig Jahre anhielt und nach dem Zweiten Weltkrieg einen großen Teil Europas prägte. Oft muss man auch einfach den Eindruck gewinnen, dass die Tatsachen und die Schrecken, die das für die betroffenen Völker bedeutete, schlicht nicht bekannt sind. Auch nicht die Millionen Opfer, die er forderte.

Deshalb ist es für das Zusammenwachsen Europas eine wichtige Aufgabe, dafür einzutreten, dass an verschiedenen Orten der Europäischen Union eine gut vernetzte und stets international kooperierende europäische Zeitgeschichtsforschung gestärkt und die Bildung in historischen Fragen deutlich verbessert wird. Doch braucht es eben auch den öffentlichen Umgang in Politik und Gesellschaft mit dieser Geschichte, das Gedenken an die Opfer und die Erinnerung an den Sieg der Freiheit. […]

In den letzten Jahren ist immer deutlicher geworden, dass die beiden großen Totalitarismen nicht jeder für sich als geschlossene Systeme betrachtet werden dürfen. Gerade der 70. Jahrestag des Hitler-Stalin-Paktes hat in Erinnerung gerufen, dass es durchaus auch eine die Gestalt Europas langfristig prägende Zusammenarbeit der beiden großen Diktaturen gegeben hat. So sind bis heute die Politik und das Bewusstsein der Völker, die geographisch zwischen Hitlerdeutschland und der Sowjetunion lagen, nicht zu verstehen, ohne an den Zweiten Weltkrieg und seine Folgen zu erinnern. Letztlich gilt, dass auch das Jahr 1989 nicht verstanden werden kann, ohne an 1939 zu erinnern. In einer wichtigen Erklärung deutscher Intellektueller zum 23. August 2009, die in Deutschland kaum wahrgenommen wurde (im Baltikum, in Polen und der Tschechischen Republik dagegen umso mehr), heißt es:

> „Uns ist zudem schmerzlich bewusst, dass es ohne den von Deutschland begonnenen Zweiten Weltkrieg weder die kommunistischen Diktaturen in Ostmitteleuropa noch die Teilung des Kontinents und Deutschlands gegeben hätte."[1]

Vor diesem Hintergrund ist es außerordentlich begrüßenswert, dass Polen ein Museum des Zweiten Weltkriegs errichten will und dazu Historiker aus aller Welt einlädt. Sie sollen ihre Forschungen und die Erfahrungen ihrer Völker einbringen. Natürlich wird ein Museum nicht reichen. Aber es ist ein Signal dafür, dass wir in Europa lernen sollten, auch die Erfahrungen unserer Nachbarn wahrzunehmen und mit den eigenen in einen Kontext zu setzen. Das kann schon damit beginnen, dass wir unsere nationalen Traditionen und Gedenktage mit denen der Nachbarn in Beziehung bringen.

So ist der französische Nationalfeiertag, der an den Sturm auf die Bastille in der Französischen Revolution erinnert, ein Tag, der nicht nur für Franzosen von Bedeutung ist, sondern durchaus für ganz Europa. Ähnliches gilt für den Gedenktag an die erste polnische Verfassung vom 3. Mai 1792, die erste schriftliche Verfassung mit Gewaltenteilung in der Tradition der europäischen Aufklärung. Auch der deutsche Nationalfeiertag, der 3. Oktober, als Tag der staatlichen deutschen Einheit 1990, kann nicht nur im deutschen Kontext verstanden werden. Die deutsche Einheit wurde nach den mitteleuropäischen Revolutionen des Jahres 1989 möglich, in welchen das Tor zur deutschen Einheit ebenso wie zum Zusammenwachsen der europäischen Staaten aufgestoßen wurde.

Die erkämpfte Freiheit führte bis zur Erweiterung der Europäischen Union. Es war ein großer Erfolg, dass im Jahr 2004 eine Europäische Verfassung auf dem Tisch lag. Mit einigen Abstrichen wurde sie als Lissaboner Vertrag 2008 Realität. Heute nun stehen wir vor der Herausforderung, die Integration der EU weiter mit Leben zu erfüllen. Dazu aber gehört, dass wir unsere Geschichte so mit ins Gespräch bringen, dass sie nicht mehr zwischen uns steht. Wo das gelingt, ist schon viel geschafft. Wo es darüber hinaus gelingt, dass wir unser freiheitliches Erbe in Europa durch alle Gebro-

1 https://www.23august1939.de/(abgerufen am 13. Juni 2019)

chenheit hindurch als gemeinsames Erbe verstehen lernen, ist ein großer Schritt in die Zukunft getan. Dies braucht noch viel Arbeit. [...] Wenn es uns dann gelingt, unsere eigene und die gemeinsame Geschichte mit den Nachbarn von den Werten her so darzustellen, wie wir sie in der Grundwertecharta der Europäischen Union beschrieben haben, dann sind wir auf dem richtigen Weg.

Lasst uns deshalb gemeinsam weitere Schritte auf diesem Weg gehen!

Der vergessene Krieg. 100 Jahre Beginn des Ersten Weltkrieges (2014)*

Nachdem der Erste Weltkrieg in Deutschland lange weitgehend im Schatten des Zweiten stand und kaum Thema war, bricht nun zum 100. Jahrestag seines Beginns zunehmend eine Fülle von Veranstaltungen und Debatten über uns herein. Dabei fällt auf, dass diese sich vor allem auf den Ausbruch des Ersten Weltkrieges beziehen, das Buch von Christopher Clark gibt gewissermaßen den Takt vor. Neben der eigentümlichen Beschränkung auf den Weltkriegsbeginn bleibt bis auf den verdienstreichen Band der Zeitschrift „Osteuropa" auch weitgehend aus dem Blickfeld, dass der Erste Weltkrieg nicht nur im Westen stattgefunden hat, sondern ebenso – und z.T. in einer ganz anderen Weise – auch im Osten. Bisher kommt wenig zur Sprache, welche Folgen diese „Urkatastrophe" für das ganze 20. Jahrhundert als Zeitalter der Extreme und Gewalt hatte. Dabei lassen sich vom Ersten Weltkrieg aus lange Linien durch das ganze letzte Jahrhundert ziehen, die gleichzeitig bis in die Gegenwart reichen. Ohne diesen Krieg hätte es die sogenannte Oktoberrevolution in Russland 1917 so nicht gegeben. Hitler hätte ohne ihn und seine Folgen nach dem Versailler Friedensvertrag vermutlich nicht die Anhängerschaft gefunden, die den Terror des Nationalsozialismus und den Zweiten Weltkrieg ermöglichten. Gern weise ich Sie in diesem Zusammenhang auf die ausgezeichnete Ausstellung der Stiftung Aufarbeitung zu diesem Thema (Diktatur und Demokratie im Zeitalter der Extreme) hin.

Im Blick auf den Ersten Weltkrieg ist viel zu lernen. Wir sehen im Vorkriegseuropa eine über den ganzen Kontinent verteilte zivile Gesellschaft, die sich für den Frieden einsetzt und zu schwach ist, im entscheidenden Moment politisch wirksam zu sein oder auch nur die nationalen öffentlichen Diskurse zu erreichen. Die Politik

---

* Rede auf der Fachtagung „Gemeinsam erinnern – gemeinsam Zukunft gestalten" des Pädagogischen Austauschdienstes der Kultusministerkonferenz, Bonn, 26. Mai 2014

versagt, die Militärs entscheiden. Mit dem Kriegseintritt der USA 1917 steht die Demokratiefrage auf der Tagesordnung Europas.

Nach dem Krieg verlassen die Amerikaner Europa. (Nach dem Zweiten Weltkrieg werden sie diesen Fehler nicht wiederholen). Das transatlantische Verhältnis wird zu einer Schicksalsfrage für Europa. Der Völkerbund wird gegründet, internationales Recht wird – vorerst noch zu schwach – institutionell verankert. Mit der UNO gibt es im Gefolge des Zweiten Weltkrieges mehr Erfolge, und doch bleibt ihre weitere Ausgestaltung bis heute eine Herausforderung. Am Beispiel des Ersten Weltkriegs schließlich kann man lernen, wie man nicht Frieden schließen darf. Das gilt zuerst für den Frieden im Osten von Brest-Litowsk und nach dem gleichen Muster dann für die Pariser Vorortverträge. Der demütigende Versailler Vertrag mit der deutschen Alleinschuldthese schuf die Grundlagen für Hitlers Akzeptanz in breiten Kreisen der deutschen Bevölkerung, der Trianon-Vertrag ist bis heute ein unverarbeitetes ungarisches Trauma, das bei den Nachbarn Ungarns bis in die Gegenwart zu Beunruhigungen führt. […]

Der Zweite Weltkrieg wiederum begann vor fünfundsiebzig Jahren, kurz nach dem zuvor geschlossenen Hitler-Stalin-Pakt, der für unsere östlichen Nachbarn zu ihren wesentlichen Erfahrungen gehört. Rückte doch nach dem deutschen Überfall auf Polen am 1. September 1939 am 17. September die Sowjetunion vom Osten her in Polen ein, führte mit Finnland Krieg und besetzte 1940 die baltischen Staaten, aus denen sie große Teile der Bevölkerung deportierte. Diese bis heute im Westen wenig bekannte Geschichte relativiert in keinster Weise die deutschen Verbrechen während des Zweiten Weltkrieges in ganz Europa, besonders in seinem Osten. Doch macht es deutlich, dass wir in Deutschland und Westeuropa unsere eigene Erinnerungs- und Gedenkkultur für die Erfahrungen unserer Partner und Mitglieder im Osten öffnen müssen! Es ist von großer Bedeutung für ganz Europa, mit ihnen ins Gespräch zu kommen, ihr Erleben, ihre Traumata zur Kenntnis und ernst zu nehmen und in einen europäischen Diskurs einzuzeichnen. Gerade die gegenwärtigen Ereignisse auf der Krim und in der Ostukraine rufen Erinnerungen wach und führen zu Reaktionen, die mit der

Geschichte verbunden sind und von uns allen ernst genommen werden müssen.

1945 wurden wir Deutschen und ganz Europa durch die Alliierten vom Nationalsozialismus befreit. Auch wenn die Mehrheit der Deutschen es damals eher als Zusammenbruch empfand, ist heute in Deutschland anerkannt, dass wir allen Grund haben, den damaligen Kriegsgegnern dafür dankbar zu sein. Das schließt auch die Nachfolgestaaten der Sowjetunion ein, die den größten Blutzoll dafür zahlten. Doch darf gleichzeitig nicht vergessen werden, dass der Befreiung in der östlichen Hälfte Europas nicht wie im Westen die Freiheit folgte, sondern bis 1989 eine kommunistische Diktatur, die Freiheit, Selbstbestimmung und Demokratie verweigerte. Es wird für die Feiern zum 70. Jahrestag der Befreiung im Jahr 2015 von größter Bedeutung sein, diese Dimension nicht zu vergessen. Es muss deutlich gemacht werden, dass Freiheit und Demokratie im östlichen Teil Europas erst 1989 möglich wurden. Bis heute wird das Jahr 1989 in der europäischen Erinnerungskultur zu wenig beachtet, obwohl es für einen großen Teil des Kontinents eine ähnliche Bedeutung hat wie das Jahr 1945 im Westen. Europa ist erinnerungspolitisch nach wie vor stark gespalten. Gerade für uns Deutsche, die in beiden Erfahrungen verwurzelt sind, sollte es eine Herausforderung sein, diese verschiedenen Traditionen miteinander zu verbinden und uns auf europäischer Ebene ebenso dafür einzusetzen.

Im kommenden November jährt sich der Mauerfall zum 25. Mal. Gerade die Erinnerung an zurückliegende Gedenkfeiern zum Mauerfall veranlasst mich, darauf hinzuweisen, dass bei allen Feierlichkeiten zu diesem Anlass – wenn wir die historischen Zusammenhänge ernst nehmen – unsere Nachbarn und Partner in der mitteleuropäischen Revolution von 1989 unsere hervorgehobenen Gäste sein sollten (Polen, Ungarn, Tschechen und Slowaken). Die Mauer fiel in der Friedlichen Revolution durch den Ansturm der Massen, die Friedliche Revolution aber ist Teil eines größeren, friedlichen, historischen Umbruchs in Mitteleuropa und der Mauerfall symbolisiert den Sieg dieser mitteleuropäischen Revolution. [...]Leider wurde das in der Vergangenheit nicht immer beachtet! [...]Wir Deutschen sollten 2015 nicht (wie bisher) vergessen, dass mit den Alliierten an vielen Fronten auch die Polen kämpften und uns vom Nationalsozialismus befreiten. In Potsdam trafen sich 1945 nur die Sowjets, Amerikaner und Briten. Doch die westlichen Alliierten bezogen die Franzosen mit ein, die unter Charles de Gaulle am Kampf teilgenommen hatten. Im Osten verhinderte Stalin ebensolches für die Polen. Wir sollten heute den polnischen Beitrag zu unserer Befreiung nicht vergessen, sondern dadurch würdigen, dass Polen 2015 zu allen Veranstaltungen mit den ehemaligen Alliierten ebenfalls eingeladen wird.

Die deutsche Erinnerungs- und Gedenkkultur ist in sich bis heute noch sehr gespalten und wenig integrativ. Da denken die einen vor allem an den Nationalsozialismus oder nur an den Holocaust. Andere gedenken besonders der Vertreibungen, wobei deren Ursachen und Hintergründe nicht immer mit bedacht werden. Die kommunistische Diktatur wird allzu oft nur als östliche beziehungsweise ostdeutsche Regionalgeschichte angesehen und nicht als ein alle betreffender Teil der deutschen und europäischen Nachkriegsgeschichte. Die Angst, den Nationalsozialismus und den Kommunismus zu vergleichen, führt leicht dazu, dass man zwar Bewertungen vor sich her trägt, aber die Systeme und ihre Ideologien nicht wirklich versteht. Der Kalte Krieg wird zu wenig in seinen internationalen Dimensionen wahrgenommen. Die beiden Weltkriege werden in Deutschland immer weniger bedacht. Ihre tief gehenden Erfahrungen und Folgen treten im öffentlichen Gedenken oft hinter die Diktaturerfahrungen und den Holocaust zurück.

Das Zusammenfallen so vieler für das 20. Jahrhundert wichtiger Jahrestage in diesem und im kommenden Jahr [...] sollte für uns eine Herausforderung sein, die verschiedenen historischen Ereignisse stärker in ihren Zusammenhängen in den Blick zu nehmen. [...]

Gerade angesichts der Europawahl in diesem Jahr ist es wichtig, deutlich zu machen, dass die Europäische Union gewissermaßen die Gestalt gewordene Lehre aus den Schrecken der Kriege der ersten Hälfte des letzten Jahrhunderts ist. Vor einhundert Jahren galten Kriege noch als normales Mittel zu Durchsetzung nationaler Interessenpolitik. Heute wissen wir, dass Frieden nicht auf dem

Recht des Stärkeren, sondern auf der Stärke des Rechts beruht, auf dem friedlichen Ausgleich der Interessen und dass er durch starke internationale Institutionen gestärkt wird. Krieg hat heute seine Legitimation verloren. Wir wissen, wie schrecklich er ist und wie viele Unschuldige betroffen sind. Heute gilt auch im Völkerrecht, dass Konflikte friedlich ausgetragen werden müssen.

Haben wir aus der Geschichte gelernt? Wir dürfen das in gewisser Weise schon mit „Ja" beantworten. Doch frage ich: Was ist die Lehre aus den Weltkriegen im 20. Jahrhundert? Reicht es zu sagen: „Nie wieder Krieg"? Müssen wir vielleicht auch die Lehre ziehen, dass dem Gewalttäter möglichst frühzeitig zu widerstehen ist? [...]

Der Erste Weltkrieg kann uns zeigen, wohin wir nicht wieder zurückfallen dürfen. Insofern ist viel aus ihm zu lernen! Es ist gut, wenn dieses Lernen nicht nur in nationalen, sondern in europäischen Diskursen geschieht. Deshalb bin ich froh, dass das Europäische Parlament die Anregung aufgenommen hat, in diesem Frühjahr am 16. April über den Ersten Weltkrieg und seine Folgen zu diskutieren, ebenso dass der Deutsche Bundestag am 3. Juli eine Gedenkstunde zum Ersten Weltkrieg plant, zu der Alfred Grosser als Redner eingeladen ist. So beginnt ein Diskurs, den wir dringend brauchen! Am Ende des Ersten Weltkrieges zerfielen große Reiche, neue Nationalstaaten entstanden (wieder). Es wird wichtig sein, vor 2018 einen europäischen Diskurs des Gedenkens an den Ersten Weltkrieg zu etablieren, der verhindert, dass wir einen Rückfall in allein jeweils nationales Gedenken erleben. [...]

Geschichte ist nicht in Beton gegossen. Hier haben Menschen mit ihren jeweiligen Vorstellungen, Zielen und Gefühlen gehandelt, auch mit inneren wie äußeren Konflikten. Diese gilt es kennenzulernen. Sie besser zu verstehen, eröffnet uns eigene Erfahrungen in der Gestaltung unserer Gegenwart und Zukunft, kann Orientierung geben und zum eigenen Engagement ermutigen.

Zum Schluss möchte ich Ihnen einige Sätze aus der letzten Rede von Willy Brandt im September 1992 vorlesen, er wandte sich damals kurz vor seinem Tod in Berlin an die Sozialistische Internationale, deren Präsident er war:

> „Wo immer schweres Leid über die Menschen gebracht wird, geht es uns alle an. Vergesst nicht: Wer Unrecht lange geschehen lässt, bahnt dem nächsten den Weg. […] Auch nach der Epochenwende 1989 und 1990 konnte die Welt nicht nur ‚gut' werden. Unsere Zeit allerdings steckt, wie kaum eine andere zuvor, voller Möglichkeiten - zum Guten wie zum Bösen. Nichts kommt von selbst. Und nur wenig ist von Dauer. Darum - besinnt Euch auf Eure Kraft und darauf, dass jede Zeit eigene Antworten will und man auf ihrer Höhe zu sein hat, wenn Gutes bewirkt werden soll."[1]

Wer sich im Horizont unserer Geschichte mit den gegenwärtigen Herausforderungen beschäftigt wird am ehesten dazu fähig sein, auf der Höhe unserer Zeit zu sein.

1 Grußwort Willy Brandts für den Kongress der Sozialistischen Internationale in Berlin, 15. September 1992 (Quelle: https://www.willy-brandt-biografie.de/wp-content/uploads/2017/08/Grusswort_Willy_Brandt_SI_1992.pdf; abgerufen am 13. Juni 2019)

Die Zukunft der Vergangenheit (2019)*

Als in der Sowjetunion in den 1980er Jahren unter Gorbatschow der Druck auf die Gesellschaft nachließ, *Glasnost*, *Perestroika* und *Neues Denken* zu programmatischen Schlagwörtern wurden und gewissermaßen in einer Revolution von oben die Perspektive eines „gemeinsamen Hauses Europa" eröffnet wurde, gründeten verschiedene Dissidenten die Menschenrechtsorganisation „MEMORIAL". Mit der Demokratisierung von Gesellschaft und Staat sollte nicht nur für die Zukunft die Bedeutung von Recht und Partizipation durch das Engagement vieler vorangetrieben werden, sondern auch die von Terror und Entwürdigung geprägte Vergangenheit des Kommunismus offengelegt, dem Vergessen und Verdrängen entrissen werden. Dahinter stand die feste Überzeugung, dass es für den Weg der Freiheit und Demokratisierung von zentraler Bedeutung ist, der verschütteten und verdrängten Erinnerung Raum zu geben und eine Diskussion über ein öffentliches Gedenken zu beginnen.

Der Würde des Menschen in Staat und Gesellschaft wieder Geltung zu verschaffen musste auch bedeuten, dieser tief verletzten Würde der in den Jahrzehnten des Sowjetkommunismus Ermordeten und Drangsalierten neue Anerkennung zuteilwerden zu lassen. Im gleichen Geiste war schon in der Friedlichen Revolution 1989, dann aber insbesondere am Runden Tisch und in der kurzen Zeit der demokratischen DDR der Wille zur Etablierung von Strukturen der Freiheit und des Rechts eng verbunden mit der erklärten Absicht [...], die Lasten der Vergangenheit aufzuarbeiten.

Gegenüber den Nachbarländern und den Opfern des Nationalsozialismus geschah dies gleich in der konstituierenden Sitzung der Volkskammer am 12. April 1990. Nachdem sich die SED aus der Verantwortung für die Lasten der deutschen Geschichte gestohlen

* Vortrag im Europäischen Hansemuseum Lübeck am 30. Januar 2019. Eine frühere Fassung des Vortrages erschien in: Klaus Bästlein (Hg): Martin Gutzeit. Ein deutscher Revolutionär. Die Umwälzung in der DDR 1989/90, Festschrift zum 65. Geburtstag und 25 Jahre Landesbeauftragter, Berlin 2017, S. 363-376

hatte, stellten wir uns mit dem Beginn des Aufbaus demokratischer Strukturen in die Verantwortung, die uns als Deutschen aus unserer belasteten Geschichte erwächst.

Der Wille zur Aufarbeitung der kommunistischen Vergangenheit in Deutschland war ab 1990 – anders, als es immer wieder vermutet wird – nicht eine Initiative westlicher Politiker, sondern begann unmittelbar mit der Arbeit der demokratisch gewählten Volkskammer der DDR. Wichtige Weichen für die spätere, nach der Vereinigung Deutschlands erfolgte Institutionenbildung zur Aufarbeitung, für die Gesetzgebung zur Rehabilitierung der Opfer und der strafrechtlichen Verfolgung von Tätern wurden schon in der Volkskammer gestellt. Dazu gehört insbesondere auch die Entscheidung zur Öffnung der Archive, einschließlich jener der Staatssicherheit.

Es war für uns, die neuen, aus der Opposition der DDR erwachsenen politischen Kräfte, ein zentrales Anliegen, dass im Gegensatz zur Aufarbeitung des Nationalsozialismus im Westen Deutschlands, die sehr spät und mit großen Schwierigkeiten und Defiziten eingesetzt hatte, die Aufarbeitung des Kommunismus sogleich und konzeptionell durchdacht beginnt. Dafür war die besondere Situation nach dem Ende der deutschen Teilung von großer Bedeutung: Es gab die finanziellen und personellen Ressourcen (im Unterschied zu anderen postkommunistischen Staaten) und trotz mancher Widerstände auch die Offenheit und den politischen Willen, diese zu nutzen, war doch der kommunistische Osten im Westen seit jeher der politische Gegner.

Gerade für die postkommunistischen Transformationsstaaten und neuen Demokratien spielte der Umgang mit der eigenen Vergangenheit, mit den Schrecken des Zweiten Weltkrieges und der anschließenden kommunistischen Erfahrung im Kalten Krieg eine zentrale Rolle. Wenn viele im Westen glaubten, das gehe sie nichts an, so stellte sich das zunehmend als Irrtum heraus. Spätestens seit der Mitgliedschaft in der EU werfen die neuen, östlichen Mitgliedsstaaten diese Fragen auch im europäischen Rahmen auf. Das Europäische Parlament wird zu einem wesentlichen Austragungsort geschichtspolitischer Debatten. In Brüssel wird im Frühjahr 2017 das Haus der Europäischen Geschichte eröffnet, das zu neuen Debatten führen wird. Die 100. Jahrestage der Oktoberrevolution von 1917 sowie des Endes des Ersten Weltkrieges mit seinen weitreichenden Folgen geben mir den Anlass, im Folgenden verschiedene Fragen anzusprechen, die erst einmal nicht verbunden erscheinen, in meinen Augen jedoch durchaus in einen großen Zusammenhang gehören. Unsere deutsche Geschichte war im 20. Jahrhundert so stark und bis heute prägend mit der unserer Nachbarn und heutigen europäischen Partner verbunden, dass wir sie viel stärker als meist üblich in ihren Zusammenhängen in den Blick nehmen müssen.

Kommunismus als prägende Kraft des 20. Jahrhunderts

In den Jahren nach 1990 wurde viel von der „Aufarbeitung der SED-Diktatur" gesprochen. Bei verschiedenen Institutionen der Aufarbeitung schlug sich diese Formulierung dann auch in der Namensgebung nieder, etwa bei der 1992 eingesetzten Enquete-Kommission des Deutschen Bundestages und später bei der „Bundesstiftung zur Aufarbeitung der SED-Diktatur", ebenso bei den Landesbeauftragten. Dabei ging es darum, nicht nur auf die Staatssicherheit zu starren, sondern den Blick zu weiten und den ganzen, wirklich totalitären Charakter der Diktatur mit vielen Instrumenten wahrzunehmen. Gleichzeitig sollte die Frage der Verantwortung klar benannt werden, nämlich die der herrschenden Partei, der SED, deren „Schild und Schwert" die Staatssicherheit war. Die Partei und ihre Nachfolger versuchten sich aus dieser Verantwortung zu stehlen und es galt, das nicht durchgehen zu lassen.

Mit dieser Formulierung jedoch, der „SED-Diktatur" als „zweiter deutscher Diktatur", geriet der gesamteuropäische Charakter, die Zugehörigkeit der SBZ/DDR zur Geschichte des Kommunismus etwas aus dem Blick. In der deutschen Öffentlichkeit verbot sich so scheinbar umso grundlegender und überzeugender ein Vergleich beider Diktaturen in Deutschland, des Nationalsozialismus mit der SED-Diktatur. Nicht genügend berücksichtigt wurde bei dieser weitverbreiteten Perspektive, dass die SED-Diktatur eben Teil der kommunistischen Diktatur war und damit gewissermaßen nur einen kleinen Zipfel dieses in der zweiten Hälfte des 20. Jahrhunderts mehr als die Hälfte Europas prägenden totalitären Systems darstellte. Bis heute ist in weiten Kreisen der deutschen Öffentlichkeit der Vergleich von Nationalsozialismus und Kommunismus verpönt. Dabei schärft jedes Vergleichen die Erkenntnis spezifischer Unterschiede und Gemeinsamkeiten. Bernd Faulenbach, Historiker in Bochum, hat schon vor mehr als zwanzig Jahren in der Enquete-Kommission darauf hingewiesen, dass es gerade wichtig sei, diesen Vergleich durchzuführen, und zwar so, dass der Nationalsozialismus in seinen Schrecken nicht relativiert, aber eben der Kommunismus auch nicht bagatellisiert werden darf – was weithin immer noch geschieht.

Heute wird es verstärkt darauf ankommen, die SED-Diktatur als kommunistische Diktatur in Deutschland im Kontext der anderen Staaten im sowjetischen Herrschaftsbereich und gerade so auch in seinem spezifischen Charakter, zu dem ja auch die besonderen Bedingungen der deutschen Teilung gehören, in den Blick zu nehmen und zu erforschen. Es lässt sich nämlich durchaus zeigen, dass es bei allen Gemeinsamkeiten innerhalb des Sowjetblocks durchaus Unterschiede und Spezifika in den einzelnen Nationen und Staaten gibt.

Der 100. Jahrestag der sogenannten Oktoberrevolution 1917 gibt dazu willkommenen Anlass. So wird es öffentlich leichter möglich, den Kommunismus in seiner wirklichen, das 20. Jahrhundert in Europa und weit darüber hinaus prägenden und das Schicksal vieler Völker bestimmenden Bedeutung hervorzuheben, die in Deutschland und im westlichen Europa bis heute vielfach nicht präsent ist. Dafür müssen dann auch die geschichtlichen Erfahrungen der Länder mit in unsere Diskurse einfließen, die in so entscheidender Weise von beiden totalitären Diktaturen mit Unheil und Tod überzogen wurden. Timothy Snyder hat diese Region mit ihren Schreckenserfahrungen in seinem Buch „Bloodlands" beeindruckend beschrieben. Bis heute sind unsere öffentlichen Geschichtsbilder stark von westeuropäischer Geschichtsschreibung zur Zeit des Kalten Krieges geprägt. Die Länder Ost- und Mitteleuropas selbst befinden sich selbst noch in einem inneren Klärungsprozess, um die verschiedenen Erfahrungen offenzulegen und öffentlich zu reflektieren. Wir wiederum sind noch weit entfernt davon, diese Erfahrungen überhaupt wahrzunehmen, geschweige denn in unser Geschichtsbild zu integrieren. Genau das aber ist notwendig und wird wohl noch ein komplizierter und langer Prozess sein. Als Beispiel sei nur angeführt, wie gering die Erinnerung an den Hitler-Stalin-Pakt in Deutschland ist, der wiederum für Polen, die baltischen Staaten und andere Länder zwischen Nazideutschland und der Sowjetunion zu einem zentralen und traumatischen Erinnerungsort im 20. Jahrhundert gehört.

Gespannt kann man auch sein, wie in den nächsten Jahren in Deutschland und Westeuropa die Diskussion um die Geschichte der Kommunistischen Parteien verläuft. Sie waren im Ersten Weltkrieg engagiert für den Frieden eingetreten. Dann aber hatten sie in der Oktoberrevolution, dem sich anschließenden Bürgerkrieg und im Aufbau der Sowjetunion ihren ständigen Bezugspunkt. Ihre Politik fand also nie allein im nationalen Kontext statt, doch waren sie gleichzeitig wichtige Akteure im eigenen Land. So ist denn auch in Deutschland nach der Bedeutung der KPD in der Weimarer Demokratie zu fragen und nach der Verantwortung der Partei für das Scheitern der ersten deutschen Demokratie. Nicht zuletzt dadurch, dass DIE LINKE in Deutschland in dieser antidemokratischen Tradition steht und sich bisher sehr ungenügend damit auseinandergesetzt hat, kommt einer solchen historischen Neubetrachtung nach einhundert Jahren auch eine gewisse politische Relevanz zu. Interessant könnte sein, ob es zum Beispiel bei Rosa Luxemburg, der Idolfigur der Linken, zu neuen Einschätzungen käme.

Wir brauchen eine stärker integrierte Erinnerungskultur

In Deutschland haben wir bis heute eine Erinnerungskultur, die noch sehr gespalten und wenig integrativ ist. Fest etabliert ist das Gedenken an den Nationalsozialismus und seine unendlichen Verbrechen. Es wird von einem vielgestaltigen Institutionengeflecht gestaltet, wobei sich alle Ebenen des politischen Lebens vom Bund über die Länder bis zu den Gemeinden aktiv beteiligen und die Öffentlichkeit regen Anteil nimmt. Trotzdem gibt es auch hier noch Felder, die neu wahrgenommen werden und zu neuen Aktivitäten führen. Offen etwa ist bis heute die Frage, ob es nicht doch noch für die zivilen Opfer von Massakern in Griechenland und Italien Entschädigungen geben sollte. Wichtig ist auch die von Bundespräsident Gauck 2015 hervorgehobene Tatsache, dass die mehr als drei

Millionen sowjetischen Kriegsgefangenen, die in deutscher „Obhut“ umgekommen sind, im öffentlichen Bewusstsein bei uns kaum einen Ort gefunden haben. Dass dies auch in den betroffenen Nachfolgestaaten der Sowjetunion noch weitgehend der Fall ist, da Stalin überlebende Kriegsgefangene als Verräter ansah, die nicht – wie verlangt – bis zum letzten Blutstropfen gekämpft, sondern „mit dem Feind kollaboriert“ hätten, macht ihr Schicksal bis heute besonders tragisch. Die Erinnerung an die Shoa als einer zentralen Dimension des Nationalsozialismus und die damit verbundene deutsche Verantwortung sind dagegen heute – auch in internationaler Perspektive – zu einer Staatsräson geworden.

Auch die Aufarbeitung des Kommunismus in Deutschland wird heute von einer breiten Palette an Institutionen getragen. Eine wichtige Rolle spielte dabei das von der Enquete-Kommission des Bundestages 1998 angeregte Gedenkstättenkonzept der rot-grünen Bundesregierung, das zehn Jahre später von der Großen Koalition weiterentwickelt wurde. Die Bundesstiftung zur Aufarbeitung der SED-Diktatur, der Bundesbeauftragte für die Stasiunterlagen und die Landesbeauftragten in den ostdeutschen Ländern spielen hier eine für das öffentliche Bewusstsein zentrale Rolle. Wichtiges Anliegen ist dabei, entgegen der noch heute häufigen Behandlung der DDR-Geschichte als östliche Regionalgeschichte (die eigentliche deutsche Geschichte ist dabei dann die Westdeutschlands), sie zu einem integrierten Teil der deutschen Nachkriegsgeschichte zu machen.

Für die Aufarbeitung des Kommunismus hielten wir, etwa in der Beschreibung des gesetzlichen Arbeitsauftrages für die Bundesstiftung zur Aufarbeitung der SED-Diktatur, von Beginn an beides für wichtig: (a) die Aufarbeitung des Kommunismus in der SBZ/DDR für diejenigen, die diese Zeit selbst erlebt haben ebenso wie für ihre Nachkommen. Gleichzeitig war uns bewusst, dass es (b) auch eine Aufgabe für die Westdeutschen ist, leben wir heute doch im gemeinsamen Land. Zudem ist auch die Geschichte der Bundesrepublik bis 1990 ohne ihren ständigen Bezug auf den anderen, kommunistischen Teilstaat nicht wirklich zu verstehen.

Überhaupt nicht im Blick war lange Zeit, dass es in Deutschland eine nicht kleine Gruppe gibt, die ebenfalls eine authentische

Erfahrung mit dem Kommunismus hat und durch ihn geprägt ist. Es sind die Deutschstämmigen aus Polen und Rumänien sowie die mehr als eine Million sogenannten Russlanddeutschen, ehemalige Bürger der Sowjetunion und ihrer Nachfolgestaaten, die aufgrund ihrer deutschen Wurzeln seit den 1980er, insbesondere aber in den 1990er Jahren als Aussiedler nach Deutschland gekommen sind. Letztere waren von Stalin aufgrund ihrer deutschen Herkunft in den Osten der Sowjetunion deportiert worden und hatten über Jahrzehnte dort ein schweres Schicksal. Dazu kommen die nach 1990 durch eine Initiative der letzten, demokratisch gewählten DDR-Regierung aus der Sowjetunion nach Deutschland migrierten Juden, die einen heute wesentlichen Anteil der jüdischen Gemeinden ausmachen. Auch diesen durchaus beträchtlichen Gruppen der deutschen Bevölkerung Angebote zu machen, ihre Erfahrungen mit dem sowjetischen Kommunismus in den deutschen Diskurs der Aufarbeitung einzubringen, ist eine Aufgabe, der wir uns stärker als bisher stellen müssen. Welche Bedeutung das hat, kann etwa der „Fall Lisa“ zeigen, bei dem sich viele Russlanddeutsche durch die Propaganda Moskaus zu Demonstrationen gegen die Bundesregierung haben instrumentalisieren lassen.

Die Erinnerung an Flucht und Vertreibung der Deutschen am Ende des Zweiten Weltkrieges hat in der Erinnerung der Nachkriegszeit eine wechselvolle Geschichte. In den 1950er/1960er Jahren war sie in Westdeutschland politisch stark präsent, in der DDR wurde sie totgeschwiegen. Die Organisationen der Vertriebenen, allen voran der „Bund der Vertriebenen“ (BdV), gehörten zu den entschiedenen Gegnern der Ost- und Entspannungspolitik der sozialliberalen Koalition unter Willy Brandt und Helmut Schmidt. Dem entsprach dann auch eine strikte Ablehnung der Anerkennung der Westgrenze Polens an Oder und Neiße im Zusammenhang der Ostverträge, aber auch noch 1990 im Kontext der deutschen Vereinigung. In den Verhandlungen mit den neuen Demokratien in Ostmitteleuropa zum Beitritt zur Europäischen Union versuchte der BdV immer wieder, die Aufnahme dieser Länder mit Entschädigungs- und anderen Forderungen zu verbinden. So blieb die Erinnerung an Flucht und Vertreibung lange ein Thema nationalkonservativer Kreise in Deutschland.

Erst zu Beginn des 21. Jahrhunderts gab es hierzu wieder öffentliche Debatten. Das wurde zum einen durch verschiedene Bücher von ehemals Vertriebenen aus dem linken Spektrum (Günter Grass und Peter Glotz) verursacht, zum anderen durch die Initiative des BdV für ein „Zentrum gegen Vertreibungen". Dieses Projekt hatte trotz des Plurals im Namen insbesondere die Vertreibung der Deutschen im Blick und ließ die Ursachen für den Zweiten Weltkrieg weitgehend unberücksichtigt. Insbesondere Polen und die Tschechoslowakei/Tschechien wurden hier einseitig zu „Vertreiberstaaten" erklärt, was entsprechende Reaktionen hervorrief. Ich selbst schlug 2002 in diesem Zusammenhang vor, diese Geschichte in einer europäischen Institution in Kooperation mit Polen, Tschechien und anderen Nachbarn zu erforschen und auch im grenzüberschreitenden gesellschaftlichen Dialog aufzuarbeiten. Ein Ergebnis des sich anschließenden, lange anhaltenden öffentlichen Streites war die Gründung des „Europäischen Netzwerkes Erinnerung und Solidarität" mit Sitz in Warschau und während der Großen Koalition ab 2005 die Gründung der Stiftung Flucht, Vertreibung, Versöhnung.

In allen diesen zum Teil sehr politisierten Debatten hat die gesellschaftliche Anerkennung der Vertreibungen als wichtiges Thema der Aufarbeitung zwar deutlich zugenommen, wird aber gerade wegen der häufigen Politisierung und Instrumentalisierung doch nur von begrenzten gesellschaftlichen Gruppen rezipiert. Ein Problem ist auch, dass wichtige Promotoren wie der BdV über Jahrzehnte die Einbettung der Fragen der Vertreibung in die Aufarbeitung der Gewaltgeschichte des 20. Jahrhunderts, insbesondere als Ergebnis des Zweiten Weltkrieges, vernachlässigt haben. So steht in vielen, insbesondere älteren Darstellungen die Vertreibung der Deutschen relativ unverbunden neben den Schrecken, die ihnen vorangingen. Wie diese Zusammenhänge in der im Aufbau befindlichen Dauerausstellung der „Bundesstiftung Flucht, Vertreibung, Versöhnung (SFVV)" dargestellt werden, wird ganz wesentlich über ihre gesellschaftliche und internationale Anerkennung entscheiden.

Das Gedenken an die beiden Weltkriege ist in Deutschland, zumal im Vergleich zu den Nachbarländern, relativ wenig präsent.

Erinnert wird, insbesondere bei runden Jahrestagen, in Gedenkgottesdiensten oder öffentlichen Gedenkfeiern an den Beginn des Zweiten Weltkrieges, den Überfall auf Polen und das Kriegsende. Das Kriegsgeschehen selbst bleibt insgesamt merkwürdig blass.

Ich sehe es nun als eine zentrale Herausforderung an, diese verschiedenen Dimensionen der Gewaltgeschichte des 20. Jahrhunderts - die Weltkriege, die beiden totalitären Diktaturen Nationalsozialismus und Kommunismus sowie die vielfältigen rassistisch und politisch begründeten Vertreibungen und Repressionen - viel stärker als bisher geschehen in ihren inneren Zusammenhängen ins öffentliche Bewusstsein zu bringen. Biografien und einzelne historische Darstellungen machen diese Zusammenhänge sehr deutlich. In unserer Erinnerungskultur stehen sie häufig nebeneinander, ja nicht selten in Konkurrenz zueinander. Dabei sind oft die gleichen Menschen betroffen und im konkreten Geschehen lassen sich die Opfer auch nicht so leicht der einen oder anderen Kategorie zuordnen.

Die Herausforderung einer solchen, stärker integrierten Sichtweise ist groß, muss sie doch zuerst in den eigenen Köpfen Raum greifen. Dies wird aber dann auch dazu beitragen, die deutschen Erfahrungen in einen Dialog mit den anderen Erinnerungskulturen in Europa eintreten zu lassen und nach Gemeinsamkeiten zu suchen. [...]

Wie wollen wir der Kriegstoten des Zweiten Weltkrieges gedenken?

Obwohl fast jede Familie davon betroffen war und Opfer zu beklagen hatte, ist das öffentliche Erinnern an den Zweiten Weltkrieg heute erstaunlich wenig präsent. Fast kann man den Eindruck gewinnen, dass nach der Rede Richard von Weizsäckers vor dem Deutschen Bundestag 1985, in der er das Ende des Krieges als Befreiung beschrieb, alles gesagt schien und das Thema nicht weiter der Behandlung bedurfte. In der Darstellung des Nationalsozialismus stehen heute einerseits der Charakter des Regimes als totalitäre Diktatur mit einer nationalistischen und rassistischen Ideologie im Vordergrund und andererseits die damit begründeten unermesslichen Verbrechen, allen voran die Shoa. Der Zweite Weltkrieg selbst als militärische Auseinandersetzung mit weiteren Millionen

Opfern bleibt erstaunlich im Hintergrund. Die letzten großen Debatten zu diesem Thema fanden vor zwanzig Jahren im Zusammenhang mit der Wehrmachtsausstellung statt. Hier ging es gerade um die mörderischen Verbrechen im Krieg, an denen eben auch die Wehrmacht beteiligt war.

Der Volksbund Deutsche Kriegsgräberfürsorge e. V. kümmert sich seit Jahrzehnten im Auftrag der Bundesregierung um die Kriegsgräber im Ausland. Seit vielen Jahren findet in diesem Zusammenhang auch eine viel beachtete Jugend- und Bildungsarbeit statt. Doch hat der Volksbund die historisch-politischen Auseinandersetzungen über die Aufarbeitung von Krieg und Gewaltherrschaft, die in Deutschland in den letzten fünfzig Jahren intensiv geführt wurden, immer gemieden und sich stattdessen darauf beschränkt, einen öffentlichen Raum für die individuelle Trauer der Angehörigen zu schaffen. Wie dies in Zukunft weitergehen soll, wenn die Erlebnisgeneration nicht mehr unter uns ist und auf den Friedhöfen nicht mehr getrauert wird, ist eine offene Frage. In den drei Jahren als Präsident dieses Verbandes habe ich eine Reformpolitik verfolgt, die neue Perspektiven eröffnete, dann aber letztlich scheiterte. Die Fragen und Herausforderungen aber bleiben bestehen.

Helmut Kohl ist 1985 heftig dafür gescholten worden, dass er vor dem Besuch im KZ Bergen-Belsen für seine Geste der Versöhnung mit Präsident Reagan Bitburg wählte, einen Friedhof, auf dem auch Männer der Waffen-SS liegen. Es stellt sich allerdings die Frage, ob wir sicher sein können, dass auf deutschen Friedhöfen im Ausland nicht auch Soldaten mit verbrecherischer Vergangenheit begraben sind. Wir können davon ausgehen, dass an vielen Orten Soldaten und Zivilisten aller Schichten und Geistesrichtungen beerdigt sind, überzeugte Nazis wie ihre Gegner, Menschen, die mit Begeisterung oder widerwillig in den Krieg zogen. Die meisten von ihnen hatten keine Wahl. Viele waren sehr jung. Da liegen Menschen, die schlimmste Verbrechen begangen haben, und ebenso jene, die sich weigerten und dann Opfer der Wehrmachtsjustiz wurden. Vielen Schicksalen ist Tragik nicht abzusprechen. Wie der Einzelne sich im Krieg jeweils konkret verhalten hat, entzieht sich meist unserer Kenntnis.

Wir sollten uns diesen Fragen stellen, offen damit umgehen und nichts verbergen. Trauernd, erinnernd - doch ohne zu ehren, denn ein Feld der Ehre war es nicht. Wir haben in Deutschland im öffentlichen Gedenken noch keine Sprache dafür gefunden. Das macht es Politikern auch bis heute schwer, in Ländern, in denen wir im Zweiten Weltkrieg fürchterliche Verbrechen begangen haben, auf deutsche Kriegsgräberstätten zu gehen.

Im Jahr 2015 nahm Kanzlerin Angela Merkel an den Feierlichkeiten zum 70. Jahrestag der Landung der Alliierten in der Normandie teil. Ich hatte sie anlässlich ihres Besuchs auf den deutschen Friedhof La Cambe eingeladen. Dort liegen auch die Mörder von Oradour und viele Mitglieder der Waffen-SS. Sie ging schließlich - wie Gerhard Schröder zehn Jahre vor ihr - nach Ranville auf einen britischen Friedhof, wo auch ca. 350 deutsche Kriegstote begraben sind. Erst heute weiß ich, was zu vermuten war - auch unter diesen sind 36 Angehörige der Waffen-SS.

Zu den Grundregeln des Rechtsstaates gehört die Überzeugung, dass auch der Straftäter seine Würde als Mensch nicht verliert. Auch der, der sich schwer schuldig gemacht hat, verdient ein Grab. Auch er hat eine Familie, die um ihn trauert und sie hat ein Recht darauf. Eine solche Aussage relativiert nichts, Unrecht und Verbrechen bleiben, was sie sind. Doch ohne es konkret zu wissen, dürfen wir die deutsche Schuld nicht individuell jedem Toten zurechnen. Wo wir es aber wissen, sollten wir offen damit umgehen. Hier wünsche ich mir ein gemeinsames Nachdenken darüber, wie ein solches „Gedenken ohne zu ehren" geschehen kann und welche Formen es dafür (zu entwickeln) gibt. Jedes Gedenken und Erinnern geschieht in der jeweiligen Gegenwart und wird von ihr bestimmt. So muss unser Gedenken auch von den Werten bestimmt sein, wie sie in unserem Grundgesetz und in der Grundwertecharta des Lissaboner Vertrages verankert sind.

In großen Teilen Europas gibt es deshalb einen Konsens darüber, dass die Europäische Union gewissermaßen die Gestalt gewordene Lehre aus den Schrecken der Kriege der ersten Hälfte des letzten Jahrhunderts ist. Vor einhundert Jahren galten Kriege noch als normales Mittel zur Durchsetzung nationaler Interessenpolitik. Heute wissen wir, dass Frieden nicht auf dem Recht des Stärkeren, sondern auf der Stärke des Rechts und auf dem friedlichen Ausgleich der Interessen beruht und durch starke internationale Institutionen gestärkt wird. Krieg hat heute seine Legitimation verloren. Wir wissen, wie schrecklich er ist und wie viele Unschuldige betroffen sind. Wir wissen auch, wie ganz normale Menschen im Krieg leicht zu Unmenschen werden. Heute gilt auch ein Völkerrecht, nach dem Konflikte friedlich ausgetragen werden müssen. [...]

Die Herausforderungen der Gegenwart sind groß, die Welt ist aus den Fugen und in Unordnung geraten. Viele plädieren dafür, dass sich Politik und Gesellschaft nicht mehr mit der Vergangenheit beschäftigen sollten. Ich bin jedoch der gegenteiligen Ansicht. Gerade der Blick auf das letzte Jahrhundert kann uns helfen, die Herausforderungen unserer Zeit klarer zu erkennen und nach Orientierungen zu suchen, sofern es nicht ein Tunnelblick ist, der nur einzelne Phänomene wahrnimmt und für seine Ziele instrumentalisiert. Wichtig ist es deshalb, die inneren Zusammenhänge stärker zu thematisieren und die langen Linien bewusst zu machen. Diesem Nachdenken sollen die hier angestellten Überlegungen und Beobachtungen dienen.

Gedenkrede für die Opfer der Bombardierung von Swinemünde 1945 (2014)*

Wir sind hier versammelt, um der Opfer der großen Bombardierung von Swinemünde am 12. März 1945 zu gedenken. Neunundsechzig Jahre ist dieses Drama her. Wer es erlebt hat, der konnte es nie vergessen. Für viele blieb es ein lebenslanges Trauma.

Wir wissen, dass das für so vieles in diesen Schreckensjahren des Krieges gilt. Aber auch dann, wenn furchtbare Erfahrungen an so vielen Orten gemacht wurden, relativiert es in keiner Weise das Leid, den vieltausendfachen Tod, an den wir heute erinnern.

Es war wenige Wochen vor Kriegsende. Die Menschen hofften auf Frieden, selbst wenn auch der mit großer Unsicherheit verbunden war. Man wusste ja nicht, was kommen würde. Die Stadt war voller Flüchtlinge aus dem Osten, die oft nur ihr nacktes Leben hatten retten können – und Tausende verloren es dann hier.

Die Toten wurden hier auf dem Golm begraben, vor der Stadt, wo zuvor bereits Marinesoldaten ihre letzte Ruhestätte gefunden hatten. Tragisch war der Tod Tausender Menschen, die meisten von ihnen Zivilisten, kurz vor Kriegsende.

Tragisch war dann aber auch, dass später ein offener Umgang mit dem Geschehenen nicht möglich war. In den 1950er Jahren kümmerte sich Superintendent Achterberg um diesen Ort, er hatte deshalb viel Ärger mit der SED. Doch erst nach 1990, durch das Engagement des Pastorenehepaars Simon und ihrer Mitstreiter in der „Interessengemeinschaft Gedenkstätte Golm e.V.“ begann hier ein öffentliches Erinnern, das dem damals wirklich Geschehenen Raum gab.

So haben wir es in der DDR erlebt: Was nicht in das offizielle Geschichtsbild passte, wurde so zurechtgestutzt, dass es passte. Es durfte eben nicht sein, dass solch furchtbares Leid zur Sprache kam, denn es war durch diejenigen verursacht, die uns vom Nationalsozialismus befreit haben. Das bleibt ja durchaus richtig. Richard von

* Rede auf einer Gedenkveranstaltung des Volksbundes Deutsche Kriegsgräberfürsorge auf dem Golm, 12. März 2014

Weizsäcker hat es vor fast dreißig Jahren klargestellt: Wir wurden vom Nationalsozialismus befreit, auch wenn viele diese Ereignisse damals selbst nicht so empfunden haben. Auch angesichts der Gräber hier bleibt es richtig: wir wurden von diesem verbrecherischen nationalsozialistischen Regime befreit. Dafür müssen wir dankbar sein. Denn stellen wir uns nur einen Augenblick vor, welche Folgen es gehabt hätte, wenn Hitlerdeutschland den Krieg gewonnen hätte. Man vermag es kaum, sich das vorzustellen. Aber wir sollten diesen Gedanken einmal zu denken wagen, um die Maßstäbe nicht zu verlieren.

Ja, wir sollten vielleicht auch darüber nachdenken, warum der Widerstand gegen Hitler in Deutschland selbst so schwach war. Es gab Widerstand, häufiger und vielgestaltiger, als die meisten wissen. Und doch waren es zu wenige und die wenigen kamen oft zu spät. Stellen wir uns nur vor, es wäre im Sommer 1944 nach einem geglückten Attentat auf Hitler zum Frieden gekommen. Millionen Menschenleben auf allen Seiten wären gerettet worden. Auch das Leben derer, die hier begraben sind.

Es hat in den letzten Jahren immer wieder Diskussionen über die Zahl der hier begrabenen Opfer gegeben. Wenn die historisch belegbaren Zahlen geringer waren als die früher pauschal angenommenen, wurde das von manchen als Verringerung der Bedeutung dieser Opfer angesehen. Ich halte das für falsch. Jedes Opfer steht für sich. Es braucht nicht die große Zahl. Dass es Tausende waren, ist ohnehin klar. Die historische Forschung heute hilft uns, nach so langer Zeit Klarheit über die Ereignisse zu bekommen. Und sie hilft uns immer wieder, das Schicksal einzelner Menschen und Familien zu klären. Als Volksbund sehen wir darin eine zentrale Aufgabe. So können auch in diesem Jahr wieder die Namen jener Opfer verlesen werden, deren Schicksal durch die Recherchen des Volksbundes im Laufe des letzten Jahres geklärt werden konnte. Wer einmal erlebt, was eine solche Nachricht auch nach vielen Jahren noch in einer Familie auslösen kann, wird dies nicht geringschätzen. Ab heute wird auch das neue Gedenkbuch mit allen uns nun bekannten Namen der Toten auf dem Golm im Infopavillon ausliegen. Dort finden sie die wichtigsten persönlichen Daten, die zu ermitteln waren. Die Schicksale der Einzelnen werden so konkret.

Es ist für unsere Arbeit in der Jugendbegegnungsstätte von großer Bedeutung, möglichst genau sagen zu können, wer hier begraben liegt. Wenn auch mit einem gewissen Recht gesagt wird, im Tod seien alle gleich, so gilt doch auch, dass damit das gelebte Leben nicht vergleichgültigt werden darf. Anhand von konkreten Lebensläufen erschließt sich uns, dass sich die verschiedenen Menschen auch in schwierigen Situationen wie im Krieg, in Diktatur und Gewaltherrschaft oft sehr unterschiedlich verhalten haben. Das gibt dann Stoff fürs Gespräch, für ein Gespräch nicht entlang von nationaler Zugehörigkeit und Ideologien, sondern über das rechte Verhalten in schwierigen Lebens- und Zwangslagen auf der Grundlage von Werten, die wir - zumindest nach heute gültigem Recht - in unserer Zeit über die Grenzen hinweg miteinander teilen.

Bereits gestern wurde nicht weit von hier, auf der polnischen Seite, in Świnoujście auf dem Friedhof an der Kaseburger Chaussee, der ulica Karsiborska, der Toten des Bombardements gedacht. Seit fast siebzig Jahren liegt zwischen diesen beiden Friedhöfen, auf denen die Toten des Bombardements liegen, die deutsch-polnische Grenze. Obwohl diese in DDR-Zeiten offiziell Friedensgrenze genannt wurde, war sie es beileibe nicht. Seit in Polen die Solidarność aufgestanden war, wurde sie sogar über Jahre geschlossen. Erst nach dem Sieg von Freiheit und Demokratie vor fünfundzwanzig Jahren begann auch hier der Prozess des Aufeinanderzugehens und des Miteinanders. Auch hier hat sich das Wort wieder bewahrheitet, dass erst wirklich anerkannte Grenzen Durchlässigkeit und Offenheit ermöglichen. So spielt diese Grenze heute immer weniger eine Rolle.

Hier vor Ort trägt die Arbeit der Jugendbegegnungsstätte ganz wesentlich dazu bei, die Menschen beiderseits der Grenze zusammenzubringen und ihre jeweiligen Erfahrungen zur Sprache und miteinander ins Gespräch zu bringen. Dass heute hier Polen und Deutsche gemeinsam an die furchtbare Geschichte vor neunundsechzig Jahren erinnern, ist ein Zeichen dafür, wie hier in den vergangenen Jahren Vertrauen gewachsen ist. Dies wäre ohne das alltägliche Miteinander, die Sensibilität gegenüber dem anderen und das Ins-Gespräch-Bringen der verschiedenen Perspektiven auf unsere Geschichte nicht möglich geworden. Dafür möchte ich an dieser Stelle ganz öffentlich Dr. Köhler und seinen Mitarbeitern und den vielen, die daran mitwirken, meinen Dank aussprechen. Und es ist gewiss kein Zufall, sondern eher symbolisch zu nennen, dass drei der pädagogischen Mitarbeiter der Jugendbegegnungsstätte in Swinemünde wohnen. […]

Im nächsten Jahr wird es siebzig Jahre her sein, dass der Zweite Weltkrieg mit all seinem Grauen endete. Dazu gehört auch das furchtbare Bombardement hier in Swinemünde, mit dem die Schrecken, die wir Deutschen über andere Völker brachten, zu uns zurückkehrten. Vor fünfundzwanzig Jahren durften wir nach den Jahrzehnten der Teilung erleben, dass Freiheit und Demokratie siegten, die Mauer fiel und wir Deutschen die Einheit erlangen konnten, an die wir schon kaum noch geglaubt hatten.

Seitdem hat sich unser Kontinent mehr und mehr vereinigt. Wir sind mit allen unseren Nachbarn und früheren Feinden vereint. Uns verbinden vielfältige Interessen und gemeinsame Werte. Immer mehr lernen wir es auch, uns gemeinsam an unsere oft so schwierige Geschichte zu erinnern. Auf diesem Weg müssen wir weitergehen. In der konkreten Begegnung mit den Erfahrungen anderer erleben wir, wie wichtig es ist, unsere Geschichte nicht nur aus nationaler Perspektive zu betrachten, sondern von unseren gemeinsamen Werten her.

Auf dieser Grundlage muss ich bekennen, dass mein Vater als Offizier der Wehrmacht, auch wenn er dann viereinhalb Jahre in einem sowjetischen Lager überlebt hat, Teil einer Aggressionsarmee war, die glücklicherweise nicht gewonnen hat. Auf dieser Grundlage aber kann ich auch den Tod von Tausenden unschuldiger Zivilisten, von Frauen und Kindern, die durch das Bombardement der Amerikaner hier umkamen, betrauern. So ist die Diskussion darüber erlaubt und der Zweifel daran berechtigt, nach der Legitimität eines militärischen Handelns zu fragen, das zu solchen heute so genannten „Kollateralschäden" Tausender Toter führt. Solches Fragen ist umso wichtiger als angesichts von militärischen

Einsätzen im Ausland auch heute wieder ähnliche Probleme zu behandeln sind.

Lassen Sie uns alles dafür tun, dass sinnloses Sterben, dass es auch heute noch gibt, wo immer möglich verhindert wird!

Aufruf: Gemeinsame Erinnerung als Schritt in die Zukunft. Für ein Europäisches Zentrum gegen Vertreibungen, Zwangsaussiedlungen und Deportationen – Geschichte in Europa gemeinsam aufarbeiten (2003)*

Seit einiger Zeit gibt es eine vertiefte Debatte über ein dunkles Kapitel europäischer Geschichte des 20. Jahrhunderts – die Geschichte von Vertreibungen, Zwangsumsiedlungen und Deportationen. Ein Aspekt dieser Debatte ist die Frage der Errichtung eines Europäischen Zentrums gegen Vertreibungen. Der Deutsche Bundestag hat in einer Entschließung vom 4. Juli 2002 angeregt, einen europäischen Dialog über diese Frage zu beginnen. In der Mitte Europas wird dieser Dialog inzwischen grenzüberschreitend auf verschiedenen gesellschaftlichen Ebenen geführt. In vielen ostmitteleuropäischen Ländern gibt es seit dem Sieg von Freiheit und Demokratie 1989/90 eine rege Diskussion über diese, in der kommunistischen Zeit nicht bearbeitete Geschichte.

Vertreibungen, Zwangsumsiedlungen und Deportationen haben in Europa furchtbares Leid über Millionen unschuldiger Menschen gebracht. Erst jüngst wurden während der Kriege im ehemaligen Jugoslawien mehr als fünf Millionen Menschen wegen ihrer nationalen oder religiösen Zugehörigkeit vertrieben oder haben zeitweilig ihre Heimat verlassen müssen, viele Tausende wurden dabei ermordet. Eine Politik der sog. „ethnischen Säuberung" zu Gunsten eines homogenen Staatsverbandes hat zu unfassbarem Elend geführt, das immer noch sichtbar und spürbar ist.

Im Laufe des 20. Jahrhunderts wurden zwischen 50 und 70 Millionen Europäer auf Grund ihrer ethnischen Herkunft, ihres nationalen Bekenntnisses oder ihrer Religion vertrieben, umgesiedelt oder zur Auswanderung aufgefordert, deportiert bzw. zu Fremd-

* Im Juli 2003 publiziert u.a. in folgenden Zeitungen: Die Welt, Der Tagesspiegel, Gazeta Wyborcza, Rzeczpospolita

und Zwangsarbeit gezwungen. Kulturelle Vielfalt wurde unwiderruflich vernichtet.

Die historischen Zusammenhänge von Vertreibungen, Zwangsumsiedlungen und Deportationen im Europa des 20. Jahrhunderts sind recht verschieden. Das Leid der betroffenen Menschen aber ist sehr ähnlich und vergleichbar.

Aus unserer heutigen Sicht sind Vertreibungen, Zwangsumsiedlungen und Deportationen Unrecht und deshalb abzulehnen. Sie setzen elementare Menschenrechte außer Kraft, verletzen das Völkerrecht, führen nicht selten zu Tod und Elend und dürfen deshalb kein Mittel der Politik sein. Vertreibungen sind immer Kollektivstrafen, die weitgehend unschuldige Menschen treffen.

Wir setzen uns für ein Europäisches Zentrum gegen Vertreibungen ein – als Dokumentations-, Forschungs- und Begegnungsstätte. Von entscheidender Bedeutung ist, dass die Konzeption eines Europäischen Zentrums gegen Vertreibungen von Anfang an von verschiedenen europäischen Partnern gemeinsam erarbeitet wird. Auch über den künftigen Sitz einer solchen Institution, ihre Trägerschaft und Organisationsstruktur sollte gemeinsam entschieden werden.

Die Gestaltung eines solchen Zentrums als vorwiegend nationales Projekt, wie es in Deutschland die Stiftung der Heimatvertriebenen plant, ruft das Misstrauen der Nachbarn hervor und kann nicht im gemeinsamen Interesse unserer Länder sein. Es birgt die Gefahr, das Leid der Einen gegen das Leid der Anderen aufzurechnen und die sehr unterschiedlichen Ursachen und Kontexte von Vertreibungen, Zwangsumsiedlungen und Deportationen zu vernachlässigen.

Angesichts der furchtbaren Geschichte, die uns Europäer in der ersten Hälfte des 20. Jahrhunderts miteinander verbindet, wäre es ein großer Schritt in unsere gemeinsame Zukunft, wenn es uns im Zuge des fortschreitenden europäischen Integrationsprozesses gelänge, diese Geschichte gemeinsam zu schreiben und uns ihrer gemeinsam zu erinnern. So würde der Gefahr begegnet, sie immer wieder gegeneinander zu wenden.

Wenn es in der Mitte Europas gelingt, in der Erarbeitung einer gemeinsamen Konzeption für ein Europäisches Zentrum gegen

Vertreibungen und durch seine Errichtung, uns gemeinsam dieser schwierigen Geschichte zu stellen, wäre dies ein wichtiges Zeichen der Aussöhnung und des gegenseitigen Verständnisses für ganz Europa.

Aus der gemeinsamen Erinnerung erwächst auch ein gemeinsames Ziel: Vertreibungen, Zwangsumsiedlungen und Deportationen sind Unrecht und für alle Zukunft als mögliches Mittel - nicht nur - europäischer Politik zu ächten.

Lasst uns diese Arbeit gemeinsamer Erinnerung beginnen und so miteinander an der Zukunft bauen!

Unterzeichner (Stand: 5.9.2003)

Jozef Banáš, Abgeordneter, Mitglied des Slowakischen Nationalrates, Bratislava
Eckhardt Barthel, MdB
Cornelia Behm, MdB
Pater Adam Boniecki, Chefredakteur von „Tygodnik Powszechny", Krakau
Prof. Dr. Władysław Bartoszewski, ehem. Außenminister, Warschau
Marieluise Beck, MdB
Klaus Uwe Benneter, MdB
Rudolf Bindig, MdB
Prof. Dr. Włodzimierz Borodziej, Historisches Institut, Universität Warschau
Prof. Dr. Dr. h.c. Detlef Brandes, Mitglied der Deutsch-Tschechischen Historikerkommission, Düsseldorf
Marco Bülow, MdB
Nawojka Cieslinska-Lobkowicz, Generalsekretärin des polnischen Beraterforums für Verlagerte Kulturgüter, Warschau
Piotr Cywinski, Vorsitzender v. Klub Inteligencji Katolickiej und v. Forum des Heiligen Adalberts, Warschau
Frantisek Czerny, Botschafter a.D., Prag
Dr. Krystyna Doktorowicz, Senatorin, Senat der Republik Polen
Detlef Dzembritzki, MdB
Jan Dus, Kommission für gesellschaftliche und internationale Angelegenheiten der Evangelischen Kirche der Böhmischen Brüder, Prag
Dr. Marek Edelmann, Lodz
Ákos Engelmayer, Botschafter a.D., Warschau/Budapest
Rainer Eppelmann, MdB
Petra Ernstberger, MdB
Prof. Dr. Bernd Faulenbach, Ruhruniversität Bochum
Gerhard Frey-Reininghaus, Ökumenereferent der Evangelischen Kirche der Böhmischen Brüder
Hans-Dietrich Genscher, Bundesminister a.D., Bonn
Prof. Ferenc Glatz, Budapest

Günter Gloser, MdB
Prof. Dr. Bronisław Geremek, ehem. Außenminister, Warschau
Zbigniew Gluza, Präsident von KARTA, Warschau
Árpád Göncz, Staatspräsident a.D., Budapest
Katrin Göring-Eckardt, MdB, Fraktionsvorsitzende
Prof. Dr. Jakub Goldberg, Hebräische Universität Jerusalem
Günter Grass, Schriftsteller, Lübeck/Berlin
Hans-Joachim Hacker, MdB
Dr. Jörg Hackmann, Ernst-Moritz-Arndt-Universität, Greifswald
Prof. József Hámori, Professor für Anatomie, Budapest
Dr. Barbara Hendricks, MdB
Prof. Dr. Jerzy Holzer, Warschau
Prof. Dr. Karl-Heinz Hornhues, ehem. MdB
Dr. Mieczysław Janowski, Senator, Senat der Republik Polen
Michael Kauch, MdB
Imre Kertész, Schriftsteller, Budapest/Berlin
Sabine Leutheusser-Schnarrenberger, MdB, Bundesministerin a.D.
Helmut Lölhoeffel, Mediensprecher Veolia Water, Herausgeber des Informationsdienstes „Blick nach rechts"
Prof. Dr. Michaela Marek, Universität Leipzig
Dr. Alena Miskova, Karlsuniversität, Prag
Dietmar Nietan, MdB
Zbigniew Nosowski, Chefredakteur der Monatszeitschrift „Więż", Warschau
Dr. István Kovács, Dichter, Generalkonsul a.D. und Ehrenbürger von Krakau, Budapest
Dr. Piotr Nowina-Konopka, Vize-Rektor, College of Europe, Natolin/Warschau
Hans Koschnick, Präsident des DPI, Bürgermeister a.D., Bremen
Prof. Tomas Kosta, Berater des tschechischen Ministerpräsidenten, Frankfurt/Main/Prag
Adam Krzemiński, Kommentator in „Polityka", Warschau
Dr. Ungváry Krisztián, Institut für die Erforschung der ungarischen Revolution 1956, Budapest
Prof. Dr. Jaroslav Kucera, Sozialwissenschaftliches Institut, Prag
Professor Miroslav Kusý, Comenius Universität, Bratislava
Kazimierz Kutz, Stellvertretender Senatspräsident, Senat der Republik Polen
Prof. Dr. Hans Lemberg, Ko-Vorsitzender der Deutsch-Tschechischen Historikerkommission, Marburg
Dr. Helmut Lippelt, ehem. MdB
Prof. Dr. Nikolaus Lobkowicz, Mörnsheim/Eichstätt
PhDr. Petr Mareš, Stellv. Ministerpräsident, Tschechische Republik
Prof. Dr. János Martonyi, Außenminister a.D., Budapest
Markus Meckel, MdB
Jerzy Montag, MdB
Prof. Dr. Hans Mommsen, Feldafing
Dr. Peter Morée, Evangelische Theologische Fakultät, Karlsuniversität Prag

Prof. Dr. Michael G. Müller, deutscher Vorsitzender der Gemeinsamen deutsch-polnischen Schulbuchkommission der Historiker und Geographen, Universität Halle Wittenberge
Prof. Dr. habil Stanisław Nicieja, Senator, Senat der Republik Polen
Dr. Dr. hc. Tomasz Niewodniczański, ehem. Geschäftsführer Bitburger Brauerei
Jan Nowak-Jezioranski, Publizist, Warschau
Prof. Dr. Dr.h.c. Jaroslav Pánek, Vorsitzender des Tschechischen Nationalkomitees der Historiker, Prag
Jacek Piechota, Staatssekretär, Ministerium für Wirtschaft, Arbeit und Soziales, Warschau
Prof. Dr. Jiri Pešek, Ko-Vorsitzender der Deutsch-Tschechischen Historikerkommission, Institut für international Studien, Karls-Universität, Prag
Petr Pithart, Vorsitzender des Senats, Tschechische Republik
Senator Krzysztof Piesiewicz, Senat der Republik Polen
Janusz Reiter, Botschafter a.D., Warschau
Prof. Dr. Zbigniew Religa, Senator, Senat der Republik Polen
Dr. Lydie Roskovcová, Synodalkuratorin der Evangelischen Kirche der Böhmischen Brüder, Prag
Claudia Roth, MdB
Michael Roth, MdB
Jan Ruml, Vizepräsident des Senats, Tschechische Republik
Dr. Tomáś Ruźićka, Kommission für gesellschaftliche und internationale Angelegenheiten der Evangelischen Kirche der Böhmischen Brüder, Kurator des Prager Seniorats
Jan Rzymelka, Mitglied des Sejm
Anna Sabatová, Vize-Ombudsfrau, Prag
Dr. Angelica Schwall-Düren, MdB
Karl Johannes Fürst zu Schwarzenberg, Prag/Wien
Karel Schwarzenberg, Schwarzenberg'sche Kanzlei Prag
Prof. Dr. Gesine Schwan, Präsidentin Europa-Universität Viadrina,
Pavel Seifter, Botschafter a.D., Prag/London
Dr. Christian Schwarz-Schilling, Bundesminister a.D., Internationaler Streitschlichter für die Föderation Bosnien-Herzegowina
Karsten Schönfeld, MdB
Prof. Dr. Martin Schulze Wessel, Ludwig-Maximilians-Universität, München
Karel Schwarzenberg, Schwarzenberg'sche Kanzlei, Prag
Prof. Dr. Dorota Simonides, Senatorin, Senat der Republik Polen
Prof. Vladimir Slapeta, Tschechische Technische Universität, Prag
Prof. Dr. Jan Sokol, Dekan, Karlsuniversität Prag
Dr. Cornelie Sonntag-Wolgast, MdB, Vorsitzende des Innenausschusses
Pavel Smetana, Synodalsenior der Evangelischen Kirche der Böhmischen Brüder
Prof. Dr. Holm Sundhausen, Freie Universität Berlin
Prof. Dr. Rita Süssmuth, Bundestagspräsidentin a.D.
Dr. Max Stadler, MdB
Silke Stokar von Neuforn, MdB
Vilmos Szabó, Staatssekretär, Budapest

Prof. Dr. Rudolf von Thadden, Berater des Berlin-Brandenburgischen Instituts für Deutsch-Französische Zusammenarbeit in Europa e.V., Genshagen
Dr. Phillip Ther, Europauniversität Viadrina, Frankfurt/Oder
Wolfgang Thierse, MdB, Bundestagspräsident
Róza Thun, Vorstandvorsitzende der Polnischen Robert Schuman Stiftung, Warschau
William Totok, Autor, Berlin
Prof. Dr. Stefan Troebst, Universität Leipzig
Hans-Jürgen Uhl, MdB
Petr Uhl, Publizist, Prag
Dr. Hans-Jochen Vogel, Bundesminister a.D., München
Dr. Marlies Volkmer, MdB
Andreas Weigel, MdB
Prof. Gert Weisskirchen, MdB
Andrea Wicklein, MdB
Wojciech Wieczorek, Botschafter a.D. Warschau
Andrzej Wielowieyski, Senator, Senat der Republik Polen
Prof. Dr. Ivan Wilhelm, Rektor der Karlsuniversität, Prag
Prof. Jacek Wozniakowski, Krakau
Prof. Dr. Heinrich-August Winkler, Humboldt Universität, Berlin
Monika Zárská, Mitglied des Koordinierungsrates des Deutsch-Tschechischen Gesprächsforums
Prof. Dr. Klaus Ziemer, Direktor, Deutsches Historisches Institut, Warschau

Flucht und Vertreibung – Symbole und Netzwerke (2007)*

In Ihrem Koalitionsvertrag haben die Unionsparteien und die SPD 2005 vereinbart, in Berlin ein „sichtbares Zeichen" zu setzen, um an die Vertreibungen im 20. Jahrhundert zu erinnern. Gleichzeitig wollte die Bundesregierung mit ihren Nachbarstaaten ein europäisches Netzwerk „Erinnerung und Solidarität" aufbauen, um den Dialog über die europäische Geschichte des 20. Jahrhunderts zu fördern. Was ist aus beiden Projekten geworden?

In der Öffentlichkeit ist seit dem Sommer 2006 wenig darüber zu hören, wie künftig in Deutschland an die Vertreibungen erinnert werden soll. Diese Frage hatte nicht nur innerhalb Deutschlands, sondern auch im Gespräch mit den Nachbarn, insbesondere Polen, immer wieder zu heftigem Streit geführt. Im Koalitionsvertrag von CDU, CSU und SPD vom 11. November 2005 wurden die zwischen Union und SPD bestehenden unterschiedlichen Positionen in dem folgenden Kompromiss zusammengeführt: *„Die Koalition bekennt sich zur gesellschaftlichen wie historischen Aufarbeitung von Zwangsmigration, Flucht und Vertreibung. Wir wollen im Geiste der Versöhnung auch in Berlin ein sichtbares Zeichen setzen, um – in Verbindung mit dem Europäischen Netzwerk Erinnerung und Solidarität über die bisher beteiligten Länder Polen, Ungarn und Slowakei hinaus – an das Unrecht von Vertreibungen zu erinnern und Vertreibung für immer zu ächten."* Die Frage ist nun, was geschehen soll.

Zur Vorgeschichte: Als die SPD nach der Bundestagswahl 1998 die Regierungsverantwortung übernahm und im Bundeskanzleramt die Stelle des „Bundesbeauftragten für Kultur und Medien" (BKM) schuf, hat sie die Förderung der Institutionen auf der Grundlage des § 96 des Bundesvertriebenengesetzes neu geordnet und dafür eine neuartige Konzeption erstellt. Entgegen der in den letzten Jahren vielfach geäußerten Meinung, dass das Schicksal der – in Folge des von Deutschland angezettelten Zweiten Weltkrieges – Vertriebenen in Deutschland verdrängt und vergessen wurde,

* Artikel veröffentlicht in: Deutsch-Polnisches Magazin DIALOG 79/2007

gibt es seit Jahrzehnten verschiedene mit Bundesmitteln geförderte Museen und andere Einrichtungen, die sowohl an die deutsche Geschichte und Kultur in den früheren deutschen Ostgebieten als auch an die Vertreibung aus diesen Gebieten erinnern. In Berlin steht auf dem Theodor-Heuss-Platz ein eindrückliches Denkmal, das offensichtlich selbst von den Vertriebenen kaum noch beachtet wird.

Die Neukonzeption der rot-grünen Bundesregierung orientierte sich daran, die verschiedenen Institutionen stärker an den wissenschaftlichen Diskurs an Universitäten und Forschungseinrichtungen heranzuführen sowie daran, den Dialog mit den heutigen Einwohnern der Regionen, in denen früher Deutsche lebten, zu fördern. Es ging dabei insbesondere darum, Jugendliche aus Deutschland mit den Menschen vor Ort in Kontakt zu bringen, um das gemeinsame Erbe kennen zu lernen und zu pflegen. Zu diesem Zweck wurden den Landesmuseen vom Bund finanzierte Kulturreferenten zugeordnet, die diese Arbeit mit großem Erfolg gestalten.

Sowohl vor dem Hintergrund der beschriebenen Neukonzeption wie auch angesichts der Errichtung des Holocaust-Denkmals entwarf der „Bund der Vertriebenen" (BdV) mit seiner Vorsitzenden Erika Steinbach um die Jahrtausendwende seine „Stiftung Zentrum gegen Vertreibungen" zum Andenken an die deutschen Vertriebenen. Es sollte nicht nur eine Ausstellung zur Erinnerung an diesen Teil der deutschen Geschichte sein, sondern gleichzeitig Mahn-, Forschungs- und Begegnungsstätte. Unter den ehemals Vertriebenen wurde nach Sponsoren gesucht mit der Zusage, dass sie sich an diesem Ort mit Namen, Wappen etc. verewigen könnten.

Diesem nationalen Projekt eines Zentrums gegen Vertreibungen widersetzte sich die rot-grüne Koalition, obwohl unter den Initiatoren um Erika Steinbach auch Sozialdemokraten wie Peter Glotz waren und sogar der Bundesinnenminister mit dieser Idee sympathisierte. Wichtigstes Argument war, dass das Gedenken an die schwierige Geschichte im 20. Jahrhundert nicht als nationales Projekt betrieben werden dürfe, sondern im Dialog mit den Nachbarn geschehen müsse. Dabei sollte sowohl daran erinnert werden, wie es zu den Vertreibungen kam als auch daran, dass vor den

Deutschen Andere durch Deutsche vertrieben worden sind. Die Erinnerung an die deutschen Vertriebenen müsse eingebettet sein in die viel breitere Geschichte von Vertreibungen im Europa des 20. Jahrhunderts.

In diesem Zusammenhang machte ich im Februar 2002 den Vorschlag, in Zusammenarbeit mit den Nachbarn in Breslau ein Europäisches Zentrum gegen Vertreibungen zu errichten; ein Vorschlag, der dann von Adam Michnik und Adam Krzemiński aufgenommen und in Deutschland wie Polen intensiv diskutiert wurde. Kurz vor der Bundestagswahl 2002 lehnte der Deutsche Bundestag einen Antrag der CDU/CSU-Fraktion ab, mit welchem ein „Zentrum gegen Vertreibungen" gefördert werden sollte und verabschiedete einen Antrag der rot-grünen Koalition „Für ein europäisch ausgerichtetes Zentrum gegen Vertreibungen". Darin wurde einerseits zum Dialog mit den Nachbarn über dieses Thema aufgerufen und anderseits die Errichtung eines Dokumentations- und Begegnungszentrums zum Thema Vertreibung als europäischer Aufgabe festgehalten.

Die Bemühungen, den Dialog seit 2002 in Gang zu bringen, sind in dem von Stefan Troebst herausgegebenen Band „Vertreibungsdiskurs und europäische Erinnerungskultur. Deutsch-polnische Initiativen zur Institutionalisierung"[1] ausführlich dokumentiert. Im Sommer 2003 erschien in verschiedenen großen europäischen Zeitungen (u.a. Die Welt, Der Tagesspiegel, Gazeta Wyborcza, Rzeczpospolita) ein von mir initiierter Aufruf für ein „Europäisches Zentrum gegen Vertreibungen". Dieser war von mehr als 120 bedeutenden Historikern, Politikern und Publizisten aus Deutschland und Polen, aber auch aus der Tschechischen Republik, der Slowakei und Ungarn unterschrieben worden. Der Aufruf machte deutlich, dass es für ein solches grenzüberschreitendes Projekt auch gewichtige Partner in den Nachbarländern gibt. Ende Oktober 2003 verabschiedeten Bundespräsident Rau und Präsident Kwaśniewski in Danzig eine Erklärung, in der ebenfalls zum Dia-

1 Stefan Troebst (Hg.): Vertreibungsdiskurs und europäische Erinnerungskultur: Deutsch-polnische Initiativen zur Institutionalisierung. Eine Dokumentation, fibre-Verlag, 2006

log über die immer noch die Gegenwart belastende Geschichte der Vertreibungen und Zwangsmigrationen im 20. Jahrhundert aufgerufen wurde. Gleichzeitig erteilten sie allen Entschädigungsforderungen eine klare Absage.

Diese Absage, die auch in Deutschland von allen im Bundestag vertretenen Parteien geteilt wurde, war besonders wichtig geworden, seit in Deutschland die so genannte „Preußische Treuhand" mit ihren Aktivitäten begann, das ehemals deutsche Eigentum vor polnischen und internationalen Gerichten zurückzuklagen oder Entschädigung dafür zu erlangen. Von großer Bedeutung war deshalb die Rede von Bundeskanzler Gerhard Schröder in Warschau, die er 2004 zum 60. Jahrestag des Warschauer Aufstands hielt. Hier erklärte er, Deutschland werde solche Klagen nicht als berechtigt anerkennen und so auch vor nationalen und internationalen Gerichten nicht unterstützen.

Auf der Linie dieser Erklärung begannen 2003/2004 auf Initiative der deutschen Staatsministerin für Kultur und Medien, Christina Weiss, Gespräche mit Polen, Tschechien, der Slowakei, Ungarn und schließlich auch Österreich zur Gründung eines Europäischen Netzwerkes, um die schwierige Geschichte des 20. Jahrhunderts in einem grenzüberschreitenden Dialog so aufzuarbeiten, dass daraus Versöhnung erwächst und nicht Spannungen verstärkt und neu geschaffen werden. In diesen Gesprächen war besonders von Polen und Tschechen Wert darauf gelegt worden, die Geschichte von Zwangsmigrationen und Vertreibungen nicht isoliert zu betrachten, sondern sie in den historischen Kontext zu stellen. So entstand die breiter angelegte Zielstellung des „Europäischen Netzwerkes Erinnerung und Solidarität", die von allen Beteiligten mitgetragen wurde. Am 2. Februar 2005 wurde die Absichtserklärung in Warschau von den Kulturministern Polens, Deutschlands, Ungarns und der Slowakei verabschiedet. Die Tschechische Republik erklärte sich ebenso wie Österreich bereit, auf Projektebene zu kooperieren.

Auf der Grundlage dieser Vereinbarung wurde das „Europäische Netzwerk" als Stiftung nach polnischem Recht eingerichtet, mit einem vorläufigen Büro in Warschau. Ein Vorstand wurde gebildet, mit Herrn Andrzej Przewoźnik als Vorsitzendem und Professor Matthias Weber vom Oldenburger „Bundesinstitut für Kultur und Geschichte der Deutschen im östlichen Europa" als Mitglied des Stiftungsrates. Jedes beteiligte Land sollte zunächst einen Mitarbeiter dorthin entsenden; ein deutscher Mitarbeiter wurde dafür angestellt [...]. Erste Projekte wurden besprochen, so unter anderem ein Lexikon zur europäischen Vertreibungsgeschichte und eine Konferenz zu europäischen Erinnerungsorten.

Leider kam es dann vor den Wahlen in Polen und den vorgezogenen Bundestagswahlen in Deutschland nicht mehr zu einer förmlichen Etablierung des Europäischen Netzwerks. In Deutschland trat die CDU/CSU in ihrem Wahlprogramm dafür ein, das von Frau Steinbach angestrebte „Zentrum gegen Vertreibungen" zu errichten. Die SPD (und die anderen Parteien) lehnten dieses Projekt weiterhin ab und wollten die Erinnerung in dem - sich durchaus schwierig gestaltenden - Dialog mit den Nachbarn weiterführen. In Polen wurde von Politik und Öffentlichkeit kaum zur Kenntnis genommen, dass in Deutschland die Regierung und die Parlamentsmehrheit nicht nur die Preußische Treuhand, sondern auch das „Zentrum gegen Vertreibungen" ablehnte. So wuchs die Skepsis in den Reihen der Politik, ob man überhaupt etwas tun sollte. In der Slowakei wurde ebenfalls eine neue Regierung gewählt, Ungarn und Österreich warteten im Wesentlichen ab, sind aber nach wie vor zur Mitarbeit bereit. Da die treibenden Kräfte ausfielen, kam das ganze Vorhaben ins Stocken.

Die Entwicklung seit den Wahlen 2005

Nach den Bundestagswahlen 2005 wurde in Deutschland die Große Koalition gebildet. Gerade auch zum Themenbereich Vertreibung wurden im Wahlkampf von beiden Partnern klar unterschiedene Positionen vertreten. Während CDU/CSU ein „Zentrum gegen Vertreibungen" schaffen wollten, machte die SPD auch in den Koalitionsverhandlungen deutlich, dass mit ihr ein solches Zentrum nicht zu machen sei. So einigte man sich im Koalitionsvertrag auf den anfangs zitierten Text. Damit war die Gemeinsamkeit festgestellt: Beide Partner waren sich einig, dass die schwierige Nachkriegsgeschichte nicht verdrängt werden dürfe, sondern der öffentlichen Bearbeitung und Darstellung bedürfe. Die CDU setzte durch, dass dies zusätzlich zu den bisherigen Museen und Einrichtungen nun auch in Berlin geschehen solle – durch ein „sichtbares Zeichen". Für die SPD blieb wichtig, dass alles, was geschieht, in enger Abstimmung mit den Nachbarn erfolgt, in Verbindung mit dem „Netzwerk Erinnerung und Solidarität", und nicht über ihre Köpfe hinweg. Klar war: Es wird nur ein gemeinsames, in der Koalition abgestimmtes Vorgehen geben können, um das vereinbarte sichtbare Zeichen zur Erinnerung an die Vertreibungen zu errichten und das beabsichtigte „Netzwerk Erinnerung und Solidarität" mit Leben zu erfüllen.

Die Ende 2005 eröffnete Ausstellung des Bonner Hauses der Geschichte „Flucht Vertreibung, Integration" (mit dem Schwerpunkt auf die deutschen Vertriebenen und ihre Integration in den beiden deutschen Staaten) hat viel positive Resonanz gefunden. Sie wurde auch in Berlin und Leipzig gezeigt. Ich empfahl im Dezember 2005, diese Ausstellung – nachdem sie diskutiert und möglicherweise auch in Warschau und Prag präsentiert werden würde – als Basis für eine Exposition zu nehmen, die dann als „sichtbares Zeichen" in Berlin ihren dauerhaften Ort erhalten könne. Diesen Vorschlag hat Staatsminister Bernd Neumann bei der Eröffnung in Berlin aufgenommen. Zwar gab es durch die Ausstellung „Erzwungene Wege", die von Erika Steinbach im Sommer 2006 ebenfalls in Berlin gezeigt wurde, noch manche Aufregung. Doch ist meine Idee noch nicht vom Tisch. Neumann berief Anfang 2007 eine Beratergruppe, die ihm auf der Grundlage eines im BKM erarbeiteten Textes Vorschläge machen sollte, wie ein „sichtbares Zeichen" aussehen könnte. Diese stehen noch aus. Die SPD beschloss eigene Eckpunkte und teilte sie durch einen Brief Peter Strucks dem BKM Neumann mit der Bitte um Berücksichtigung mit. Darin hieß es unter anderem:

> „Das Sichtbare Zeichen soll der Versöhnung dienen und mit dem im Entstehen begriffenen Europäischen Netzwerk Erinnerung und Solidarität in Verbindung stehen. Die Fraktion der SPD im Deutschen Bundestag setzt sich deshalb für folgende Richtlinien zur Umsetzung des in der Koalitionsvereinbarung vorgesehenen Sichtbaren Zeichens ein: Als Sichtbares Zeichen wird auf der Grundlage der vom Bonner Haus der Geschichte' (HdG) konzipierten Ausstellung 'Flucht, Vertreibung, Integration' in Berlin eine Dauerausstellung eingerichtet. Die Dauerausstellung wird keine eigenständige

> Institution. Sie wird in die bestehende Museumslandschaft eingebettet, zum Beispiel als Berliner Außenstelle des HdG. Eine europäische Einbindung wird weiterhin angestrebt und bleibt unser zentrales Anliegen. Daher halten wir eine internationale wissenschaftliche Konferenz für notwendig, um Perspektiven und Positionen der Nachbarländer in die Konzeption einzubringen. Dort soll möglicher Veränderungs- und Ergänzungsbedarf der Bonner Ausstellung diskutiert und konkrete Vorschläge für deren Gestaltung unterbreitet werden."

Es gibt einigen Anlass zur Hoffnung, dass es anhand dieser Eckpunkte zu einer Einigung in der Koalition kommt, die auch bei den Nachbarn keinen Anlass zu Misstrauen und Verärgerung geben wird.

Nach dem Regierungswechsel in Polen war zunächst lange offen, ob und wie Polen sich zu diesen Projekten gesprächsbereit zeigt. Nach längerem Zögern hatte sich die polnische Seite dann Anfang 2006 entschieden, das von der vorherigen Regierung mit Deutschland, Ungarn und der Slowakei ausgehandelte Projekt „Netzwerk Erinnerung und Solidarität" weiterzuführen. Dies hat mir Ende Januar 2006 der polnische Kulturminister Kazimierz Michał Ujazdowski gesagt. Die Gespräche des polnischen Präsidenten Lech Kaczyński in Deutschland Anfang März 2006 haben das bestätigt. Zwar gab es im Gefolge verschiedene Gespräche und Einladungen auf unterer Ebene, aber bis heute keinen wirklichen Durchbruch. Doch wächst auch hier die Bereitschaft, die Arbeit miteinander fortzusetzen.

In Deutschlands wie Polens Öffentlichkeit ist das Netzwerk stark mit dem Thema „Vertreibungen" verbunden. Der Text der 2005 abgeschlossenen Vereinbarung ist jedoch sehr viel offener. Hier wird als Zielstellung beschrieben, gemeinsam und grenzüberschreitend die Totalitarismen des 20. Jahrhunderts, die Leiden der Zivilbevölkerung, Zwangsaussiedlungen etc. zu bearbeiten. Diese Breite des Themas sollte viel stärker zur Kenntnis genommen werden und handlungsleitend sein. Es gibt meines Erachtens nicht nur zwischen Deutschland und Polen, sondern in ganz Mittel- und Osteuropa eine Reihe von historischen Themen, die der Behandlung harren. Da ist zum einen die Aufarbeitung des Kommunismus im europäischen Horizont. Die neuen Mitgliedstaaten der EU müssten doch ein Interesse daran haben, dass das, was man die „europäische Freiheitsgeschichte jenseits des Eisernen Vorhang" nennen könnte, gemeinsam besser aufzuarbeiten und ins öffentliche europäische Bewusstsein zu bringen. Dafür könnte ein Netzwerk gute Dienste leisten. Oder das Ende des Zweiten Weltkrieges! Ich glaube, das Interesse ist groß, dass der 70. Jahrestag des Kriegsendes in Europa anders begangen wird als der 60. Doch braucht auch das einen langen Vorlauf und ein gemeinsames, grenzüberschreitendes Arbeiten daran, die verschiedenen geschichtlichen Erfahrungen des 20. Jahrhunderts besser miteinander ins Gespräch zu bringen, damit mehr Verständnis entsteht.

Es bleibt zu hoffen, dass in der Mitte Europas der politische Wille wächst, zu einem besseren gegenseitigen Verständnis auch in historischen Fragen zu kommen. Gerade weil das „Europäische Netzwerk Erinnerung und Solidarität" dezentral sowie multiperspektivisch angelegt ist und Raum lässt für unterschiedliche Erfahrungen, wäre es für dieses Verständnis ein gutes Instrument!

Die Teilung Europas und ihre Überwindung. Aufruf zur Gründung eines „Museums des Kalten Krieges" (2008)*

Fast ein halbes Jahrhundert lang hat der Kalte Krieg die internationale Politik und das tägliche Leben in Ost und West dominiert. Er hat Deutschland geteilt, Europa zerrissen und andere Länder der Welt gespalten. Die in immer neuen Krisen gipfelnden Konfrontationen haben den Frieden wiederholt gefährdet. Das konventionelle und nukleare Wettrüsten hat das Überleben der Menschheit bedroht. Die Auseinandersetzung zwischen den Systemen kommunistischer Diktatur und freiheitlicher Demokratie hat sowohl internationale Spannungen verschärft als auch das Klima der inneren Politik vergiftet. Auch wenn die heißen Kriege in Asien und Afrika stattfanden, hat der Ost-West-Konflikt in Europa ein Klima der Angst geschaffen, das über sein Ende hinauswirkt.

Dennoch ist es den beiden feindlichen Blöcken gelungen, die nukleare Vernichtung zu vermeiden und sich nach vergeblichen Anläufen aus der Psychose gegenseitiger Verteufelung zu lösen. Immer wieder haben verantwortliche Staatsmänner auf beiden Seiten versucht, die Koexistenz durch Entspannungsgesten zu einer dauerhaften Detènte auszubauen. Blockübergreifend hat sich die Friedensbewegung um die Begrenzung des Wettrüstens und die Überwindung des Konflikts bemüht. Schließlich ist der Kommunismus zusammengebrochen, haben die Bürgerinnen und Bürger Freiheit und Demokratie durchgesetzt und sich von der sowjetischen Vorherrschaft befreit. Die Länder Ostmitteleuropas gewannen ihre Unabhängigkeit zurück und der europäische Kontinent kann wieder zusammenwachsen.

Zwei Jahrzehnte nach dem Ende des Kalten Krieges hat sich die Welt so stark verändert, dass es schwer fällt, sich an seine Bedrohlichkeit sowie deren Überwindung zu erinnern. Die Überreste des Eisernen Vorhangs und der Mauer sind weitgehend ver-

* Veröffentlicht als Presseerklärung im Juni 2008

schwunden; die befreiten und wieder aufblühenden Länder Ostmitteleuropas sind Mitglieder der NATO und EU geworden. Diese schnellen Veränderungen lassen die Erfahrungen des Kalten Krieges vergessen. Die nach 1989 geborene Generation hat keine persönliche Erinnerung mehr an Unterdrückung und Teilung des Kontinents. Selbst Berlin-Besucher aus aller Welt haben große Schwierigkeiten, noch Spuren der vormals so prägenden Auseinandersetzung zu finden.

Wir rufen zur Gründung eines „Museums des Kalten Krieges" auf, um die Erinnerung an die Teilung Europas und an die Ereignisse, welche zur Überwindung dieser Teilung beitrugen, dauerhaft zu sichern. Der geeignete Ort dafür ist Berlin, „Frontstadt" des Ost-West-Konflikts, in zwei Hälften geteilt und durch eine unmenschliche Mauer getrennt, die selbst durch wiederholte Krisen zum Symbol wurde. Die vorhandenen Einrichtungen wie das Alliiertenmuseum in Berlin-Zehlendorf, das Deutsch-Russische Museum in Berlin-Karlshorst oder der Caecilienhof in Potsdam benötigen ein gemeinsames Portal, das sie durch Darstellung des internationalen Kontextes vernetzt.

Wir fordern die Bundesregierung und den Berliner Senat auf, am ehemaligen Grenzübergang Checkpoint Charlie geeignete Räumlichkeiten für ein umfassendes Museum zu sichern. Wir bitten dafür um Unterstützung durch Unterschriften und Spenden.

Juni 2008

Initiatoren

James D. Bindenagel, Vizepräsident für Gemeinwesen, Regierung und internationale Angelegenheiten an der DePaul University, Botschafter a.D.
Dr. Jackson Janes, Direktor des American Institute for Contemporary German Studies
Prof. Dr. Konrad H. Jarausch, Senior Fellow des Zentrums für Zeithistorische Forschung, Potsdam
Markus Meckel, Abgeordneter des Deutschen Bundestages

Unterstützer

Prof. Dr. h.c. mult. Władysław Bartoszewski, Außenminister a.D., Polen
Elmar Brok, MdEP, Deutschland

† **Prof. Dr. Dr. h.c. mult. Bronisław Geremek**, MdEP, Polen
Dr. h.c. Václav Havel, Präsident a.D., Tschechische Republik
Toomas Hendrik Ilves, Präsident der Republik Estland
John C. Kornblum, Botschafter a.D., USA
Miklós Németh, Premierminister a.D., Ungarn
Prof. Adrian Severin, MdEP; Vizepremierminister a.D., Außenminister a.D., Rumänien
Prof. Dr. h.c. Horst M. Teltschik, Ministerialdirektor im Bundeskanzleramt a.D., Deutschland
Dr. Hans-Jochen Vogel, Bundesminister a.D., Regierender Bürgermeister von Berlin a.D., Deutschland
Dr. James A. Baker III., Außenminister a.D., USA
Richard C. Barkley, Botschafter a.D. (1988 - 1990 in Ost-Berlin), USA
Prof. Dr. Günter Bischof, Chair and Marshall Plan Professor of History, CenterAustria, University of New Orleans, USA/Österreich
Dr. Carlo Azeglio Ciampi, Senator, Präsident a.D., Italien
Prof. Emil Constantinescu, Präsident a.D., Rumänien
Dr. Dr. h.c. Lothar de Maizière, Ministerpräsident a.D. (DDR 1990), Deutschland
Dr. Pavol Demes, Außenminister a.D., Slowakei
Roland Dumas, Europaminister a.D.; Außenminister a.D.; Verfassungsgerichtspräsident a.D., Frankreich
Lawrence S. Eagleburger, Außenminister a.D., USA
Prof. Dr. Timothy Garton Ash, Professor of European Studies, Isaiah Berlin Professorial Fellow, St. Antony's College, Oxford, Großbritannien; Senior Fellow, Hoover Institution, Stanford University, USA
Dr. István Gyarmati, Botschafter a.D.; Verteidigungsstaatssekretär a.D.; Präsident und CEO, International Center for Democratic Transition (ICDT), Budapest, Ungarn
Prof. Dr. Hope M. Harrison, Direktorin, Institute for European, Russian and Eurasian Studies; Direktorin, George Washington University Cold War Group; Associate Professor of History and International Affairs, GWU Elliott School of International Affairs, Washington D.C., USA
Prof. Dr. Janne Haaland Matlary, Außenstaatssekretärin a.D., Norwegen
Dr. Sergej A. Kowalew, Vorsitzender von "Memorial"; früherer Menschenrechtskommissar der Russischen Föderation
Prof. Dr. Mark Kramer, Direktor, Harvard Project on Cold War Studies; Senior Fellow/Direktor, Davis Center for Russian and Eurasian Studies, Harvard University, USA
Aleksander Kwaśniewski, Präsident a.D., Polen
János Martonyi, Außenminister a.D., Ungarn
Prof. Dr. Dr. h.c. mult. Horst Möller, Professor für Neuere und Neueste Geschichte, Ludwig-Maximilians-Universität München; Direktor, Institut für Zeitgeschichte München-Berlin (IfZ), Deutschland
Prof. Dr. Valters Nollendorfs, Direktor für Außenbeziehungen, Lettisches Okkupationsmuseum, Rīga, Lettland

Prof. Dr. Christian F. Ostermann, Direktor, Cold War International History Project (CWIHP); Direktor, European Studies Program/History and Public Policy Program, Woodrow Wilson International Center for Scholars, Washington D.C., USA
Eva Quistorp, MdEP a.D., Deutschland
Prof. Dr. Adam Daniel Rotfeld, Außenminister a.D., Polen
Prof. Dr. William Richard Smyser, stellv. Generalsekretär der Vereinten Nationen a.D.; früherer politischer Berater, US-Botschaft, Bonn; einstmals Assistent von General Lucius D. Clay in Berlin, USA
Prof. Dr. Georges-Henri Soutou, Professor für Globale Zeitgeschichte, Universität Paris Sorbonne – Paris IV, Frankreich
Prof. Dr. Michael Stürmer, Chefkorrespondent der Zeitung "Die Welt", Deutschland
Dr. Boris Tarasjuk, Abgeordneter, Außenminister a.D., Ukraine
Dr. Antanas Valionis, Abgeordneter, Außenminister a.D., Litauen
Dr. Dr. h.c. mult. Vaira Vīķe-Freiberga, Präsidentin a.D., Lettland
Prof. Dr. Philip Zelikow, White Burkett Miller Professor, Department of History, University of Virginia, Charlottesville, USA

3. Kriegsgräber als Erinnerungsorte*

Der Volksbund im Aufbruch (2016)*

Im Namen der Mitglieder, der vielen ehrenamtlichen und der hauptamtlichen Mitarbeiter danke ich Ihnen für diesen hoch angesehenen Preis, über den wir uns sehr freuen!

Der Volksbund ist eine Organisation ganz eigener Art. Er hat – vor knapp einhundert Jahren gegründet – eine wechselvolle Geschichte, die wir übrigens [...] wirklich erforschen lassen (das Buch soll 2018 erscheinen!) und ist seit den 1950er Jahren zuständig für inzwischen 832 deutsche Kriegsgräberstätten im Ausland. Grundlage unserer Arbeit sind jeweils bilaterale Kriegsgräberabkommen mit fünfundvierzig Ländern

Bis 1990 war das Anlegen von Kriegsgräberstätten im Westen Europas weitgehend abgeschlossen. Erst mit dem Ende der Teilung Europas konnte vor fünfundzwanzig Jahren die Arbeit im ehemals kommunistischen Osten Europas beginnen. In dieser Zeit haben wir dort mehr als 850 000 Tote geborgen und ihnen ein würdiges Grab geben können, und jedes Jahr kommen knapp 30 000 dazu!

Etwa jeden dritten von diesen können wir identifizieren – so können wir noch heute jedes Jahr fast 10 000 Toten den Namen zurück- und den Familien diese Information übergeben, wenn wir sie ausfindig machen. Es lohnt sich also auch siebzig Jahre nach dem Zweiten Weltkrieg noch, bei uns nachzufragen, wenn Sie auf der Suche nach einem Angehörigen sind! Sie haben eben von Herrn Reemtsma, unserem Laudator, gehört, welche Bedeutung dies für die Familien und auch die Nachgeborenen oft hat.

---

* Eine Dokumentation der Initiativen von Markus Meckel als Präsident des Volksbundes Deutsche Kriegsgräberfürsorge e.V. und der Leitbild-Diskussion unter www.zukunft-der-kriegsgräberfürsorge.de

* Dankesrede zur Verleihung des Deutschen Nationalpreises an den Volksbund Deutsche Kriegsgräberfürsorge e.V., Französische Friedrichstadtkirche, Berlin, 15. Juni 2016 (https://www.nationalstiftung.de/pdf/Nationalpreis_2016_Dankesrede.pdf, abgerufen am 5. Juli 2019)

Während in anderen Ländern die Aufgabe der Kriegsgräberfürsorge von staatlichen Institutionen getragen wird, meist den Verteidigungsministerien zugeordnet, wird der Volksbund ganz weitgehend von Mitgliedern und Spendern finanziert und seine Arbeit von engagierten Ehrenamtlichen getragen – und das gilt erstaunlicherweise bis heute. Die Erlebnisgeneration hat die Verantwortung für die Kriegsgräber ganz wesentlich selbst, aus der Gesellschaft heraus organisiert und getragen. Doch sie geht von uns. Darauf lässt sich keine Zukunft mehr bauen.

Wir stehen deshalb heute vor ganz neuen Herausforderungen, finanziell wie inhaltlich. Kriegsgräberfürsorge umfasst die Sorge um die Gräber aller Toten von Krieg und Gewalt, Soldaten wie Zivilisten. Kriegsgräberfürsorge aber ist mehr als das: Dazu gehört auch das öffentliche Erinnern und Gedenken sowie die auf Friedensfähigkeit und Verständigungsbereitschaft zielende Jugend-, Schul- und Bildungsarbeit.

Über Jahrzehnte hat der Volksbund einen öffentlichen Raum für individuelles Trauern geschaffen und damit Millionen von Menschen einen wichtigen, humanitären Dienst getan. Doch sind diese Kriegsgräberstätten heute immer weniger Orte persönlicher Trauer, immer mehr werden sie Orte öffentlichen Gedenkens und der Jugend- und Bildungsarbeit.

Es gilt, sie als historische, als authentische Orte der Geschichte zu solchen des Lernens und der grenzüberschreitenden Begegnung werden zu lassen. Dazu gehört, dass wir – soweit es geht – sie mit Informationen ausstatten über historische Zusammenhänge, über Menschen, die dort begraben sind und ihre Lebenssituation. Seit mehr als sechzig Jahren ist solche Jugend- und Begegnungsarbeit ein wichtiger Pfeiler unserer Arbeit und er hat in der letzten Zeit deutlich an Bedeutung gewonnen. Jedes Jahr erreichen wir knapp 20 000 junge Menschen, die sich in Jugendbegegnungsstätten und bei internationalen Jugendbegegnungen mit dieser unserer schwierigen Geschichte auseinandersetzen – und immer wieder mit Betroffenheit feststellen, dass die Toten oft nicht älter waren als sie heute selbst sind.

Die Erinnerung an Krieg und Gewalt ist in besonderer Weise durch den Zweiten Weltkrieg bestimmt. Es hat in Deutschland

Jahrzehnte gebraucht, bis wir uns auch in unserer öffentlichen Gedenkkultur mit den Schrecken auseinandergesetzt haben, die wir Deutschen über ganz Europa gebracht haben. Das Bekenntnis zu Schuld und Verantwortung war lange umstritten. Zum Symbol wurde hier der Kniefall Willy Brandts in Warschau, von tragender Bedeutung die Rede Richard von Weizsäckers. Heute gibt es zu diesen Fragen glücklicherweise in der politischen Klasse über alle Parteigrenzen hinweg einen tragfähigen Konsens. So müssen wir uns auch der Frage stellen, was dies für das Gedenken an die deutschen Soldaten bedeutet, ohne die geschehenen Verbrechen zu relativieren und auch ohne sie pauschal dem einzelnen Soldaten auf die Schultern zu laden. Ich denke manchmal, dass wir dafür noch nicht die angemessene Sprache gefunden haben, so dass es deutschen Politikern oft schwer fällt, auch auf deutsche Kriegsgräberstätten zu gehen.

Gleichzeitig gilt: wer der deutschen Soldaten gedenkt, muss in dieses Gedenken auch deren Opfer einbeziehen – die Opfer der Kriegsgegner, aber auch die Opfer der Verbrechen. Sie, Herr Reemtsma, haben dankenswerterweise davon gesprochen. Die Friedhöfe, für die wir zuständig sind, liegen in Ländern, in die wir Deutschen im Krieg nicht als Freunde kamen und in denen wir oft Schreckliches angerichtet haben. Die Erfahrungen, die man in diesen Ländern mit uns gemacht hat, werden gerade beiden internationalen Jugendbegegnungen zum Thema, die jährlich überall in Europa stattfinden. Dass wir in all diesen Ländern der Toten gedenken können, ist selbst schon eine Frucht der Versöhnung, die wir in den letzten Jahrzehnten in vielfacher Weise erfahren konnten. So lautet unser Motto – aus der Jugendarbeit kommend: Versöhnung über den Gräbern – Arbeit für den Frieden. Diesem Motto fühlen wir uns auch in der Zukunft verpflichtet.

Wir befinden uns im Volksbund in einem intensiven Diskussionsprozess über die Zukunft, über notwendige Reformen.

In der Vergangenheit wurde der Volksbund besonders mit dem deutschen Soldatengrab verbunden. Dies stand auch lange im Vordergrund. Kriegstote sind aber nicht nur die Soldaten, sondern gerade im 20. Jahrhundert auch Zivilisten. Auch diesen wollen wir uns nun stärker als bisher zuwenden. Ihre Schicksale sind uns wichtig. In diesem Jahr haben wir deshalb das Jahresthema „Flucht und Vertreibung“ gewählt, lange bevor wir in der Europäischen Union mit den heute vor Krieg und Gewalt fliehenden Menschen unserer Tage konfrontiert wurden. Gerade angesichts gegenwärtiger Kriege in unserer Nachbarschaft, angesichts von Menschen, die ihnen entfliehen, so wird deutlich, wie sehr die Themen unserer Geschichte mit den Herausforderungen unserer Gegenwart verbunden sind. Und wir können lernen, dass die Probleme damals keinesfalls geringer waren als heute – und wie leicht wir uns heute überfordert fühlen, obwohl unsere Bedingungen ungleich besser sind als sie es damals waren.

Wir haben in Deutschland eine ausgeprägte und differenzierte Erinnerungs- und Gedenkkultur. In anderen Ländern beneidet man uns manchmal um unsere ehrliche Aufarbeitungslandschaft. Doch gilt gleichzeitig, dass diese vielfach noch sehr gespalten ist. Die einen kümmern sich um die Aufarbeitung des Nationalsozialismus, die anderen um die des Kommunismus, für wieder andere stehen Flucht und Vertreibung im Vordergrund. Erst in den letzten Jahren ist die Erinnerung an die Weltkriege wieder stärker bewusst geworden. Unser Anliegen ist, diese verschiedenen Erinnerungsstränge wieder stärker miteinander zu verbinden – waren es doch dieselben Menschen, die davon betroffen waren.

Es ist für das Zusammenwachsen Europas von großer Bedeutung, dass wir es heute mehr und mehr lernen, unsere verschiedenen Erfahrungen und Perspektiven, unsere Traditionen und Gedenkkulturen miteinander ins Gespräch zu bringen. Gerade die junge Generation ist dafür offener als wir Älteren.

Unsere Geschichte, unsere Toten nicht zu vergessen, sondern sie ins Gespräch miteinander zu bringen – das bedeutet Hoffnung für Europa.

Wir verstehen uns als Gesprächspartner für solche Fragen und finden viele Partner. Im letzten Jahr haben wir eine „Kontaktgruppe von Kriegsgräberdiensten in Europa“ gegründet und suchen das grenzüberschreitende Gespräch. Mit Frankreich und Belgien gibt es die Bemühung, Kriegsgräberstätten des Ersten Weltkriegs zum UNESCO-Weltkulturerbe erklären zu lassen und die Erinnerung gemeinsam zu gestalten. Wir überlegen, wie wir in Europa gemeinsam des Endes des Ersten Weltkrieges gedenken können - und wollen lernen, wie man Frieden schließt, ohne gleichzeitig die Wurzeln des nächsten Krieges zu pflanzen.

Frieden ist kein Schicksal, sondern eine Aufgabe, die uns als Vermächtnis aus unserer Geschichte erwächst. Kriegsgräberstätten aber sind dafür unverzichtbare Lernorte!

Ich danke Ihnen noch einmal, dass Sie uns mit diesem Preis auf diesem Weg bestärken und Anerkennung zollen!

Ein Vermächtnis Friedrich Eberts: Arbeit für den Frieden – Versöhnung über den Gräbern (2015)*

Gern bin ich heute nach Heidelberg gekommen, an den Ort, der in besonderer Weise an Friedrich Ebert erinnert, eine der großen Gestalten der deutschen Sozialdemokratie und gleichzeitig der deutschen Demokratiegeschichte. Er gehört damit zu denen, die für mein Leben schließlich eine zentrale Rolle spielten, nämlich für die Entscheidung, 1989 in der kommunistischen DDR eine sozialdemokratische Partei zu gründen. [...]

Indem wir die Sozialdemokratie gegen den Kommunismus setzten, standen wir mitten in dem Spannungsfeld, das Friedrich Ebert in den Kriegsjahren als Vorsitzender der SPD durchlebt und durchlitten hat. Nach einem langen und kräftezehrenden „Bruderkampf" der Arbeiterklasse, wie Friedrich Ebert es nannte, spaltete sich die USPD ab und entstand 1918 schließlich die Kommunistische Partei Deutschlands. Ebert ließ sich in den Grundfragen auf keine Kompromisse ein und trat konsequent für eine parlamentarische Demokratie ein, für die Erreichung der Ziele durch Reformen und die Gewinnung von Mehrheiten, die sich in freien Wahlen erweisen müssen. Er stand für Rechtstaatlichkeit, das Gewaltmonopol des Staates und wurde so gewissermaßen zum Vater der Weimarer Republik, der ersten Demokratie und Republik in Deutschland. Seine Beharrlichkeit und Durchsetzungskraft, seine klare Orientierung und sein Pragmatismus waren eine wesentliche Voraussetzung dafür, dass in den Wirren des Kriegsendes und der Novemberrevolution trotz vielfältiger Widerstände der Übergang in die Republik gelang. Im Nachhinein lässt sich natürlich fragen, ob das Bündnis mit den alten Eliten – ich denke an den sogenannten Ebert-Groener-Pakt – wirklich alternativlos war, um den Übergang

* Friedrich-Ebert-Gedächtnisvortrag im Friedrich-Ebert-Haus Heidelberg, 4. Februar 2015, erschienen in der Reihe „Friedrich-Ebert-Gedächtnis-Vorträge", herausgegeben von Walter Mühlhausen im Auftrag der Stiftung Reichspräsident-Friedrich-Ebert Gedenkstätte (Heidelberg)

in die Demokratie zu ermöglich. Doch das lässt sich an dieser Stelle nicht beantworten.

Nachdem in den letzten Kriegsjahren die Macht im Deutschen Reich faktisch von den Militärs ausgeübt wurde, stahlen diese sich davon, als es darum ging, die Verantwortung für den Krieg und die Niederlage zu übernehmen. Nun aber übernahmen Sozialdemokraten in schwerster Stunde die Verantwortung für Deutschland – und führten es in die Demokratie.

Dieses entschiedene Eintreten für Freiheit und Demokratie, gegen Diktatur und Unterdrückung in der gesamten Geschichte der Sozialdemokratie war für uns 1989 der zentrale und tiefe Grund, uns mit der Gründung der Sozialdemokratischen Partei in der DDR (SDP) in diese Tradition zu stellen. Auch in der Friedlichen Revolution in der DDR sollte sich dann wieder erweisen, dass die Geschichte der Demokratie in Deutschland nicht ohne die Sozialdemokratie geschrieben werden kann.

Der Erste Weltkrieg ist erst im letzten Jahr durch den 100. Jahrestag seines Beginns wieder ins Blickfeld des öffentlichen Interesses getreten. Doch ein Ereignis war immer bewusst und Anlass für Streit und Vorwurf: die (mit den anderen Parteien gemeinsame!) Zustimmung der SPD im Reichstag zu den Kriegskrediten. Damit verlor die SPD in den Augen vieler die Unschuld. Vorher hatte sie dem wilhelminischen System immer den Kampf angesagt und war für den Frieden eingetreten – und geriet nun in den allgemeinen nationalen Sog. Damit stand die deutsche Sozialdemokratie jedoch nicht allein. In den meisten europäischen Ländern rückten die verschiedenen gesellschaftlichen Kräfte zusammen, um – aus ihrer jeweiligen Perspektive – gemeinsam gegen den Feind und Aggressor zu stehen.

Vor dem Krieg hatte es in Europa durchaus einen bürgerlichen wie auch sozialistischen Pazifismus gegeben, der gegen den drohenden Krieg eintrat. Auch in der Arbeiterbewegung stritten schon vor 1914 Vertreter eines Internationalismus und Pazifismus gegen die Mehrheitsmeinungen. Der französische Sozialist Jean Jaurès trat entschieden für eine französisch-deutsche Versöhnung ein und rief den Massen noch im Juli prophetisch für den Fall des Krieges zu: *„Was für ein Massaker! Was für Ruinen! Was für eine Bar-*

barei!" Am 31. Juli 1914 fiel er in Paris dem Attentat eines französischen Nationalisten zum Opfer. Am gleichen Tag trafen sich in Brüssel auf Einladung des belgischen Pazifisten Henri Lafontaine fünfzig Gesinnungsgenossen aus ganz Europa. Auch nach Kriegsbeginn gab es noch Versuche, sich dem Krieg und der allgemeinen Stimmung entgegenzustellen. In Deutschland gründete sich im Herbst 1914 der „Bund Neues Vaterland", dem u. a. auch Albert Einstein und Ernst Reuter angehörten. Clara Zetkin organisierte im Februar 1915 ein Treffen von sozialistischen Pazifistinnen in Berlin und die niederländische Pazifistin Aletta Jacobs lud ebenfalls 1915 zu einem Frauenfriedenskongress nach Den Haag ein. Doch blieben solche Stimmen einzelne Rufer in der Wüste.

Friedrich Ebert stand zu der Entscheidung für die Kriegskredite. Er – und mit ihm die Mehrheit der SPD – stimmte damit dem „Burgfrieden" des Kaisers zu. Für ihn war es notwendige Pflicht, im Falle der Landesverteidigung zusammenzustehen gegen den Feind. Gleichzeitig glaubte er zu dieser Zeit dem öffentlichen Meinungsbild, dass das zaristische Russland als Hort der Reaktion der Hauptaggressor war. Wir wissen, dass die Friedensfrage dann später auch für die Spaltung der Partei eine wichtige Rolle spielte.

Erst Jahre später, 1917, wurden Friedrich Ebert und die deutschen Mehrheits-Sozialdemokraten gemeinsam mit den Kräften, die später die Weimarer Republik tragen sollten, für den Frieden aktiv und brachten im Reichstag die „Friedensresolution" durch, mit welcher sie sich – wenngleich erfolglos – für einen „Verständigungsfrieden ohne Annexionen" einsetzten. Ich gestehe, dass für mich in den 1980er Jahren die Haltung der deutschen Sozialdemokratie im Ersten Weltkrieg sowie die Position Helmut Schmidts in der Nachrüstungsfrage eine schwere Anfechtung waren. Sie wurde nur durch den Widerstand Willy Brandts, Erhard Epplers und großer Teile der SPD gegen die Nachrüstung gewissermaßen ausgeglichen.

Heute frage ich mich, ob die Mehrheit der Sozialdemokraten damals wirklich eine andere Wahl hatte. Zugleich ist nicht zu leugnen, dass damit die letzte Chance vertan war, dem Krieg entgegenzutreten. Dazu kommt die Frage, ob ohne diese Zustimmung die spätere Kooperation der SPD mit der katholischen Zentrumspartei und der liberalen Fortschrittspartei zustande gekommen wäre, welche die politische Grundlage für die Friedensresolution von 1917 und besonders für die „Weimarer Koalition" geworden ist.

Nach dem Ersten Weltkrieg wurde im Jahr 1919 der Volksbund Deutsche Kriegsgräberfürsorge gegründet. Millionen deutscher Soldaten waren auf den vielen Schlachtfeldern in West und Ost gefallen. Deutschland lag wirtschaftlich und politisch am Boden. Die Gewissheiten der Vorkriegszeit standen in Frage. Einen gesellschaftlichen Konsens zu den Perspektiven für Deutschland gab es nicht. Fast alles war umstritten. Eines aber verband die Menschen: die Betroffenheit durch die Toten, die Frage nach den Gräbern der gefallenen Väter und Söhne, Männer und Kameraden. Die Gründung des Volksbundes geschah aus der Gesellschaft heraus, der Staat schien nicht in der Lage zu sein, diese Aufgabe wahrzunehmen, die Millionen von Familien betraf.

Friedrich Ebert und seine Frau Louise kannten während des Krieges die brennende Sorge um die im Feld stehenden Familienmitglieder und sie kannten die Trauer um die Toten des Krieges nicht nur aus der Distanz. Im Oktober 1916 fiel der Bruder von Louise, der eine mittellose Familie mit sechs Kindern hinterließ. Friedrich, der älteste Sohn Eberts, wurde 1916 schwer verwundet, kehrte im Jahr darauf aber an die Front zurück. Im Februar 1917 starb dann der Sohn Heinrich in einem Lazarett in Mazedonien, er war 19 Jahre alt. Sein Grab finden Sie auf dem deutschen Soldatenfriedhof in Prilep, der vom Volksbund bis heute gepflegt wird. Der ein Jahr ältere Sohn Georg Ebert fiel wenige Monate später am Chemin des Dames bei Laon in Frankreich; er wurde vermutlich in einem Massengrab bestattet. Der Tod der Söhne traf die Eltern schwer. Wir wissen nicht, wie sie diesen Schmerz verarbeitet haben. Gewiss war es für sie eine zusätzliche Last, nicht an einem Grab Abschied nehmen zu können – eine Last, die sie mit vielen teilten. 1921 erkundigte sich Friedrich Ebert noch bei den zuständigen Behörden über die Grabstätte des Sohnes Heinrich und ob das Grab des Sohnes Georg in Frankreich sich habe ermitteln lassen. Vergeblich.

Der Trauer in den Familien zu begegnen und den Familien einen Ort zu geben, an dem sie trauern konnten, das war etwas, was die Sozialdemokraten mit allen anderen Parteien verband. Darauf konnte man sich einigen. So unterstützte Friedrich Ebert auch als Reichspräsident die Arbeit des Volksbundes, sowohl aus der eigenen Trauer um seine Söhne wie aus dem Gefühl der Verantwortung, die tiefen Wunden in der Gesellschaft heilen zu helfen.

Auf der Frankfurter „Opferwoche für die Erhaltung unserer fernen Gräber", organisiert von der Ortsgruppe Frankfurt a. M. des Volksbundes, wurde im Jahr 1922 eine Postkarte verkauft, auf der Ebert eigenhändig die Deutschen dazu aufrief, für die „Errichtung würdiger Kriegsgräber" zu spenden. Der Text der Karte lautet: *„Für die Gräber unserer fern der Heimat gefallenen Volksgenossen zu sorgen, ist für uns alle eine Pflicht der Dankbarkeit und der treuen Erinnerung. Der diesem schönen Zwecke dienenden Sammlung des Volksbundes Deutsche Kriegsgräberfürsorge wünsche ich daher von Herzen Erfolg. Frankfurt a. M., den 27.2.1922 Ebert Reichspräsident."*

Während dieser „Opferwochen" wurde auf verschiedenen Gedenkfeiern um Spenden geworben. Die zweite Feier wurde in der vollbesetzen Stadthalle veranstaltet, der Gartenarchitekt Wilhelm Hirsch (später ein erklärte NS-Anhänger) und Rabbiner Georg Salzberger (der nach einem Aufenthalt im KZ Dachau die Shoa in London überlebte) sprachen anhand von Lichtbildern über „Unsere fernen Gräber".

In den Jahren der Weimarer Republik war die Perspektive auf den Weltkrieg heftig umstritten. Eng verbunden war mit dem Blick auf den Krieg die Haltung zur Republik und zur Demokratie überhaupt. Die Rechtskonservativen und Nationalisten sprachen von Deutschland, das „unbesiegt im Felde" gewesen sei – was so freilich eben nicht stimmte; sie erfanden die unselige „Dolchstoßlegende", dass die Revolution und die Sozialdemokraten den Sieg im Felde unterwandert hätten. Für sie waren die Soldaten Helden, denen nachzueifern war, um schließlich doch noch den Sieg zu erringen – und so möglichst auch die Republik wieder abzuschaffen. Demgegenüber stand eine Erinnerungspolitik der republikanisch gesinnten Weltkriegsveteranen, die den Krieg als Menschheitskatastrophe und das Jahr 1918 als Beginn der Befreiung darstellten.

Heute erinnern wir uns hier besonders an die Denkmale von Käthe Kollwitz („Trauernde Eltern" in Vladslo/Belgien), Ernst Barlach (Mahnmal Magdeburger Dom/Engel in Güstrow) und Wilhelm Lehmbruck („Sitzender Jüngling" in Duisburg), welche die Menschen in ihrem Leid in den Blick nahmen. Zu erwähnen ist auch das Antikriegsmuseum, von Ernst Friedrich 1925 in Berlin gegründet. Solche Darstellungen gerieten jedoch immer mehr in die Minderheit und unter Druck - und wurden in der Zeit des Nationalsozialismus weitgehend zerstört oder abgenommen. Die Kriegerdenkmäler wurden mehr und mehr zu Heldendenkmalen.

Auch im Volksbund gewannen die Kräfte der Reaktion mehr und mehr die Oberhand. So kritisierte 1930 der preußische Ministerpräsident Otto Braun den Volksbund: Dort werde - so schrieb er im „Vorwärts" im März 1930, das „Gedächtnis der Toten missbraucht [...], um einen gewissen, verderblichen Revanchegedanken zu wecken und wachzuhalten."

Im November 1919 hielt Friedrich Ebert, dann schon Präsident der Republik, eine Rede zum Gedenken an die Opfer des Weltkrieges. Darin heißt es:

> „Mögen die Völker und alle Volksgenossen, angesichts dieses Martyriums, angesichts der Hekatomben von Menschenopfern dieses entsetzlichsten aller Kriege, den Krieg verabscheuen und bekämpfen als das grausamste Verbrechen an der Menschheit. Menschlichkeit und Kultur gebieten, anstelle von Gewalt und Unterdrückung Freiheit und Recht zu setzen. Die Vergewaltigung und Unterdrückung von Völkern war immer der Fluch der Welt! Nur die wahre, alle Völker umfassende und durchdringende Demokratie kann der leidenden Menschheit Frieden geben. Der Völkerversöhnung und der Völkergemeinschaft muss die Zukunft gehören. Wohl ist der Weg dorthin weit und schwierig, verzagen dürfen wir aber nicht. Geloben wir, die Erkämpfung dieses hohen Ideals zu unserer Lebensaufgabe zu machen, dann ehren wir am würdigsten die Toten!"

In dieser Rede verbindet Ebert das Gedenken an die Toten des Weltkrieges mit der Ächtung des Krieges und der Perspektive des Friedens und der Versöhnung. Solche Aussagen waren damals zwar nicht außergewöhnlich, aber eben auch nicht anerkanntes Allgemeingut.

Heute verstehen wir als Volksbund Deutsche Kriegsgräberfürsorge genau dies als unseren Auftrag: Angesichts der Kriegsgräber, um die wir uns kümmern, zu vermitteln, was Krieg bedeutet, was die Anwendung von massenhafter Gewalt für Folgen hat. Seit vielen Jahren steht unsere Arbeit unter dem Motto: Arbeit für den Frieden - Versöhnung über den Gräbern.

Mehr noch als nach dem Ersten Weltkrieg ist die Aufgabe des Volksbundes eine auch ethische Herausforderung: Nach all den Schrecken und Verbrechen, die wir Deutschen in der Zeit des Nationalsozialismus über Europa und darüber hinaus gebracht haben, war es keine Selbstverständlichkeit, dass die Völker Europas bereit waren, Friedhöfe für deutsche Kriegstote in ihren Ländern zu errichten. Dies bedurfte oft schwieriger Versöhnungsprozesse - und brauchte nicht selten Zeit. In Westeuropa war die Arbeit des Anlegens von Sammelfriedhöfen in den 1980er Jahren im Wesentlichen abgeschlossen. Im Osten Europas, der in Zeiten des Kalten Krieges von kommunistischen Regimen beherrscht war, begann diese Arbeit erst nach 1990. Bis heute werden - mit dem Schwerpunkt im Osten Europas - noch jährlich mehr als 30 000 Kriegstote auf die angelegten Sammelfriedhöfe umgebettet.

Dies ist viel zu wenig bekannt, denn wir identifizieren bis heute jährlich Tausende von Kriegstoten und haben Schwierigkeiten, die Angehörigen zu finden. Viele kommen gar nicht auf den Gedanken, dass noch siebzig Jahre nach dem Krieg Tote gefunden und identifiziert werden. Es ist aber der Fall! Bis heute können wir vielen Familien die späte Information geben, wo ihr Vater, Großvater oder Onkel ein würdiges Grab erhalten hat. Doch man muss sie erst einmal finden; viele Antragsteller früherer Jahrzehnte sind aber umgezogen und schwer auffindbar. Man kann also nur jeden ermutigen nachzufragen, wo solche Suche nicht abgeschlossen ist!

Durch die beim Volksbund vorhandenen und allen zugänglichen Personaldaten über Kriegsopfer beider Weltkriege ist es vielfach auch möglich, einen Bezug in die eigene Familiengeschichte herzustellen, was bis heute immer wieder zu neuen Erkenntnissen und ganz persönlichen Erfahrungen führt. In vielen Dörfern und Städten finden wir bis heute Ehrenmale zum Ersten Weltkrieg mit den Gefallenen, oft auch ergänzt mit denen des Zweiten Weltkrieges. Hier wäre es zum Beispiel möglich, in Schulprojekten nach den Schicksalen dieser Namen zu forschen, der Volksbund bietet mit seiner Online-Gräbersuche solche sehr einfach zu handhabenden Möglichkeiten.

Die Pflege von Kriegsgräber- und Gedenkstätten ist gleichzeitig Ausgangspunkt und Ziel internationaler Jugendbegegnungen. Hier geht es um Friedensbildung, es geht unter anderem um die Bildung eines reflektierten Geschichtsbewusstseins mit europäischem, interkulturellem und zunehmend auch globalem Horizont. Durch Begegnungen mit den Menschen des Gastlandes wird erfahren, welches Schicksal die Menschen in dieser Landschaft in der Vergangenheit erleiden mussten. Zugleich werden Aktualitäts- und Gegenwartsbezüge in den Projekten hergestellt. Es soll Raum geschaffen werden zur Auseinandersetzung mit der eigenen Geschichte und der des Nachbarlandes. Die Anonymität der abstrakten Zahlen wird durch die Arbeit an konkreten Einzelbiographien aufgebrochen. Ein zentrales Ziel des Volksbundes ist es, der Vereinnahmung und damit dem politischen Missbrauch von Kriegstoten für extremistisches Denken und Handeln entgegenzutreten.

Schon früh in den 1950er Jahren begann diese Jugendarbeit des Volksbundes. Die Initiative dazu ergriff der damals junge und kürzlich verstorbene Pater Theobald Rieth. Dieser war Soldat und dann in sowjetischer Kriegsgefangenschaft gewesen. Die traumatischen Kriegserlebnisse waren für ihn Anstoß, sich für Versöhnung und später die europäische Integration einzusetzen. 1953 begann mit ihm im flämischen Lommel mit einem Einsatz von zweihundert jungen Männern aus Belgien und Deutschland die grenzüberschreitende Jugendarbeit des Volksbundes. In Lommel entstand dann auch die erste der internationalen Jugendbegegnungsstätten des Volksbundes. Heute haben wir fünf Bildungs- und Begegnungsstätten, in Lommel (Belgien), Ysselsteyn (Niederlande), Niederbronn (Frankreich), auf dem Golm/Usedom und in Halbe bei Berlin. Zusätzlich finden jährlich ca. sechzig Workcamps mit Jugendlichen in verschiedenen Ländern Europas statt. So erreicht der Volksbund mit seiner Arbeit ca. 20 000 Jugendliche im Jahr. In den Landesverbänden des Volksbundes gibt es durch hauptamtliche Referenten eine vielfältige Arbeit mit Schülern und anderen Jugendlichen auch im Inland. So werden auch die Kriegsgräberstätten in Deutschland, die nicht in der Trägerschaft des Volksbundes liegen, zu Orten der Auseinandersetzung mit unserer schwierigen Geschichte.

Seit 1953 trafen sich ca. 504 000 junge Menschen aus aller Welt, setzten sich mit den Kriegserfahrungen ihrer Völker auseinander und wurden so zu einem Faktor von Verständigung und Versöhnung. Mit der geschichtlichen Entfernung zu den Ereignissen des Zweiten Weltkrieges kommt den Kriegsgräberstätten, die vom Volksbund Deutsche Kriegsgräberfürsorge e. V. gepflegt werden, zunehmend eine neue Bedeutung zu: Sie werden von Orten der individuellen Trauer zu Orten des Lernens und öffentlichen Gedenkens. Kriegsgräber zählen zu den seltenen Orten, an denen die Ereignisse der Geschichte und ihre Auswirkungen auf das individuelle Schicksal unmittelbar und namentlich gegenwärtig sind. Oft liegen auf den Friedhöfen nicht nur Soldaten, sondern auch andere Opfergruppen, darunter Zivilisten aus den umliegenden Dörfern und Städten, Flüchtlinge und Vertriebene, aber auch Zwangsarbeiter und KZ-Häftlinge. Hier liegen auch Deserteure und andere Opfer der Wehrmachtsjustiz. Dazu kommen auf einigen Kriegsgräberstätten auch noch Opfer der sowjetischen Besatzung. Kriegsgräberfriedhöfe lassen die Folgen von Krieg und massenhafter Gewalt eindrücklich werden. Wir sehen es für die Zukunft als eine wichtige Aufgabe an, wenigstens exemplarisch und bei stark besuchten Kriegsgräberstätten diese Differenzierung der Toten durch Ausstellungen und Dokumentationen deutlich zu machen und möglichst jeweils auch exemplarische Einzelschicksale darzustellen.

Geschichte ist nicht in Beton gegossen. Hier haben Menschen gehandelt, mit ihren jeweiligen Vorstellungen, Zielen und Gefühlen, auch mit ihren Konflikten, den inneren wie den äußeren. Und diese gilt es kennenzulernen. Diese besser zu verstehen, eröffnet uns jeweils eigene Erfahrungen in der Gestaltung unserer Gegenwart und Zukunft, kann Orientierung geben und zum eigenen Engagement ermutigen. […]

Öffentliches Gedenken und Erinnern stehen heute immer in einem internationalen Kontext; die jeweiligen Nachbarn, die zumeist Beteiligte dieser Geschichte waren, nehmen sehr deutlich wahr, wie dies geschieht, und fühlen sich betroffen. So hat selbst das Gedenken nationaler Ereignisse eine europäische Dimension. Aus dieser Erkenntnis heraus werden heute viele Ereignisse unserer Geschichte zu europäischen Erinnerungsorten. Ich nenne nur drei Beispiele der letzten Monate und Tage:

- Der Mauerfall wurde – mit Recht und notwendigerweise – gemeinsam mit den mitteleuropäischen Gästen gefeiert, waren sie es doch, die mit uns gemeinsam Freiheit und Demokratie errungen und so den Durchbruch zum Ende des Kalten Krieges eingeläutet haben.
- Im Gedenken an die Toten des Ersten Weltkrieges weihte Staatspräsident François Hollande in Notre-Dame-de Lorette in Frankreich im November 2014 ein beeindruckendes Mahnmal ein, den „Ring der Erinnerung". Hier wird an 580 000 Tote aller Nationen erinnert, die im Ersten Weltkrieg in dieser Region gefallen sind, unter ihnen 174 000 Deutsche. Ihre Namen sind nun aber nicht nach ihren Nationen unterteilt, sondern werden alphabetisch aufgeführt. So ist ein völkerverbindendes Denkmal geschaffen worden, das vor blindem Nationalismus warnt und zum Engagement für den Frieden mahnt.
- Vor wenigen Tagen gedachten Staats- und Regierungschefs aus aller Welt gemeinsam der Befreiung des KZ Auschwitz vor siebzig Jahren. In der Beurteilung der damaligen Verbrechen und der Shoa gibt es heute einen weltweiten Konsens. Dass der russische Präsident Putin vor dem Hintergrund seiner Aggression in der Ukraine nicht eingeladen wurde, hat zu berechtigter Kritik geführt.

Es ist ein Grund zur Dankbarkeit, dass heute zu solchen Anlässen in Europa auch Deutschland eingeladen wird. Damit wird international gewürdigt, dass die Anerkennung der Verantwortung, die uns aus dieser Geschichte erwächst, in der Breite der deutschen Gesellschaft verankert und Konsens ist. Wenn Bundespräsident Joachim Gauck bei der Gedenkstunde für die Opfer des Nationalsozialismus am 27. Januar, also vor wenigen Tagen, im Deutschen Bundestag sagte, *„es gibt keine deutsche Identität ohne Auschwitz"*, so hat er damit eine Aussage getroffen, der in Deutschland kaum jemand widersprechen wird. Die oft strittige, aber intensive und offene Auseinandersetzung mit unserer Geschichte ist inzwischen in unserem Land von einem breiten gesellschaftlichen Konsens getragen und hat uns in Europa und dieser Welt zu viel Achtung und Anerkennung verholfen.

Wir haben als Deutsche nach all den Schrecken des Zweiten Weltkrieges vielfache Versöhnung erfahren. Diese wurde zur Grundlage der europäischen Integration. Versöhnung aber braucht Wahrheit. Dieser Wahrheit haben wir uns gestellt – wenn auch in schwierigen Prozessen. [...]

Das Motto des Volksbundes „Arbeit für den Frieden – Versöhnung über den Gräbern" bleibt stets eine besondere Herausforderung, welche die ganze Gesellschaft betrifft.

Die „Trauernden Eltern" von Käthe Kollwitz in Belgien und Russland (2015)*

Heute ist es soweit. Wir stellen hier in Rshew eine Replik des bedeutenden Kunstwerkes von Käthe Kollwitz auf, die „Trauernden Eltern" als eine Mahnung zum Frieden. Diese wunderbare Idee meines Vorgängers Reinhard Führer, den ich mit seiner lieben Frau unter uns begrüße, wird heute Realität.

Es war ein langer Weg, bis hier am Rande der Stadt Rshew der deutsche Soldatenfriedhof eingeweiht werden konnte. Viele Gespräche und Vertrauensbildung waren dafür notwendig. Und das ist verständlich, kamen doch die deutschen Soldaten als Feinde hierher. Sie brachten vielfaches Leid und Tod. So ist schon die Existenz der nebeneinander liegenden Friedhöfe, des deutschen und des sowjetischen, ein Zeichen der Versöhnung, für das wir dankbar sein können.

Dass auf diesem deutschen Friedhof auch die Gebeine von Peter Kollwitz, des Enkels von Käthe Kollwitz liegen, der vermutlich am 22. September 1942 gefallen ist, ist höchst wahrscheinlich. Dies war dann auch der Ursprung der Idee, eine Replik der „Trauernden Eltern" von Käthe Kollwitz hier aufzustellen. Käthe Kollwitz hat diese Skulpturen in der Trauer und im Schmerz um ihren 1918 gefallenen jüngsten Sohn Peter geschaffen, den Onkel des hier liegenden Peter Kollwitz. Sie stehen heute in Vladslo in Belgien an seinem Grab.

Mit diesen Figuren hat Käthe Kollwitz – wie auch Ernst Barlach – ganz anders an den Krieg erinnert als viele andere in Deutschland, die Helden verehrten. Sie blickte auf das Leid der Menschen, die Trauer der Eltern und Familien, die von diesem Grauen und millionenfachen Sterben betroffen waren. Damit schuf sie ein Kunstwerk, das nicht nur ihre eigene Erfahrung zum Ausdruck bringt, sondern weit darüber hinaus greift: für alle Eltern, die in Krieg und Gewaltherrschaft ihre Söhne, ihre Kinder verloren

* Rede in Rshew/Russland, 20. September 2014

und verlieren, grenz- und nationenübergreifend. So schuf sie ein Mahnmal, das die Völker verbindet und eine bleibende Mahnung für den Frieden darstellt. So schauen die „Trauernden Eltern“ von Käthe Kollwitz hier an diesem Ort sowohl auf die Gräber der deutschen Soldaten wie auf die Gräber derer, die auf der anderen Seite gefallen sind. Auch deren Eltern trauerten um ihre Söhne wie Käthe Kollwitz selbst. Ihre Trauer wirkte über Jahrzehnte nach.

Wir haben die Repliken am 18. Juni in Vladslo in Belgien, am Ort, wo der Sohn von Käthe Kollwitz begraben ist und wo heute die Originale stehen, mit einer Gedenkveranstaltung auf die Reise hierher geschickt, mit ihrer umfassenden Mahnung gegen Krieg und Gewalt. In Gütersloh, Berlin, Warschau und Minsk haben wir Halt gemacht. An allen diesen Orten konnten Menschen die Skulpturen betrachten und ihre Botschaft in ihren Herzen mitnehmen. An allen diesen Orten gibt es bis heute ein tiefes und lebendiges Erinnern an das erfahrene Leid durch Krieg und Gewalt und ein tiefes Bewusstsein von der heilenden Wirkung der Versöhnung, die wir erfahren durften.

Indem wir die Skulpturen der „Trauernden Eltern“ von Käthe Kollwitz hier an diesen beiden Friedhöfen aufstellen spannen wir den Bogen von West nach Ost sowie vom Ersten zum Zweiten Weltkrieg und bis in die Gegenwart. In den letzten Jahrhunderten, seit Peter dem Großen, waren Russland und Europa eng miteinander verbunden, ihr Schicksal war letztlich nicht zu trennen. Russland ist Teil Europas und mit unserem Schicksal im Westen eng verbunden. Das gilt seit langem, im Guten wie im Schlechten. Jede Abwendung voneinander schadet uns beiden, Russland wie Europa. Jeder Versuch, Russland vom Westen abzukoppeln, muss zum Scheitern verurteilt sein. Es gilt, diese Verbindung neu in den Blick zu nehmen und zu gestalten, in Würde und Respekt voreinander und in der Anerkennung der gemeinsam anerkannten Werte, des gemeinsam geschaffenen internationalen Rechts. Dazu gehört die Europäische Menschenrechtscharta, deren gemeinsames Mitglied wir sind.

Mit großer Sorge sehen wir, dass heute wieder Krieg herrscht, auch wenn er nicht so genannt wird. Menschen sterben, Bewaffnete wie einfache Bürger. Internationales und nationales Recht wird verletzt und mit Füßen getreten. Angst und Gewalt greifen um sich. Und wieder trauern Eltern um ihre Kinder, wird hoffnungsvolles Leben sinnlos ausgelöscht.

In der Ostukraine wird sich entscheiden, wie es uns gelingt, künftig miteinander zu leben. Bei allen möglicherweise unterschiedlichen Interessen wird es darum gehen, diese im Dialog in einen friedlichen Ausgleich zu bringen und die Rechte der jeweils anderen zu achten. Die internationale Rechts- und Werteordnung, auf die das globale Zusammenleben gegründet ist, darf nicht mutwillig zerstört werden. Dafür tragen wir eine gemeinsame Verantwortung.

Heute stehen wir an den Friedhöfen tausender Gefallener. Wir erinnern an das Leid, das jeder Krieg, jede Gewalt weit über die unmittelbar Betroffenen hinaus in den Gesellschaften bewirkt. Die „Trauernden Eltern" von Käthe Kollwitz seien uns eine Mahnung, dass es um die Würde und das Recht jedes einzelnen Menschen geht. Sie erinnern uns an die moralische Pflicht, wo wir auch sind und leben, für die Würde des Einzelnen, welcher Nation, welchen Glaubens und Geschlechts auch immer und für sein Recht auf Leben einzutreten und Gewalt und Unrecht zu widerstehen und entgegenzutreten. [...]

Zur Erinnerung an die Kriegsgefangenen in Zeithain/Sachsen (2018)*

Am Ende dieses Jahres jährt sich das Ende des Ersten Weltkrieges zum 100. Male. Dieser Krieg ist in unserer Erinnerung weitgehend hinter dem Zweiten Weltkrieg in den Schatten getreten. Letzterer war so schrecklich und prägend, dass wir uns bis heute darum mühen, seine Dimensionen zu erfassen und seine Folgen zu verarbeiten. Und doch brachte auch der Erste Weltkrieg schon immenses Leid über die Völker Europas und weit darüber hinaus. Seine Folgen waren nicht weniger weitreichend. Anders als im Westen kamen im Osten Europas Gewalt und Tod im November 1918 nicht zum Ende; Kriege und Bürgerkriege kosteten noch über Jahre Millionen Opfer.

Mit dem Ende des Ersten Weltkrieges und mit den auf ihn folgenden Verträgen begann man jedoch, für die Gefallenen der Kriege Friedhöfe anzulegen. Es gehört seitdem zum internationalen Recht, auch den gegnerischen Opfern ein würdiges Grab zu geben. Wie es so oft mit geltendem Recht ist, wird es vielfach nicht eingehalten. Und doch gibt es seitdem in ganz Europa Kriegsgräberstätten, die uns an die Schrecken des Krieges und ihre Opfer erinnern.

Wir gedenken heute der Kriegsgefangenen aus der Sowjetunion, aus Italien, Großbritannien, Polen, Serbien und anderen Ländern, die ihre Gefangenschaft nicht überlebt haben. Das Lager hier in Zeithain wurde schon im Vorfeld des Überfalls auf die Sowjetunion im April 1941 errichtet und sollte in den Jahren darauf durch das massenhafte Sterben den Ruf eines Todes- und Sterbelagers erhalten.

Für Kriegsgefangene gab es seit den Genfer Konventionen von 1929 klare rechtliche Regelungen, an die sich grundsätzlich auch das nationalsozialistische Deutschland hielt. Nicht jedoch bei den sowjetischen Kriegsgefangenen! Für sie wurden die internationalen Schutzbestimmungen vorsätzlich und systematisch außer Kraft ge-

---

* Rede zur Gedenkveranstaltung am 23. April 2018

setzt. Die zuständige Wehrmacht überließ sie vielfach bewusst Hunger, Kälte und Krankheit. Erst später nutzte man ihre Arbeitskraft aus. Mit furchtbaren Folgen: Mehr als die Hälfte beziehungsweise über drei Millionen sowjetische Kriegsgefangene fanden in den von Deutschland besetzten Gebieten und in Deutschland selbst den Tod.

Es ist das Verdienst von Bundespräsident Joachim Gauck, dass er zum 70. Jahrestag des Endes des Zweiten Weltkrieges 2015 in Stukenbrock auf diese trotz ihrer hohen Zahl in Deutschland so wenig wahrgenommene Opfergruppe hingewiesen hat. Viel zu spät hat der Deutsche Bundestag eine Entschädigungsregelung für diese Opfer geschaffen, die nur noch wenige erreicht hat. Die Anerkennung und Einbindung der sowjetischen Kriegsgefangenen in die deutsche Erinnerungskultur als eine der zahlreichsten Opfergruppen ist bis heute unterentwickelt.

Zeithain ist ein gutes Beispiel für die Irrungen und Wirrungen unserer Erinnerungskultur. Nach Jahrzehnten der Verdrängung und Marginalisierung in der SBZ und der DDR war Zeithain die erste Gedenkstätte auf deutschem Boden, die noch zu DDR-Zeiten durch die Initiative Einzelner den sowjetischen Kriegsgefangenen gewidmet wurde, wenn auch mit manchen ideologischen Verzerrungen. Nach 1990 allerdings war sie eine der ersten, die geschlossen wurde. Man begriff die Bedeutung dieses Ortes nicht. Nur durch ehrenamtliches Engagement blieb die Gedenkstätte erhalten, bis sie 1999 dank zahlreicher Bemühungen vor Ort aber auch auf Landes- und Bundesebene wiedereröffnet wurde.

Umso dankbarer sind wir für die Arbeit, die hier nun seit Jahren mit hohem Engagement und großer Professionalität getan wird, wie auch an manch anderen authentischen Orten wie Fünfeichen und Stukenbrock. Der Dank gilt auch dem Land Sachsen, das diese Aufgabe erkannt hat und sich ihr widmet, ebenso wie Nordrhein-Westfalen und Mecklenburg-Vorpommern. Leider gilt das bis heute nicht in ausreichendem Maße für die Bundesregierung, obwohl es ja letztlich eine nationale Aufgabe ist. Ich bin der festen Überzeugung, dass die großen Kriegsgefangenenfriedhöfe wie Zeithain in die Gedenkstättenkonzeption des Bundes einbezogen werden sollten. Umso wichtiger ist es, dass junge Menschen aus ganz Europa sich hier in Zeithain und an anderen authentischen Orten begegnen, etwas über unsere belastete Geschichte lernen, mit Sensibilität die Erfahrungen anderer Völker kennenlernen und darüber ins Gespräch kommen.

Zeithain ist mit 30-35 000 Toten der größte Kriegsgefangenenfriedhof auf deutschem Boden. Für alle Gefangenen, auch für die Serben, Polen, Briten und Italiener war es ein schweres Schicksal, viele von ihnen starben. In Italien ist Zeithain als großes Sterbelager berüchtigt. Eine Ausstellung, die Sie hier besichtigen können, zeigt die verschiedenen Schicksale polnischer Kriegsgefangener.

Unter den sowjetischen Kriegsgefangenen war das Massensterben am größten. Das Elend endete für sie nicht mit dem Kriegsende. Die überlebenden Kriegsgefangenen galten Stalin als Verräter. Eine hohe Zahl von ihnen landete nach der Rückkehr in die Sowjetunion im Gulag und wurde erst viel später begnadigt. Ihr Schicksal in der Sowjetunion war lebenslang mit einem Makel behaftet, während die anderen Offiziere und Soldaten der Roten Armee als Helden gefeiert wurden. Die Namen der in Deutschland umgekommenen Kriegsgefangenen waren zwar weitgehend bekannt, wurden aber auf den Friedhöfen nicht genannt. Die Familien erhielten auch keine Nachricht.

Deshalb ist es eine so wichtige Aufgabe, diesen Opfern ihre Namen wiederzugeben und sie so dem beabsichtigten Vergessen zu entreißen. Wir sind dankbar, dass von der Gedenkstätte Zeithain heute der Kontakt zu den Familien gesucht und gepflegt wird. Auch heute sind Angehörige von hier umgekommenen Kriegsgefangenen unter uns, die wir ganz herzlich begrüßen. In ihrer Trauer und Betroffenheit stehen wir an ihrer Seite!

Die Erforschung der Situation der Kriegsgefangenen und die Recherche nach ihren Namen sind bis heute wichtige Aufgaben. Gerade, weil sie bewusst verschwiegen wurden, sollten wir ihre Namen, soweit wir sie kennen, auf den Friedhöfen auch sichtbar machen. In Stukenbrock und Fünfeichen ist das geschehen. Diesem Beispiel gilt es zu folgen, auch hier in Zeithain! Mehr als 22 000 Namen sind bereits erforscht worden. Ich habe in meiner Zeit als Präsident des Volksbundes Deutsche Kriegsgräberfürsorge erlebt, wie wichtig es in den Familien auch Jahrzehnte später ist, den konkreten Namen am authentischen Ort zu lesen. So ist es ein großes Zeichen der Versöhnung unserer Völker, wenn wir die Toten selbst nach so langer Zeit aus ihrer Anonymität befreien und ihnen ihren Namen und ihre individuelle Würde zurückgeben.

Natürlich kann das nicht von den Ländern allein bewältigt werden. Es bräuchte dazu ein Programm des Bundes. Gut wäre es, darüber hinaus auch Möglichkeiten zu schaffen, dass die Angehörigen der Toten in Russland, der Ukraine und Belarus sowie den anderen Ländern der ehemaligen Sowjetunion die Gräber besuchen können. Gerade angesichts sich vergrößernder Spannungen zwischen unseren Ländern wäre es ein Signal, das deutlich machte, wie wichtig es ist, dass die Menschen sich begegnen und wir an unsere schwierige Geschichte gemeinsam zu erinnern lernen.

In Deutschland haben wir, wie andere Nationen auch, eine lange Tradition, auf Kriegsgräberstätten die Namen der Gefallenen zu nennen. Doch auch wir nennen nicht die Namen derer, die in der sowjetischen Kriegsgefangenschaft umgekommen sind, selbst wenn wir sie kennen. In gewisser Weise gibt es hier auch für deutsche Soldaten eine Praxis der Abstufung in zwei Klassen – die Gefallenen einerseits und die in der Kriegsgefangenschaft Verstorbenen andererseits. Das ist auf Dauer schwer zu akzeptieren. Leider kümmert sich in Deutschland niemand um diese Fragen.

Wir erleben es heute wieder, wenn wir in die Runde schauen: Die Erinnerung an die furchtbaren Weltkriege und das Gedenken an ihre Opfer ist schon längst keine rein nationale Aufgabe mehr. Sie hat zunehmend europäische und internationale Dimensionen. Das hat den Hintergrund, dass die Toten, derer wir gedenken, aus verschiedenen europäischen Ländern kommen.

Jedes Gedenken geschieht aus der Gegenwart heraus und ist getragen von den heute anerkannten Werten. Wie die Geschichte unserer Länder miteinander verbunden ist, so gehört das Gedenken heute mehr und mehr in den Dialog zwischen den Nationen. Wir sind dabei zu lernen, die verschiedenen Opfer der Kriege ernst zu nehmen, sie zu würdigen und nicht gegeneinander aufzurechnen. Das Leid dieser Opfer gilt uns als Herausforderung, so etwas in Zukunft zu verhindern. Das sage ich angesichts der Tatsache, dass wir schon wieder Krieg in unserer Nachbarschaft erleben.

Hier in dieser Erde liegen Abertausende Russen, Ukrainer, Belarussen sowie Angehörige anderer Völker der ehemaligen Sowjetunion, aber hier starben auch Italiener, Serben, Polen, Briten und andere. Es bleibt unsere Aufgabe, diesen Opfern, gerade auch den bisher meist verdrängten, einen Platz in unserer Erinnerungskultur zu geben. Gleichzeitig wollen wir auch die Opfer nicht vergessen, die vorher durch die vom Hitler-Stalin-Pakt ausgelöste Gewalt den Tod fanden. Wir wollen die Orte ihres Leidens und Sterbens pflegen und durch die Nennung der Namen den Entwürdigten wieder ihr Gesicht und individuelles Schicksal zurückgeben. Wir wollen Raum schaffen zur Trauer und zum gemeinsamen Gedenken, aber auch zur Begegnung, zum Austausch und zur Versöhnung.

Unser Auftrag ist die grenzüberschreitende Verantwortung für einen Frieden in Freiheit, in welcher jeder einzelne Mensch seine Würde hat, die anzuerkennen unsere Pflicht ist.

Teil III
Nachbarschaft und Welt

1. Polen

Mein Polen, meine Polen (2016)[*]

Nicht weit vom Alexanderplatz in Berlin steht beim Platz am Königstor ein rotes Backsteingebäude, heute das Zentrum der Berlin-Brandenburgischen Kirche. Dort wuchs ich auf, es war damals das Haus der Berliner Mission, von dem aus seit dem 19. Jahrhundert Missionare nach Afrika und China entsandt wurden. 1959 waren wir dorthin gezogen, mein Vater, Ernst-Eugen Meckel, war für Südafrika zuständig und war gleichzeitig Ökumenereferent der Evangelischen Kirche der Union. Nach dem Mauerbau und mit den beginnenden Passierscheinabkommen durch Willy Brandt wurde dieses Haus ein wichtiger Ort der Begegnung zwischen Ost und West. Kirchgemeinden aus der ganzen DDR trafen hier ihre Partnergemeinden aus dem Westen. So lernte etwa auch Jürgen Schmude, der spätere Bundesjustizminister, hier seine Frau kennen.

Durch die ökumenische Arbeit meines Vaters saßen am heimischen Tisch immer wieder Gäste aus buchstäblich aller Welt. Im Gästebuch meiner Eltern fand ich einen Eintrag, da waren an einem Tag Gäste aus zehn Ländern bei uns, von Südafrika, Japan, Großbritannien bis zu Ungarn, Rumänien und Polen.

An einige dieser Gäste erinnere ich mich gut. Zu diesen gehört der damalige Bischof der evangelischen Kirche in Polen, Andrzej Wantuła. Er war öfter bei uns, und da er das ausgelassene Schweineschmalz meiner Mutter so gern aß, nannten wir Kinder der Familie ihn den „Schmalzbischof".

1965 erschien die „Ostdenkschrift" der Evangelischen Kirchen in Deutschland, die im Westen heftigen Streit um die Anerkennung der polnischen Westgrenze auslöste. Ich erinnere mich, wie bei uns

[*] Artikel erschienen in: Bingen, Hałub, Weber (Hg.): Mein Polen – meine Polen. Zugänge und Sichtweisen, Veröffentlichungen des Deutschen Polen-Instituts Darmstadt, Band 34, Harrassowitz Verlag, Wiesbaden 2016, S. 129-136 (Originaltitel des Textes: Polen – so vertraut, so fremd)

zu Hause mit den Gästen viel darüber gesprochen wurde. In den Kreisen der evangelischen Kirchen in der DDR, in denen ich aufwuchs, war die Zustimmung zur Denkschrift groß und später ebenso zur Ostpolitik Willy Brandts. In dieser Zeit hatte ich auch die Chance, noch den Begründer der Aktion Sühnezeichen, Lothar Kreyssig, kennenzulernen. Wir zelteten einmal einige Tage bei ihm auf dem Grundstück in Hohenferchesar bei Brandenburg. Ich erinnere mich, wie wir 1969 mit Spannung vor dem Fernseher saßen, als Heinemann zum Bundespräsidenten gewählt wurde. Jürgen Schmude, der mit meinem Vater befreundet war, arbeitete ja bei ihm in der Rechtsanwaltskanzlei. Als Willy Brandt dann im Dezember 1970 in Warschau vor dem Denkmal für die Opfer des Ghettoaufstandes kniete, war das Bewusstsein tief: Er kniet dort auch für uns! Später traf sich dann im Ökumenisch-Missionarischen Zentrum in unserem Haus regelmäßig ein Polenkreis, der die Kontakte nach Polen pflegte.

1966 war ich das erste Mal in Polen. Die Familie machte eine große Reise, mein Vater besuchte evangelische Gemeinden in Pommern, Danzig, Masuren, Warschau, Wisła und Breslau. Diese Reise hat mich sehr beeindruckt. Ich erinnere mich an meine jugendlichen wehmütigen Gedanken in wunderschönen Buchenwäldern bei Stolp/Słupsk: Wenn es diesen verfluchten Hitler nicht gegeben hätte, wäre das alles noch deutsch. In Kluki an der Ostsee besuchten wir ein Fischerdorf. Mich faszinierte die große Wanderdüne, aber mehr noch das Leben der vielen Deutschen, die dort waren. Sie erzählten von den Schwierigkeiten des Lebens in Polen. Sie wollten weg, obwohl sie dort seit Jahrhunderten ihre Heimat hatten. Damals sah man in Breslau und auch in den kleineren Städten der „Wiedergewonnenen Gebiete" noch die Kriegseinwirkungen, viel freie Fläche, die Trümmer waren gerade mal weggeräumt. Wenig war aufgebaut und es wurde mir damit erklärt, dass in Polen eben noch Unsicherheit herrsche über den Bestand der Grenze. Das beeindruckte mich und das fand ich ungeheuer spannend.

In den siebziger Jahren studierte ich an kirchlichen Hochschulen in Naumburg und Ost-Berlin Theologie. Diese waren nach dem Mauerbau aus anders gearteten kirchlichen Ausbildungsstätten entstanden, mussten aber ihren Namen beibehalten, da sie von der

Sowjetischen Militäradministration genehmigt worden waren – die SED wagte nicht, diese zurückzunehmen, hätte aber eine Hochschule formell nicht gebilligt. In den sommerlichen Semesterferien trampte ich in jedes Jahr in die erreichbaren Teile Europas. Das waren im Süden die Tschechoslowakei, Ungarn, Rumänien und Bulgarien und im Osten Polen. In diese Länder konnte man dann von der DDR aus im sogenannten visafreien Verkehr reisen, musste aber doch eine „Anlage zum Personalausweis" beantragen. Das klappte in dieser Zeit aber meist ohne große Probleme. Man musste nur vorsichtig sein, damit einige DM, die man hatte ergattern können, bei den Grenzkontrollen nicht gefunden wurden. Besonders faszinierte mich in diesen Jahren Siebenbürgen und die spannungsreiche Minderheitensituation dort – und eben Polen.

Mehrfach war ich wie viele meiner Altersgenossen in den siebziger Jahren in Polen. Es war ein regelrechtes Erlebnis von Freiheit. Jazzliebhaber fuhren zu Festivals, die es in der DDR nicht gab. Die Kulturszene hatte eine ungeahnte Vielfalt. Ich interessierte mich für Philosophie. An den staatlichen Universitäten in der DDR konnte man nur Marxismus-Leninismus studieren, so erstaunte es mich sehr, dass es in Polen sogar unterschiedliche philosophische Richtungen und offene Debatten gab.

Einige Jahre danach lernte ich in der Staatsbibliothek in Berlin Elzbieta kennen, eine Polin, die zu Wilhelm von Humboldt forschte. Ich verliebte mich leidenschaftlich. Ich besuchte sie bei ihren Eltern und lernte so eine sehr patriotische polnische Familie kennen. Ihr Vater war als Offizier in den Kämpfen um Warschau schwer verwundet worden und war dann in deutscher Kriegsgefangenschaft, die Mutter hatte am Warschauer Aufstand 1944 teilgenommen und war schließlich in die KZ Ravensbrück und Sachsenhausen gekommen. Zu Kriegsende wurde sie von den Amerikanern beim Todesmarsch befreit. Sie hatte Furchtbares erlebt. Das Schicksal ihrer Eltern beeindruckte mich sehr. Ich erinnere mich an ihren Vater, der mich, den Deutschen, ganz offen empfing. So bekam Polen für mich ein Gesicht und mein Verhältnis zu ihm einen tiefen emotionalen Bezug.

In kirchlichen Kreisen in der DDR aufgewachsen hatte ich zu diesem Staat immer ein distanziertes Verhältnis. Die gesamte Verwandtschaft lebte im Westen und kam regelmäßig zu Besuch. Der Vater war Offizier der Wehrmacht und dann bis Herbst 1949 in sowjetischer Kriegsgefangenschaft gewesen. Als er zurückkam, so erzählt die Familienlegende, soll meine Mutter gesagt haben: „Du kennst die Russen, Du weißt, wie man damit umgeht!" – und so blieben sie im Osten, um den Kirchengemeinden, die unter ziemlichem ideologischen Druck standen, zur Seite zu stehen. In diesen Jahren gab es verschiedene Pastoren, die mit demselben Ziel aus dem Westen in die gerade gegründete DDR kamen. Zu diesen gehörten unter anderem auch die späteren Bischöfe Heinrich Rathke und Werner Krusche. Durch meine offene Auseinandersetzung mit den politischen Verhältnissen, etwa nach dem Einmarsch der Truppen des Warschauer Paktes in der Tschechoslowakei 1968, flog ich nach der zehnten Klasse von der Erweiterten Oberschule und konnte kein staatlich anerkanntes Abitur machen. So erhielt ich meine gesamte weitere Ausbildung an kirchlichen Instituten. Dort aber gab es eine Freiheit wie sonst nirgendwo in der DDR. Ich studierte mit Leidenschaft Theologie und Philosophie.

Dazu gehörte insbesondere auch die Auseinandersetzung mit rechtsphilosophischen Fragen und dem Marxismus. In diesen Studien arbeitete ich besonders mit Martin Gutzeit zusammen, mit dem gemeinsam ich dann später auch die Initiative zur Gründung der Sozialdemokratischen Partei ergriff – und von den wissenschaftlichen Studien führen Linien genau zu diesem konkreten politischen Handeln. Schon in den siebziger Jahren aber brachten wir in einer kleinen konspirativen Gruppe politische Texte unter die Menschen, so unter anderem Vorträge, die Rudolph Bahro zu seinem Buch *Die Alternative* gehalten hatte oder Jürgen Fuchs' *Gedächtnisprotokolle* aus der Stasihaft.

Mit Bewunderung schauten wir 1980/81 nach Polen. Dass ein solcher Systembruch wie die Gründung einer unabhängigen Gewerkschaft „Solidarność" möglich war und in der Bevölkerung zu einer nach Millionen zählenden Mitgliedschaft führte – das war ein großes Hoffnungssignal. Damals dachten wir mit Bedauern: das kann man mit Deutschen nicht machen. Gleichzeitig verschloss sich für uns die Möglichkeit des Kontaktes nach Polen. Ein Freund, Ekkehard Hübener, wurde mit Materialien von Solidarność an der

Grenze verhaftet. Eigene Reisen waren mir dann nicht mehr möglich. Mit dem Kriegsrecht organisierte ich in meiner Kirchgemeinde – seit Sommer 1980 war ich mit meiner Familie an der Müritz in Mecklenburg in einer dörflichen Gemeinde Vikar und später Pastor – Solidaritätsaktionen für Polen. An alle greifbaren polnischen Adressen schickten wir Pakete – und erhielten nie eine Reaktion. Bis heute weiß ich nicht, ob sie jemals ankamen.

Schwer beschäftigt hat uns der Mord an dem polnischen Priester Jerzy Popiełuszko. Er machte uns schlagartig deutlich, was man in der konkreten Arbeit oft ausblendete, dass unser Handeln durchaus auch gefährlich war. Hier gab es eine tiefe Verbundenheit und Trauer.

In der ersten Hälfte der achtziger Jahre war ich intensiv daran beteiligt, die verschiedenen oppositionellen Kreise und Kräfte miteinander zu vernetzen. Dem dienten unter anderem die zehntägigen mobilen Friedensseminare, die wir ab 1982 jeden Sommer organisierten. 1985 kam dann Gorbatschow an die Macht. Sein „neues Denken", „Glasnost und Perestroika" eröffneten neue Perspektiven. Ab 1987 etwa wuchs die Hoffnung, dass nun wirklich Veränderungen möglich seien, sich Spielräume ergeben würden. Wie wir nachträglich wissen, war das nicht nur bei uns in der DDR der Fall, sondern in den verschiedenen Ländern Mitteleuropas, nicht zuletzt in Polen, wo die unabhängige Gewerkschaft Solidarność im Untergrund wieder erstarkte. Ähnlich in Ungarn, wo sich innerhalb der reformkommunistischen Partei viel bewegte und schon 1988 für 1990 Wahlen mit alternativen Wahlmöglichkeiten ins Auge gefasst wurden.

In der DDR verweigerte sich die SED-Führung jeglichen Reformprozessen. Nach Honeckers Besuch in Bonn schlugen die Sicherheitsorgane wieder stärker zu. Im November 1987 und Januar/Februar 1988 ließ das Regime verschiedene Verhaftungen innerhalb der sich formierenden Opposition vornehmen. Gleichzeitig aber wurden im ganzen Land Mahnwachen und Proteste gegen diese Übergriffe organisiert. In dieser Phase befanden Martin Gutzeit und ich, dass es wichtig sei, außerhalb der Kirche nach neuen Organisationsformen für die Opposition zu suchen. Nach verschiedenen anderen Überlegungen 1988 beschlossen wir Anfang 1989 zu zweit, eine sozialdemokratische Partei in der DDR zu gründen. Wenige Tage später erreichten uns die Nachrichten vom Beginn des Runden Tisches in Polen.

Das Jahr 1989 entfaltete dann seine eigene Dynamik, die insbesondere in Polen zum Ausdruck kam. Das Ergebnis des Runden Tisches, die halbfreie Wahl am 4. Juni und die Wahl des ersten nicht kommunistischen Ministerpräsidenten Tadeusz Mazowiecki im August sind dafür nur die wichtigsten Stichworte. Das alles machte uns viel Mut. Doch auch in Ungarn schritten die Reformen voran. Im Sommer 1988 war ich bei Freunden in Budapest und Siebenbürgen und konnte auch hier eine wachsende, ebenfalls schon öffentliche Debatte erleben, von der in der DDR in diesen Tagen nur zu träumen war.

Trotz dieses inneren Zusammenhangs der gesellschaftlichen Veränderungen in den verschiedenen Ländern – und die baltischen Staaten dürfen hier auch nicht vergessen werden –mussten die Prozesse doch in jedem Land für sich vorangetrieben werden. Hier ist nicht der Ort, die verschiedenen eigenen Aktivitäten dieser Monate zu beschreiben. Der Sommer war voller Betriebsamkeit, nicht zuletzt auch durch die Entwicklungen in Ungarn. Ca. 50 000 DDR-Bürger verließen über Ungarn und Österreich die DDR. Ich selbst war im Juli ebenfalls wieder in Ungarn und Siebenbürgen. Nach meiner Rückkehr trieben wir die Vorbereitung der Gründung der Sozialdemokratischen Partei voran. Ende August 1989, zum 200. Jahrestag der Erklärung der Bürger- und Menschenrechte in der Französischen Revolution, traten wir in die Öffentlichkeit und waren damit die erste Initiative der Opposition, die sich in dem dann beginnenden Gründungsfieber neu formierte.

Die Friedliche Revolution nahm ihren Lauf. Die neue Regierung in Polen lud Vertreter der Opposition nach Warschau ein. Für uns Sozialdemokraten nahm Stephan Hilsberg an dieser wichtigen Reise nach Warschau teil.

Mein nächster Bezug zu Polen in diesen hektischen Monaten war ein Defizit: Helmut Kohl hatte in seinem sogenannten Zehn-Punkte-Plan in der Haushaltsdebatte vor dem Deutschen Bundestag die dringend notwendige Anerkennung der Oder-Neiße-Grenze nicht erwähnt. Dies kritisierten wir mit aller Deutlichkeit.

Damit war dann ein Thema auf der Tagesordnung, das mir dann 1990 zu einem besonders zentralen Anliegen wurde. Schon in unserer Erklärung zur Deutschen Einheit vom 3. Dezember 1989 haben wir die besondere Bedeutung dieser schnellen und bedingungslosen Grenzanerkennung als wichtiges Moment der Vertrauensbildung gegenüber einem künftig vereinten Deutschland betont, vor dem niemand Grund haben sollte, sich zu fürchten.

Nach der freien Wahl in der DDR im März 1990 wurde ich Außenminister. Mein erster offizieller Besuch führte nach Warschau, was von Bonn aus mit großem Misstrauen begleitet wurde. Ich trat intensiv für den Vorschlag Tadeusz Mazowieckis ein, in trilateralen Gesprächen zwischen den beiden deutschen Staaten und Polen einen Grenzvertrag auszuhandeln, der dann unmittelbar nach der Vereinigung ratifiziert werden sollte. Auf Staatssekretärsebene begannen solche Gespräche auch, wurden dann von Helmut Kohl aber abgebrochen. Er wollte aus wahltaktischen Gründen jegliche Regelung zu dieser Frage nach hinten schieben, hinter die Bundestagswahl Ende 1990, da er befürchtete, mit der Anerkennung der Grenze in der Klientel der Vertriebenen Stimmen zu verlieren. Mit dieser Haltung verursachte er so manche internationale Irritation und ließ Tadeusz Mazowiecki, der ebenfalls im Präsidentschaftswahlkampf war und in komplizierten Transformationsentscheidungen dringend diese außenpolitische Sicherheit brauchte, im Regen stehen.

Im Juli 1990 hat es dann bei den Zwei-plus-Vier-Gesprächen in Paris den Durchbruch in der Grenzfrage gegeben. Doch löste auch hier Helmut Kohl die Zusage des Grenzvertrages unmittelbar nach der Einheit wieder auf. Er erklärte Tadeusz Mazowiecki am 9. November, dass der Grenzvertrag nun zwar abgeschlossen werden könne, aber in Deutschland erst mit dem noch auszuhandelnden Nachbarschaftsvertrag ratifiziert werde. Dies war drei Wochen vor der Bundestagswahl ein Signal an die Vertriebenen, sie könnten alle ihre Forderungen gegenüber Polen in diesem Vertrag noch unterbringen. Dieses wahltaktische Manöver Kohls zulasten Polens ärgerte mich damals sehr. 1990 in den Bundestag gewählt, übernahm ich in der Fraktion die Verantwortlichkeit für die Beziehungen zu Polen. Dies war bis dahin von den Vizepräsidenten des Bundestages Helmut Becker und Hans Koschnick wahrgenommen worden. In Bonn übernahm ich die Wohnung von Dietrich Stobbe, der seinen Sitz im Bundestag verloren hatte. Im Gespräch darüber, was eine solche Verantwortlichkeit im Bundestag denn bedeute, meinte er: *„Du musst Dich intensiv um die Entwicklungen in diesem Land kümmern, Kontakte aufbauen und Dich in allen wichtigen Fragen in der Öffentlichkeit äußern. Wenn künftig etwas in Polen geschieht, muss man Dich fragen!"* Nun, ich glaube, das ist mir gelungen.

Polen wurde in den letzten fünfundzwanzig Jahren zu einem Teil meines Lebens. Nach dem Ausscheiden des von mir hoch verehrten Hans Koschnick wurde ich Vorsitzender der Deutsch-Polnischen Parlamentariergruppe und blieb es fünfzehn Jahre bis 2009. Ich kann und will hier nicht die verschiedenen Aktivitäten nachzeichnen. Das würde zu weit führen. Sowohl im Aufbau gesellschaftlicher Beziehungen, im Knüpfen und der Pflege von Kontakten wie natürlich in der politischen Gestaltung, insbesondere auf dem Weg in die Europäische Union und in die NATO, habe ich meine besondere Aufgabe gesehen. Immer ging es darum, ein besseres Verständnis und Vertrauen aufzubauen sowie Gesprächskanäle zu eröffnen. So manchen Parteivorsitzenden der SPD, aber auch Günther Verheugen und Kanzler Gerhard Schröder habe ich auf ihren ersten Schritten in Polen begleitet.

Gleich zu Beginn der neunziger Jahre habe ich mir die Frage gestellt, ob ich nicht Polnisch lernen sollte. Es war dann eine strategische Entscheidung, es nicht zu tun. Ich wollte nicht einfach ein weiterer Landeskundler Polens werden, sondern Außenpolitiker bleiben. Die Zeit, die man braucht, um diese schwierige Sprache zu lernen, wollte ich lieber in politische Arbeit für Polen investieren. Dieses innere Versprechen habe ich erfüllt. Wie man aber eine Fremdsprache nie perfekt kann – so bleibt auch in den Beziehungen zu Polen noch viel zu tun. Und wie eine große Liebe nicht einfach aufhört, bleibt Polen auch in Zukunft Teil meines Lebens.

100 Jahre Unabhängigkeit Polens – eine gedenkpolitische Herausforderung (2017)*

Die Geschichte sollte ein Tor in die Zukunft sein. Was wollen wir als Symbole für die Zukunft wählen?
Jan Józef Lipski
(Zwei Vaterländer – zwei Patriotismen) – 1981

Im November 2018 wird Polen, wie manch anderer Staat in Europa, den 100. Jahrestag seiner Unabhängigkeit begehen. In der Folge des Ersten Weltkrieges errang Polen erstmals nach der dritten Teilung im Jahr 1795 seine Staatlichkeit zurück. Die kaiserlichen Teilungsmächte Russland, das Habsburger und das Deutsche Reich zerfielen, hatten verloren oder waren – wie das russische Reich – mitten im Bürgerkrieg. Während des Weltkrieges hatten Polen in den Armeen dieser Teilungsmächte gekämpft – auch gegeneinander. Nun aber wurde Polen von den Siegermächten in Paris als neuer Nationalstaat anerkannt, wenn auch anfangs noch ohne Verfassung und klare Grenzen. Zwischen den beiden führenden Persönlichkeiten und den von ihnen geführten politischen Kräften waren grundlegende Fragen lange umstritten gewesen und blieben es lange. Roman Dmowski, Führer der nationalistischen Rechten, der „Nationaldemokraten", hatte sich gegen die Deutschen gestellt und war eher dem zaristischen Russland zugeneigt. Józef Piłsudski dagegen war Führer der Sozialistischen Partei gewesen. Er hatte seit 1910 paramilitärische Organisationen aufgebaut, die den bewaffneten Kampf gegen Russland vorbereiteten und im Weltkrieg an der Seite der Habsburger kämpften. Während Dmowski seit 1917 mit dem „Polnischen Nationalkomitee" in Paris gegenüber den Alliierten die polnische Sache vertrat, kämpfte Piłsudski nach der Staatsgründung in verschiedenen kriegerischen Konflikten gegen die Nachbarn um die polnischen Grenzen und schuf Tatsachen. So kamen Lemberg und Ostgalizien unter polnische Kontrolle, ebenso das

* Unter dem Titel „Sto lat do przemyślenia" ist eine gekürzte Fassung des Artikels in polnischer Sprache veröffentlicht in: Nowa Europa Wschodnia, 6/2017

Wilnaer Gebiet. Schließlich blieb auch nach dem Konflikt mit der Tschechoslowakei ein Teil des Teschener Gebiets bei Polen. Die wichtigsten und schwierigsten Kämpfe aber wurden mit der Roten Armee ausgetragen, die Polen in eine Sowjetrepublik verwandeln wollte. In der Schlacht bei Warschau 1920 gelang es Piłsudski, in heikler militärischer Lage überraschend die Rote Armee zu schlagen und die Bolschewiki damit weit nach Osten abzudrängen, das sogenannte „Wunder an der Weichsel"

Mit dem „Frieden von Riga" von 1921 waren die Grenzen Polens im Wesentlichen abgesteckt. Die siegreichen Alliierten hatten die Grenzen Polens zu Deutschland bestimmt und Polen im sogenannten Korridor einen Zugang zur Ostsee geschaffen. Zum Osten hin aber waren die Grenzen nicht wie im Westen von den Alliierten, sondern durch eigene militärische Kraft festgelegt worden. Das ließ Józef Piłsudski zu einem mächtigen Führer werden und macht bis heute seinen Ruf als Staatsgründer aus. Für den Westen aber hatte sich Polen als erfolgreiches Bollwerk gegen die Bolschewiki und den Kommunismus erwiesen.

Polen war nun ein europäischer Nationalstaat und als parlamentarische Demokratie gegründet. Doch waren von den siebenundzwanzig Millionen Einwohnern nur neunzehn Millionen Polen, die anderen waren Ukrainer, Belarussen, Deutsche, Litauer und Tschechen. Drei Millionen waren Juden. Während die Juden dem polnischen Staat gegenüber in hohem Maße loyal waren, kann man dies von den anderen Minderheiten nicht behaupten. Sie fühlten sich ihren „Mutterländern" in der Nachbarschaft Polens besonders verbunden. Das erschwerte die innenpolitische und gesellschaftliche Situation des jungen Staates, zumal die politische Stimmung in den benachbarten Staaten wie Deutschland ebenfalls nicht gerade stabil war. Die Nachkriegsordnung war in Deutschland stark umstritten, der Versailler Vertrag wurde weithin abgelehnt und das „Heimholen verlorener Volksgruppen und Gebiete" gehörte zur politischen Zielstellung wichtiger gesellschaftlicher Gruppen und Parteien.

Das Ende des Ersten Weltkrieges führte nicht nur zum Wiedererstehen Polens, sondern zur Gründung einer ganzen Reihe neuer Nationalstaaten. Die von den europäischen Fürstengeschlechtern geführten Reiche brachen zusammen, ebenso das Osmanische Reich. Aus ihrer Verfügungsmasse entstanden mehr als zehn neue Nationalstaaten, die meisten von ihnen als parlamentarische Demokratien. Europa erhielt ein neues Gesicht und musste sich neu (er)finden.

Im Jahr 1917 waren die USA in den Weltkrieg eingetreten und Präsident Wilson hatte Demokratie und Selbstbestimmung für Europa als Kriegsziele benannt. Mit der sogenannten Oktoberrevolution in Russland und der Machtübernahme der Bolschewiki war die erste totalitäre Diktatur des Kommunismus errichtet worden mit dem Willen, sich auf ganz Europa auszubreiten. Europa stand vor diesen Alternativen: Demokratie oder totalitäre Diktatur. Letztere zeigte sich im Kommunismus, wenig später auf der anderen Seite des politischen Spektrums in Italien als Faschismus und in Deutschland als Nationalsozialismus. In den meisten europäischen Ländern gab es gesellschaftliche Gruppen, die sich den Totalitarismen verbunden fühlten. Die kommunistischen Parteien mit den Bolschewiki und auf der anderen Seite war ein radikaler und oft antisemitischer Nationalismus, der sich gegen Minderheiten und alles Fremde wandte, ebenfalls weit verbreitet.

In Paris verhandelten die siegreichen Westmächte seit dem Kriegsende. Es ging darum, ihre Ordnungsvorstellungen untereinander auszuhandeln und in den verschiedenen „Pariser Vorortverträgen" umzusetzen. Polen hatte unter ihnen einen guten Stand. Es gab von Seiten der Alliierten schon länger die Zusage, Polen wiedererstehen zu lassen und ihm Zugang zur Ostsee zu verschaffen. Die früheren Teilungsmächte saßen nicht mit am Tisch. Die Hohenzollern und die Habsburger hatten den Krieg verloren und abgedankt, ebenso wie kurz zuvor der Zar. Russland hatte zwar zu den Alliierten gehört, wurde aber nun von den Bolschewiki regiert und deshalb nicht nach Paris eingeladen. Polen wurde gewissermaßen zum „cordon sanitaire" gegenüber dem kommunistischen Russland. Selbst da, wo man die Bevölkerung über ihre Zugehörigkeit abstimmen ließ wie im Falle Oberschlesiens, folgte man entgegen der eigenen Erklärung nicht dem Ergebnis der Abstimmung, sondern dem polnischen Interesse an dieser wichtigen Industrieregion.

Solche Entscheidungen wurden von vielen in ganz Europa nicht unbedingt als gerecht empfunden, galten aber faktisch.

Polen, Rumänien aber auch die Tschechoslowakei konnten sich als Gewinner verstehen. Deutschland verlor dagegen nicht nur Elsass-Lothringen und die Polen zugesprochenen Gebiete sowie die Kolonien, was wohl weitgehende Akzeptanz gefunden hätte, ihm wurde auch die volle Kriegsschuld angelastet. Das führte zu viel Verbitterung. Noch schwerer traf es den ungarischen Staat. Er verlor etwa zwei Drittel seines Territoriums und mehr als siebzig Prozent seiner Bevölkerung, schrumpfte also auf ein Drittel des ungarischen Teils der Doppelmonarchie. Die Nachbarländer bekamen auch solche Territorien zugesprochen, in denen Ungarn die Mehrheit bildeten.

Insbesondere der amerikanische Präsident Wilson sah es als seine Berufung an, dass in den Nachkriegsstaaten Europas und bei den Staatsgründungen Demokratien entstanden. Er war eine wichtige, ja, die treibende Kraft, die zu Kriegsende für das Abdanken der alten Monarchien eintrat. In den neu geschaffenen Nationalstaaten übernahmen, oft nach heftigen inneren Kämpfen, demokratische Kräfte die Regierungsgewalt. Zumeist waren es solche, die schon gegen die militanten monarchischen Mächte für den Frieden eingetreten waren wie beispielsweise in Deutschland die Sozialdemokraten. Es wurde zu einer großen Belastung für die künftige Entwicklung, dass auch diese von Demokraten geführten Regierungen von den siegreichen Alliierten nicht nach Paris zu den Friedensverhandlungen eingeladen wurden. Man legte auch ihnen alternativlose Friedensverträge vor, als wären sie die Verantwortlichen für Krieg und Kriegführung gewesen.

Nicht nur über Deutschland muss wohl gesagt werden, dass auch dieses Verhalten der Siegermächte seinen Teil dazu beigetragen hat, die junge Demokratie zu schwächen. Die Parteien, welche in Deutschland die Weimarer Republik trugen, standen in den Jahren nach dem Krieg von zwei Seiten stark unter Druck. Einerseits wurden sie von nationalistischen und reaktionären Kräften bekämpft, die nach der Kriegsniederlage nach Revanche riefen und die Verluste rückgängig machen wollten. Andererseits kamen die Feinde der Demokratie auch von links. Die zum Kriegsende neu gegründete Kommunistische Partei wollte die parlamentarische Demokratie überwinden. Sie strebte eine Revolution nach dem Muster der Bolschewiki an und wurde von diesen aus der Ferne auch unterstützt. Doch nicht nur diese im Laufe der Jahre erstarkenden Extreme standen der Demokratie feindlich gegenüber. Ein hoher Anteil der Bevölkerung machte nicht etwa die militaristischen Kräfte um Hindenburg und Ludendorff für die Misere der Nachkriegszeit verantwortlich, sondern die neuen demokratischen Kräfte, welche nun an der Spitze der Weimarer Republik standen. Natürlich waren es sehr unterschiedliche Faktoren, die den Aufstieg Hitlers und seiner Partei begünstigten, nicht zuletzt die Weltwirtschaftskrise und ihre harten sozialen Folgen. Aber ob es Hitler im Laufe der Jahre auch ohne die demütigenden Regelungen des Versailler Vertrages gelungen wäre, so große Zustimmung unter den Deutschen aller gesellschaftlichen Schichten zu finden, sei dahingestellt.

Es kann hier nicht die Aufgabe sein, die politischen Entwicklungen der Zeit nach dem Ersten Weltkrieg im Einzelnen nachzuzeichnen. Am Schluss dieses Artikels komme ich gleichwohl noch einmal auf die Herausforderung zurück, welche mit dem Gedenken an das Ende des Ersten Weltkrieges nicht nur für Polen, sondern für Europa (und darüber hinaus) verbunden ist. Auf zwei Dimensionen aber möchte ich doch aufmerksam machen:

Erstens: In Westeuropa, insbesondere in Frankreich und Großbritannien, ist die Erinnerung an den Ersten Weltkrieg sehr viel stärker in der Öffentlichkeit verankert, als dies in Deutschland der Fall ist. Die Erinnerung ist jedoch jeweils sehr national geprägt und hat diesen Krieg nicht wirklich als Weltkrieg im Blick. Der Krieg östlich Deutschlands, der eben kein Stellungskrieg war, sondern sich im Hin und Her des Kriegsglücks über einen weiten Raum erstreckte und nicht weniger Opfer forderte als im Westen, ist nicht wirklich im öffentlichen Bewusstsein verankert. Während im Westen (außer in Irland) mit dem Waffenstillstand am 11. November 1918 der Krieg auch faktisch zu Ende war, war dies im Osten mitnichten der Fall. Hier ging die Gewaltorgie in zwischenstaatlichen Konflikten und mehr noch in Bürgerkriegen und Revolutionen weiter und forderte in den darauffolgenden fünf Jahren noch Millionen

Menschenleben. Gleichzeitig ist die Erinnerung an die Toten des Weltkriegs ebenso wie auch an die der Bürgerkriege im Osten Europas auch in den jeweiligen Ländern selbst weitgehend verlorengegangen. In kommunistischer Geschichtsdeutung galt der Erste Weltkrieg als imperialistischer Krieg, der den Boden für die Oktoberrevolution bereitet hat. In Polen hat dieser Krieg gewissermaßen ein positives Image, er gilt als die Ermöglichung der Wiedergeburt als Staat. Die in den drei feindlichen Armeen kämpfenden und gefallenen Polen fanden keinen Eingang in ein öffentliches Gedenken. Einzig da, wo die Kämpfe als Abwehr gegen die Bolschewiki und als Kampf für die eigene Unabhängigkeit angesehen werden konnten wie bei der Schlacht an der Weichsel oder für die Ukraine bei den Kämpfen um Kiew, wird heute, nach 1990, ein neues nationales Gedenken etabliert.

Zweitens: Nicht nur Deutschland wurde 1918 mit der Weimarer Republik zu einer parlamentarischen Demokratie, auch Polen und die meisten anderen neu gegründeten Staaten begannen ihre Unabhängigkeit als Demokratien. Doch währte die Demokratie nicht lange. In den 1930er Jahren war die Tschechoslowakei schließlich (neben Finnland im Norden) im Zentrum Europas zu einer demokratischen Insel geworden. Polen wurde, wie andere Länder auch, zu einem semi-autoritär geführten Staat. Diese Entwicklung im europäischen Vergleich genauer zu betrachten und nach den Ursachen und tieferen Zusammenhängen zu fragen, erscheint mir wichtig und lehrreich. Dies gilt in besonderem Maße angesichts des Akzeptanzverlustes der Demokratie, den wir heute in Europa sowohl in älteren wie auch jüngeren Demokratien wieder erleben.

Besonders verheerende Folgen für ganz Europa hatten das Scheitern der Demokratie in Deutschland und die Machtübernahme durch Adolf Hitler. Die Ideologie des Nationalsozialismus war nicht nur ein übersteigerter Nationalismus, sondern bestimmt durch einen aggressiven Rassismus, Antisemitismus und die grundlegende Bestreitung aller durch Christentum, römisches Recht und Aufklärung geprägten europäischen Werte. Der vom nationalsozialistischen Deutschland entfesselte Zweite Weltkrieg wurde als *„barbarischer Zivilisationsbruch“* (Ernst Nolte) zur europäischen Katastrophe des 20. Jahrhunderts. Er begann nach dem Hitler-Stalin-Pakt mit dem deutschen Überfall auf Polen, getragen von dem Plan, im Osten Lebensraum für Deutsche zu schaffen, große Teile der dortigen Bevölkerung und insbesondere deren Eliten auszurotten und die Überlebenden zu versklaven. Schon kurz nach seiner Machtübernahme 1933 hatte Hitler der Führung der Reichswehr, die ab 1935 in Wehrmacht umbenannt wurde, seine Zukunftspläne vorgetragen: *„Eroberung neuen Lebensraumes im Osten und dessen rücksichtslose Germanisierung"*. Polen wurde das erste Opfer eines gnadenlosen Vernichtungskrieges. Durch Krieg und brutale Besatzung verlor es fünfzehn Prozent seiner Bevölkerung und wurde zudem Schauplatz der industriellen Vernichtung der europäischen Juden in Auschwitz, Treblinka und Majdanek.

Stalin und Hitler hatten sich 1939 durch ihren Pakt Zeit zur Verfolgung ihrer jeweiligen Interessen verschafft. Die Rote Armee rückte am 17. September 1939 von Osten her in Polen ein. Polen verschwand damit erneut durch die Teilung seiner mächtigen Nachbarn im Westen und Osten von der Landkarte. Fast 40 000 polnische Soldaten wurden in sowjetische Lager deportiert, mehr als 22 000 Offiziere wurden umgebracht, 4400 von ihnen in Katyń (bei Smoleńsk), das zum Symbol für diesen zynischen Massenmord wurde.

Die polnische Regierung ging zunächst nach Paris und dann nach London ins Exil. Im Land selbst kämpften Polen in der „Heimatarmee" (Armia Krajowa) für die Befreiung ihres Landes. Dieser Kampf kulminierte im Warschauer Aufstand vom August 1944. Da Stalin nicht wollte, dass Polen sich selbst befreite, ließ er die Rote Armee, die schon am Ostufer der Weichsel stand, ausharren, bis die Deutschen den Aufstand niedergeworfen und Warschau dem Erdboden gleichgemacht hatten.

Nach dem Bruch des Paktes durch Hitler und dem Überfall auf die Sowjetunion hatte Stalin die polnischen Soldaten und Offiziere aus den Lagern entlassen. Die befreiten polnischen Kriegsgefangenen wurden in die nach General Anders benannte Armee rekrutiert. Als man sich mit Stalin nicht einigen konnte, zog diese über Persien und Palästina nach Westen und schloss sich der Britischen Armee an. In der Schlacht von Monte Cassino, die für die polnische Erinnerungskultur bis heute eine zentrale Bedeutung hat, spielten die polnischen Kämpfer eine wichtige Rolle bei der Eroberung des Klosterberges. Bei der Landung der westlichen Alliierten in der Normandie im Juni 1944 waren Polen die viertgrößten Truppensteller. Polen kämpften aber auch an der Seite der Roten Armee als polnische Divisionen und im Untergrund. So waren polnische Soldaten auch an der Befreiung des KZ Sachsenhausen beteiligt. Noch Anfang der 1990er Jahre erzählte mir der Schriftsteller Andrzej Szczypiorski, dass er als junger Mann und Häftling dort von polnischen Soldaten befreit wurde. Deshalb muss festgehalten werden, was in Deutschland oft nicht bewusst ist: Polen gehörte als Teil verschiedener alliierter Streitkräfte faktisch mit zu den Nationen, die Deutschland vom Nationalsozialismus befreiten. Eine Anerkennung dessen wollte Stalin allerdings verhindern. Polen geriet nach dem Krieg und der deutschen Teilung gemeinsam mit dem östlichen Teil Deutschlands, der Sowjetischen Besatzungszone und späteren DDR, in den sowjetisch dominierten Herrschaftsbereich Europas und wurde zur Volksrepublik.

Das Territorium Polens wurde nach Westen verschoben. Stalin wollte den im Hitler-Stalin-Pakt erworbenen Gebietsgewinn nicht verlieren. Polen wurde dafür mit den deutschen Gebieten östlich von Oder und Neiße entschädigt. Die Folge waren vielfältige Vertreibungen von Millionen von Menschen, zum einen die der großen Mehrheit der Deutschen aus den verlorenen deutschen Gebieten, aber auch der Polen aus den nun sowjetischen Teilen in Belarus und der Ukraine.

Die gerade gegründete DDR erkannte 1950 im Görlitzer Vertrag die neue polnische Westgrenze an. Als Satellitenstaaten der Sowjetunion waren die Volksrepublik Polen und die DDR plötzlich formelle Bruderstaaten. In der DDR regierten deutsche Kommunisten, die im Widerstand gegen Hitler gewesen waren. So weigerte sich die DDR-Führung, irgendeine Verantwortung für die Verbrechen des Nationalsozialismus zu übernehmen, man verstand sich ja als antifaschistischer Staat. Das Verhältnis zwischen beiden sozialistischen Staaten wurde schlicht auf Freundschaftsstatus umgeschaltet. Eine gesellschaftliche Aufarbeitung des Nationalsozialismus gab es in der DDR nicht. Nur in den Kirchen fand eine solche kritische Auseinandersetzung mit der eigenen Geschichte statt, viel später auch innerhalb der Opposition in der DDR.

Im Westen Deutschlands brauchte es lange, bis die Öffentlichkeit sich offen mit der eigenen Schuld und Verantwortung befasste. Als die Evangelischen Kirchen sich im Oktober 1945 im sogenannten „Stuttgarter Schuldbekenntnis" zu Schuld und Versagen bekannten, wurde ihnen von vielen Seiten Vaterlandsverrat vorgeworfen. Die Nürnberger Prozesse, in welchen die Alliierten wichtige NS-Verbrecher vor Gericht stellten und verurteilten, wurden von der Mehrheit der Deutschen als Siegerjustiz verunglimpft. Die Regierung Adenauer entließ viele der verurteilten Nazis aus den Gefängnissen. Die meisten fanden sogar wieder zurück in deutsche Verwaltungen und Behörden. Es war ein weiter Weg, von mutigen Einzelnen und kleinen Minderheiten in der Gesellschaft vorangetrieben, bis eine gesellschaftliche Aufarbeitung der deutschen Verbrechen und der eigenen Schuld begann. Knapp zwei Jahrzehnte brauchte es, bis gegen viel Widerstand in der Bundesrepublik der erste Auschwitzprozess stattfand.

Von großer Bedeutung war dann die sogenannte Ostdenkschrift der Evangelischen Kirchen im Oktober 1965, die für eine Anerkennung der Oder-Neiße-Grenze warb. Ihr wurde seitens der Bundesregierung und der Vertriebenenverbände mit Stürmen der Entrüstung begegnet. Auch durch diese Denkschrift ermutigt, veröffentlichten wenige Wochen später die polnischen Bischöfe einen Brief an ihre deutschen Amtskollegen, mit dem sie diese zur 1000-Jahrfeier der Kirche nach Polen einluden. Dieser Brief gipfelte in dem Satz: *„Wir vergeben und bitten um Vergebung!"* Auch diese Geste führte zu heftigen Anfeindungen der polnischen Regierung und manchem Unverständnis in der Gesellschaft. Beide Initiativen aber wurden zum Ausgangspunkt eines Versöhnungsprozesses zwischen Polen und Deutschland, der seinesgleichen sucht. Wichtig war an beiden Initiativen, dass sie öffentliche Prozesse in Gang setzten, nicht aber von den Regierungen getragen waren. So gelang es, dass nicht zuerst die kommunistische Regierung Polens im Fokus stand, sondern die polnische Gesellschaft – die Menschen, die unendliches, von Deutschen begangenes Grauen zu verarbeiten hatten.

Die 1969 gewählte sozialliberale Bundesregierung Willy Brandts wollte *„mehr Demokratie wagen"* und die Beziehungen zu den östlichen Nachbarn neu gestalten. *„Wandel durch Annäherung"* war die neue Formel der Ostpolitik, zu der auch der Vertrag mit Polen vom Dezember 1970 gehörte. Am Tag der Vertragsunterzeichnung kniete Willy Brandt vor dem Ghetto-Denkmal in Warschau. Mit diesem Kniefall erreichte der vorher gesellschaftlich begonnene Versöhnungsprozess auch das Regierungshandeln. Im Laufe der Jahre verbesserten sich die staatlichen Beziehungen, sie verloren ihre traumatischen Spannungen und begannen sich - nicht zuletzt wirtschaftlich - zu normalisieren. Durch Familienzusammenführung konnten viele Deutsche aus Polen in die Bundesrepublik kommen.

Als 1980 die Gewerkschaft „Solidarność" gegründet und anerkannt wurde, war nicht nur die kleine Opposition in der DDR begeistert. Eine Welle der Sympathie ging durch beide deutsche Gesellschaften. Die SED reagierte mit der Schließung der Grenze zu Polen für DDR-Bürger. Der „Bazillus" der Solidarność sollte nicht in die DDR überspringen. In der Bundesrepublik begann eine breite Solidarisierung, die mit dem Kriegsrecht in Polen noch zunahm. Millionen von Päckchen und Paketen aus Deutschland erreichten die Menschen in Polen - und ihre Herzen. So begann sich auch in der polnischen Gesellschaft allmählich das Bild von Deutschland zu ändern. Die Bundesrepublik wurde nach dem Kriegsrecht Zufluchtsland für viele, die der Verfolgung entgehen oder schlichtweg im Exil in Freiheit leben wollten.

Mit dem Runden Tisch in Polen, der ersten (halb-) freien Wahl im Juni 1989 und schließlich mit dem ersten nicht kommunistischen Ministerpräsidenten Tadeusz Mazowiecki begann eine Revolution in Mitteleuropa, mit der innerhalb weniger Monate in Polen, Ungarn, der DDR und der Tschechoslowakei Freiheit und Demokratie den Sieg errangen und das kommunistische Regime gestürzt wurde. Im Zuge der Friedlichen Revolution in der DDR fiel am 9. November 1989 die Berliner Mauer. Dieses Ereignis wurde zum weltweiten Symbol für den gemeinsamen Sieg und mit ihm schließlich das Ende des Kalten Krieges.

Für Deutschland endete dieser Sieg der Freiheit in der deutschen Einheit. Dass wir Deutschen fünfundvierzig Jahre nach dem Zweiten Weltkrieg, in welchem wir so viel Schrecken über ganz Europa und eben insbesondere auch nach Polen gebracht haben, dass wir nach Jahrzehnten der Teilung im Kalten Krieg nun wieder vereint und zugleich in Freundschaft verbunden mit allen Nachbarn sein konnten, das war die Glücksstunde der Deutschen im 20. Jahrhundert. Die Aussöhnung mit den östlichen Nachbarn vollendete, was im Westen mit der deutsch-französischen Annäherung und der Gründung der Europäischen Gemeinschaft begonnen wurde.

Wichtig war auf dem Weg zur Einheit die nun endgültige völkerrechtliche Anerkennung der polnischen Westgrenze. Diese ebnete gemeinsam mit dem Nachbarschaftsvertrag den Weg für eine bis heute währende Erfolgsgeschichte. Das geeinte Deutschland wurde für Polen und die anderen neuen Demokratien zum Anwalt ihrer Integration in die NATO und die Europäische Union. Polen wurde zu einem anerkannten Partner und aktiven Mitgestalter europäischer Politik. Mit Donald Tusk wurde ein Pole Präsident des Europäischen Rates und hat damit eines der wichtigsten in Europa zu vergebenden Ämter inne.

Auch die Fragen der Belastung durch die Vergangenheit des letzten, für das deutsch-polnische Verhältnis so schwierigen Jahrhunderts, schienen immer mehr in den Hintergrund zu treten. Zwei besondere Museumsprojekte sollten das dokumentieren: das polnische Museum des Zweiten Weltkriegs in Danzig und das Museum der Stiftung Flucht, Vertreibung, Versöhnung in Berlin. Die Konzeption des Danziger Museums hatte den Anspruch, den Zweiten Weltkrieg in seinen vielfältigen Facetten tatsächlich als Weltkrieg darzustellen und verschiedenen Perspektiven Raum zu geben. Deshalb wurden nicht nur polnische, sondern auch Historiker aus anderen Ländern an der Arbeit beteiligt. Im Frühjahr 2017 wurde es eröffnet. Doch nun steht es seitens der PiS-Regierung in der Kritik, den polnischen Heroismus nicht genügend zu betonen. Die Planung der Regierung sieht vor, es mit dem in Gründung befindlichen Museum Westernplatte zusammenzulegen. Welches Narrativ hier künftig erzählt werden soll, scheint offen.

Das Museum zur Stiftung Flucht, Vertreibung, Versöhnung war in Deutschland selbst lange umstritten. Immer wieder hat es von sich reden gemacht, weil der Versuch unternommen wurde und teilweise auch gelang, die Perspektive des Bundes der Vertriebenen (BdV) zur prägenden Perspektive zu machen. Dem stellte sich die wissenschaftliche Beratergruppe entgegen. Ob diese Turbulenzen der Vergangenheit angehören, ist offen. Sollte es gelingen, die Entscheidungsprozesse transparent zu gestalten, weiterhin die internationale Historikerzunft zu beteiligen und die politischen Einflüsse des BdV zurückzudrängen, könnte es zu einem beispielhaften Ergebnis kommen.

So belegen die beiden Museumsprojekte die Bedeutung der Geschichte für das Selbstverständnis beider Nationen, das insbesondere in Polen noch viel gesellschaftlichen Konfliktstoff bietet, sowie auch für das bilaterale Verhältnis zwischen Deutschland und Polen. Hier ist Offenheit und Sensibilität notwendig, damit aus der immer noch vorhandenen Fragilität nicht Konflikte werden. Gerade deshalb aber ist es wichtig, Räume des Dialogs und der Diskussion zu schaffen, in denen verschiedene Perspektiven und konfliktreiche Fragen zur Sprache gebracht werden können. Dies kann auch bilateral geschehen, sollte aber möglichst multilateral gestaltet werden. Die meisten historischen Fragen betreffen nicht nur Deutschland und Polen. In Brüssel ist im Frühjahr 2017 das „Haus der Europäischen Geschichte" eröffnet worden. Der wissenschaftliche Beirat wurde von Włodzimierz Borodziej geleitet, einem anerkannten polnischen Historiker. Es wird spannend sein, welche Diskurse sich aus der dort vorgelegten Konzeption ergeben.

Es ist gut, dass seit dem Beitritt der neuen Mitgliedstaaten in der Europäischen Union das Europäische Parlament ein offener Ort des Diskurses zu einer europäischen Erinnerungskultur geworden ist. Es ist nicht zu erwarten, dass demnächst alle Europäer ein gemeinsames Bild unserer Geschichte teilen, doch es ist wichtig, die verschiedenen Perspektiven überhaupt erst einmal kennenzulernen und miteinander ins Gespräch zu bringen. Dies ist nun auch eine Herausforderung an das Gedenken der 100. Jahrestage in den Jahren 2018 und 2019. Natürlich werden Polen und die anderen am Ende des Ersten Weltkrieges entstandenen Nationalstaaten ihre

Unabhängigkeit und Staatsgründung feierlich begehen. Es wird jedoch darauf ankommen, dass im Zuge dieser Feierlichkeiten nicht eine neue Welle des Nationalismus durch Europa geht. Deshalb ist es von zentraler Bedeutung, dass auch die multilateralen Themen, die mit diesen Jahrestagen verbunden sind, nicht aus dem Blick geraten und durch die internationale Staatengemeinschaft angemessene Aufmerksamkeit erfahren. [...]

Zum Schluss möchte ich einen früheren Vorschlag wiederholen: Polen und Deutschland sind in einer langen Geschichte miteinander verbunden, die hier nur kurz beschrieben werden konnte. In Berlin gibt es nun seit den 1970er Jahren ein polnisches Denkmal, das die Volksrepublik Polen und die DDR errichtet haben. Es steht erstaunlicherweise unter dem Motto: *„Für eure und für unsere Freiheit!"* Die Gestaltung aber entspricht dem sozialistischen Zeitgeist und der Inhalt ist verlogen. Sollten wir es nicht in einer gemeinsamen, deutsch-polnischen Initiative umgestalten und dort den Beitrag darstellen, den Polen zur deutschen Freiheitsgeschichte geleistet hat? Der Bogen könnte hier vom Hambacher Fest 1830 über die polnische Beteiligung an der Befreiung vom Nationalsozialismus bis zu Solidarność und dem gemeinsamen Sieg von Freiheit und Demokratie 1989 sowie der heutigen Partnerschaft in der EU gespannt werden. Die Opfer Polens sind zumindest in der Fachwelt bekannt und anerkannt. Die in Deutschland wenig bekannte Rolle Polens als Akteur und Partner der Freiheit zur Botschaft dieses Denkmals zu machen, würde einerseits die gemeinsame Geschichte in den Blick nehmen und gleichzeitig die gemeinsamen Herausforderungen der Zukunft beschreiben. Es wäre ein versöhnter Blick auf eine Freiheitsgeschichte, die weitergeht.

Der Brief der polnischen Bischöfe und der deutsch-polnische Versöhnungsprozess (2015)*

Zuerst möchte ich Ihnen für die Einladung danken. Es ist bemerkenswert, dass Sie zu dieser Konferenz mit mir einen Deutschen und einen Protestanten nach Rom einladen. Gern bin ich dieser Einladung gefolgt!

Der Brief der polnischen katholischen Bischöfe an ihre deutschen Amtskollegen vor fünfzig Jahren war damals ein Paukenschlag, ein historisches Ereignis von bis heute ungebrochener Bedeutung. Diesem Brief steht historisch die Ostdenkschrift der evangelischen Kirchen in Deutschland zur Seite, die wenige Wochen vor dem Bischofsbrief in die Öffentlichkeit kam. Insofern geht es hier um einen doppelten Paukenschlag, der damals die Gesellschaft in beiden Ländern erschütterte. Der Breslauer Bischof Kominek, der eigentliche Initiator und Verfasser des Briefes, hat sich später dazu bekannt, dass die Denkschrift, die er gründlich studiert habe, eine wichtige Ermutigung für seine Initiative gewesen sei. Sie hat damals wesentlich dazu beigetragen die Hoffnung zu schüren, dass die deutschen katholischen Bischöfe ebenso mutig und klar reagieren würden. Doch wir wissen, dass diese Hoffnung enttäuscht wurde. Zu sehr war die katholische Kirche in Deutschland mit der Regierung Adenauer verbunden, die in der Grenzfrage keine Bereitschaft zum Entgegenkommen zeigte. So hat später auch Richard von Weizsäcker, selbst an der Entstehung der Ostdenkschrift beteiligt, bekannt, dass er und seine Mitstreiter den Brief der katholischen Bischöfe als *„kraftvolle Antwort auf unsere Erklärung"* empfanden. Für die katholischen Bischöfe aber waren sie gewissermaßen „die Falschen". Man hatte auf ein klares Wort der deutschen Katholiken gehofft.

Die Ostdenkschrift und der Bischofsbrief hatten viel miteinander gemeinsam. Beide widersprachen dem damals mehrheitlichen

* Rede auf der internationalen Konferenz der polnischen Botschaft am Vatikan zum 50. Jahrestag des Briefes der polnischen Bischöfe beim Vatikanum II, Rom, 26. Oktober 2015

Denken in ihren Ländern, dem kommunistischen Polen und der Bundesrepublik Deutschland. In Westdeutschland rührte die Denkschrift an ein Tabu, eine Lebenslüge. Damals war die Grundhaltung in der deutschen Bevölkerung noch stark von dem Bewusstsein bestimmt, dass Deutschland 1945 vor allem ein Opfer und der Verlust der Ostgebiete ein Unrecht gewesen sei. Die Lebenslüge bestand darin, den Glauben zu nähren, die Oder-Neiße-Grenze sei vorläufig. Bischof Hanns Lilje aus Hannover beschrieb das in seinem Bericht vor der Synode im November 1965 so:

> „In meiner täglich einlaufenden Post macht fast Dreiviertel der Eingänge der Protest gegen diese Denkschrift aus. (...) Dies gehört nun zu den geheimnisvollen Dingen der heutigen deutschen Mentalität. Dem normalen deutschen Mann kann man drei Sachen nicht sagen: Man kann mit ihm nicht über die Juden reden, man kann mit ihm nicht über den 20. Juli 1944 reden, und man kann mit ihm nicht über die Kapitulation von 1945 reden. Das ist eine Schwäche, die auf die Dauer eines Volkes wie des unseren nicht würdig ist."

So Bischof Lilje 1965.

Denkschrift und Brief setzten sich beide faktisch heftiger Kritik der jeweils Regierenden aus. Das war in Polen natürlich besonders schwerwiegend. Hier sah Gomułka sich in seinem Monopol angegriffen, Außenpolitik zu machen. Er verstand den Brief der Bischöfe als außenpolitisches Signal, was ja auch nicht ganz unrichtig war. In der Folge sah er gleichzeitig die Chance, die unvorbereitete polnische Bevölkerung, für die der Brief ebenfalls schwer zu akzeptieren war, gegen ihre Kirche in Stellung zu bringen. Das ist ihm schließlich jedoch nicht gelungen.

Die Kritik an der Denkschrift war in Deutschland ebenfalls heftig. Doch die Bundesrepublik war ein demokratisches Land, damit war eine Diskussion möglich. Immer wieder war aber auch hier von „Verrat der Landesinteressen" die Rede. Der Kirche wurde vielfach die Legitimation zu solch politischen Botschaften abgesprochen. Der Bund der Vertriebenen (BdV) lief Sturm gegen die Denkschrift und eine Anerkennung der Grenze an Oder und Neiße. Man muss sich deutlich machen, dass es noch zwanzig weitere Jahre brauchte, bis Bundespräsident Richard von Weizsäcker in der

Bundesrepublik das Verständnis des Kriegsendes 1945 als Befreiung etablieren konnte!

Die Autoren und viele kirchenleitenden Persönlichkeiten verteidigten die Denkschrift gegen alle Angriffe mit großem Engagement. Ludwig Raiser, einer der maßgebenden Autoren und früher schon einer der Autoren des „Tübinger Memorandum" sprach vom „Realismus als Gebot der deutschen Politik", zu der die Kirchen die Gesellschaft herausforderten.

Schon in den Jahren zuvor hatte es in der deutschen Gesellschaft verschiedene Initiativen gegeben, das blockierte Verhältnis zu Polen aufzubrechen. 1964 gab es eine erste Pax-Christi-Wallfahrt nach Polen. Im gleichen Jahr versuchte eine kleine Gruppe evangelischer Jugendlicher aus der DDR, nach Auschwitz zu fahren, organisiert durch die 1958 von Lothar Kreyssig gegründete „Aktion Sühnezeichen". Sie wurden von den kommunistischen Behörden jedoch daran gehindert, so dass die Fahrt erst im darauffolgenden Jahr zustande kam. Stanisław Stomma und Tadeusz Mazowiecki, beide der ZNAK-Gruppe im Sejm angehörig, bekamen Kontakt mit den deutschen Initiatoren. Kleine Netzwerke entstanden. Besonders wichtig für die polnische katholische Kirche wurde dann aber der Bensberger Kreis, eine Gruppe katholischer Intellektueller, deren Erklärung 1968 in Polen als die eigentliche Antwort auf den Brief der katholischen Bischöfe empfunden wurde. Geschrieben wurden er nur eben nicht von den offiziellen Repräsentanten der deutschen Katholiken.

Erst mit dem Wahlsieg der sozial-liberalen Koalition in Bonn von 1969 konnten die gesellschaftlichen Versöhnungsinitiativen ihre politische Wirkung entfalten. Willy Brandt, mit dem ich 1991 darüber sprach, bekannte mir gegenüber, dass die Denkschrift eine ganz wesentliche Grundlage für die Mehrheitsfähigkeit seiner neuen Ostpolitik und des Warschauer Vertrages von 1970 in der westdeutschen Gesellschaft geschaffen habe.

Willy Brandts Politik wurde auch von der Bevölkerung in der DDR in hohem Maße begrüßt. Man erinnere sich nur daran, wie ihm die DDR-Bürger in Erfurt zujubelten. Durch seine Politik wurde die Grenze durchlässiger, der Zusammenhalt der Deutschen in Ost und West durch vielfältige Begegnungen gestärkt. Es begann der Versöhnungsprozess mit den östlichen Nachbarn, insbesondere mit Polen. Beim Kniefall Willy Brandts in Warschau gab es insbesondere in den Kirchen der DDR das Bewusstsein: Er kniet dort auch für uns!

Die neue Ostpolitik Willy Brandts konnte nur in einem heftigen innenpolitischen Streit durchgesetzt werden. Umso mehr ist es diesem Kanzler anzurechnen, dass er um des Versöhnungsprozesses willen bereit war, seine politische Existenz aufs Spiel zu setzen! Im Gefolge des Warschauer Vertrages von 1970 gab es dann vielfältige gesellschaftliche Aktivitäten und Versuche, den Vertrag mit Leben zu erfüllen. In Westdeutschland gründeten sich „Deutsch-Polnische Gesellschaften“, die dann vielfach die gesellschaftlichen Träger von neu geschlossenen Städtepartnerschaften wurden. Als eine der ersten und wichtigsten sei hier die Städtepartnerschaft zwischen Bremen und Danzig genannt. 1972 begann eine Schulbuchkommission ihre Arbeit, um die völlig gegenläufigen Geschichtsinterpretationen anzunähern. Eine große Wirkung in die polnische Gesellschaft hinein hatte nach der Ausrufung des Kriegsrechts 1981 die breite gesellschaftliche Solidarität aus Westdeutschland mit der unabhängigen Gewerkschaft Solidarność und der ganzen polnischen Bevölkerung. In Polen war es besonders auch die sich in der „Solidarność“ sammelnde Opposition, die Versöhnung mit Deutschland suchte. Erwähnt sei hier nur das Buch von Jan Józef Lipski „Zwei Vaterländer - Zwei Patriotismen. Bemerkungen zum nationalen Größenwahn und zur Xenophobie der Polen“ (1981), das sich heute noch zu lesen lohnt.

Mit dem Sieg von Freiheit und Demokratie im Zentrum Europas galt es dann 1989/90, die Früchte dieser langen Prozesse zu ernten. Allen steht das Foto des Moments vor Augen, in dem Helmut Kohl und Tadeusz Mazowiecki sich direkt nach dem Fall der Mauer in Kreisau das Versöhnungszeichen geben. Doch war diese Umarmung eben Teil einer katholischen Messe - mehr Hoffnung als politische Tat. Helmut Kohl war auch danach keineswegs bereit, schnell und ohne Verzug die Grenze anzuerkennen. Er hatte im Jahr vor der Bundestagswahl die Vertriebenen im Blick und wollte deren Stimmen nicht verlieren. So versuchte er, die Entscheidung über die Grenzfrage so weit wie möglich nach hinten zu schieben.

Die polnische Regierung unter Mazowiecki dagegen drang auf eine möglichst schnelle Anerkennung der Grenze.

Diese Grundhaltung bestimmte auch mich, als 1989/90 nach dem Fall der Mauer und mit der Frage der deutschen Einheit die Grenzfrage dauerhaft zu regeln war. Noch im Dezember 1989 benannten wir als neu gegründete sozialdemokratische Partei in der DDR die Notwendigkeit einer schnellen und bedingungslosen dauerhaften Anerkennung der Oder-Neiße-Grenze. Diese Haltung wurde wiederum von der frei gewählten Volkskammer der DDR in ihrer Erklärung vom 12. April 1990 ausdrücklich bekräftigt. In dieser Erklärung stellten wir Ostdeutschen uns in die aus unserer Vergangenheit herrührende Verantwortung, die von der SED über Jahrzehnte geleugnet worden war.

Als Außenminister der DDR trat ich für den Vorschlag des polnischen Ministerpräsidenten Tadeusz Mazowiecki ein, in Dreiergesprächen (Polen und die beiden deutschen Staaten) einen Grenzvertrag auszuarbeiten, zu signieren und ihn unmittelbar nach der staatlichen Einheit vom gesamtdeutschen Parlament ratifizieren zu lassen. Wir begannen auf meine Initiative hin Gespräche auf Staatssekretärsebene, die jedoch schließlich von Kanzler Kohl unterbunden wurden. Er verschob, als der Grenzvertrag nach der deutschen Einheit endlich zustande kam, noch einmal die Ratifizierung im Deutschen Bundestag auf die Zeit nach der Wahl und sprach von der Anerkennung der Grenze als „Preis der deutschen Einheit" – eine in meinen Augen völlig unangemessene Perspektive, war diese Grenze doch eine Folge des Zweiten Weltkrieges und der deutschen Verbrechen. [...] Durch die Verzögerung einer schnellen Grenzanerkennung verweigerte Deutschland damals Polen und insbesondere seinem Ministerpräsidenten, der so viel für die Versöhnung mit Deutschland getan hatte, in einer schwierigen Zeit die notwendige Solidarität. Ich habe das damals mit großem Schmerz und großem Ärger erlebt.

Glücklicherweise erfüllten sich danach die Befürchtungen nicht, die wir damals hatten. Es bewahrheitete sich die Erfahrung, dass erst wirklich anerkannte Grenzen auch zu durchlässigen Grenzen werden. Auf diesem Weg sind wir heute weit vorangeschritten. Helmut Kohl erwarb sich dann ab 1991 gegenüber Polen große Verdienste, da er in der Europäischen Union zum engagierten Anwalt der künftigen Mitgliedschaft Polens und der anderen neuen Demokratien wurde.

Heute sind Deutschland und Polen nicht nur beide demokratische Staaten und Partner in Europa und in der NATO. Die verlässlichen Beziehungen beider Länder sind gesellschaftlich tief verankert. Das gegenseitige Vertrauen ist immer tiefer geworden. Wir wissen auf beiden Seiten der Grenze, dass die Gestaltung eines freiheitlichen Europas unsere gemeinsame Herausforderung ist. Auf dem Weg dahin wurde der von der Ostdenkschrift der EKD und dem Brief der polnischen Bischöfe im Jahr 1965 auf den Weg gebrachte Versöhnungsprozess zwischen unseren Völkern das immer stabiler werdende Fundament.

Heute wird international häufig auf das Beispiel der Versöhnung zwischen Deutschland und Polen geschaut, ja, unser Versöhnungsprozess wird regelrecht als ein Modell angesehen. Angesichts der gegenwärtigen Partnerschaft in Europa sind wir heute herausgefordert, anstehende Probleme aus dem Geist dieser Vergangenheit zu bewältigen. Das gilt aktuell ganz besonders für die Flüchtlingsfrage. Solidarność ist das polnische Wort, das in der Welt jeder kennt, ein Wort, das vielfältige theologische und auch politische Dimensionen hat. Es wäre ein tiefgreifendes Erlebnis, wenn die Kirchen beider Länder heute in der Lage wären, ihren Regierungen in dieser Thematik aus dem Horizont der Solidarität ein Orientierung gebendes Wort zu sagen!

Ich danke Ihnen!

Rede im Deutschen Bundestag: 10 Jahre deutsch-polnischer Nachbarschaftsvertrag (2001)*

Herr Präsident! Meine Damen und Herren!

Vor zehn Jahren, am 17. Juni 1991, haben Helmut Kohl und Jan Krzysztof Bielecki den von Hans-Dietrich Genscher und Krzysztof Skubiszewski ausgehandelten Vertrag über gute Nachbarschaft und freundschaftliche Zusammenarbeit unterzeichnet. Voraussetzung dafür war der Abschluss des Grenzvertrages zwischen Deutschland und Polen.

Mit diesen Verträgen ist eine neue Epoche zwischen Deutschland und Polen eingeleitet worden. Die Entwicklung der Beziehungen zwischen diesen Ländern seit 1989 kann als eine fast unglaubliche Erfolgsgeschichte des 20. Jahrhunderts bezeichnet werden, eines Jahrhunderts, das auch durch schlimmstes Geschehen zwischen Deutschland und Polen gekennzeichnet ist.

Polen ist seit mittlerweile mehr als zwei Jahren Mitglied der Nordatlantischen Allianz und wird demnächst Mitglied der Europäischen Union sein. Damit werden die beiden wichtigsten Ziele der polnischen Außenpolitik in den letzten zehn Jahren mit unserer Unterstützung erfüllt. Die deutsch-polnischen Regierungskonsultationen am Anfang dieser Woche haben gezeigt, wie partnerschaftlich unsere Beziehungen auf Regierungsebene sind. Die Kontakte auf politischer, wirtschaftlicher und gesellschaftlicher Ebene haben sich in den letzten Jahren so intensiv entwickelt, dass auch für Menschen, die sich damit intensiv beschäftigen, ein Überblick kaum möglich ist. Ich nenne beispielsweise die Vielzahl der Kontakte in der Grenzregion, in den vier EU-Regionen an Oder, Neiße, Spree und Bober.

In Anbetracht unserer Geschichte mag besonders erstaunen, dass gerade unsere militärische Zusammenarbeit sehr gut ist, wie

* Plenarrede in der 176. Sitzung des Deutschen Bundestages, 14. Wahlperiode, 21. Juni 2001 (http://dip21.bundestag.de/dip21/btp/14/14176.pdf, abgerufen am 20.6.2019)

das trilaterale deutsch-dänisch-polnische „Korps Nordost" in Stettin zeigt. Ich möchte auch auf die Entwicklung des wirtschaftlichen Austausches zwischen Deutschland und Polen hinweisen. Polen ist heute außerhalb der Europäischen Union unser drittwichtigster Handelspartner nach den USA und der Schweiz. Das ist ein wichtiges Fundament unserer Beziehungen. Diese Entwicklung ist überwältigend.

Ich freue mich, dass wir hier angesichts dieses Jahrestages einen parteiübergreifenden Antrag verabschieden werden. Das zeigt, dass die Beziehungen zu Polen kein Streitthema mehr in der deutschen Innenpolitik sind.

Es ist symbolträchtig, dass auch der Sejm in dieser Stunde über eine Resolution zum zehnten Jahrestag des Vertrages über gute Nachbarschaft und freundschaftliche Zusammenarbeit diskutiert. Ich glaube, dass die guten Kontakte zwischen den beiden Parlamenten für die guten Kontakte zwischen unseren Ländern bezeichnend sind.

Die Ereignisse von 1989 haben dazu geführt, dass erstmals in der gemeinsamen Geschichte ein demokratisches Deutschland und ein demokratisches Polen aneinander grenzen - ohne gegenseitige Gebietsansprüche, aber dafür mit stabilen demokratischen Strukturen auf beiden Seiten und dem festen Willen zur Zusammenarbeit. Dadurch hat sich der Charakter unserer Beziehungen grundlegend verändert. Es hat sich ein Perspektivwechsel sowohl für Polen als auch für West- und Ostdeutsche mit ihrer unterschiedlichen Geschichte ergeben. Voraussetzung für diesen Perspektivwechsel in unseren Beziehungen war der Prozess der Aussöhnung von Deutschen und Polen.

Zu danken haben wir all denjenigen, die sich in vielen Jahrzehnten in den verschiedensten Bereichen für Versöhnung und die Annäherung von Deutschen und Poleneingesetzt haben. Zu erwähnen sind in diesem Zusammenhang die Bemühungen vieler Einzelner, aber besonders die Ostdenkschrift der Evangelischen Kirche und der Brief der polnischen Bischöfe. Auf Regierungsebene hat die sozialliberale Koalition unter Willy Brandt den Versöhnungsprozess eingeleitet. Alle Folgeregierungen haben diesen Prozess fortgesetzt und sich wichtige Verdienste dabei erworben.

Dies hat möglich gemacht, dass auch in Polen frühere Tabus gebrochen wurden. Ein Beispiel dafür ist, dass die Frage der Vertreibung durch polnische und deutsche Historiker gemeinsam aufgearbeitet wird. Dies hat dazu beigetragen, dass wir mit unserer gemeinsamen Geschichte viel unverkrampfter umgehen können. Zur weiteren Entspannung hat auch die Stiftung „Polnisch-Deutsche Aussöhnung", die Anfang der 1990er Jahre gegründet worden ist, beigetragen. Besonders wichtig war natürlich die Errichtung der Stiftung „Erinnerung, Verantwortung und Zukunft" zur Entschädigung der Zwangsarbeiter. Die belastete Geschichte unserer beiden Länder wird zwar in unserer Erinnerung bleiben, aber sie stellt eben keine ernsthafte Belastung mehr für unsere Beziehungen dar. Dies ist ein wichtiger Erfolg. Wir hoffen, dass auch das letzte zu lösende Problem in Bezug auf die Vergangenheit, die Rückführung von kriegsbedingt verlagerten Kulturgütern, in Bälde gelöst werden kann.

Wir stehen in unserem bilateralen Verhältnis wahrhaftig noch vor einer Fülle von Herausforderungen. Wenn man sich die gesellschaftliche Entwicklung anschaut, dann stellt man fest, dass zwar die Eliten aus Wirtschaft, Politik und Kultur intensiven Kontakt miteinander haben, dass aber unsere beiden Bevölkerungen vor allem eines gemeinsam haben, nämlich dass sie jeweils nach Westen schauen. Das heißt, dass die Polen nach Deutschland schauen und sich die Deutschen normalerweise nicht nach Osten wenden. In Deutschland mangelt es an Interesse für Polen. Wir müssen deshalb viel dafür tun, dass sich die Menschen aus Deutschland und Polen mehr begegnen, damit Vorurteile abgebaut werden, die auf beiden Seiten noch vorhanden sind.

Besonders wichtig ist deshalb auch, die Begegnung von Jugendlichen unserer beiden Länder zu fördern, damit sie zusammenkommen, miteinander Zeit verbringen und zusammenarbeiten können. Sehr erfreulich ist, dass sich die beiden Regierungschefs in den Konsultationen vom Anfang dieser Woche darauf verständigt haben, den jeweiligen Beitrag für das Deutsch-Polnische Jugendwerk im nächsten Jahr außerplanmäßig zu erhöhen. Wir, die wir uns lange darum bemüht haben, haben hier einen wichtigen Erfolg erzielt. Das ist ein großer Schritt. Aber wir sollten uns auch darum bemühen, dass es so weitergeht; denn auch diese Erhöhung kann und darf nicht die letzte bleiben.

Es ist zu begrüßen, dass die Stiftung für deutsch-polnische Zusammenarbeit ein neues Förderprofil erhalten wird. Die Stiftung wird in Zukunft keine Infrastrukturprojekte mehr finanzieren, sondern sich auf die Förderung wissenschaftlicher, gesellschaftlicher und kultureller Austauschprojekte konzentrieren.

Es ist wichtig, darauf hinzuweisen, dass die Lage der deutschen Minderheit in Polen nicht mehr das wichtigste Thema zwischen der alten Bundesrepublik und Polen ist, wie es das neben der Grenzfrage vor 1989 noch war; denn die Situation der deutschen Minderheit hat sich grundlegend verbessert. Grundsätzlich sehe ich hier keine Probleme mehr. Das Verhältnis zwischen Polen und ihren Mitbürgern deutscher Nationalität, die auch polnische Staatsbürger sind, wird sich weiter normalisieren, wenn Polen Mitglied der Europäischen Union ist. Ich denke, es wäre auch erfreulich, wenn manches, was bisher nicht geschehen ist, in Zukunft ermöglicht würde. Dies betrifft etwa die schon vor zehn Jahren angesprochene Frage von zweisprachigen Ortsschildern. Ich hoffe, dass in Polen der Mut wächst, das zu tun. Dies wäre ein Zeichen der europäischen Normalität, wie es zum Beispiel in den sorbischen Gebieten der Lausitz oder in den deutschsprachigen Regionen Belgiens seit langem die Regel ist.

Eine wichtige Rolle in der Annäherung beider Länder kommt den Hunderttausenden deutschen Bürgerinnen und Bürgern zu, die sprachliche, familiäre und kulturelle Bindungen zu Polen haben, sowie den vielen polnischen Staatsbürgern, die in Deutschland leben, arbeiten oder studieren. In all ihrer Verschiedenheit erfüllen sie eine wichtige Mittlerrolle zwischen unseren beiden Ländern.

Die deutsch-polnischen Beziehungen werden und wurden schon in den letzten zehn Jahren ganz wesentlich durch die europäische Perspektive geprägt. Wir unterstützen den Weg Polens in die Europäische Union. Dies ist für uns nicht nur eine Sache, die beiläufig geschieht. Sie ist übrigens auch kein Gnadenakt Deutschlands oder Westeuropas gegenüber den Staaten Ostmitteleuropas. Vielmehr macht der Beitritt dieser Staaten die Europäische Union europäischer; ihre eigentliche Identität ist davon wesentlich berührt.

In Göteborg ist die Perspektive für die Mitgliedschaft mit dem Vertragsabschluss und der Teilnahme an den Wahlen 2004 auch zeitlich klar beschrieben worden. Das ist zu begrüßen. Klar ist ebenfalls, dass hinsichtlich mancher Sorge – ich denke an die Kapitelabschlüsse in den Verhandlungen, wo Polen etwas zurückgefallen ist; wir wissen, dass das auch mit der Behandlung von Themen und politischen Fragen im Wahlkampf zu tun hat – noch Wichtiges zu tun ist. Gleichzeitig ist aber zu sagen, dass Polen insgesamt weit vorangekommen ist.

Zum Schluss möchte ich auf Folgendes hinweisen: Wir gehen davon aus, dass Polen demnächst Mitglied ist, und nehmen diese Perspektive heute schon vorweg. Es ist wichtig, nicht nur über die Übergangsregelungen bei der Freizügigkeit und den Fragen des Bodenerwerbs zu reden. Das sind schwierige Fragen, aber ich denke, dass sie in nicht zu ferner Zukunft gelöst sein werden, zumal nach dem Wahlkampf etwas mehr Gelassenheit bestehen wird, wenn es in Polen eine neue Regierung geben wird.

Es ist wichtig – wir haben das als Parlamentarier praktiziert – über die Zukunft Europas gemeinsam nachzudenken. Polen und Deutsche als Partner in Europa, mit den Franzosen vereint im Weimarer Dreieck, müssen sich darüber Gedanken machen, wie das Europa der Zukunft aussehen soll. So haben wir in der deutsch-polnischen bzw. der polnisch-deutschen Parlamentariergruppe in den letzten Monaten zusammengesessen und ein Papier über die Zukunft Europas erstellt, in dem wir uns auf gemeinsame Aussagen zu diesen Fragen geeinigt haben. In der nächsten Woche wird die polnisch-deutsche Parlamentariergruppe mit einer Delegation hier sein und wir werden Mitte der nächsten Woche das Papier der Öffentlichkeit vorstellen. Ich kann Ihnen jetzt schon sagen: Es ist erstaunlich, in welch hohem Maße es uns gelungen ist, Übereinstimmung in wichtigen Fragen der künftigen Europapolitik zu erzielen.

Die europäische Integration spielt sich nicht nur in Brüssel und den europäischen Hauptstädten ab. Integration und Annäherung zwischen zwei Gesellschaften sind besonders im Grenzraum-

konkret erfahrbar. In diesem Bereich müssen wir noch weitere Brücken zwischen unseren Ländern und Völkern schlagen. Dazu gehören neue Grenzübergänge, die Förderung des wirtschaftlichen Austausches sowie die Abfederung der Belastungen, die durch die Erweiterung zumindest zeitweise bestehen werden. Wichtig ist auch, die Bereitschaft zum Erwerb der jeweils anderen Sprache zu unterstützen, denn die Sprachgrenze zwischen Deutschland und Polen ist bis heute eine der schärfsten Grenzen innerhalb Europas.

Ich komme zum Schluss: Den direkten Austausch zwischen den Menschen und das gegenseitige Kennenlernen zu fördern, das wird auch in Zukunft die größte Herausforderung im deutsch-polnischen Verhältnis bleiben. Ich hoffe, dass wir diese Herausforderung gemeinsam bewältigen werden. Ich danke Ihnen.

Aufruf zur Umgestaltung des polnischen Denkmals in Berlin-Friedrichshain (2009)*

Am polnischen Nationalfeiertag und anderen wichtigen Gedenktagen – wie dem 1. September in Erinnerung an den deutschen Überfall auf Polen und den Beginn des Zweiten Weltkrieges – lädt die polnische Botschaft in Berlin Repräsentanten des Deutschen Bundestages, der Bundesregierung, der diplomatischen Vertretungen und der deutschen Gesellschaft zur gemeinsamen Kranzniederlegung am Denkmal des polnischen Soldaten im Volkspark Friedrichshain ein. So erfüllt dieses Denkmal in der Nähe des Berliner Zentrums eine für die gegenwärtigen deutsch-polnischen Beziehungen wesentliche öffentliche Funktion. Die ästhetische wie inhaltliche Gestaltung des Denkmals steht dazu jedoch in einem bemerkenswerten Kontrast: Ein Rotarmist, ein polnischer Soldat und ein deutscher Antifaschist im Schulterschluss, ein hoher Betonpfeiler mit einer wehenden Bronzefahne und den Staatswappen der Volksrepublik Polen und der DDR, eine Mauer mit den Worten „Für eure und unsere Freiheit" auf Deutsch und Polnisch. Treppenstufen führen zu der erhöht gelegenen, weitläufigen Denkmalanlage, die auch in ihrer Ästhetik den kommunistischen Geist ihrer Entstehungszeit nicht verleugnen kann.

Am 14. Mai 1972, im Jahr der Einführung des so genannten visafreien Verkehrs zwischen der DDR und der Volksrepublik Polen, wurde das Denkmal des polnischen Soldaten und deutschen Antifaschisten in Anwesenheit hochrangiger Vertreter der Staatsorgane beider Länder eingeweiht. Die Initiative zur Errichtung des Denkmals war bereits Mitte der 1960er Jahre von regimenahen Vereinigungen in beiden Ländern ausgegangen, von dem polnischen Veteranenverband „Związek Bojowników o Wolność i Demo-

* Veröffentlicht unter dem Titel „Erläutern. Erweitern. Umdeuten. Das Denkmal des polnischen Soldaten und deutschen Antifaschisten" in: Troebst, Stefan / Wolf, Johanna (Hg.): Erinnern an den Zweiten Weltkrieg: Mahnmale und Museen in Mittel- und Osteuropa (Schriften des Europäischen Netzwerks Erinnerung und Solidarität), Leipziger Universitäts-Verlag, 2011

krację" (ZBOWiD), zu Deutsch: „Verband der Kämpfer für Freiheit und Demokratie und dem Komitee der Antifaschistischen Widerstandskämpfer" (KdAW) in der DDR. Ein zwischenstaatliches Abkommen beider Regierungen besiegelte den Bau des Denkmals.

Mit der Umsetzung war eine Gruppe polnischer und deutscher Künstler betraut worden: Tadeusz Łodzian, Zofia Wolska, Arnd Wittig und Günter Merkl schufen die Anlage im Stil kommunistischer Ehrenmäler. Ehren sollte es die *„Polnische Volksarmee, die an der Seite der Sowjetarmee einen ruhmvollen Kampfweg von Lenino bis Berlin zurücklegte und einen Beitrag für die Befreiung der Völker Europas vom Faschismus leistete"*, und wach halten sollte es das Andenken an *„die Taten der deutschen Antifaschisten, die bei der Verteidigung der höchsten moralischen Werte ihres Volkes gemeinsam mit den sowjetischen und polnischen Genossen den Kampf gegen den faschistischen Terror führten und damit während der faschistischen Diktatur die Vision der künftigen sozialistischen Deutschen Demokratischen Republik schufen"*, so die Inschrift auf Deutsch, Polnisch und Russisch.

Neben weiteren im und um den Volkspark Friedrichshain platzierten Denkmälern wie zum Beispiel dem Roten Matrosen (1960), dem Denkmal der Spanienkämpfer (1968) oder dem monumentalen Ernst Thälmann-Denkmal (1986) zeigt das Denkmal in seiner Form von 1972 deutlich die Bemühungen des kommunistischen Regimes, den öffentlichen Raum mit seinem ideologisch verzerrten Geschichtsbild zu prägen und dies so im Bewusstsein der Bevölkerung zu verankern. Das polnische Denkmal soll – die historischen Abläufe entstellend, aber der Ideologie vom gemeinsamen Klassenkampf entsprechend – den gemeinsamen Kampf von antifaschistischen Deutschen und Polen gegen die Nazis darstellen. Die DDR stilisiert sich als Erbin der „guten", antifaschistischen Kräfte Deutschlands, während der Westen, die Bundesrepublik, die Verantwortung für die Verbrechen des Nationalsozialismus trägt. Diese Darstellung muss heute zu starken inhaltlichen Bedenken führen. Dazu kommt schon im ersten Eindruck ein ästhetisches Unbehagen.

Vor diesem Hintergrund wurde 1995 am Denkmal auf Initiative der polnischen Botschaft eine Tafel in deutscher und polnischer Sprache angebracht, die eine kurze Erläuterung der Entstehung des

Denkmals gibt und erklärt, dass es die „damals offiziell anerkannten Helden" ehrt. Dies ist ein deutlicher Hinweis an den Betrachter, das Denkmal aus heutiger Perspektive kritisch zu sehen und zu hinterfragen. Außerdem wird das Gedenken auf die Soldaten der polnischen Heimatarmee, auf polnische Kämpfer in den alliierten Armeen, auf Widerstandskämpfer aber auch Zwangsarbeiter, Häftlinge und Kriegsgefangene und deutsche Widerständler gegen den Nationalsozialismus ausgeweitet.[1] So wird durch die nachträglich angebrachte Plakette weit über die ursprüngliche Botschaft des Denkmals hinausgewiesen. Dies ist aus heutiger Sicht auch dringend notwendig, führt aber gleichzeitig dazu, dass die gestalterische Darstellung der Gesamtanlage in einer deutlichen Spannung zu dieser Erweiterung steht. So ist die mit der Erweiterungstafel gefundene Lösung keineswegs zufriedenstellend. Die 1995 hinzugefügte Tafel verstärkt eher noch den Eindruck, dass das Denkmal aus heutiger Sicht überholt ist und die Geschichte ideologisch verzerrt darstellt. Sie unterstreicht, dass es nicht so bleiben kann, wie es ist.

In meinen Augen ist eine Neugestaltung des Denkmals von großer Bedeutung. Ich schlage vor, entsprechend dem schon vorhandenen Motto *„Für eure und unsere Freiheit"*, die Bedeutung und den Anteil Polens an der deutschen Freiheitsgeschichte ins Zentrum zu stellen. Neben einer künstlerischen Neugestaltung sollte diese Geschichte anhand zusätzlicher Tafeln dargestellt werden, so dass das Denkmal nicht nur zu einem Ort würdigen Gedenkens wird, sondern ebenso zu einem Lernort. Polens Einfluss auf die deutsche und die europäische Freiheits- und Demokratiegeschichte ist in Deutschland immer noch viel zu wenig bekannt. Dabei denke ich etwa an die kurze, aber intensive Phase der gegenseitigen Un-

---

1 Vollständiger Text der Inschrift: „Dieses Denkmal wurde 1972 von den Regierungen beider Länder zur Ehrung der damals offiziell anerkannten Helden im Kampf gegen den Nationalsozialismus errichtet. Heute wird an dieser Stelle auch derer gedacht, die als Soldaten der Armee des polnischen Untergrundstaates, der alliierten Streitkräfte und der polnischen Widerstandsbewegung gekämpft haben und gefallen sind, die als Zwangsarbeiter, Häftlinge und Kriegsgefangene verschleppt und ermordet wurden sowie aller Antifaschisten des deutschen Widerstandes, die ihr Leben für die Befreiung vom Nationalsozialismus geopfert haben. Berlin 1995."

terstützung innerhalb der Freiheitsbewegungen während des Völkerfrühlings im 19. Jahrhundert, an das Hambacher Fest 1848 oder an den Kampf polnischer Einheiten gegen Nazideutschland. Nur wenige in Deutschland wissen, dass auch eine hohe Zahl polnischer Soldaten an der Seite der französischen, britischen und amerikanischen Armeen uns von den Schrecken des Nationalsozialismus befreite. Erinnert sei dabei unter anderem an die Armee von General Anders und an den hohen polnischen Einsatz in den Schlachten um Monte Cassino oder Berlin.

Wichtige Kapitel der deutschen und europäischen Freiheits- und Demokratiegeschichte, an denen Polen mitschrieb, sind zudem die Rolle der Solidarność-Bewegung beim Niedergang der kommunistischen Diktaturen in Mittel- und Osteuropa, Polens Zustimmung zur Vereinigung Deutschlands 1990, schließlich auch Polens Weg in die Europäische Union und das heutige gemeinsame Engagement in Europa.

Bei der meines Erachtens notwendigen Umgestaltung und Erweiterung des Denkmals durch Tafeln oder Anbauten sollte der Satz *„Für eure und unsere Freiheit"* deshalb in jedem Falle seine zentrale Position behalten. Diese für Polen bis heute wichtige Losung aus der Zeit der liberalen und nationalen Bewegungen in Europa in der ersten Hälfte des 19. Jahrhunderts, im Zentrum des Denkmals in eine niedrige Mauer gemeißelt, lässt einen bei einer 1972 von zwei kommunistischen Staaten errichteten Anlage staunen, suchten sie doch jede freiheitliche Regung in ihren Ländern zu ersticken.

Es wäre sehr zu begrüßen, wenn Deutschland und Polen gemeinsam einen Diskurs um die Um- bzw. Neugestaltung des Denkmals begännen und schließlich zu einer gemeinsamen Entscheidung kämen. Es wird darüber zu diskutieren sein, ob die notwendige Umgestaltung des Denkmals an die vorliegende Gestaltung anknüpfen und sie ergänzen soll, oder ob eine umfassende Neugestaltung vorzuziehen ist. Wichtig wäre in jedem Fall, hier einen gemeinsamen Ort des Lernens, einander Verstehens und Gedenkens zu schaffen. Ob dies von den Regierungen beider Länder ausgeht oder den Partnerstädten Berlin[2] und Warschau – es bedarf in jedem

2 Das Denkmal steht unter der Verwaltung des Bezirks Berlin-Friedrichshain

Falle einer gemeinsamen Initiative von offizieller Seite. Es dürfte nicht schwer sein, dass polnische und deutsche Historiker und Experten zu einem gemeinsamen Konzept finden.

Ich persönlich trete dafür ein, auch künstlerisch mit einer Ausschreibung zu einer völlig neuen Gestaltung zu kommen und so einen Gedenk- und Lernort für den polnischen Anteil an unserem Kampf für Freiheit, Demokratie und Einheit zu schaffen. So könnte ein würdiger Ort auch für das öffentliche und offizielle Gedenken entstehen.

Zum Überfall auf Polen am 1. September 1939 (2018)*

„Zeichen der Hoffnung" heißt Ihr Verein, der für die Stadt Frankfurt nun schon zum zehnten Mal diese Gedenkstunde an den deutschen Überfall auf Polen und den Beginn des Zweiten Weltkrieges, vorbereitet. Wie kann man es anders als ein Zeichen der Hoffnung nennen, dass nach all den furchtbaren Schrecken, die wir Deutschen im Zweiten Weltkrieg über Polen gebracht haben, unsere beiden Länder heute in Frieden und Freundschaft ihre Nachbarschaft gestalten? Vielfältige Brücken sind zwischen unseren Ländern gebaut worden ein Netzwerk von Freundschaften und fruchtbaren Beziehungen ist gewachsen, wie es noch vor dreißig Jahren undenkbar erschien.

Aber das war keineswegs selbstverständlich. Es hat Menschen gebraucht, die den Mut aufbrachten, dem Mainstream entgegenzutreten. Das gilt für Deutschland, wo die evangelischen Kirchen 1965 mit der Ostdenkschrift alte Denkmuster hinter sich ließen und neue Perspektiven eröffneten. Das gilt aber besonders auch für Polen, wo im gleichen Jahr mitten in der kommunistischen Bedrückung mutige Bischöfe klare und entwaffnende Worte fanden und die Hand zur Versöhnung ausstreckten. Beide Initiativen entstanden gegen die politische Linie der jeweiligen Regierungen und gegen die mehrheitliche Stimmung im eigenen Land. Doch ließen sich Menschen in beiden Ländern anstecken, das Vergangene und auch eigene Schuld klar zu benennen und doch nicht dabei stehen zu bleiben. Ein langer, oft mühseliger Versöhnungsprozess begann. Viele engagierten sich. Dazu gehört auch Ihr Verein „Zeichen der Hoffnung", der schon 1977 gegründet wurde und noch heute KZ-Überlebende aus Polen einlädt und mit ihnen an unsere Schulen geht. Eine ganz wichtige Arbeit!

Es brauchte lange, bis sich auch in unserem Land Mehrheiten fanden, die bereit waren, sich den Schatten der Vergangenheit zu stellen und kein Blatt mehr vor den Mund zu nehmen. Erst vierzig

* Rede zum Gedenken an den Überfall auf Polen 1939, Frankfurt am Main, 31. August 2018

Jahre nach dem Krieg war man durch die beeindruckende Rede Richard von Weizsäckers bereit zu erkennen, dass die Kriegsniederlage 1945 eben nicht nur ein Zusammenbruch war, sondern gleichzeitig die Befreiung von einer menschenverachtenden Herrschaft. Mit dieser Befreiung wurde auch für Deutschland Freiheit wieder möglich.

Eine zentrale Rolle im bilateralen Verhältnis spielte die Grenzfrage. Wie viel Widerstand gab es dagegen, die Realitäten und damit die Grenze an Oder und Neiße anzuerkennen! Dabei ist es verständlich, dass die Millionen Deutschen, die ihre Heimat verlassen mussten, sich damit schwer taten. Doch sie vergaßen oft, was ihren eigenen Erfahrungen vorausgegangen war und dass es ebenfalls Millionen von Polen gab, die aus dem Osten Polens kamen und nun in diesen Gebieten lebten. Polen hatte ja selbst große Teile des Landes an die Sowjetunion verloren. Willy Brandt wagte 1970 als neu gewählter Kanzler den ersten Schritt und erkannte die Grenze an, wenn auch noch unter dem völkerrechtlichen Vorbehalt eines künftigen Friedensvertrages. Was musste er dafür aushalten! Erst mit der deutschen Vereinigung 1990 konnte dieses Problem dauerhaft gelöst werden.

Für uns in der DDR lief die Geschichte anders: Hier wurden beide sozialistischen Länder, die Volksrepublik Polen und die DDR, von oben her zu Freunden erklärt. Entsprechend brüchig und wenig tragfähig war diese Freundschaft. Und als 1980 die Gewerkschaft Solidarność gegründet und anerkannt wurde, schloss man schnell die Grenzen, um den „Freiheitsbazillus“ aus Polen abzuwehren. Allein die Kirchen hatten Kontakte, die die Vergangenheit nicht ausblendeten.

Den großen Einschnitt brachte 1989/1990 der Sieg von Freiheit und Demokratie in Mitteleuropa, zuerst in Polen, in Ungarn und dann bei uns in der DDR. Diese Friedlichen Revolutionen, durch Verhandlungen an Runden Tischen ausgehandelte Systemwechsel, veränderten das Gesicht Europas. Sie brachten den Kalten Krieg ans Ende, ermöglichten die deutsche Vereinigung und den Erweiterungsprozess von EU und NATO. Bis 1989 grenzten an der deutsch-polnischen Grenze Diktaturen aneinander, die freundschaftlich taten, es aber nicht waren. Die Grenze war seit Jahren geschlossen, die Menschen konnten sich nicht begegnen. Nun aber war Deutschland vereint und frei und auch Polen eine Demokratie.

Endlich war 1990 die Grenze völkerrechtlich anerkannt worden – auch das leider nicht so problemlos, wie man es sich gewünscht hätte, doch dann wurde sie durchlässig. Der Nachbarschaftsvertrag mit Polen von 1991 ermöglichte eine Beziehungsentwicklung, die beispielhaft war. Außenminister Skubiszewski sprach damals von einer „Interessengemeinschaft" zwischen Polen und Deutschen. Über viele Jahre haben wir – und jedes Mal mit Recht – davon geredet, die deutsch-polnischen Beziehungen seien so gut wie noch nie in der Geschichte. Zum Symbol dafür wurde die Wahl des polnischen Ministerpräsidenten Donald Tusk zum Präsidenten des Europäischen Rates.

Damals hat kaum jemand für möglich gehalten, dass sich an den guten Beziehungen etwas ändern könnte. Schauen wir jedoch die Gegenwart an, hat sich das Bild ziemlich verdüstert. Die jetzige polnische Regierung hat einen Kurs eingeschlagen, der von uns in Deutschland und in der EU sehr kritisch betrachtet wird. Wie in Ungarn werden demokratische Grundsätze wie die Gewaltenteilung systematisch untergraben. Die Politik sichert sich ihren Einfluss auf die Rechtsprechung, die Unabhängigkeit der Justiz wird eingeschränkt. Die öffentlichen Medien werden zu Organen der Regierungspropaganda. Es wird versucht, die lebendige Zivilgesellschaft in ihren Möglichkeiten einzuschränken. Für Positionen in staatlichen Institutionen wird verstärkt parteipolitische Loyalität zur Voraussetzung. Die Europäische Union hat sich nach langem Zögern genötigt gesehen, gegen Polen ein Rechtstaatlichkeitsverfahren einzuleiten. In Deutschland macht sich bei vielen Ratlosigkeit breit, wie man mit Polen umgehen soll – hatte man sich doch an ein gedeihliches Miteinander gewöhnt und mag eigentlich Polen nicht kritisieren. Schon wegen unserer belasteten Geschichte.

Lassen Sie mich, bevor ich auf die Gestaltung der Zukunft komme, auch noch einmal zurückschauen. Denn das eben von mir gezeichnete Bild ist eben nur die eine Seite dieser Geschichte. Es stellt sich die Frage, ob wir in Deutschland polnische Sichtweisen auf das 20. Jahrhundert schon genügend wahrgenommen haben.

In diesem Jahr, 2018, begehen wir in Europa und weit darüber hinaus den 100. Jahrestag des Endes des Ersten Weltkrieges. In der deutschen Öffentlichkeit ist das derzeit noch wenig zu spüren. Polen jedoch bereitet sich seit langem auf dieses Datum vor, ist es doch gleichzeitig der 100. Jahrestag seiner wiedergewonnenen Staatlichkeit, seiner „Wiedergeburt". Wir Deutschen können uns wahrscheinlich kaum vorstellen, wie wichtig dieses Datum für die meisten Polen ist – ist doch durch die Nationalsozialisten unser eigenes Nationalbewusstsein gemeinhin ziemlich gebrochen und begründungsbedürftig. Anders für Polen. Da sind Liebe zur und Stolz auf die nationale Tradition und Geschichte tief verwurzelt und gelten als selbstverständlich. Das polnische Selbstbild ist stark geprägt von dem Bewusstsein, immer für die Freiheit gekämpft zu haben aber auch Opfer zu sein. Das macht es schwerer, anzuerkennen, dass auch Polen einmal auf der falschen Seite standen und Schuld auf sich luden, etwa beim Massaker an den Juden von Jedwabne 1941. Die jetzige polnische Regierung verstärkt nun gerade den Akzent auf den Ruhm des Polentums, was wiederum viele exzellente polnische Historiker unter Druck setzt und zu Auseinandersetzungen führt.

Wenn von deutscher Seite derartige Themen berührt werden, wird in Polen schnell der Verdacht laut, wir Deutschen wollten von unserer Schuld ablenken. Das macht das Gespräch schwer. Wir müssen jedenfalls feststellen, dass wir schon einmal weiter miteinander waren, dass es schon einmal ein viel offeneres intellektuelles Klima in der gemeinsamen öffentlichen Debatte gegeben hat, gerade auch zwischen Historikern. In diesem Klima war nicht die Nation, sondern waren die europäischen Werte Maßstab für die gemeinsame Bewertung historischer Ereignisse. Dafür müssen wir auch in Zukunft eintreten. Dabei brauchen gerade die polnischen Historiker und Journalisten unsere Solidarität, die aufgrund ihrer Positionen und Veröffentlichungen im eigenen Land in eine schwierige Lage geraten. Leider ist das immer wieder der Fall.

Unsere heutige Veranstaltung erinnert an den Überfall auf Polen im Jahr 1939, der den Zweiten Weltkrieg auslöste. Es hat lange gedauert, bis in Deutschland der Krieg im Osten in der Breite unserer Bevölkerung als rassistisch motivierter Vernichtungskrieg anerkannt wurde. Als ein Krieg, der eng mit dem Völkermord an den europäischen Juden und dem Mord an Millionen von Polen, Russen und anderen Slawen – so lautete damals die rassistische Kategorie – verbunden war. Es hat mich deshalb vor einigen Jahren sehr erstaunt, dass ich über diese Frage beim Volksbund Deutsche Kriegsgräberfürsorge noch heftige Diskussionen führen musste. Für Polen ist die Anerkennung der deutschen Verantwortung und die Klarheit der Aussage wichtig – und ist gleichzeitig doch nur die halbe Wahrheit. Denn in der polnischen Erinnerung steht am Beginn der Hitler-Stalin-Pakt vom 23. August 1939, der Pakt zwischen den großen Diktatoren des 20. Jahrhunderts. Auch dieses Datum ist in Deutschland wenig im Bewusstsein. Damals teilten Hitler und Stalin die Völker und Länder zwischen ihren Grenzen unter sich auf. Polen wurde wieder geteilt: am 1. September 1939 überfiel Deutschland Polen, am 17. September dann rückte die Rote Armee im Osten ein. Sie begegneten sich an der abgesprochenen Grenzlinie. Diese stellt noch heute weitgehend die polnische Ostgrenze dar, denn Stalin bestand auch nach 1945 auf dieser Grenze. Ohne die deutschen Gräuel zu relativieren sehen Polen, dass die damaligen Schrecken im Osten Polens bis heute wenig Aufmerksamkeit bei uns finden.

Aus dieser Erfahrung, die Polen ja mit den baltischen Völkern teilt, ergibt sich eine Anfrage an uns, die wir ernst nehmen müssen: Es ist die Frage nach der Bagatellisierung des Kommunismus und der mit ihm verbundenen Terrorerfahrungen. Über die Verurteilung des Nationalsozialismus und seiner Verbrechen gibt es in Europa einschließlich Deutschlands Konsens und Einigkeit. Über den Kommunismus längst nicht. In Deutschland hat man bei der Beurteilung des Kommunismus oft nur denjenigen Zipfel des Kommunismus im Blick, den die SBZ und DDR ausmachte. Wir müssen uns bewusst machen: Ohne den von uns Deutschen begonnenen Zweiten Weltkrieg hätte es die Ausweitung des sowjetdiktatorischen Machtbereichs auf die Hälfte Europas mit schlimmsten Folgen für die jeweiligen Gesellschaften, Kulturen und die Millionen von Menschen die verfolgt wurden oder den Tod fanden, nicht gegeben. Die furchtbaren Dimensionen der Schrecken und ihrer Folgen, die nach der sogenannten Oktoberrevolution vor einhundert Jahren die Erfahrung der Menschen in der Sowjetunion und nach 1945 halb Europas prägten, ist in Deutschland und Westeuropa noch immer zu wenig im öffentlichen Bewusstsein. Wer aber Polen und die neuen Mitglieder in der Europäischen Union verstehen will, muss sich dieser Thematik verstärkt zuwenden!

Ein anderes mit dieser Geschichte verbundenes Trauma in Polen ist das deutsch-russische Verhältnis über Polen hinweg. Daraus resultiert die wie ich finde berechtigte Forderung: „Nichts über uns ohne uns!“ Polen will mitreden, wenn es um europäische Politik gegenüber Russland geht. Als Mitglied der EU ist diese Forderung recht und billig. Nicht erst die jetzige Regierung, sondern auch frühere mussten allerdings die Erfahrung machen, dass man Polen gern außen vor lässt, wenn es um die Gestaltung der Politik gegenüber Russland geht. So findet dieses Trauma leider bis in die Gegenwart hinein immer wieder Nahrung. Ich nenne nur zwei Beispiele:

Von den Minsker Verhandlungen mit Russland nach dem Ausbruch des Krieges in der Ostukraine im sogenannten „Normandie-Format“ war Polen ausgeschlossen. Man wird das höchstens im Nachhinein als klug bezeichnen können, war doch damals die jetzige Regierung Polens noch nicht im Amt. Der zweite Punkt ist die North-Stream II-Pipeline. Schon bei der ersten Ostseepipeline spielten handfeste politische Gründe eine Rolle. Gerhard Schröders Aktivitäten kennen wir heute. Umso mehr hätten gerade wir Deutschen die politischen Implikationen anerkennen und die Bedenken in Polen und der Ukraine ernstnehmen müssen. Hier von einem rein wirtschaftlichen Projekt der Energiesicherung zu reden, ist Realitätsverweigerung oder aber ein unlauteres politisches Spiel.

Doch zurück zum Zweiten Weltkrieg. Nicht nur zum Gedenken an den Beginn dieses Krieges gibt es Botschaften aus Polen an uns, die ernst zu nehmen sind. Dasselbe gilt auch für das Kriegsende. Wer weiß denn in Deutschland schon, dass Polen in allen alliierten Armeen mitgekämpft haben, also zu denen gehörten, die uns mit vom Nationalsozialismus befreit haben? […]

Stalin hat verhindert, dass 1945 der polnische Anteil an der Befreiung anerkannt wurde. Der deutschen Öffentlichkeit ist es nie wirklich bewusst geworden. Es wäre gut, wenn wir nun entsprechende Wege fänden, etwa indem wir zu den Jahrestagen neben den anderen damaligen Alliierten auch Polen einlüden. Bisher ist das meines Wissens noch nie geschehen. Polen müssten beim Gedenken an zentrale Ereignisse der deutschen Geschichte dabei sein. Neben dem 1. September und dem 8. Mai gilt dies auch für den 9. November. Denn der Mauerfall ist Teil der friedlichen mitteleuropäischen Revolution von 1989, die den Weg zur deutschen Einheit eröffnet und den europäischen Einigungsprozess möglich gemacht hat.

Seit einigen Monaten wird der Vorschlag diskutiert, in Berlin ein Denkmal für die polnischen Opfer im Zweiten Weltkrieg zu errichten. Viele haben einen Aufruf dazu unterzeichnet, auch in dem Willen, etwas Gemeinsames mit der polnischen PiS-Regierung als Partner umzusetzen. Ich kann dies Anliegen verstehen, will aber gleichzeitig davor warnen, dieser Idee zu folgen. Ein Denkmal baut man nicht, um mit einem Projekt aktuelle Schwierigkeiten zu überwinden. Ich halte ein solches Denkmal grundsätzlich für problematisch, denn wir sollten nicht beginnen, den Opfern des Nationalsozialismus getrennt nach Nationen Denkmäler zu errichten. So sehr es richtig ist, dass wir der polnischen Opfer gedenken, so sollte doch nicht nach Nationen unterschieden werden. Wo sollten wir anfangen und wo aufhören? Natürlich braucht es dann auch ein Denkmal für die russischen, die ukrainischen und die belarussischen Opfer. Überall dort gingen die Opferzahlen in die Millionen. Und sind andere Opfer weniger gedenkenswert, weil die Zahlen geringer sind? Ich halte das für einen gefährlichen Weg.

Ich trete für ein anderes polnisches Denkmal ein, bei dem es eine polnische Singularität gibt. Damit meine ich den Beitrag Polens zur deutschen Freiheits- und Demokratiegeschichte. Hier wäre manches zu nennen, von der deutschen Begeisterung für die polnischen Freiheitskämpfer beim Hambacher Fest, wie schon erwähnt der polnische Anteil an der Befreiung vom Nationalsozialismus, Solidarność und der Runde Tisch, die konstruktive Haltung Polens 1990. Für ein solches Denkmal gibt es schon einen Ort: das jetzige polnische Denkmal in Berlin aus DDR-Zeit, das völlig umzugestalten wäre. Es steht aber bereits jetzt unter dem schönen Namen: *„Für eure und für unsere Freiheit!"*

Doch es gilt natürlich über Denkmäler hinaus darüber nachzudenken, wie wir mit Polen unter seiner aktuellen Regierung umgehen. Dabei muss bedacht werden, dass die Infragestellung unserer liberalen Werte und der Europäischen Union heute nicht nur aus Polen und Ungarn kommt. Nationalistische Kräfte sind in vielen Ländern auf dem Vormarsch, auch bei westlichen Nachbarn und bei uns selbst. Die Nachrichten und Bilder dieser Tage aus Chemnitz, bei denen auch der Hitlergruß zu sehen war, sind nur die letzten in einer langen, beschämenden Reihe. Wenn das Thema der heutigen Veranstaltung von einem Fraktionsvorsitzenden im Deutschen Bundestag als *„Fliegenschiss"* in der deutschen Geschichte bezeichnet wird, fordert das die Demokraten aller Parteien in unserem Land heraus.

Nach meiner Überzeugung ist die klare Benennung von Differenzen und Kritik an der polnischen Politik dringend und wichtig. Das Untergraben der Gewaltenteilung, die Einschränkung der Unabhängigkeit der Justiz und der öffentlichen Medien gefährden die Werte, auf welche die Europäische Union gegründet ist. Deshalb unterstützt Deutschland mit Recht die Einleitung des Rechtsstaatsverfahrens der EU gegenüber Polen. Dies ist auch wichtig, um uns gegenüber denjenigen Polen nicht unglaubwürdig zu machen, mit denen wir in den letzten drei Jahrzehnten intensiv zusammengearbeitet haben. Gerade in dieser Situation sollten wir uns nicht von Polen abwenden, sondern uns im Gegenteil dem Land in differenzierter Weise noch mehr zuwenden. Dazu gehört die Förderung zivilgesellschaftlicher und regionaler Kontakte, etwa von Städtepartnerschaften und der Ausbau ihrer Finanzierungsmöglichkeiten. Wir müssen uns deutlich machen, dass die polnische Bevölkerung sehr europafreundlich ist. Umfragen haben das kürzlich erst wieder belegt. Die PiS wird meines Erachtens nicht wegen ihrer von uns kritisierten Politik gewählt, sondern trotzdem. Die eigentlichen Gründe liegen eher in der Sozialpolitik und in der Schwäche der Oppositionsparteien! Die Transformation der letzten Jahrzehnte erfolgte durch die Stärkung der Starken in der Gesellschaft und im Freisetzen der Marktkräfte. Viele Jahre ist neoliberale Politik gemacht worden, bei der die Schwachen und die Verlierer des Transformationsprozesses ins Hintertreffen geraten sind. Diesen Menschen hat sich die PiS zugewandt und dort ihre Mehrheiten gefunden.

Gleichzeitig sollte mit der polnischen Regierung nach Projekten im gemeinsamen Interesse gesucht werden. Ich denke hier insbesondere an die Sicherheitspolitik und die Kooperation in der Gestaltung der europäischen Russland- und Ukrainepolitik. In meinen Augen ergeben sich hier vielfältige Möglichkeiten. Gerade weil es kompliziert ist, scheint mir ein kontinuierlicher Dialog zur Energiepolitik ebenso sinnvoll. Vor Jahren habe ich einen deutsch-polnischen Energierat vorgeschlagen. Wo Deutschland und Polen sich einigen, könnte das auch für Europa von Bedeutung sein. In jedem Falle gilt es, den Dialog nicht abreißen zu lassen. So manche polnische Perspektive stellt auch an uns berechtigte Fragen, die uns zum Nachdenken bringen sollten. Einige Beispiele dafür habe ich benannt.

Polen und Deutschland sind – unabhängig von ihrer jeweiligen Regierung – wichtige Partner in der Gestaltung Europas. Wir haben hier in der Vergangenheit viel erreicht und sollten daran festhalten. Da Europa unsere Zukunft ist – und davon bin ich überzeugt, denn selbst große Nationalstaaten werden nicht das nötige Gewicht haben, angesichts der Globalisierung zu bestehen – da also Europa unsere Zukunft ist, gehört auch das deutsch-polnische Verhältnis zu unserer Zukunft. Und wo Zeiten so schwierig sind wie die jetzigen, erfordert das umso mehr Empathie, Dialog und die Bereitschaft zum Zuhören. Dafür aber muss man sich begegnen und miteinander reden. Verstehen Sie das ruhig nicht nur als Aufforderung an die Politiker. Die deutsche Bevölkerung, besonders im Westen, hat hier noch einen großen Nachholbedarf. Insofern schließe ich mit einem Aufruf: Fahren Sie nach Polen, nehmen Sie Ihre Freunde mit und reden Sie mit den Menschen. Das erweitert den Horizont auf beiden Seiten, ist spannend und hilft uns allen!

2. Europa- und Außenpolitik

Vom totalen Wehrdienstverweigerer zum Befürworter von Auslandseinsätzen der Bundeswehr (2014)*

Ich gestehe, dass ich in den Zeiten des Kalten Krieges, als die Sorge um den Frieden auf den Nägeln und in den Herzen brannte, nicht auf den Gedanken gekommen wäre, bei Luther nachzuschauen, ob bei ihm etwas in Sachen Krieg und Frieden zu lernen wäre. Zu sehr war mir in Erinnerung, wie er sich etwa zu den Bauernaufständen geäußert hat. So war es für mich nun sehr interessant, einmal genauer hinzuschauen.

In einem Punkt bestätigte sich mein Vorurteil: Nach dem Bauernkrieg diskutiert er intensiv die Frage, ob es ein Widerstandsrecht gegen den Tyrannen gibt – und lehnt es ab. Die Obrigkeit wird von Gott gerichtet. Es ist nicht Sache der Untertanen, sich an der Obrigkeit zu vergreifen, zumal es ja nicht um das Seelenheil geht. Hier ist schlicht Leiden angesagt: *„Der du recht tun und dein Gewissen sicher halten willst, lass Harnisch und Wehr liegen und streite nicht gegen deinen Herrn oder Tyrannen. Leide lieber alles, was dir geschehen kann. Der Haufe aber, der das tut, wird seinen Richter wohl finden."* So weit, so fern von unserem heutigen Denken.

Ansonsten beruft sich Martin Luther in unserem Traktat auf seine Schrift von der „weltlichen Obrigkeit", in der er die Verantwortung des Staates (so würden wir heute sagen) als eine von Gott gegebene versteht, die Bürger zu schützen und für Recht und Ordnung zu sorgen. Dazu gehört auch, sie vor äußeren Übergriffen zu schützen und in Notwehr Krieg zu führen. Diese Aufgabenbeschreibung nun hat das Denken künftiger Jahrhunderte geprägt, die Confessio Augustana, das dogmatische Basisdokument evan-

* Als Sonntagsvorlesung gehalten unter dem Titel: „Luther neu gelesen: Ob Kriegsleute auch in seligem Stand sein können." In: Evangelisches Predigerseminar Lutherstadt Wittenberg (Hg.): Reformation und Politik. Wittenberger Sonntagsvorlesungen, Wittenberg 2014

gelisch-lutherischen Bekenntnisses, hat im 16. Artikel klar ausgesprochen, dass in dieser Welt „iure bellare" möglich sei - rechtmäßig Krieg zu führen, um dem Bösen zu wehren.

Ein solches Denken nun erschien nach 1945 nicht nur uns Deutschen nach dem von uns entfesselten Zweiten Weltkrieg mit seinen unvorstellbaren Schrecken und auch nach der erstmaligen Nutzung der Atombombe kein gangbarer Weg mehr zu sein. Die Position Luthers und der Confessio Augustana wurde angesichts dieser Erfahrungen und der ständig möglichen Selbstvernichtung des Menschen als Denken aus einer vergangenen Welt definiert, das es um der Zukunft der Menschheit willen zu überwinden galt.

„Nie wieder Krieg!" - das war die Botschaft, der die Christenheit in Ost und West anhing. Bei der 1. Ökumenischen Vollversammlung des Ökumenischen Rates in Amsterdam 1948 hieß es: *„Krieg soll nach Gottes Willen nicht sein!"* So wurde die Frage nach der richtigen Botschaft auf der Suche nach Frieden in den Kirchen in Ost und West zu einem ständigen Thema.

Im Westen Deutschlands ging der erbitterte Streit um die Wiederbewaffnung, die Integration in die NATO und den Besitz von Atomwaffen, über Jahre. Die Debatte war entscheidend von der Situation des Kalten Krieges geprägt, von der gegenseitigen Abschreckung mit Atomwaffen. Vor dem Hintergrund dieser Waffen wurde die Suche nach Frieden zur Überlebensbedingung der Menschheit. So heißt es denn auch in der ersten der Heidelberger Thesen von 1959, an denen Carl Friedrich von Weizsäcker entscheidend mitgearbeitet hatte: *„Der Weltfriede wird zur Lebensbedingung des technischen Zeitalters."* Und in These 3: *„Der Krieg muss in andauernden und fortschreitenden Anstrengungen abgeschafft werden"*. Entsprechend heißt es in These 4: *„Die tätige Teilnahme an dieser Arbeit für den Frieden ist unsere einfachste und selbstverständlichste Pflicht."* In der heftig umstrittenen Frage, ob eine Beteiligung an einer Abschreckungspolitik mit Massenvernichtungswaffen aus christlicher Sicht ethisch gerechtfertigt sei, fanden die Heidelberger Thesen einen Kompromiss. So lautete die These 7: *„Die Kirche muss den Waffenverzicht als eine christliche Handlungsweise anerkennen."* Und gleich darauf in These 8: *„Die Kirche muss auch die Beteiligung an dem Versuch,* *durch das Dasein von Atomwaffen einen Frieden in Freiheit zu sichern, als eine heute noch mögliche christliche Handlungsweise anerkennen."*

Diese Komplementarität der Aussagen - dass beide Haltungen sich jeweils kritisch anfechten, herausfordern und korrigieren (Eppler) - charakterisierte dann im Grunde bis zum Ende des Kalten Krieges die Position im Westen. Umstritten blieb dabei, wodurch dieses „heute noch" für eine Beteiligung an einer durch atomare Abschreckung begründeten Sicherheitspolitik begründet werden kann. Die EKD-Denkschrift zur Friedensfrage von 1981 präzisierte dieses „immer noch möglich" mit klaren Bedingungen:

> „Allein, diese Handlungsweise ist nur in einem Rahmen ethisch vertretbar, in welchem alle politischen Anstrengungen darauf gerichtet sind, Kriegsursachen zu verringern, Möglichkeiten gewaltfreier Konfliktbewältigung auszubauen und wirksame Schritte zur Senkung des Rüstungsniveaus zu unternehmen." [1]

Ob diese Bedingungen noch erfüllt seien, wurde dann in den 1980er Jahren in den Diskussionen um die Nachrüstung und angesichts der Versuche, einen atomaren Krieg doch führ- und gewinnbar zu machen, massiv infrage gestellt.

Kommen wir nun zur Situation im Osten Deutschlands, wo ich aufgewachsen bin. Zuerst einmal unterschied sich die Situation nicht so sehr vom Westen: Mein Vater war Offizier im Zweiten Weltkrieg, Ende 1949 kam er aus der sowjetischen Kriegsgefangenschaft zurück. Er fasste kein Gewehr mehr an und als es uns Kindern einmal gelang, ihn schließlich doch zu überreden, auf einem Rummel nach Blumen zu schießen, sah ich, wie erschrocken er war, dass er eine nach der anderen schoss. Seine drei Söhne verweigerten den Dienst in der Volksarmee. Zwei verweigerten total, einer ging zu den Bausoldaten. In meiner Erklärung zur Totalverweigerung schrieb ich im März 1970: *„Ich möchte damit einen Friedensdienst leisten, der mir als der einzig mögliche und für mich gangbare erscheint. Es muss Menschen geben, die anfangen, deutlich zu machen, dass in der Zukunft ein Weg der Gewaltlosigkeit und der Liebe zum Mitmenschen*

1 Frieden wahren, fördern und erneuern. Eine Denkschrift der Evangelischen Kirche Deutschlands, 1981, Gütersloher Verlagshaus Mohn

eingeschlagen werden muss. Ein Krieg kann heute keine Probleme mehr lösen, sondern nur vertiefen."

1962, im Jahr nach dem Mauerbau, hatte die DDR die Wehrpflicht eingeführt. Nach mannigfachem Protest der Kirchen schuf sie dann 1964 mit einer Verordnung die Möglichkeit eines waffenlosen Dienstes innerhalb der militärischen Strukturen, den Bausoldatendienst. Über diese Möglichkeit wiederum gab es keine öffentliche Information, ausschließlich in den Kirchen konnte man davon erfahren.

Die Kirchen in der DDR veröffentlichten dann im November 1965 als Ergebnis ihrer intensiven Debatte um den Wehrdienst eine Orientierungshilfe. Sie nannten diese Handreichung „Zum Friedensdienst der Kirchen". In diesem Text wurde vor dem Hintergrund der Argumentation Carl Friedrich von Weizsäckers über die Bedingungen des Friedens im Atomzeitalter die Verweigerung des Waffendienstes als das „deutlichere Zeichen" für den Frieden beschrieben. Gegenüber den Heidelberger Thesen von 1959 gab es hier schon eine deutliche Akzentverschiebung: Der Begründungsdruck für den Dienst mit der Waffe, akzeptiert als eine „heute noch" mögliche Position, verschärfte sich. Er wurde mit der Hoffnung auf einen Abrüstungsprozess und auf den Aufbau Frieden schaffender internationaler Strukturen verbunden. Da in dieser Richtung nicht genug geschah, verstärkte sich die Tendenz zur Befürwortung eines Friedensdienstes ohne Waffe.

Die Vollversammlung des Ökumenischen Rates in Nairobi erklärte dann 1975: *„Die Kirche sollte ihre Bereitschaft betonen, ohne den Schutz von Waffen zu leben, und bedeutsame Initiativen ergreifen, um auf eine wirksame Abrüstung zu drängen."*

Ende der 1970er Jahre begann die Sowjetunion damit, SS-20-Raketen aufzustellen und gab damit den Anstoß für eine neue Runde im Wettrüsten. Kanzler Helmut Schmidt ergriff die Initiative, diese in seinen Augen gravierende Sicherheitslücke zu schließen; die NATO beschloss die sogenannte Nachrüstung von atomaren Mittelstreckenwaffen.

Diese Entscheidung war hoch umstritten und führte zu erheblichen Debatten in West und Ost, auch in den Kirchen. Vor diesem Hintergrund wuchs bei vielen die Überzeugung, dass die 1959 in den Heidelberger Thesen noch koinzidierte Chance auf einen Friedensprozess nicht genutzt worden war. Die Entwicklung verlief genau in die andere Richtung. Durch die Verkürzung der Vorwarnzeiten und den Versuch der Reagan-Administration, mit SDI einen Raketenschutz zu schaffen der die Abschreckung unterlief *(„Wer zuerst schießt, stirbt als zweiter")*, verschärfte sich die Gefahr einer atomaren Katastrophe.

1980 forderten kirchliche Gruppen in der DDR erneut, endlich einen wirklich zivilen Wehrersatzdienst einzuführen. In Synodalbeschlüssen zur „Absage an Geist, Logik und Praxis der Abschreckung" und zum „Bekennen in der Friedensfrage" bekräftigten die Kirchen 1982 beziehungsweise 1987 ihre Überzeugung, dass die Ablehnung eines Waffendienstes das „deutlichere Zeichen" für den Frieden sei. Dem von der „Olof-Palme-Kommission" vorgelegten Konzept einer gemeinsamen Sicherheit folgend traten sie für eine Sicherheitspartnerschaft zwischen den Blöcken ein. Gerade in diesem Kontext wurde ein die Zukunft vorwegnehmendes Zeichen gewaltlosen Eintretens für den Frieden als das hoffnungsvollere angesehen.

Die wesentlichen Grundlinien dieser Argumentation hatte Joachim Garstecki, der Referent für Friedensfragen in der Studienabteilung des Bundes der Evangelischen Kirchen, schon 1981 in seinem Pazifismus-Papier (Pazifismus in der aktuellen Friedensdiskussion) entwickelt. Er wiederum bezog sich in besonderer Weise auf eine Studie der Forschungsstätte der Evangelischen Studiengemeinschaft (FEST) mit dem Titel: „Eschatologie und Frieden". Diese beiden Texte übten einen erheblichen Einfluss auf die Stellungnahmen der evangelischen Kirchen in den 1980er Jahren aus. Dabei ist bezeichnend, dass solches Denken zwar jeweils selbstständig in Ost und West weiterentwickelt wurde, aber eben doch in einem engen, aufeinander bezogenen Kommunikationszusammenhang. Der Einfluss dieser Studien war aber nicht nur in den Kirchen groß, sondern wirkte auch auf die Diskussionen und Stellungnahmen der in diesen Jahren entstehenden oppositionellen Gruppen in der DDR, die sich bezeichnender Weise „Friedensgruppen" nannten. Die Sorge um den Frieden und die Auseinandersetzung um die Sicherheitspolitik in Ost und West wurde damals vielfach zum

Ausgangspunkt einer zunehmend kritischen Haltung gegenüber dem SED-Staat und damit zum Entstehen einer neuen Form von Opposition in der DDR.

Die Pazifismus-Studie von Garstecki, die von den Kirchen aufgenommen und verbreitet wurde, stellte das Bemühen um den Frieden in einen theologischen, historischen und politischen Kontext und half vielen, ihre Argumentation zu differenzieren und politikfähig zu werden. Hier ging es um das Primat der Politik, die Wahl der Mittel, um Verhältnismäßigkeit und die Zusammenhänge mit anderen Politikfeldern wie etwa der sozialen Frage (Gerechtigkeit). Frieden wurde als Prozess der Verringerung von Gewalt, Not und Unfreiheit verstanden (Minimierungsthese) und so das Handeln des Einzelnen in den Kontext der großen Politik gestellt. Wichtig war auch die Hervorhebung der Bedeutung der Nuklearwaffen für die Friedensfrage, für die Frage nach der Legitimität der Gewaltanwendung zur Erreichung politischer Ziele.

Die Existenz von Atomwaffen und die Gefahr, dass jeder militärische Konflikt im Kalten Krieg zu einem Atomkrieg hätte werden können, machte die Friedensfrage mehr und mehr zu einer Überlebensfrage der Menschheit und die ethische Beurteilung einer Beteiligung an den Strukturen der Abschreckung mit den Jahren immer eindeutiger. Mit der Einschätzung zunehmender Gefahr wurde die Position immer klarer. Schließlich fanden die Kirchen in der DDR einen recht eindeutigen Konsens. 1987 heißt es in dem Synodalbeschluss „Bekennen in der Friedensfrage":

> „In einer Welt mit Massenvernichtungsmitteln gibt es keine gerechten Kriege mehr! Krieg darf kein Mittel der Politik mehr sein. […] In dieser Situation setzt sich die Kirche für gewaltfreie Förderung und Sicherung des Friedens ein. Jeder Christ, der vor die Frage des Wehrdienstes gestellt ist, muss prüfen, ob seine Entscheidung mit dem Evangelium des Friedens zu vereinbaren ist. Wer heute als Christ das Wagnis eingeht, in einer Armee Dienst mit der Waffe zu tun, muss bedenken, ob und wie er damit der Verringerung und Verhinderung der Gewalt und dem Aufbau einer internationalen Ordnung des Friedens und der Gerechtigkeit dient. Die Kirche sieht in der Entscheidung von Christen, den Waffendienst oder den Wehrdienst überhaupt zu verweigern, einen Ausdruck des Glaubensgehorsams, der auf den Weg des Friedens führt."

So mancher wird diese Aussagen für sehr einseitig halten, doch war es damals unsere Einschätzung, dass die Komplementarität der Heidelberger Thesen in dieser Richtung weiterentwickelt werden müsse. Bereits 1983 hatten wir in einer Aktion in Mecklenburg ein Transparent um unsere Kirche gewickelt, auf dem es hieß: *„Wir verzichten auf den Schutz von Atomwaffen"*. Mit den friedlichen Umbrüchen und Revolutionen 1989/1990 änderte sich die Welt grundlegend. Die „Charta von Paris" der KSZE zeugt von dem Glauben, 1990 breche ein Zeitalter des Friedens und der Freiheit an. Wir hofften, dass eine Friedensdividende möglich sei, dass viele Ressourcen frei würden, die für die wirtschaftliche und soziale Entwicklung weltweit eingesetzt werden könnten. Es kam anders.

Neue Situationen und Konstellationen zwingen zu neuem Nachdenken. So war es auch damals – und nicht nur bei mir. Ich möchte von drei Erfahrungen berichten, welche die neuen Herausforderungen sichtbar machen: Es war im Herbst 1989. An der Ökumenischen Begegnungs- und Bildungsstätte in Niederndodeleben bei Magdeburg hatte ich zu einem Wochenendseminar über Gewaltlosigkeit eingeladen. Dazu kamen zwei Mitglieder der sogenannten Bulanyi-Gruppen aus Ungarn, katholischen Basisgemeinden, die seit Jahrzehnten den Wehrdienst verweigert hatten und dafür Gefängnisstrafen erhielten. Wir diskutierten am Abend über die bewegte Lage in unseren Ländern. Da sagte einer der ungarischen Freunde, der auch dem Demokratischen Forum angehörte: „Wenn wir die Wahl gewinnen, dann trete ich aus. Ich will mit Machtausübung nichts zu tun haben." Daraus entwickelte sich eine Debatte, in der ich die These vertrat, er müsse bereit sein, Verantwortung zu übernehmen, etwa auch die Aufgabe eines Innenministers, der für die Polizei verantwortlich sei, die ja auch Waffen trage. Es ginge dann darum, diese Macht gewaltmindernd einzusetzen – aber nicht, sie zu scheuen. Gerade das Gewaltmonopol des Staates habe ja eine gewaltmindernde Bedeutung in der Gesellschaft und diese gelte es entsprechend zu gestalten.

Die zweite Erfahrung: Im Sommer 1990 hatte der Irak Kuwait überfallen und besetzt. Bis Anfang 1991 spitzte sich die Lage zu und es entstand die Frage der deutschen Beteiligung an Sanktionsmaßnahmen. Sollte man mitmachen? Ich tendierte zum „Ja" nach klar kalkulierten Schritten. Das in meinen Augen (vor)schnelle Handeln der USA brachte auch mich dann zum „Nein". Doch auch die Durchsetzung von Sanktionen hätte einer militärischen Durchsetzung bedurft. Hätte sich Deutschland daran beteiligen sollen? Ich geriet damals in Distanz zu vielen früheren Mitstreitern, denn ich war der Meinung, dass wir Deutschen uns nicht unter Berufung auf unsere Geschichte der Mitwirkung an der Durchsetzung internationalen Rechts entziehen dürften.

Und schließlich die dritte Erfahrung: Bei den Balkankriegen stimmte ich im Bundestag dem Einsatz der Bundeswehr zu. Ich stimmte mit der Regierung Kohl und damals noch gegen meine Fraktion. Auch dem Einsatz der Tornados im Kosovo 1999 und später dem Einsatz in Afghanistan stimmte ich zu.

Was hatte sich geändert? Was führte zu meiner neuen Position? Zunächst: Die Atomwaffen sind heute nicht mehr der alles bestimmende Ausgangspunkt der Sicherheitspolitik. Gleichwohl bleiben sie ein wichtiger Faktor. In der Frage der Atomwaffen (wie auch der Atomenergie) blieb meine Haltung gleich. Ich war und bin Atompazifist und für eine vollständige Abschaffung dieser Waffen. Leider konnte sich trotz mancher Versuche (in den Verträgen zur Deutschen Einheit und später) eine solche Haltung nicht durchsetzen. Im Gegenteil: Nicht zuletzt wegen der mangelnden Bereitschaft der Atommächte zur Abrüstung wurde und wird die Proliferation von Atomwaffen ein immer größeres Problem. Das wird durch die aktuelle Situation auf der Krim weiter verschärft, denn im Budapester Vertrag hatte der Westen gemeinsam mit Russland die Unabhängigkeit, Sicherheit und territoriale Integrität der Ukraine garantiert – als Lohn für die Abgabe der Atomwaffen nach dem Zerfall der Sowjetunion. Wir werden sehen welche Auswirkungen es hat, wenn sich mit der Okkupation der Krim durch Russland zeigt, wie viel solche Garantien wert sind.

Man müsste jetzt mit Blick auf Iran und Israel auch noch von der Gefahr eines atomaren Wettrüstens im Mittleren Osten sprechen, doch ist jetzt nicht der Raum dafür.

Ein weiterer Punkt, mit dem sich meine Position veränderte: Mit dem Ende des Kalten Krieges entfiel die Gefahr, dass aus jeder militärischen Auseinandersetzung mit konventionellen Mitteln ein atomarer Weltkrieg werden könnte. Kriege wurden wieder „führbar“, wie sich zuerst in Kuwait und dann auf dem Balkan zeigte. Damit entstand aber auch die Frage, wie die internationale Staaten- und Rechtsgemeinschaft damit umgehen soll. So wie es in Staaten ein Gewaltmonopol geben muss, eine Polizei, die das geltende Recht zum Schutze der Bürger zur Not auch mit Gewalt durchzusetzen hat, so braucht es auch die Möglichkeit, als letztes Mittel zur Durchsetzung internationalen Rechts beziehungsweise zur Verhinderung von massenhafter Gewalt militärische Gewalt anzuwenden. Dies kann etwa nach Friedensschlüssen zur Ermöglichung politischer Stabilisierungs- und Versöhnungsprozesse gelten. In solchen Fällen geht es gewissermaßen um eine internationale Polizeifunktion. Legitimität erhält ein solches militärisches Handeln durch das internationale Recht. Dieses ist wiederum an die international anerkannten Werte gebunden (etwa die UN-Menschenrechtscharta) und dient ihrer Geltung und Durchsetzung. In den letzten Jahren gibt es angesichts von Völkermorden und massenhaften Menschenrechtsverletzungen vielfältige Versuche, eine internationale Verantwortung zum Schutze von Menschen zu begründen (responsibility to protect). Gerade die Erfahrung in Srebrenica auf dem Balkan hatte aller Welt vor Augen geführt, dass man auch schuldig wird, wenn man nichts tut!

Mit einer solchen Argumentation erscheint mir die grundsätzliche Legitimation von militärischen Einsätzen im multilateralen Rahmen zur Durchsetzung internationalen Rechtes gut begründet.

Gleichzeitig erweist sich hier plötzlich erneut die Aktualität von Luthers Text, in dem er das Schaffen von Recht und Ordnung nach innen wie nach außen zur Aufgabe weltlicher Obrigkeit rechnet und nach den konkreten Kriterien für das Handeln fragt. Luther lehnt jeden Angriffskrieg ab. Neu entdeckte ich bei ihm, dass er sogar dem Soldaten zugesteht, sich einem als ungerecht erkannten Krieg zu entziehen. Dabei verweist er aber zugleich darauf, dass dann auch die üblen Folgen eines solchen Handelns zu tragen wären. Festzuhalten aber bleibt, dass er faktisch jeden Einzelnen zur eigenen Urteilsfindung auffordert.

Einige Probleme unseres aktuellen militärischen Handelns möchte ich noch anführen: Was heißt hier Krieg? In der Diskussion um den Beginn des Ersten Weltkrieges wird mit Recht immer wieder hervorgehoben, dass vor einhundert Jahren Krieg noch als Fortführung der Politik mit anderen Mitteln, also als legitime Form der Durchsetzung politischer Ziele galt. Nach den Weltkriegen des letzten Jahrhunderts sind wir hier vorsichtiger geworden und lehnen diese Art von Krieg ab. Solchem Krieg ist durch das Völkerrecht heute die Legitimation entzogen! Wie aber sollen wir militärische Einsätze zur Durchsetzung internationalen Rechts nennen, legitimiert durch den UN-Sicherheitsrat, wenn die konkreten Erfahrungen militärischer Kämpfe vor Ort denen früherer Kriegserfahrungen in hohem Maße entsprechen? Martin Luther hat in seiner Schrift nur den wirklichen Verteidigungskrieg als vor Gott gerecht anerkannt. Entsprechend versuchte schon in der Vergangenheit jeder zur Legitimation des eigenen Handelns den anderen als Angreifer darzustellen.

Wir stehen vor Schwierigkeiten der Abgrenzung, wenn das militärische Geschehen selbst schwer unterscheidbar ist. Wir wissen schließlich auch aus den Erfahrungen der letzten Jahre, dass im Krieg die Wahrheit zuerst stirbt. Wie kann die Öffentlichkeit in demokratischen Ländern die realen politischen und militärischen Abläufe so verfolgen, dass eine unabhängige Urteilsbildung möglich bleibt? In jedem Fall braucht es einen öffentlichen Diskurs und eine möglichst große Transparenz über die Zusammenhänge. Deshalb trete ich auch dafür ein, dass wir in Deutschland den Parlamentsvorbehalt nicht aufgeben, auch wenn er möglicherweise an die Erfordernisse multilateraler Entscheidungsstrukturen angepasst werden muss. Militärische Einsätze brauchen klare Kriterien

Die alte Lehre vom „gerechten Krieg" ist vielfach als Unterstützung von Krieg und Gewalt missbraucht und missverstanden worden. Dabei ging es letztlich auch bei ihr um Begrenzung einer ihrem Wesen nach sich entgrenzenden Gewalt. Hier hat Martin Luther mit seiner Schrift auch einige Kriterien eingebracht, etwa wie bereits erwähnt die alleinige Akzeptanz eines Verteidigungskrieges zum Schutz der Bürger. Trotzdem ist es heute besser und klarer, wenn wir von der notwendigen Zielsetzung eines „gerechten Friedens" sprechen und die Kriterien danach ausrichten, dass sie diesem Ziel dienen. Damit wird deutlich, dass zum Schaffen von Frieden sehr viel mehr als ein – begrenztes – militärisches Handeln gehört. Kriterien können unter anderem sein:

- Militärische Einsätze dürfen nicht im nationalen Alleingang geschehen. Sie gehören in den Zusammenhang multilateraler Verpflichtungen zur Durchsetzung internationalen Rechts.
- Ein militärischer Einsatz darf nur das letzte Mittel sein, nachdem alle anderen Mittel einer politischen Konfliktbeilegung ausgeschöpft wurden und nicht zum Erfolg geführt haben.
- Jeder militärische Einsatz muss der Herrschaft des Rechts unterworfen sein und diesem dienen. Dazu gehört auch eine entsprechende völkerrechtliche Autorisierung.
- Die Verhältnismäßigkeit der Mittel muss gewahrt bleiben und Nichtbeteiligte möglichst geschont werden.
- Jeder militärische Einsatz braucht eine klare Zielsetzung, ein möglichst umfassendes Konzept, zu dem auch die politischen und zivilen Dimensionen gehören.
- Comprehensive approach – Stärkung der zivilen Dimension der Sicherheit

Im Januar hat Bundespräsident Gauck bei der Münchener Sicherheitskonferenz für Deutschland eine größere Bereitschaft zur außenpolitischen Verantwortung eingefordert. Ich war sehr froh über diese Rede und fordere dies schon seit langem. Wir Deutschen und wir Europäer müssen bereit sein, mehr für die Sicherheit zu tun – für unsere eigene, aber auch weltweit!

Vielfach ist diese Forderung jedoch so einseitig interpretiert worden, als sei damit allein eine größere Bereitschaft zu Militäreinsätzen gemeint. Das gilt gewiss auch, weil wir uns in multilateralen Sicherheitsstrukturen unserer Größe und wirtschaftlichen Kraft entsprechend einbringen müssen und die Lasten und Risiken nicht immer wieder anderen überlassen dürfen. Für eine größere außenpolitische Verantwortung Deutschlands ist jedoch vor allem ein konzeptioneller Neuansatz nötig. Wir dürfen nicht nur von einem „vernetzten Ansatz" der Sicherheit reden, sondern müssen diesen in unseren Konzeptionen, Strategien und Institutionen auch entsprechend verankern. Daran aber fehlt es weitgehend.

2006 habe ich mit meinem Kollegen Andreas Weigelt im Bundestag die Initiative für eine Enquete-Kommission des Deutschen Bundestags zur Sicherheitspolitik ergriffen. Dabei sollte es genau um einen solchen Neuansatz zivil-militärischen Handelns gehen und um die dazugehörenden politischen Entscheidungsstrukturen. Leider wurde es damals nicht umgesetzt.

Jeder weiß heute, dass mit militärischen Mitteln kein Frieden geschaffen werden kann. Es kann nur darum gehen, Rahmenbedingungen für einen umfassenden Friedensprozess zu sichern. Wir reden jedoch meist nur über die militärische Dimension, kaum über die eigentlichen Aufgaben und setzen dafür auch nur lächerliche finanzielle Ressourcen ein. In Konfliktsituationen, Kriegen und Bürgerkriegen braucht es viele Jahre und oft viel Hilfe von außen, um einen Friedensprozess zu stabilisieren. Dabei steht dann die zivile Dimension im Vordergrund, die in unserer Sicherheitspolitik so unterbelichtet ist. Es braucht zum Beispiel Polizisten, die das Gewaltmonopol des Staates wiederherstellen müssen, politische Berater und Mediatoren, um die Konfliktparteien für einen inklusiven Friedens- und Versöhnungsprozess zu gewinnen, Verwaltungsexperten und Juristen werden gebraucht, um eine Gesellschaft wieder zum Funktionieren zu bringen.

Deutschland hat mit der Einrichtung des „Zentrums für Internationale Friedenseinsätze (ZIF)“ einen wesentlichen Schritt getan, um solche Fachkräfte auszubilden und einsatzfähig zu machen. Doch das ist bisher nur ein kleiner Anfang, der mehr Aufmerksamkeit und mehr konzeptionelle Zusammenarbeit zwischen Bund und Ländern braucht, ebenso wie die Bereitschaft zu einer angemessenen Finanzierung. Für militärische Einsätze ist schnell einmal eine Milliarde bereitgestellt, für zivile Missionen freut man sich schon über Millionensummen.

Die Bedeutung nichtmilitärischer, präventiver und nachsorgender Mittel zur Konfliktlösung muss viel stärker in unserem Denken über Sicherheit verankert werden. Deshalb sollten meines Erachtens bei Beschlüssen des Bundestages über Militäreinsätze im Ausland die umfassenden Konzepte einschließlich der zivilen Dimension gleich mit vorgelegt werden müssen. Nur in einem solchen Gesamtzusammenhang kann nämlich deutlich werden, ob ein Militäreinsatz auch wirklich zielführend und damit akzeptabel sein kann. Dies würde auch helfen, die umfassenden Zusammenhänge einer Verantwortung für den gerechten Frieden in die öffentliche Debatte zu bringen.

Dies ist nun nicht nur eine nationale Aufgabe, denn Sicherheit kann heute nicht mehr national gewährleistet werden. Dies ist vor allem eine europäische Aufgabe! Auch wenn die NATO keine eigenen zivilen Ressourcen hat, ist auch dort ein solches Denken von „vernetzter Sicherheit" zu verankern. Teilweise geschieht das ja auch durchaus bereits. Hier braucht es verbindliche, institutionalisierte Strukturen der zivilen Kooperation mit der EU und den USA, die allein die entsprechenden zivilen Ressourcen haben. Erst in einem solchen Kontext werden wir unserer Verantwortung für eine auf gerechten Frieden zielende umfassende Sicherheit gerecht.

Vor ziemlich genau fünfundzwanzig Jahren haben wir 1989 in der Ökumenischen Versammlung in der DDR wichtige Texte verabschiedet. Das war damals ein wichtiger Schritt zur Friedlichen Revolution in der DDR. Doch diese Texte sind durch die Entwicklung seitdem nicht einfach abgegolten. In der wichtigen Theologischen Grundlegung sprachen wir uns für eine „vorrangige Option für die Gewaltlosigkeit" aus. Die im Herbst 1989 folgende Revolution gewann ihre Macht nicht zuletzt durch diese Gewaltlosigkeit. Seitdem ist die „vorrangige Option für Gewaltlosigkeit" in verschiedenen Texten der Kirchen zum Frieden bekräftigt worden. Sie gilt auch heute! Sie bedeutet auch heute eine große Herausforderung und muss meines Erachtens auf dem von mir zuletzt nur angedeuteten Weg durchbuchstabiert und Schritt für Schritt umgesetzt werden.

Auf diesem Weg können wir von Luthers Schrift „Ob Kriegsleute auch in seligem Stand sein können" mehr lernen, als mir früher bewusst war. Gewiss – seine positive Antwort, dass Soldaten sich durchaus als für den Frieden Handelnde verstehen können, gilt auch heute, insbesondere vor dem Hintergrund Recht stützender und gerechtem Frieden Raum schaffender militärischer Einsätze, die zurzeit durchgeführt werden.

Richtig bleibt gewiss auch hier und immer Luthers Mahnung: Dass der Erfolg unseres Handelns nicht von uns abhängt, sondern allein in Gottes Hand gelegt ist. Das aber gilt in besonderer Weise für das Ziel, um das es uns bei aller Anstrengung geht, um unsere Hoffnung und unser Ziel eines gerechten Friedens.

Die deutsche Einigung und der europäische Einigungsprozess (1991)*

Meine Damen und Herren!

Ich spreche zu Ihnen heute über die deutsche Einigung und den europäischen Einigungsprozess. Wenn wir heute Gustav Stresemanns gedenken, so hat gerade dieses Thema seinen guten Sinn. Stresemann war ein Außenpolitiker von Rang mit Weitsicht und viel taktischem Geschick. Auf dem Parteitag der Deutschen Volkspartei 1926 sagte er im Blick auf den Völkerbund:

> „Ich bin der Ansicht, daß das internationale Leben tatsächlich neuer Formen bedarf und nach neuen Formen sucht und daß zum mindesten ein wertvoller Ansatzpunkt für diese Bestrebungen in Genf gegeben ist...Ich kann nur wünschen, daß in Deutschland immer mehr die Erkenntnis Raum gewinnt, daß sich in dem Völkerbund derjenige Gedanke verkörpert, von dessen Verwirklichung die politische Zukunft Europas abhängt, das ist der Gedanke der Politik vernünftiger Verständigung".[1]

[...] Heute, mehr als siebzig Jahre später, haben wir mit ähnlichen Fragen und Problemen zu tun, die ihn, weit vorausschauend, intensiv beschäftigt haben. Manches wird heute zur Überlebensbedingung, was damals vielen wie ein Traum schien. Doch, um noch einmal mit Gustav Stresemann zu sprechen: *„...die Träume sind oft das schönste im Leben, und wer nicht träumen kann, und wessen Geist nicht in die Ferne sieht, der wird auch nichts Großes erreichen."*

Deshalb will ich nun zu Beginn von Träumen reden – so haben es viele genannt – mit denen wir uns in den zehn Jahren vor der Wende im Herbst 1989 beschäftigt haben und von denen wir geprägt waren, als unsere politische Tätigkeit fast über Nacht ins Licht öffentlicher Aufmerksamkeit geriet. Wenn ich von „wir" spreche, ist das bewusst unpräzis. Manchmal meint es alle DDR-

* Vortrag vor der Stresemann-Gesellschaft in Mainz, 18. September 1991; eine bearbeitete Fassung des Textes ist unter dem Titel „Das Schicksal Europas entscheidet sich im Osten" veröffentlicht in Deutschland Archiv, 25. Jg., Januar 1992, S. 75-79

1 Zahlreiche Reden von Gustav Stresemann siehe unter https://neuestegeschichte.uni-mainz.de/internationale-politik/stresemann-reden/

Bürger, dann wieder die, die heute pauschal zusammenfassend die Opposition genannt werden und dann auch wieder nur Martin Gutzeit und mich. Wir beide hatten ja einen langen gemeinsamen Weg hinter uns, sowohl im Denken als auch in der politischen Arbeit, bis wir die Initiative ergriffen, die Sozialdemokratische Partei in der DDR zu gründen.

Zum Hintergrund (außen)politischer Zielsetzungen

Zur kommunistischen Geschichtslosigkeit und bewussten Übernahme von Verantwortung aus der Geschichte: Wir in der DDR lebten in einem Staat, der sich – obwohl ein deutscher Staat, das muss man sich bewusst machen – als Sieger des Zweiten Weltkriegs fühlte. Mit dem Sieg der Sowjetunion über Hitlerdeutschland hatte nach diesem Verständnis der Sozialismus über den Militarismus gebärenden Kapitalismus gesiegt. Geschichte war die Geschichte von Klassenkämpfen. Schuld am Krieg war der Kapitalismus, der im Westen ja noch existierte. Dort lebte der Schoß des Faschismus fort. Im Ost-West-Konflikt lebte man in der Überzeugung, die dem Westen gegenüber fortgeschrittenere Gesellschaftsordnung zu repräsentieren. Jede Übernahme deutscher Geschichte und ein damit verbundenes Gefühl von Verantwortung war damit ausgeschlossenen.

Im Verhältnis zu den östlichen Nachbarn sollte die Geschichte zwischen den Nationen keine Rolle spielen, ebenso wenig die Frage des Verhältnisses von Nationalitäten innerhalb eines Staatswesens. Das gehörte – wie man dachte – einfach zu vergangenen Kategorien. Noch weniger ging es um Rechtsverhältnisse, denn das Recht war völlig pervertiert und zum Instrument der herrschenden Klasse erklärt worden.

Von dieser Denkart setzten wir uns frühzeitig und grundsätzlich ab. Besuche bei unseren östlichen Nachbarn, die ja in den 1970er Jahren ohne Visum möglich waren, brachten vielen jungen Deutschen in der DDR zum Bewusstsein, dass eben auch sie Deutsche waren, dass sie zu dem Volk gehörten, das am 1. September 1939 mit dem Überfall auf Polen den zweiten Weltkrieg begann und ganz Europa in Flammen setzte. Im eigenen Land waren es besonders die Kirchen, die ein Denken und Leben aus dieser geschichtlichen Verantwortung förderten. In besonderer Weise sei hier die Aktion Sühnezeichen genannt.

Wichtig war in diesem Zusammenhang das Jahr 1985. Vierzig Jahre nach Kriegsende versuchten die Deutschen in Ost und West ihre Geschichte und ihre Verantwortung neu zu schreiben beziehungsweise zu bestimmen. Alle erinnern sich an die wichtige Rede Richard von Weizsäckers. Wenige vielleicht auch an die Erklärung von Sühnezeichen Ost und West. Martin Gutzeit und ich schrieben damals auch einen Text, in dem wir die Verdrängungen und Kontinuitäten deutscher Geschichte in Ost und West beschrieben. Als Konsequenz forderten wir sowohl das Aufstehen gegen die diktatorischen Strukturen als auch eine das Wettrüsten zwischen Ost und West überwindende neue Sicherheitspolitik.

Deshalb war es uns dann direkt nach der ersten demokratischen Wahl in der DDR im März 1990 so wichtig, dass die Volksammer gleich nach ihrer Konstituierung erklärte:

„Wir, die ersten frei gewählten Parlamentarier der DDR bekennen uns zur Verantwortung der Deutschen in der DDR für ihre Geschichte und ihre Zukunft..." Es folgt ein Schuldeingeständnis gegenüber den Juden, den Völkern der Sowjetunion, den Polen und den Roma und Sinti. Dann heißt es: *„Diese Schuld darf niemals vergessen werden. Aus ihr wollen wir unsere Verantwortung für die Zukunft ableiten [...] Wir empfinden Trauer und Scham und bekennen uns zu dieser Last der deutschen Geschichte. Wir bitten die Juden in aller Welt um Verzeihung."* Es folgen Aussagen gegenüber den Menschen in der Sowjetunion: *„Wir haben die furchtbaren Leiden nicht vergessen, die Deutsche im Zweiten Weltkrieg den Menschen in der SU zugefügt haben. Diese von Deutschland ausgegangene Gewalt hat schließlich auch unser Volk selbst getroffen. Wir wollen den Prozess der Versöhnung unserer Völker intensiv fortführen."*

Dann bekannte sich die Volkskammer zur Mitschuld der DDR an der Niederschlagung des Prager Frühlings 1968 durch die eigene Beteiligung an den Truppen des Warschauer Paktes und bat die Völker der Tschechoslowakei um Entschuldigung. Besonders beachtlich ist dabei, dass hier die historische Verantwortung übernommen wurde für eine Handlung des SED-Staates, es geht also um fremde Schuld. Zwar heißt es auch: *„Wir haben in Angst und*

Mutlosigkeit diesen Völkerrechtsbruch nicht verhindert", doch steht hinter solchen Aussagen die Überzeugung, dass eine historische Verantwortung auch dann besteht, wenn man selbst im direkten Handeln nicht ursächlich verantwortlich ist.

Diese Verantwortung aus der Geschichte wurde nicht nur plakativ benannt. Es wurden auch konkrete Konsequenzen daraus gezogen:

- Verfolgten Juden solle Asyl gewährt werden. Mit Israel sollten trotz der geplanten Vereinigung noch diplomatische Beziehungen aufgenommen und vielfältige Kontakte geschaffen werden.
- Deutschland sollte wie die SU in ein gesamteuropäisches Sicherheitssystem integriert sein, so dass Frieden und Sicherheit garantiert seien. Die mit der SU abgeschlossenen Verträge sollten möglichst einvernehmlich den neuen Realitäten angepasst werden.
- Dann heißt es: *„Insbesondere das polnische Volk soll wissen, dass sein Recht, in sicheren Grenzen zu leben, von uns Deutschen weder jetzt noch in Zukunft durch Gebietsansprüche in Frage gestellt wird."* Die Unverletzbarkeit der Oder-Neiße-Grenze sei *„Grundlage des friedlichen Zusammenlebens unserer Völker in einem gemeinsamen europäischen Haus. Dies soll ein künftiges gesamtdeutsches Parlament vertraglich bestätigen."*

Hiermit waren wesentliche Aussagen für die Außenpolitik der DDR formuliert, die mit der Übernahme der eigenen Geschichte verbunden waren.

Zur Solidarität mit den Völkern Osteuropas: [...] Von Oppositionellen der DDR gab es trotz großer Schwierigkeiten vielfältige Kontakte und Solidarität mit der Opposition in Polen, der ČSSR, in Ungarn, zum Teil auch in der Sowjetunion und zumindest die Suche danach in Rumänien. Uns war die Solidarität mit den Völkern wichtig, die mit uns unter dem Stalinismus gelitten und sich wie wir von diesem Joch befreit hatten. Wir wollten unseren Weg in die deutsche Einheit in dieser Solidarität gehen und es war nicht leicht, ohnmächtig mitanzusehen, wie durch den Zusammenbruch des Osthandels nach dem 1. Juli 1990 sowohl unsere Firmen in der DDR zu Bruch gingen wie auch in den östlichen Nachbarländern große Schwierigkeiten entstanden. Stützende Hermeskredite für den Übergang wurden im Sommer 1990 von der Bundesregierung verweigert und erst im Dezember gewährt, als vieles schon kaputt war.

Zur Arbeit der Friedens- und anderer emanzipatorischer Basisgruppen und dem konziliaren Prozess der Kirchen: Die meisten, die zur Opposition in der DDR gezählt werden können, gehörten zu den Gruppen, die sich Anfang der 1980er Jahre gegen die SS20, die Nachrüstung im Westen und die Nachnachrüstung im Osten wehrten. Das war von Anfang an verbunden mit Anfragen an das System. Ich habe es in dieser Zeit gleichermaßen als System von Angst und Bedrohung beschrieben.

So war Opposition gegen das System in der DDR weitgehend auch mit der Suche nach anderen, kooperativen Sicherheitsstrukturen verbunden, mit dem Kampf gegen das Abschreckungssystem. Wir verfolgten intensiv den KSZE-Prozess und unterstützten jeden Fortschritt. Die Dokumente wurden abgeschrieben und weitergegeben. Sie waren zwar veröffentlicht, für den normalen Mann auf der Straße aber schwer zugänglich.

In der Haltung zur Friedens-, Abrüstungs- und Entspannungspolitik unterschieden wir uns von vielen Freunden in Polen und der ČSSR, die meinten, die Sowjets verstünden nur die Faust. So waren wir scharfe Gegner der Reagan'schen Politik – bis Gorbatschow dann vieles in Bewegung brachte.

Wir unterstützten die Vorschläge der Palme-Kommission und das Konzept der gemeinsamen Sicherheit, bevor es in den Beschlüssen der SPD übernommen wurde. [...]

In den Kirchen gab es Studien zu all diesen Fragen, die für die theoretische Auseinandersetzung wichtig waren – auch wenn wir damals häufig gerade das Theoriedefizit der Gruppen und Oppositionellen beklagten. Die Ökumenischen Versammlungen der Kirchen in der DDR 1988/89 haben dann eine breite Diskussion dieser Themen, verbunden mit denen der Ökologie, des Nord-Süd-Verhältnisses und der innenpolitischen Situation, bewirkt und vorangetrieben. Wir traten für konsequente Abrüstungsschritte beider Seiten im nuklearen und konventionellen Bereich ein und waren der Überzeugung, es fehle am politischen Willen beider Seiten, hier schneller voranzukommen.

Recht und Anerkennung, nicht Gnade und die Macht des Stärkeren: Das klingt sehr theoretisch und philosophisch und hatte für uns in solchen Gedanken auch seine Grundlage. Doch es war ausgesprochen praktisch. 1987 schrieben Martin Gutzeit und ich ein Papier, in dem wir sowohl Bürger- und Partizipationsrechte forderten wie die Anerkennung der Staatsbürgerschaft der DDR. Wir wollten keine Hintertüren in den Westen – oder eben nur über ein politisches Asylrecht. Wir wollten Bürger sein, nicht Untertanen, stellten implizit damit schon die Frage nach der Macht, explizit erst ein Jahr später und schriftlich erst 1989.

Gleichzeitig wollten wir aber auch nicht von unseren Landsleuten im Westen, die wir auch nicht gewählt hatten, vertreten werden und traten gegen diese Anmaßung auf. Wir wollten im Lande und außerhalb des Landes Bürger eines Staates sein, an den wir den Anspruch hatten, ihn selbst zu gestalten. Mit dieser Haltung standen wir auf weiter Flur allein – ebenso wie zwei Jahre später mit dem Plan der Parteigründung. 1989 gingen wir ein halbes Jahr lang damit hausieren, um Mitstreiter zu finden. Bis zum August 1989 ohne Erfolg.

Zum Verhältnis zur deutschen Einheit und der europäischen Sicherheit: Die deutsche Einheit war nur selten Thema, kein unmittelbares politisches Ziel. Wir glaubten nicht, dass sie in näherer Zukunft erreichbar sei und sahen Frieden und das Ziel einer europäischen Friedensordnung als eine weit höhere Priorität. Wir wollten keine Einheit mit der Brechstange. Deshalb formulierten wir in den Aufruf zur Gründung der SPD-Ost auch die Anerkennung der Zweistaatlichkeit Deutschlands. Künftige Optionen im Rahmen einer europäischen Friedensordnung sollten offen bleiben.

Im Laufe der 1980er Jahre hatte es Ideen einer Einheit Deutschlands gegeben mit der Voraussetzung der Neutralität Deutschlands. Das lehnten wir ab, weil wir es nicht für realistisch und friedenspolitisch nicht für gut hielten. Wir waren gegen den Austritt aus den Blöcken, wollten deren Veränderung und letztliche Auflösung, woran man nur mitwirken könne, wenn man dazugehört. So hofften wir auf die Möglichkeit einer europäischen Friedensordnung im Rahmen von KSZE.

Als sich nach dem 9. November 1989 die Möglichkeit zur deutschen Einheit auftat, bekannten wir uns zu ihr. Dabei hofften wir, dass es möglich sei, die deutsche Einigung zum Katalysator für den europäischen Einigungsprozess werden zu lassen. Das betraf sowohl den Aufbau neuer Sicherheitsstrukturen als auch die Abrüstung. Wir hatten die Absicht, in den Verhandlungen alle Chancen zu nutzen, um auch in den Strukturfragen europäischer Sicherheit mit Phantasie und Energie zu neuen Konstellationen zu kommen, die zukunftsfähiger seien.

In den Fragen der Abrüstung ist dann trotz der ungeheuren Schnelligkeit der Entwicklung einiges geschehen. Beim zweiten Außenministertreffen im Zwei-plus-Vier-Format in Berlin, bei dem ich Gastgeber war, schlug ich vor einer Erklärung beider deutscher Staaten in Wien vor, ihre gemeinsamen Truppen im geeinten Deutschland in freier Entscheidung auf 300 000 Mann zu reduzieren. Auf meinem Zettel stand noch: „Kompromiss 380 000". Für diesen Vorschlag wurde ich von verschiedenen Seiten dem Versuch der Singularisierung Deutschlands bezichtigt. Später geschah genau das, wenn auch mit 370 000 Mann – allerdings nach meinem Rücktritt und ohne Bezug auf meinen Vorschlag (wie könnte man sich auf den Vorschlag eines politischen Neulings berufen, wenn man ihm folgt, nachdem man ihn erst abgelehnt hat ...) Die Zusage der Reduzierung war für den Abschluss von Zwei-plus-Vier von großer Bedeutung, ebenso die andere Erklärung, dass auf dem Boden der DDR auch nach der Vereinigung keine Atomwaffen gelagert werden sollten.

Für den Aufbau neuer Sicherheitsstrukturen für Europa war die Zeit zu kurz, als dass im Zuge der deutschen Vereinigung hier mehr in Gang hätte gebracht werden können. Gespräche und Überlegungen gab es viele. So gelang es auch noch, mit Polen und der ČSSR für die Vorbereitung des Gipfeltreffens der KSZE einen gemeinsamen Vorschlag zur Institutionalisierung der KSZE zu erarbeiten und einzubringen.

Die Grundfrage, die mich damals sehr beschäftigte (und das ist heute nicht vorbei), war die nach der Sicherheit in und für Osteuropa nach Zusammenbruch des Warschauer Paktes. Am Anfang dachten wir noch, dass es vielleicht möglich sei, ihn zu einer mehr politischen Organisation umzugestalten und ihn als Subjekt der Abrüstung zu nutzen. Nach dem Politisch Beratenden Ausschuss Anfang Juni 1990 in Moskau war jedoch klar, dass das nicht möglich sein würde. Zum einen, weil die Strukturen zu undemokratisch und starr waren, zum anderen, weil die Sowjets wenig Bereitschaft zur Veränderung zeigten. Besonders Ungarn wollte Veränderung, da sie die Abschaffung beabsichtigten. So wurde das Ende des Warschauer Paktes besiegelt, und das war dann auch gut so. Die Frage der Sicherheit Osteuropas aber blieb ebenso ungeklärt wie die künftige Abrüstungspolitik. Deutlich war, dass besonders die Polen die Einbindung des geeinten Deutschland in der NATO wünschten, um eine deutsche Vormacht in Mitteleuropa zu verhindern. [...]

Wichtig ist, dass sich die Erkenntnis durchsetzt, dass Sicherheit eben nicht mehr primär militärisch zu gewährleisten ist. Atomwaffen, über deren Sinn auch schon früher zu streiten war, machen nun - auf jeden Fall für Europa - wirklichen keinen Sinn mehr und sind obsolet geworden. Die Sowjetunion wird vermutlich demnächst erklären, keine Atomwaffentests mehr durchzuführen und - schon aus wirtschaftlichen Gründen - einseitig und intensiv abrüsten, nuklear und konventionell. Wie werden wir in der NATO uns auf eine Abrüstungsdynamik nicht gekannten Ausmaßes einstellen? Abwarten reicht da nicht.

Das Schicksal Europas entscheidet sich in Osteuropa

[...] Westeuropa steht im Bewusstsein der Menschen in ganz Osteuropa für Demokratie und Wohlstand. Die Ungeduld nach jahrzehntelanger Unterdrückung ist groß, die Bereitschaft zum Warten gering, solange es nicht eine klare Perspektive gibt. Gleichzeitig sind die Entwurzelung und der Identitätsverlust ungeheuer, was die Gefahr durch nationalistische Populisten erhöht aber auch die Bereitschaft zur Abwanderung nach Westen „ins gelobte Land". Wenn es nicht gelingt, den Menschen in den osteuropäischen Ländern eine Perspektive zu geben, werden wir in Westeuropa mit Flüchtlings- und Emigrantenströmen konfrontiert werden, die das

Leben hier ziemlich aus den Bahnen werfen werden. Wir können sie nicht millionenfach abwehren, wenn wir unseren demokratischen und vom Menschenrecht getragenen Prinzipien nicht untreu werden wollen. Wir können uns nicht als Wohlstandsinsel abschotten und mit Gewalt die Grenzen dicht machen.

Wir können sie aber auch nicht millionen- und abermillionenfach aufnehmen. Das brächte politische und soziale Krisen, deren Folgen unabsehbar sind. (Und ich befürchte, eine Koppelung von beidem wird eintreten.) Die einzige Möglichkeit, die wir haben, ist, eine große Anstrengung zu unternehmen, um den Menschen in ihren Ländern Perspektiven zu eröffnen. Das aber hat Dimensionen, denen man sich nur mit gemeinsamen Anstrengungen stellen kann. Ganz Westeuropa ist herausgefordert. Es ist richtig, dass Deutschland im Bunde Westeuropas weitaus das meiste tut. Trotzdem gilt auch für uns: Wir müssen klotzen und nicht kleckern. Bisher kleckern wir nur! Alles, was wir heute nicht tun, weil wir denken, es würde zu teuer und wäre für uns nicht verkraftbar, wird morgen teurer. Das hatten wir schon bei der deutschen Einheit.

Natürlich gilt das nicht für Deutschland allein, sondern für Westeuropa insgesamt. Man kann nur hoffen, dass es noch in stärkerem Maße auch gelingt, die USA und Japan für diese Aufgabe zu gewinnen.

Was können und müssen wir tun? Die Dimensionen der Aufgabe sind so unermesslich, dass der Grad der möglichen Einflussnahme geringer ist, als wir es uns vielleicht manchmal wünschen werden. Von Gorbatschow wurde bei seiner Einladung zum G 7-Treffen im Juli erwartet, dass er ein Gesamtkonzept für die Wirtschaftsreformen mitbringt. Damit hat man Unmögliches von ihm verlangt. Richtig daran war die Erkenntnis, dass es nicht sinnvoll ist, einfach große Kredite zu geben, dass nur gezielt Mittel zur Verfügung gestellt werden dürfen, dass der Erfolg von grundlegenden Reformen und Umstrukturierungen abhängt. Diese sind aber nur in der gemeinsamen Anstrengung in Kooperation mit dem Westen zu bewältigen. Dass es aber ein Gesamtkonzept für die gesamte Sowjetunion geben wird (ich meine die Republiken, die als Föderation oder Konföderation übrigbleiben), ist zu bezweifeln.

Natürlich wird viel Geld benötigt werden. Doch scheint Geld mir nicht die erste Frage zu sein. Die erste Frage ist, was man tun will - und dann natürlich auch bezahlen will. Eine Konzeption, die davon ausgeht, dass der wirtschaftliche Aufschwung zuerst durch ausländische Investitionen zu organisieren ist, hat aus der verfehlten Entwicklungspolitik der letzten Jahrzehnte nichts gelernt, es führte zu einer Überschuldung, die für alle Länder nicht zu verkraften wäre. Es gilt, dabei zu helfen, die Heilungskräfte in den jeweiligen Ländern selbst zu mobilisieren. Es war ja ein zentraler Fehler bei der Vereinigung Deutschlands, dass die verantwortlichen Politiker der Bundesregierung glaubten, eigentlich fehlten nur die Privatisierung und die gesetzliche Möglichkeit, die Markkräfte wirken zu lassen und dann werde der wirtschaftliche Aufschwung von selbst kommen. Inzwischen ist von allen erkannt, wie wichtig für den Aufschwung das Funktionieren eines stabilen Staates auf allen Ebenen ist. Es braucht klare Zuständigkeiten und möglichst unbürokratische klare gesetzliche Regelungen und Prioritätensetzungen für das Wirtschaftsleben. Es braucht funktionierende Verwaltungen, die mit diesen Regelungen umgehen können und bereit sind, im Rahmen ihres Mandats und Auftrags auch Entscheidungen zu treffen. Und natürlich braucht es auch Manager und Wirtschaftsleute, die ausgebildet sind und Erfahrung haben beziehungsweise die Gelegenheit bekommen müssen, sie zu sammeln. Damit ist dann aber auch schon beschrieben, was der Schwerpunkt der Hilfe sein muss:

Es muss ein intensiver Kontakt zu den Parlamenten hergestellt werden, damit im engen Kontakt Erfahrungen und Kenntnisse weitergegeben werden können. Dabei geht es dann gar nicht darum, dass diese unmittelbar übernommen werden können, sondern darum, in kontinuierlicher Begleitung mit Rat und Tat (und damit sind natürlich auch infrastrukturelle Sachmittel wie Gesetzeswerke und Literatur etc. gemeint) wirklich Partner zu sein. Ich kann aus eigener Erfahrung sagen, von welch großer Wichtigkeit das ist. Das sollte auf allen parlamentarischen Ebenen geschehen und ist überall dringend notwendig.

Auch von der Intensität dieser Bemühungen wird es nicht abhängen, welche Art von Marktwirtschaft und Aufbau von Staat und Gesellschaft den Osten Europas prägen werden. Ich höre zunehmend aus der Sowjetunion, wie amerikanische Modelle diskutiert werden. Erlauben Sie mir zu bekennen, dass ich das für äußerst problematisch halte, denn dort fehlt mir die notwendige begrenzende und richtungsweisende Rolle des Staates, wie sie für Deutschland, die Niederlande und andere europäische Länder nicht zu ihrem Nachteil charakteristisch ist.

Dazu kommt natürlich der ungeheure Bedarf an Ausbildung von Managern, Finanzleuten, Juristen und vielen anderen mehr, wozu ausländische Hilfe unerlässlich ist. Manches geschieht hier schon, doch im Vergleich zur Dimension der Aufgabe sind das noch Tropfen auf den heißen Stein.

Vieles muss durch staatliche Kontakte angeschoben werden. Das bleibt jedoch aussichtslos, wenn nicht auch die Wirtschaft und andere gesellschaftliche Träger sich dieser Aufgaben annehmen. Demokratie braucht nicht nur die verfassungsmäßigen Organe, sondern eine vielfach gegliederte und selbstbestimmte Struktur gesellschaftlichen Lebens. Durch die jahrzehntelange Herrschaft des stalinistischen Systems sind diese Strukturen jedoch vollständig zerstört. Die heute Lebenden haben so etwas in den meisten Ländern nie erlebt. Gesellschaft und Staat waren ein einziges, entmündigendes Versorgungssystem. Das hat verheerende Folgen. Dazu gehört eine Erwartungshaltung an den Staat und die Politikenthaltung weiter Teile der Bevölkerung, die auch nach dem Sturz der Diktatur zur Folge haben kann, dass das Vertrauen der Menschen auch in die selbstgewählten Repräsentanten in Staat und Gesellschaft schnell verloren geht.

Deshalb sollten alle gesellschaftlichen Initiativen, die beim Aufbau und der Gestaltung wirklich pluralistischer gesellschaftlicher Strukturen in diesen Ländern helfen, großzügig durch öffentliche Gelder gefördert werden.

Eigene Erfahrungen mit Demokratie werden am ehesten in der kommunalen Selbstverwaltung gemacht. Ich halte deshalb Hilfe beim Auf- und Ausbau kommunaler Selbstverwaltungen sowohl bei ihrer verfassungsmäßigen Grundlegung als auch bei ihrer praktischen Ausgestaltung für eine zentrale Aufgabe Westeuropas. Das bedeutet unter anderem Hilfe bei der Schulung von vielen Tausend Menschen, die kommunale Verantwortung übernehmen wollen und müssen. Dafür braucht es Programme, Geld und gesellschaftliche Träger. Die politischen Stiftungen haben hier ein breites Betätigungsfeld, für das sie gezielt zusätzliche öffentliche Gelder erhalten sollten.

Alle diese Aufgaben kosten Geld. Zurzeit ist die Situation so, dass man überall von den großen Summen redet, die man für den wirtschaftlichen Aufbau braucht. Dass dafür Geld gebraucht wird, ist allgemein anerkannt, wenngleich die Bereitschaft zur Beteiligung sehr unterschiedlich ist. Es wird Geld geben und hat schon viele Milliarden gegeben. Gleichzeitig fehlen allerorten die vergleichsweise geringen Mittel für Aktivitäten, wie sie eben als notwendiger Schwerpunkt beschrieben worden sind. Wir brauchen flüssige Mittel, die auch von gesellschaftlichen Gruppen in Anspruch genommen werden können.

Das betrifft kleine und mittlere wirtschaftliche Unternehmen, Projekte in Wissenschaft, Ausbildung und Forschung, Hilfen für die Selbstorganisation gesellschaftlicher Gruppen in den osteuropäischen Ländern. Genau da aber fehlt es immer wieder an Mitteln, dabei sind das wirklich Investitionen in Zukunft. In Demokratie zu investieren ist besser als in Rüstung. Es ist nicht nur menschlicher, sondern auch effektiver.

Veränderungen für Westeuropa

Osteuropa braucht nun aber nicht nur Hilfe. Eigentlich geht es bei allem, was eben gesagt worden ist, um mehr, nämlich um Kooperation. Konkrete Hilfe wird immer nötig sein, so wie im kommenden Winter, um Hungersnöte zu verhindern. Doch kann sie nur Überbrückung sein, einen notwendigen Zeitgewinn schaffen. Der Aufbau der notwendigen wirtschaftlichen und demokratischen Rahmenbedingungen kann nur in Kooperation und wirklicher Partnerschaft gelingen.

Aber auch das reicht noch nicht. In Westeuropa ist der Grad an wirtschaftlicher, politischer und sicherheitspolitischer Integration eine wesentliche Ursache für den erreichten Wohlstand und die Stabilität. So wie vor anderthalb Jahrzehnten die Integration Spaniens und Portugals diese Länder nicht nur wirtschaftlich stabilisierte, sondern auch die demokratische Entwicklung sicherte, ist es notwendig, auch die sich entwickelnden Demokratien in diese Institutionen zu integrieren. Die deutsche Außenpolitik hat dies erkannt und versucht mit allen Überzeugungsmitteln dafür bei unseren westlichen Partnern zu werben. Am leichtesten - damit nicht am unwichtigsten - ist das beim Europarat. Am schwierigsten bei der Europäischen Gemeinschaft, wo der Widerstand denn auch am stärksten ist.

Integration aber bedeutet, wie sich zeigen wird, auch eigene Veränderung. Es stellt sich eben nicht nur die Frage der Integrationsfähigkeit der jeweiligen Länder, sondern auch die nach notwendigen Veränderungen dieser Institutionen selbst, um den Herausforderungen gewachsen zu sein.

Es gibt keine einfaches „Weiter so" für Westeuropa. Das ist noch lange nicht in den Köpfen der Menschen angekommen, die in Westeuropa leben, auch nicht in den Köpfen vieler Politiker. (An dieser Stelle möchte ich ausdrücklich die Bundesregierung ausnehmen, die nach den Fehlern und Erfahrungen in der deutschen Vereinigung etwas begriffen hat und sich redlich müht, bei den anderen Staaten des Westens diese Einsicht zu fördern!)

Ich möchte zum Schluss noch zwei Beispiele nennen, in denen Veränderungen und gemeinsame Entwicklungen notwendig sind, um in ganz Europa voranzukommen. Die Europäische Gemeinschaft muss schon aus weltmarktpolitischen Gründen der Weg zur weiteren Integration, zu Binnenmarkt, Währungsunion und Politischen Union gehen. Gleichzeitig kann diese Entwicklung nicht so verlaufen, als seien es auch in Zukunft nur zwölf Partner. Die Erweiterung nach Osten und um die EFTA-Staaten ist trotz aller Widerstände und ja zum Teil auch allzu berechtigter Bedenken politisch überhaupt nicht zu umgehen und dringend notwendig. Für osteuropäische Staaten ist allein schon die Perspektive der Mitgliedschaft ein kaum zu überschätzender Faktor der politischen Stabilität. Die Mechanismen einer Gemeinschaft von zwanzig Mitgliedern müssen aber völlig andere sein als bei zwölf, um noch effektiv zu sein.

Schauen wir uns nur die Landwirtschaftspolitik der EG an. Es wird für die osteuropäischen Staaten dringend notwendig sein, dass Westeuropa sich für Waren (und nicht nur Waren) von dort öffnet. Wie absurd ist es, einerseits diesen Ländern helfen zu wollen und ihnen gleichzeitig die notwendigen Märkte zu versperren, gerade bei den Produkten, mit denen sie wettbewerbsfähig sind. Dies ist gewiss kein Beispiel von Marktwirtschaft, die sie ja gern lernen wollen. Die Öffnung der Märkte wird aber eine Abkehr von der Preissubventionspolitik zur Folge haben müssen und den ganzen EG-Markt umkrempeln.

Die Veränderungen in Osteuropa haben ihren tiefen Grund unter anderem im Willen der Menschen zu Demokratie und Selbstbestimmung. Parlamentarische Demokratie und Rechtsstaatlichkeit sind die zentralen Werte, für die Westeuropa steht. Nun kann man nicht sagen, dass deren Entwicklung schon abgeschlossen ist. Es gilt und wird für die europäische Entwicklung von zentraler Bedeutung sein, auch die internationalen Beziehungen nach diesen Prinzipien zu gestalten. An einem Punkt möchte ich das verdeutlichen: Wir alle wissen, dass in jedem Staat Ost-Mitteleuropas Minderheiten leben, die nach jahrzehntelanger zumeist auch ethnischer Entfremdung und Unterdrückung nach Freiheit und Selbstbestimmung streben. Für die politische Stabilität und auch die wirtschaftliche Entwicklung kann eine Balkanisierung von der Adria bis nach Wladiwostok weder in unserem noch im Interesse der beteiligten Völker sein. Die Zeit recht leider nicht aus, um hier über die Frage eines Rechtes auf Unabhängigkeit zu reden. Ohne Zweifel aber wird es von zentraler Bedeutung sein, wie Minderheitenrechte bestimmt, eingehalten und einklagbar gemacht werden. Wenn das Setzen auf die Einhaltung von Minderheitenrechten die Situation in den Konfliktregionen aber wirklich entspannen soll, müssen Minderheitenrechte im europäischen Maßstab sehr weit gehen, bis hin zur kulturellen Autonomie, politischer Repräsentanz und Partizipation.

Die Diskussion in Europa über Minderheitenrechte ist nun in vollem Gange, sowohl im Rahmen der KSZE als auch des Europarates. Im Vertrag zwischen Polen und Deutschland sind Minderheitenrechte zum ersten Mal völkerrechtlich vertraglich wirksam geworden. Doch die Gespräche im Europarat stocken. Gerade westeuropäische Länder bremsen hier aus Angst davor, ihren eigenen

Minderheiten mehr Rechte geben zu müssen. Genau das aber wird notwendig sein. Um in Osteuropa Minderheitenkonflikte zu mindern, brauchen wir eine Minderheitenkonvention des Europarates, die wirklich verbindlich ist. Bei Nichteinhaltung muss die Möglichkeit zur Individualklage vor dem Europäischen Gerichtshof bestehen. Wichtig wäre dann, wirtschaftliche Kooperation und Integrationsbereitschaft an die Einhaltung der Konvention zu binden. Das geht aber nur, wenn auch die westeuropäischen Staaten zur Anerkennung weitgehender Minderheitenrechte bereit sind. Gleichbehandlung ist ja nun wirklich ein Rechtsgrundsatz. Eine Weigerung wie bisher wird die Instabilität in Osteuropa fördern. Das schadet dann letztlich auch uns selbst in Westeuropa, denn eine derartige Instabilität bliebe für uns nicht folgenlos.

Meine Damen und Herren, Europa ist eine Aufgabe, die noch viel Kraft von uns fordern wird. Manches von dem, was ich zuletzt gesagt habe, mag sehr an eine schwer verwirklichbare Vision erinnern. Doch wir brauchen solche Visionen ebenso wie den Blick für das Machbare.

Rede im Deutschen Bundestag: Für eine europäische Verfassung (2004)*

Verehrter Herr Präsident!
Liebe Kolleginnen und Kollegen!

Es ist heute in allen Fraktionen und trotz mancher aufgeregter Töne deutlich geworden, dass die ganz große Mehrheit dieses Hauses [...] einig darüber ist, welch ein großer Erfolg die Verfassung ist.

Wir sollten noch einmal auf die Situation Anfang der 1990er Jahre zurückblicken, als sich nach den Umbrüchen in Europa, nach dem Sieg von Freiheit und Demokratie die Frage stellte, wie die EU reagieren soll. Die Erweiterung war nicht von vornherein klares strategisches Ziel. Es bedurfte vielmehr auch in Westeuropa mancher Überzeugungsarbeit, um den langen Weg der Erweiterung zu gehen. Dieser Weg ist für viele Länder im Frühjahr dieses Jahres erfolgreich zu Ende gegangen. Aber dieser Weg ist weiterzugehen, wenn man an Rumänien, Bulgarien, aber auch an andere Länder denkt.

Vor fünfundzwanzig Jahren hat Willy Brandt - das ist schon angesprochen worden - eine europäische Verfassung gefordert. Wer glaubte Anfang der 1990er Jahre, dass das möglich sein wird? Auch enge Verbündete waren skeptisch. Ich erinnere mich, dass Jacques Chirac in seiner Rede vor dem Deutschen Bundestag im Jahr 2000 eine europäische Verfassung forderte. Hier hat sich sehr viel getan. Nun liegt ein gemeinsamer Verfassungsentwurf vor. Ich möchte an dieser Stelle darauf hinweisen, dass es wichtig war, dass wir in Deutschland parteiübergreifend dafür gearbeitet haben und eingetreten sind. Ich würdige in diesem Zusammenhang ausdrücklich die Vertreter der CDU/CSU im Konvent, die dort Wesentliches geleistet haben. Herr Altmaier - er ist anwesend - hat gemeinsam

---

* Plenarrede in der 119. Sitzung des Deutschen Bundestages, 15. Wahlperiode, 2. Juli 2004, (http://dip21.bundestag.de/dip21/btp/15/15119.pdf, abgerufen am 29. Juni 2019)

mit Jürgen Meyer dort sehr gute Arbeit geleistet. Viele Initiativen sind aber auch gemeinsam eingebracht worden.

Heute haben wir vieles erreicht. Aber wir alle wissen, dass wir nicht bei den Erfolgen stehen bleiben dürfen. Es ist von Sicherheit geredet worden. Dabei geht es nicht nur um den 11. September 2001. Vielmehr gibt es viele grundsätzliche Fragen, die unsere Sicherheit heute und in Zukunft bestimmen. Frau Lötzsch, ich möchte in diesem Zusammenhang daran erinnern: Die Verfassung ist zwar das zentrale Dokument. Herr Solana hat im letzten Jahr eine Sicherheitsstrategie vorgelegt. Sie ist im letzten Dezember gemeinsam beschlossen worden. Jetzt ist sie die europäische Sicherheitsstrategie. Frau Lötzsch, lesen Sie sich diesen Beschluss einmal durch! Darin steht alles, was Sie hier einfordern, Stichwort „Bedeutung der integrierten Außenpolitik in den zivilen, in den ökonomischen und in den diplomatisch-politischen Dimensionen". Jeder, der glaubt, dass Sicherheitspolitik und Friedenspolitik völlig ohne militärische Dimensionen möglich sind, ist naiv. Wir leben nun einmal – „leider" mag mancher sagen – nicht im Himmelreich.

Wir stehen vor inneren und äußeren Herausforderungen. Innere Herausforderungen – das beziehe ich auf die Geographie Europas – betreffen unter anderem den westlichen Balkan. Mitten in der EU gibt es einen Bereich, der für uns eine zentrale Herausforderung ist. Dadurch, dass Kaliningrad von Staaten der Europäischen Union umschlossen ist, ist Russland unser Nachbar im Osten. Auch mit Kaliningrad ist eine zentrale Herausforderung verbunden. Dort, also in einer Region umschlossen vom Territorium der EU, gibt es manche Gefahren – organisierte Kriminalität, Drogen und viele andere Bereiche –, denen wir gemeinsam mit den Nachbarn, zum Beispiel mit Russland und Staaten auf dem westlichen Balkan, mit einer eigenen Strategie begegnen müssen.

Ich glaube, dass es auf diesem Gebiet nach den Kriegen in den 1990er Jahren wesentliche Fortschritte gibt. Die EU, die NATO und die internationale Staatengemeinschaft haben durchaus erfolgreich agiert, nachdem wir uns überhaupt nicht mehr hatten vorstellen können, dass es mitten in Europa zu solchen Kriegen und zu solchen Verbrechen kommt. Wir sehen – die Welt hat es zuletzt im März im Kosovo gesehen –, wie instabil die Lage ist. Wenn wir uns die einzelnen Länder anschauen, dann erkennen wir, was alles noch getan werden muss.

Ich bin der festen Überzeugung, dass die Integrations- und Europaperspektive für diese Region, also das, was der Europäische Rat in Thessaloniki beschlossen hat, der wesentliche Stabilitätsfaktor ist und dass es zusätzliche Initiativen braucht. Ich halte zum Beispiel eine Kosovo-Initiative der Europäischen Union am Anfang des nächsten Jahres für ausgesprochen wichtig. Wir können und sollten es nicht wieder den USA überlassen, eine solche Initiative zu ergreifen. Ich bin sicher, dass die USA dies tun werden, wenn wir nicht vorher aktiv werden. Kosovo liegt mitten in Europa. Die Staaten dieser Region haben nicht nur eine europäische Perspektive, sondern sie wollen auch Mitglied der Europäischen Union werden. Die Europäische Union sollte gezielt aktiv werden, nicht ohne die USA, natürlich mit den Vereinten Nationen und durchaus auch im Gespräch mit Russland. Ich wiederhole: Die Initiative sollte von uns, von Europa, ausgehen.

Die nächste zentrale Frage betrifft die Gestaltung unserer Nachbarschaft. Auch hier hat die Europäische Union Initiativen ergriffen. Ich halte es für ausgesprochen wichtig, dass das öffentliche Augenmerk deutlich darauf gelenkt ist. Ich freue mich sehr, dass die Europäische Union mittlerweile den südlichen Kaukasus in diese Strategie mit aufgenommen hat. Das war vorher nicht der Fall.

Als Letztes möchte ich auf die Frage der Minderheiten innerhalb nationaler Mehrheiten in Europa zu sprechen kommen. Dieser Punkt ist bisher nicht angesprochen worden. Zumindest in Deutschland steht er nicht im Licht der Öffentlichkeit. Nach 1990 und spätestens nach 1993, Stichwort „Kopenhagener Kriterien“, hat die Europäische Union den neuen Mitgliedstaaten immer wieder gesagt, wie wesentlich die Einhaltung der Minderheitenrechte ist und dass Minderheiten in ihren Regionen, wo sie oft seit vielen Jahrhunderten leben, eine Chance haben müssen.

Gerade durch den Druck, die entwickelten Kriterien einzuhalten, ist auf diesem Gebiet in Ungarn, in Rumänien, in der Slowakei, aber auch in anderen Ländern viel geschehen. Gleichzeitig hat sich Anfang der 1990er Jahre gezeigt, dass auch der Rechtsrahmen

Westeuropas, der damaligen Europäischen Union und auch des Europarates in dieser Frage noch keineswegs ausreichend ist. Was die Gestaltung von Recht durch den Europarat - Stichwort „Europäische Menschenrechtskonvention" - und die jüngst erarbeitete europäische Verfassung angeht, ist mehr geschehen, als wir wahrgenommen haben. Insbesondere Ungarn hat sich eingesetzt und wir haben dies unterstützt.

Nachdem diese Rechte geschaffen worden sind, halte ich es für wichtig, dass sie nicht nur durch die einzelnen Staaten implementiert werden, sondern dass sie auch durch europäische Institutionen gestärkt und begleitet werden. Wir brauchen eine personelle und institutionelle Stärkung dieser Dimension des europäischen Rechts.

Ich hielte es für gut, wenn zum Beispiel einer der vielen europäischen Kommissare eine solche Verantwortung bekäme oder wenn es einen Ombudsmann des Europäischen Parlaments mit dieser Verantwortlichkeit gäbe. Die östlichen und südöstlichen europäischen Länder wären dafür, glaube ich, besonders dankbar. Wir sollten sie darin unterstützen. Ich danke Ihnen.

Rede im Deutschen Bundestag: EU-Erweiterung und Nachbarschaft (2003)[1]

Verehrte Frau Präsidentin!
Liebe Kolleginnen und Kollegen!

Wir merken in dieser Debatte, dass Europa ein spannendes Thema ist, und es bleibt spannend. In den letzten dreizehn Jahren, in denen ich die Ehre hatte, diesem Hohen Hause anzugehören, und in denen ich die Entwicklung nach den Umbrüchen von 1989/90 von Beginn an miterlebt habe, hatten wir immer wieder intensive Debatten über Europa.

Es gab diejenigen, die sich für die Erweiterung einsetzten und bezüglich der Vertiefung skeptisch waren. Anders herum gab es eine ganze Menge derer, die sagten: Wir müssen erst einmal Europa im Westen bauen, dann erst können wir die anderen hineinlassen, sonst gehen die nicht mit uns auf dem Weg, den wir in Europa gehen wollen. Wir Deutschen – das kann ich wohl parteiübergreifend feststellen – waren uns tendenziell immer einig, dass beides zu erfolgen hat. Dass diese Prozesse parallel verlaufen sind, ist nicht zuletzt ein wichtiger Erfolg aller Bundesregierungen seit 1990. Dass wir an diesem Tag beides zusammen debattieren, eine europäische Verfassung und die Erweiterung, hätte sich vor einiger Zeit niemand träumen lassen. So war es vor wenigen Jahren ein Erlebnis, als der französische Präsident im Namen Frankreichs in diesem Hause erstmalig von einer europäischen Verfassung sprach. Damit wurde die Möglichkeit eröffnet, den Weg zu beschreiben, den wir jetzt miteinander gegangen sind.

Dann gibt es die Staaten, in denen nicht der Westen gesiegt hat, sondern in denen Demokratie und Freiheit siegten und die sich auf einen langen, schwierigen Weg eingelassen haben, der nicht nur ihre Wirtschaft, sondern alle Bereiche ihrer Gesellschaft verän-

---

[1] Plenarrede in der 53. Sitzung des Deutschen Bundestages, 15. Wahlperiode, 26. Juni 2003 (http://dipbt.bundestag.de/doc/btp/15/15053.pdf, abgerufen am 30.6.2019)

dert hat, hin zu diesem institutionalisierten Europa, das wir jetzt gemeinsam gestalten. Das war kein Weg zurück nach Europa; denn Prag, Warschau oder Budapest, aber auch Bukarest oder Riga gehörten immer zum wesentlichen Bestand Europas; dies war von Beginn an klar. Insofern geht es hier durchaus um die Frage der Identität Europas. Auch die Debatte über die Türkei hat wesentlich damit zu tun.

In einem Punkt stimme ich dem Kollegen Zöpel ganz besonders nachdrücklich zu: Auch ich weiß nicht, ob die Türkei dieses Ziel erreichen wird und ob es die Mehrheit in der Türkei erreichen will. Das ist die zentrale Frage, die wir stellen müssen. Selbstverständlich ist es richtig, dass man nicht mit einem Land Verhandlungen beginnen kann, in das man niemanden zurückschicken kann, weil man Angst haben muss, dass er dann Opfer politischer Verfolgung wird. Die Todesstrafe ist zwar inzwischen in Friedenszeiten abgeschafft, aber gefoltert wird weiterhin. Aber wer sagt denn, dass dies Ende nächsten Jahres noch so ist?

Natürlich gehört dazu, dass in diesem Land andere gesellschaftliche Kräfte, übrigens auch christliche Kirchen, frei agieren können. Im Augenblick ist die Türkei auch in diesem Punkt noch weit davon entfernt, den Kriterien für die Aufnahme in die Europäische Union zu genügen.

Gleichzeitig müssen wir die zurzeit dort statthabenden Prozesse beachten. Wer von uns hätte sich träumen lassen – der Bundesaußenminister hat es vorhin schon erwähnt –, dass in der Türkei eine solche Debatte stattfindet, wie sie zurzeit über die Rolle des Militärs geführt wird? Wir haben immer gesagt: Es ist schon komisch, dass man ein Militär braucht, um Demokratie zu sichern. Jetzt wird als Teil demokratischer Reformen die Rolle des Militärs neu diskutiert. Diesen Prozess sollten wir mit allen Kräften unterstützen. Es ist gut, dass die Europäische Union dies tut; denn es wird unser aller Vorteil sein, wenn es der Türkei gelingt, auf diesem Weg erfolgreich zu sein. Davon werden auch wir in starkem Maße profitieren.

Zu Südosteuropa hat Kollege Zöpel bereits das Wichtigste gesagt: Es muss unser Interesse sein, diesen 25 Millionen Menschen zu helfen, so schnell wie möglich integriert zu werden. Wir sollten eben nicht abwarten und ihnen sagen: Seht einmal zu, dass ihr eure Probleme regelt! Wenn ihr den Kriterien irgendwann genügt, könnt ihr auch Mitglied werden. – Dies ist auch für uns ein zentrales Anliegen. Viele Probleme in dieser Region können auf dem Weg der Integration gelöst werden, aber das ist natürlich kein Automatismus.

Als weiteren wesentlichen Punkt spreche ich die Frage der Nachbarschaften der Länder der Europäischen Union an. Die Kommission hat hierzu am 11. März ein Papier vorgelegt, das ich für ausgesprochen wichtig halte und mit dem wir uns beschäftigen sollten; denn sie versucht, genau diese Nachbarschaften stärker zu strukturieren, deutlich zu machen, dass wir als Europäische Union strukturierte Beziehungen zu den Nachbarn brauchen. Leider hat sie den Südkaukasus vergessen. Glücklicherweise ist dies bei dem Ministertreffen im Juni und auch jetzt beim Gipfel angesprochen worden. Natürlich gehört der Südkaukasus, gehören Georgien, Aserbaidschan und Armenien zu den Nachbarschaftsregionen, die wir stabilisieren müssen. Übrigens müssen wir auch in Gesprächen mit Russland deutlich machen, dass es eine wesentliche Verantwortung hat, zur Stabilisierung dieser Region beizutragen. Dafür ist ein breites Spektrum an Instrumentarien vorgesehen, bis hin zu Finanzhilfen, die angeboten werden können. Ich halte es für wesentlich, unser Verhältnis zu den Nachbarn im Norden Afrikas, im Nahen Osten und eben im Osten intensiv zu gestalten.

[...]

Rede im Deutschen Bundestag: 50 Jahre deutsche NATO-Mitgliedschaft (2005)*

Sehr geehrter Herr Präsident!
Liebe Kolleginnen und Kollegen!

Es ist gut, dass wir diese Debatte zum 50. Jahrestag der deutschen Mitgliedschaft in der NATO führen, weil - das ist ganz klar - die NATO ein zentraler Eckpfeiler deutscher Außenpolitik in diesen fünfzig Jahren war. Das galt damals und das gilt auch heute.

Genauso richtig ist – ich glaube, das ist unbestreitbar –: Damals ist die NATO-Mitgliedschaft gegen die SPD und gegen große Teile der deutschen Gesellschaft von Bundeskanzler Adenauer durchgesetzt worden. Es war damals ein schwerer Kampf, eine schwere Auseinandersetzung. Der Grund dafür ist hier aber nicht genannt worden. Das war nämlich die Sorge in der deutschen Gesellschaft und bei der Sozialdemokratie, dass diese militärische Dimension der Westbindung die deutsche Einheit verhindern würde bzw. dass man dadurch diese Perspektive verlieren würde.

Aber genau das war damals die große Sorge sehr vieler Deutscher. Das war der Hintergrund. Wie sich zeigte, war das eine Fehleinschätzung. Das weiß man aber oft erst im Nachhinein.

Daneben gab es eine andere zentrale Entscheidung der deutschen Außenpolitik, nämlich die Willy Brandts [...]: Als es um die Ostpolitik ging, dem anderen wesentlichen Pfeiler der deutschen Politik, gab es genauso scharfe und kämpferische Auseinandersetzungen. Dort lagen Sie[1] total falsch, wie man heute weiß und wie es große Teile Ihrer Partei heute auch akzeptieren.

Klar ist: Beides waren strittige Entscheidungen und beides waren und sind zentrale Grundlagen der deutschen Politik. Dies sollten wir nicht vergessen. Friedbert Pflüger hat deutlich gemacht: Die NATO war ein zentraler Schutzschild der alten Bundesrepublik in

* Plenarrede in der 172. Sitzung des Deutschen Bundestages, 15. Wahlperiode, 21. April 2005 (http://dipbt.bundestag.de/doc/btp/15/15172.pdf, abgerufen am 20. Juni 2019)

1 Gemeint ist ein Abgeordneter der CDU, der zuvor per Zwischenruf die SPD kritisiert hatte

den Zeiten des Kalten Krieges. Als jemand, der im Osten Deutschlands aufgewachsen ist, gestehe ich, dass dieses Bild bei uns nicht ganz so positiv war, denn wir waren uns immer sehr wohl bewusst, dass, wenn es zu einer militärischen Konfrontation zwischen den beiden Blöcken gekommen wäre, diese sich konkret auf deutschem Boden abgespielt hätte. Wir waren uns dieser unmittelbaren Bedrohung bewusst. Der Teil der deutschen Bevölkerung in der DDR, dem ich angehörte, liebte die Sowjetunion nicht, aber wir waren durchaus auch sehr skeptisch gegenüber der NATO-Politik, weil wir wussten, dass das bei uns ausgetragen würde und dass von uns, egal wie es ausgeht, nichts übrigbleiben würde. Das war damals unsere Wahrnehmung.

Es hat jetzt aber keinen Sinn, über die Historie zu reden. Klar ist – ich denke, das ist eine ganz zentrale Dimension –, dass die NATO nach dem Ende des Kalten Krieges eine ganz zentrale Rolle dafür spielte, dass Sicherheit eben nicht nur national, sondern durch Integration organisiert wird. Ich glaube, dass dies die wichtigere Dimension der NATO in ihrer Geschichte geworden ist. Dadurch bin ich zu einem wirklich überzeugten Atlantiker geworden.

Nach 1990 ging es um Integration und Kooperation. Übrigens ging die NATO hier sehr viel schleppender vor und war langsamer bei der Umsetzung des Konzepts, als es etwa die Europäische Union war, die sehr früh begriffen hatte, dass es um eine Erweiterung ging. Die Partnerschaft für den Frieden von 1993 wurde ja anfangs als eine Alternative zur Erweiterung konzipiert. Erst nach und nach hat man begriffen, dass es der erste Schritt zu einer größeren Allianz sein könnte. Insofern blicken wir hier auf eine schwierige Diskussion und aufgrund der Erweiterungs- und Partnerschaftspolitik in den letzten fünfzehn Jahren auch auf eine ganz zentrale Sicherheitspolitik zurück, die uns alle in Europa gerade auch angesichts der neuen Bedrohungen sicherer gemacht hat.

Heute ist die NATO weithin anerkannt und nicht umstritten. Gleichzeitig muss man aber klar sagen, dass die Frage nach ihrer Bedeutung durchaus umstritten ist. Auch innerhalb der NATO wird ihre Zukunft durchaus offen diskutiert. Ich glaube, wir sollten das Gespräch über die neuen Herausforderungen für diese Institution, darüber, wofür wir sie brauchen, stärker als bisher miteinander führen. Ich bin der festen Überzeugung, dass wir die NATO als Instrument weiter brauchen: zum einen als eine zentrale Dimension, als Konsultationsgremium und als politisches Forum im transatlantischen Verhältnis und zum anderen natürlich als eine wirklich handlungsfähige militärische Organisation.

Man muss auch sagen: Neben den USA als Nationalstaat ist die NATO die einzige Institution dieser Welt, die auch militärisch global agieren kann. Wir alle wissen, dass es ohne sie nicht geht, dass wir diese Dimension der Außenpolitik brauchen, wie gerade der Kampf gegen den internationalen Terrorismus und Bemühungen der Friedensmissionen und Konfliktbeilegung zeigen.

Wir stehen in der NATO vor vielen offenen Fragen. Ich begrüße sehr die Initiative des Kanzlers. Lieber Kollege Pflüger, ich muss Ihnen deutlich widersprechen. Das, was heute in Vilnius passiert, ist die Folge dessen, was der Kanzler ausgesprochen hat und was im NATO-Rat deutlich begrüßt worden ist. Ich finde es völlig verständlich, dass der Generalsekretär sagt: Wir wollen in dieser Frage keine Expertengruppe bilden, sondern wir wollen das erst einmal selbst in die Hand nehmen. Wir werden sehen, was dabei herauskommt und ob es ausreicht! Wenn es ausreicht, dann werden wir alle froh darüber sein, dass wir kein anderes Gremium brauchen. Es geht hier nicht um Gremien, sondern um klare Ergebnisse und eine handlungsfähige NATO. Das ist unser Ziel!

Ich glaube aber, dass wir uns mit unseren Polemiken nur an der Oberfläche befinden. Letztlich stehen wir in der NATO vor einer sehr grundlegenden Entscheidung für die Zukunft. Ich bin der festen Überzeugung, dass wir uns als Europäer Sicherheit ohne die USA nicht vorstellen sollten und auch nicht können, weil unsere Kapazitäten nicht ausreichen. Von daher ist es ganz zentral, zu sagen: Wir wollen die NATO als eine verbindliche Organisation, in der wir gemeinsam die Situation analysieren, in der wir in einem offenen Diskurs versuchen wollen, uns über unsere Handlungsperspektiven klar zu werden, und in der wir gemeinsam handeln. Diese drei Punkte beschreiben die NATO, die wir wollen. Wir versuchen, die NATO so zu verändern, damit sie wieder so wird.

Ich bin leider nicht sicher, dass alle NATO-Mitglieder – ich nenne hier auch ganz konkret die USA – ein ebenso starkes Interesse an einer solchen NATO, wie ich sie eben beschrieben habe, haben. Das ist kein Vorwurf; vielmehr ist die globale Situation so. Die Weltmacht USA hat nach dem Kalten Krieg global ganz andere Schwerpunkte gesetzt, bei denen der euro-atlantische Raum und die NATO nur eine Teildimension darstellen. Die USA sagen – das wird manchmal offen ausgesprochen –: Für unser globales Handeln suchen wir Verbündete, ohne uns in einen Prozess der Entscheidungsfindung und in gemeinsames Handeln einbinden zu lassen, wobei eine gemeinsame Analyse und Diskussion vielleicht noch denkbar wären.

Diese Frage ist für die Zukunft der NATO zentral. Hier sollten wir sehr deutlich machen: Wir wollen eine NATO mit Verbindlichkeiten auf allen drei Ebenen. Wir sehen die NATO nicht als einen Werkzeugkasten, aus dem man bestimmte Elemente herausnimmt, wenn man für einen Einsatz eine „coalition of the willing", einen Pool von Partnern sucht, die man sich, entsprechend dem jeweiligen Bedarf, zusammenstellt. Diese NATO wäre eine in unserem europäischen Sinne schlechte NATO. Wir sollten alles dafür tun, damit wir miteinander diese Verbindlichkeit erreichen.

Klar ist, dass die NATO für uns Europäer eine ganz besondere Herausforderung darstellt. Dies ist nicht nur eine Frage der Kapazitäten; es geht weit darüber hinaus. Es ist auch eine Frage der Fähigkeit, gemeinsam politisch zu handeln, das heißt mit einer Stimme zu sprechen. Hier bin ich bei einem Problem, von dem ich glaube, dass es für die Zukunft der NATO von zentraler Bedeutung ist. Ich meine die Gespaltenheit, die die Europäer in gewisser Weise zeigen, wenn es um die NATO und die Europäische Union geht. Manche hohe Repräsentanten unserer Länder in Brüssel berichten immer wieder von der schwierigen Erfahrung, dass auf der Ebene der Europäischen Union in den letzten fünf Jahren eine ganze Menge getan wurde, um eine gemeinsame sicherheitspolitische Identität zu entwickeln. Sobald man aber die Pforte zur NATO betritt, spielt das bzw. darf das keine Rolle mehr spielen. Es wird so getan, als hätte man vorher über diese Fragen nie miteinander geredet.

Diese Bewusstseinsspaltung stellt zuallererst für uns selbst ein großes Problem dar. Wir müssen lernen, nicht nur außerhalb der NATO mit einer Stimme zu sprechen, sondern wir müssen in der Lage sein, auch im NATO-Rat unsere gemeinsame Position, soweit vorhanden, zur Sprache zu bringen. Es ist manchmal schon so, dass die Weisungen aus demselben Ministerium kommen und in der jeweiligen Organisation nicht unbedingt in jeder Frage miteinander kompatibel sind. Das gilt für verschiedene Länder. Das ist immer wieder eine Erfahrung der Akteure vor Ort.

Ich glaube, dass das auch eine Erfahrung der Parlamente ist. Ich habe hier in diesem Raum vor vier Jahren eine Debatte in der Parlamentarischen Versammlung der NATO erlebt. Damals wurde eine Resolution verabschiedet, in der wir als Parlamentarische Versammlung der NATO die EU kritisiert haben. Ich habe heftig gegen diese Resolution gekämpft. Sie kam mit den Stimmen vieler europäischer Parlamentarier zustande – wie könnte es anders sein; ohne Europa kommt keine Resolution zustande –, die sich selbst kritisiert haben, und das noch in einem Punkt, der falsch war. Das heißt, wir haben diese Bewusstseinsspaltung tief in uns. Wir müssen an dieser Stelle gerade als Europäer stärker miteinander unseren Standpunkt bestimmen. Man nennt das den europäischen „caucus" in der NATO – ein Schreckgespenst, insbesondere für die Amerikaner. Zuallererst ist das eine europäische Herausforderung. Erst dann ist es eine Herausforderung für die Amerikaner, zu akzeptieren, dass die Europäer mit gemeinsamer Stimme sprechen. Ich bin sicher, wenn wir fähig dazu sind, dann werden sie es auch akzeptieren; wenn wir es nur theoretisch behaupten, dann wohl nicht.

Ich komme zur Frage der Erweiterung. Die große Erweiterung haben wir geschafft. Es sind jetzt zehn neue Staaten Mitglied. Ich sagte schon, dass das ein Riesenerfolg für Europa ist. Es gibt eine Reihe anderer Staaten, die hinein wollen. Ich glaube, dass wir sehr genau überlegen sollten, wie wir damit umgehen. Man muss – insofern habe ich selbst ein gespaltenes Herz in meiner Brust – klar sagen: Je verbindlicher die NATO in Bezug auf unser europäisches Interesse ist, das ich eben beschrieben habe, umso schwerer ist es, neue Mitglieder aufzunehmen, die noch nicht so weit sind, weil die Kriterien dann schärfer sein müssen. Wenn aber die NATO [...] nur noch zu einem lockeren Forum und im Endeffekt zu einem Werkzeugkasten für militärische Instrumente und Partner wird, dann besteht die Gefahr, dass sich das Interesse bestimmter Kräfte in den USA durchsetzt, die sagen, es müssten möglichst viele in die NATO. Das hat übrigens den guten Nebeneffekt, dass sich das positiv auf die Demokratisierung und Stabilisierung der betreffenden Länder auswirkt. Aber wir sollten uns über den Zusammenhang zwischen der Verbindlichkeit der NATO und neuen Erweiterungen Gedanken machen und versuchen, abzuwägen, welche Schritte wir gehen sollten. Auf jeden Fall brauchen wir klare und starke Partnerschaftsbeziehungen und einen Ausbau dieser Partnerschaften.

Ich komme zu zwei Punkten, die ich am Schluss noch ansprechen möchte. Das eine ist der, dass die Zusammenarbeit zwischen EU und NATO essenziell ist. Die ist inzwischen nach manchen Anfangsschwierigkeiten von allen anerkannt, aber die Praxis - ich sage es ganz offen - ist eine Katastrophe, weil wir im Augenblick nicht fähig sind, alles das, was wir uns in beiden Institutionen vorgenommen haben, wirklich umzusetzen. Sie haben - ich fand das gut - in Ihrem Antrag ausgesprochen, dass im Augenblick das wichtigste Hindernis dafür die Blockade der Türken ist, die nicht bereit sind, zu akzeptieren, dass alle EU-Mitgliedsländer am Tisch sitzen sollten. Dieses Hindernis muss weg. Dies sollten alle Partner in deutlichen Gesprächen mit der Türkei auf allen Ebenen klarstellen. Anders kommen wir nicht weiter. Wir dürfen uns nicht blockieren lassen.

Der zweite zentrale Punkt ist, dass wir deutlich machen müssen, dass die europäische Integration und die Entwicklung der ESVP nicht gegen die NATO gerichtet sind, wenn man offen sagt, dass das transatlantische Verhältnis breiter und vielfältiger als das ist, was nur die NATO abdecken kann. Es gibt die Handelsbeziehungen, die Finanzströme und eine gemeinsame politische Rolle in dieser Welt. Deshalb bin ich fest davon überzeugt, dass wir unabhängig davon, dass wir die NATO als sicherheitspolitisches Forum und als militärische Organisation stärken müssen, neben der NATO den Ausbau der transatlantischen Beziehungen zwischen der EU und den USA brauchen. Wir sollten gemeinsam dafür arbeiten. Dies ist kein Widerspruch, sondern das ist komplementär und in unser aller Interesse. Ich danke Ihnen.

Aufruf zur Bildung einer Enquete-Kommission zur Reform der Sicherheitspolitik (2005)*

Die Rahmenbedingungen für deutsche Sicherheitspolitik haben sich grundlegend verändert. Angesichts der Bedrohung durch den internationalen Terrorismus verschwimmen die Grenzen zwischen Instrumentarien der Außen- und Sicherheitspolitik und traditionellen Innenpolitik.

Die sicherheitspolitische Diskussion in Deutschland ist aber nach wie vor überwiegend durch Einzelbetrachtungen der Ressorts gekennzeichnet. Allzu oft stehen Einzelinteressen im Vordergrund. Die Zahl überkommener Strukturen, die der Weiterentwicklung bedürfen, und die Zahl eingespielter Gewohnheiten, die aufgegeben werden müssen, sind groß. Verteidigungsminister Struck hat dies in seiner Rede auf dem 16. Forum Bundeswehr und Gesellschaft am 24. Oktober 2005 in Berlin deutlich gemacht. Struck fordert, dass die große Koalition ein ressortübergreifendes Grundlagendokument zur Außen-, Sicherheits- und Verteidigungspolitik erarbeiten solle. Eine solche „nationale Sicherheitskonzeption" hätte zum Ziel, den Staat in die Lage zu versetzen, besser auf terroristische Bedrohungen im Inland reagieren und langjährige Einsätze im Ausland organisieren zu können.

Wir plädieren zu Beginn einer großen Koalition dafür, eine Enquete-Kommission einzurichten, welche die sicherheitspolitischen Strukturen in Exekutive und Legislative angesichts der neuen Herausforderungen kritisch überprüft und Empfehlungen erarbeitet. Gerade die für Enquete-Kommissionen des Deutschen Bundestages übliche Mischung in der Zusammensetzung aus Experten der Fachausschüsse sowie aus Sachverständigen aus der Gesellschaft (Wissenschaft, Bundeswehr, Wirtschaft) und internationalen Experten gäbe die Chance, hier zu guten Ergebnissen zu kommen, welche noch in dieser Legislaturperiode im Bundestag diskutiert werden sollten.

---

* Als MdB gemeinsam verfasst mit dem Bundestagsabgeordneten Andreas Weigel, 2005

Der Handlungsrahmen für deutsche Sicherheitspolitik reicht heute von nationaler Sicherheitsvorsorge, über weltweite Krisenprävention und Krisenbewältigung bis zur Konfliktnachsorge. Die Gestaltungsmittel hierfür reichen von der Terrorismusabwehr im Innern, internationaler Kooperation von Justiz und Polizei, Katastrophenschutz, humanitärer Hilfe und Sanktionen, über Entwicklungspolitik, Außenwirtschaftspolitik, internationale Finanzpolitik, Rüstungsexporte, Diplomatie, Rüstungskontrolle und Nichtverbreitung bis hin zu den Mitteln des zivilen und militärischen Krisenmanagements. Dazu kommen die traditionellen Instrumente der Innenpolitik sowie der Kampf gegen die immer mehr international agierende organisierte Kriminalität.

Alle diese Instrumente müssen besser verzahnt und integriert werden. Sicherheitspolitik erfordert heutzutage ressortübergreifendes Denken und Handeln. Blockaden der Information und Koordination müssen überwunden werden. Hierfür bedarf es neuer Denkanstöße. Dieser Prozess ist heutzutage doppelt schwer, weil sich unser Handeln vorrangig in den Bahnen der europäischen Außen- und Sicherheitspolitik entfaltet. Daher müssen wir diese Vernetzung im zweiten Schritt gleich noch im multinationalen Rahmen – innerhalb der EU und der NATO – bewältigen, wo unsere Partner national mit ähnlichen Koordinationsproblemen zu kämpfen haben.

Die politische Diskussion und Zusammenarbeit zwischen den Ressorts ist bei uns nach wie vor nicht in ausreichendem Maße erkennbar beziehungsweise wird ressortspezifisch geführt. Der „Aktionsplan Zivile Krisenprävention" soll hier nicht kleingeredet werden, wirkt aber nun einmal wie der berühmte Tropfen auf den heißen Stein. Insgesamt bleibt die sicherheitspolitische Diskussion in Deutschland überwiegend durch Einzelbetrachtungen der Ressorts gekennzeichnet. Ressortegoismen dominieren.

Die Erarbeitung des Rahmens einer deutschen Sicherheitsstrategie, die Zusammenführung von analytischen und finanziellen Fähigkeiten der Bundesressorts für zivile und militärische Interventionen in Krisengebieten, die Weiterentwicklung des europäischen Rüstungsmarktes, ein Entsendegesetz, die Frage möglicher Bundeswehreinsätze im Inneren und die europäische beziehungsweise transatlantische Vernetzung dieser Problemfelder - all dies sind wichtige thematische Schwerpunkte, die von einer neuen sicherheitspolitischen Enquete-Kommission behandelt werden sollten.

Gerade auch die internationale Vernetzung dieser Probleme wird einen eigenen Schwerpunkt ausmachen müssen, denn unsere Partner stehen vor ähnlichen Fragen. So könnten wir für ein solches wegweisendes Vorhaben großer internationaler Aufmerksamkeit sicher sein. Mit einer „nationalen Sicherheitskonzeption", in der wir Interessen, Ziele und Strategien benennen, würden wir auch einen Beitrag zur Fortentwicklung der „Europäischen Sicherheitsstrategie" vom Dezember 2003 leisten.

Der Bundespräsident hat in seiner Rede zum fünfzigjährigen Jubiläum der Bundeswehr am 10. Oktober 2005 mit Recht dazu aufgefordert, mit Blick auf die Herausforderungen der Zukunft die Effizienz der vorhandenen Entscheidungs- und Beratungsstrukturen in der Sicherheitspolitik zu hinterfragen und die Instrumente einer ganzheitlichen Sicherheitspolitik besser zu verzahnen oder gar zu integrieren. Dieser Aufgabe müssen wir uns stellen.

Gerade der Beginn einer Großen Koalition in Deutschland bietet die Chance, in der Sicherheitspolitik aus alten Denkmustern herauszufinden und Althergebrachtes in Frage zu stellen. Wir sollten diese Chance nutzen, Sicherheitspolitik neu zu denken.

Aufruf zur Schaffung einer Europäischen Stiftung für Demokratie (2006)*

Zusammenfassung

Die Errichtung einer eigenständigen „Europäischen Stiftung für Demokratie" (European Foundation for Democracy - EFD) als neues Mittel der europäischen Außenpolitik hat das Ziel, die Entwicklung von Demokratie, einer starken Zivilgesellschaft, Rechtsstaatlichkeit sowie den Schutz von Menschenrechten international zu fördern. Die Stiftung soll den Werkzeugkasten der EU-Außenpolitik ergänzen und ermöglichen, flexibel und unbürokratisch mit der Zivilgesellschaft anderer Länder direkt zusammenzuarbeiten, sie stärken und so demokratische Entwicklungen fördern. Sie würde damit ein Defizit der EU beseitigen, deren bisherige Instrumente zu schwerfällig sind. Gleichzeitig würde sie dem Anspruch der Europäer Nachdruck verleihen, bei der zivilgesellschaftlichen Entwicklung und der Förderung von demokratischem Wandel in Europa - und darüber hinaus - eine wichtige Rolle zu spielen sowie die Sichtbarkeit der EU als Akteur in der internationalen Politik erhöhen.

Begründung und Hintergrund der Initiative

Im Herbst 2004 wurde auf Grundlage einer polnischen Initiative die Gründung eines „European Democracy Fund (EDF)" diskutiert, um die EU im Rahmen ihrer Nachbarschaftspolitik zu verstärkten Aktivitäten im Bereich der Förderung von Demokratie sowie der bürgerlichen und politischen Menschenrechte gegenüber den östlichen Nachbarn zu bewegen. Auch viele Experten, die sich mit der Europäischen Nachbarschaftspolitik befassen, fordern einen flexiblen und eigenständigen europäischen Fonds zur Demokratieförde-

* Veröffentlicht in einer englischen Fassung unter dem Titel „A European Foundation for Democracy", in: Forbig/Marples/Demeš (Hg.): Prospects for Democracy in Belarus, Heinrich-Böll-Stiftung/German Marshall Fund, 2006. Im Jahr 2013 wurde das „European Endowment for Democracy" (EED) der Europäischen Union etabliert, initiiert worden war es 2011 von der polnischen EU-Ratspräsidentschaft

rung. Die polnische Initiative stieß seinerzeit auf erheblichen Widerstand und hat nur noch wenige Chancen, im Rahmen der Europäischen Nachbarschaftspolitik Berücksichtigung zu finden.

Die jetzige Initiative zur Errichtung einer EFD knüpft an diese Bemühungen an, ist jedoch breiter angelegt. Sie will dieses neue Instrument nicht auf die Europäische Nachbarschaftspolitik begrenzen und auch nicht bisherige Instrumente ersetzen, sondern der EU ein wirksames und flexibles Instrument an die Hand geben, welches weltweit einsetzbar ist.

Im Rahmen ihrer Erweiterungspolitik hat die EU in den mittel- und osteuropäischen Reformstaaten, die heute Mitglied sind, durch ihre Heranführungsstrategie wesentlich zur Entwicklung von Demokratie und Rechtstaatlichkeit beigetragen. Doch fehlen der EU die Instrumente, unabhängig von der Beitrittsperspektive den demokratischen Wandel in Gesellschaften anderer Länder effektiv zu fördern, insbesondere wenn es sich um Länder mit autoritären oder diktatorischen Herrschaftsstrukturen handelt. Denn in der Regel werden EU-Programme in Drittstaaten in Zusammenarbeit mit der Regierung des Ziellandes durchgeführt. Oft werden die Mittel sogar über die Regierung des Ziellandes verausgabt.

Aber auch dort, wo die EU-Kommission wie bei der „European Initiative for Democracy and Human Rights" (EIDHR)" allein entscheidet und Mittel direkt an NGOs geben kann, sind die Antragsverfahren und die Finanzkontrolle so aufwändig, dass kleine NGOs oft keine Chance haben. Für dieses Finanzinstrument der EU stehen jährlich 100-130 Millionen Euro zur Verfügung. Zurzeit dauert es zwölf bis vierundzwanzig Monate vom Zeitpunkt der Einreichung von Projektvorschlägen bis zur Unterzeichnung der Verträge; Geld fließt dann erst später. Es fehlt die Flexibilität, auch kleinteilig und kurzfristig zu helfen und der oft schwierigen Lage von NGOs in den betreffenden Ländern gerecht zu werden. So wird die EU ihren Aufgaben in diesem Bereich nur sehr unzureichend gerecht.

Um den Defiziten der EU in diesem Bereich abzuhelfen, wird die Gründung einer Stiftung vorgeschlagen, welche über die Vergabe von Mitteln an Projekte eigenständig entscheidet. Bei der Gestaltung einer solchen Stiftung kann auch auf Erfahrungen zurückgegriffen werden, welche die EU mit der „European Human

Rights Foundation" (EHRF) bis 2001 gemacht hat. Ebenso wäre zu berücksichtigen, ob das seitdem geschaffene EuropeAid Cooperation Office, welches die EU-Außenhilfe verwaltet, ergänzt werden muss.

Die seit einiger Zeit geführte Diskussion, europäische politische Stiftungen zu gründen, die den jeweiligen Fraktionen im Europäischen Parlament nahe stehen, ist zu begrüßen. Dies ist kein Widerspruch zur Errichtung einer eigenständigen EFD. Beide Ansätze sind vielmehr komplementär: In Transformationsländern, in denen bereits eine politisch ausdifferenzierte und stärker entwickelte Zivilgesellschaft existiert, finden politische Stiftungen Partner und Adressaten für ihre Arbeit. In Umbruchsituationen, in denen dies nicht der Fall ist, kann die Arbeit politisch unabhängiger Akteure zielführender sein.

Eine solche unabhängige Stiftung würde als neues Instrument die Flexibilität und Differenziertheit der Europäischen Außenpolitik erhöhen. Sie wäre gewissermaßen ein anderer Arm, könnte als eigenständiger Akteur komplementär agieren - auf gemeinsamer Grundlage, aber unabhängig - ohne die offiziellen diplomatischen Beziehungen zwischen der EU und den betreffenden Staaten, in denen die Stiftung aktiv werden würde, zu stören oder zu behindern.

Ziele und Prinzipien

Die „Europäische Stiftung für Demokratie" soll zivilgesellschaftliche Aktivitäten und Strukturen in anderen Ländern stärken, um so die Verbreitung von Demokratie, von Rechtsstaatlichkeit sowie den Schutz der Menschenrechte weltweit voran zu treiben. Ihre Aktivitäten sind daher in erster Linie darauf ausgerichtet, langfristige Wandlungsprozesse zu unterstützen. Es sollen möglichst viele Maßnahmen von am Gemeinwohl orientierten NGOs gefördert werden, welche direkt in die Gesellschaft und Öffentlichkeit hineinwirken. Hier kann es um den Aufbau und die Förderung unabhängiger Medien oder freier Gewerkschaften gehen, um die Unterstützung von Kirchen und Sozialprojekten bis hin zu kommunalen Organisationen oder in autoritären Systemen auch um die Unterstützung demokratischer Kräfte. Dort wo es in den Zielländern oder in benachbarten beziehungsweise engagierten Mitgliedstaaten der Union kompetente und erfahrene Partnerorganisationen wie zum Beispiel Stiftungen gibt, sollte die EFD nach Möglichkeit bei der Projektauswahl und -abwicklung mit diesen zusammenarbeiten.

Es hat sich in den europäischen Erfahrungen nach 1989 gezeigt, dass politische Reformprozesse zuweilen eine unerwartete Dynamik entfalten. Jeder Demokratisierungsprozess bietet kurzfristige „windows of opportunities", in denen das Demokratisierungspotenzial besonders groß ist. Deswegen sollte es neben der langfristigen strategischen Arbeit zur Stärkung demokratischer Institutionen und Verfahren auch eine „Rapid Reaction Facility" geben, um auf Chancen kurzfristigen demokratischen Wandels oder bei akuten Menschenrechtskrisen schnell und flexibel reagieren zu können.

Organisationsstruktur

Die Stiftung sollte erkennbar eine Institution der EU sein. Sie sollte durch die Kommission und den Hohen Repräsentanten für die GASP eingesetzt werden. Eine Kontrolle durch das Europäische Parlament sollte gewährleistet werden. In Anlehnung an unternehmensrechtliche und in vielen Stiftungen erprobte Strukturen liegt es nahe, neben einem Direktor, der die operativen Geschäfte leitet, einen geschäftsführenden Vorstand zu bilden, der bei der Bestimmung des Arbeitsprogramms und der Schwerpunkte der Stiftungsarbeit eine zentrale Rolle spielen sollte. Er würde auch Vergabeentscheidungen für Projekte bis zu einem bestimmten Volumen und die Vorauswahl bzw. Bewertung großvolumiger Projektanträge übernehmen. Daneben wäre ein Stiftungsrat oder „Aufsichtsrat" vorzusehen, der die allgemeinen Leitlinien für die Tätigkeit der Stiftung festlegt und über Projektanträge mit einem besonders großen Volumen entscheidet. Es sollte überlegt werden, in die Gremien neben Mitgliedern des Europäischen Parlaments und Vertretern der anderen EU-Institutionen auch Personen zu berufen, die in den Mitgliedstaaten als nationale Parlamentarier oder im Bereich der Zivilgesellschaft Erfahrungen in vergleichbarer Arbeit gesammelt haben.

Arbeitsweise

Die Stiftung sollte primär Projekte und Initiativen zur Stärkung von Demokratie und Zivilgesellschaft in den Partnerländern fördern und somit als „clearing house" beziehungsweise Förderinstitution fungieren, die auch Rechenschaft über die Vergabe und Verwendung der Mittel gegenüber den EU-Instanzen ablegt. Die Bewertung der Projektanträge würde durch einen professionellen Stab erfolgen, die Entscheidungen durch die Gremien der Stiftung. Die Entscheidungsstrukturen müssten so gestaltet werden, dass auch (im Verhältnis zu sonst in der EU üblichen Fördersummen) geringere Beträge an kleinere NGOs gegeben werden können, denn gerade sie spielen oft in Umbruchsituationen und demokratischen Transformationsprozessen eine wichtige Rolle.

Finanzierung

Die EFD sollte ihre Mittel durch pauschale Zuweisungen aus dem EU-Haushalt empfangen. Darüber hinaus sollte es ihr möglich sein, zusätzliche Drittmittel - beispielsweise von anderen Stiftungen, Privatunternehmen oder auch den Mitgliedstaaten - zu erhalten und zur Förderung der Stiftungsziele einzusetzen.

Die EU könnte mit den Zuweisungen aus ihrem Budget Vorgaben zur Verwendung der Mittel verbinden, beispielsweise zur Verteilung auf einzelne Länder, Regionen oder thematische Schwerpunkte.

Im Zusammenhang mit der Finanziellen Vorausschau 2007-13 hat das Europäische Parlament mit dem „Boge-Bericht" im Juni 2005 die Forderung nach einem eigenen Finanzierungsinstrument beziehungsweise einer Budgetlinie im Bereich der Förderung von Demokratie und Menschenrechten erhoben. Dies könnte die Grundlage für die Zuweisungen an die Stiftung bilden. Um international wahrnehmbar zu sein, sollte mittelfristig eine Zuweisung aus dem EU-Haushalt im Umfang von 70 Millionen Euro zusätzlich zum bisherigen Umfang von EIDHR angestrebt werden.[1]

1 Nachtrag Februar 2006: Auf Initiative von Edward McMillan-Scott, Vizepräsident des Europäischen Parlaments (EVP) wurde im interfraktionellen „Democracy Caucus" des Eeuropäischen Parlaments ein Vorschlag zur Errichtung eines Europäischen Fonds für Demokratie entwickelt. Dieser Vorschlag kommt dem hier präsentierten sehr nahe.

Rede im Deutschen Bundestag: Europäische Verantwortung für Belarus (2006)*

Sehr geehrte Frau Präsidentin!
Liebe Kolleginnen und Kollegen!

Die Debatte über den Haushalt des Bundeskanzleramtes nähert sich dem Ende und gleich beginnt die Debatte über die Außenpolitik. An dieser Schnittstelle versuche ich, den Blick auf unsere europäischen Nachbarn, das heißt auf Weißrussland und die Ukraine, zu richten.

Einige von uns haben die Wahl in Weißrussland beobachtet. Wir haben gemeinsam feststellen müssen, dass diese Wahl, so die formale Sprache der OSZE, weder fair noch frei war. Wir könnten auch sagen: Es war eine gut organisierte Wahlfarce, die wir miteinander erlebt haben.

Das war nichts Neues, wir haben das vorher schon bei einem Referendum und früheren Wahlen erlebt. Neu ist aber – das ist ein Zeichen der Hoffnung –, dass es diesmal mit Milinkewitsch einen gemeinsamen Kandidaten der Opposition gab und dass der Wahlkampf gut organisiert war. Neu war auch, dass die Sozialdemokraten im Vorfeld kooperiert haben, auch wenn die Sozialdemokraten aus der Koalition – wir müssen das leider bekennen – später nicht mitgemacht haben. Ihre Kooperation war wichtig. Wir können nur hoffen und sie auffordern, die Gemeinsamkeit der Opposition auch in Zukunft weiter zu erhalten. Das ist eine Schlüsselfrage für die Zukunft von Belarus. Wir haben mit Zittern auf den Sonntagnachmittag und -abend gewartet, weil angekündigt war, dass Blut fließen würde. Gewalt wurde angekündigt, und zwar durch verschiedenste Intrigen und Mittel. Es wurden öffentliche SMS versandt, in denen davor gewarnt wurde, zum Oktoberplatz zu kommen. Es war ungeheuer bewundernswert, dass plötzlich 10 000

* Deutscher Bundestag, 28. Sitzung, – 16. Wahlperiode, 29. März 2006 (http://dip21.bundestag.de/dip21/btp/16/16028.pdf, abgerufen 29.6.2019)

Menschen zum Oktoberplatz kamen, die viele Stunden lang in großer Kälte trotz der Drohungen für Freiheit und Demokratie protestiert haben. Es war ein großes Erlebnis für diejenigen, die dabei waren. Diese Menschen haben deutlich gemacht: Wir lassen uns die Zukunft durch den Wahlbetrug und das autoritäre System nicht verbauen.

Es hat hundertfache Verhaftungen gegeben. Zu den siebenhundert muss man noch die hinzuzählen, die schon vorher in Haft waren. Wir müssen Lukaschenko in aller Deutlichkeit auffordern, diese Menschen freizulassen. Darüber hinaus müssen wir auch Präsident Putin auffordern, sich für die schnelle Freilassung der Menschen einzusetzen.

Die Vorkommnisse machen deutlich: Belarus und die Ukraine sind eine europäische Herausforderung. Wir müssen deutlich machen, dass wir an der Seite der Demokratiebewegung stehen. Es ist daher gut, dass der Europäische Rat vorgeschlagen hat, Milinkewitsch im April einzuladen, um mit ihm über die Zukunft zu sprechen.

Wir müssen uns auch fragen: Was tun wir? Es ist richtig und gut, dass wir in der EU beschlossen haben, die Sanktionen bei der Visaerteilung deutlich zu erweitern. Ich sage: Jeder Polizist, von dem man namentlich weiß, dass er Gewalt angewandt hat, jeder Richter, der an Verurteilungen beteiligt war, und jeder Schuldirektor oder Universitätsrektor, der Menschen, die sich an den Demonstrationen beteiligt haben, von der Schule oder Universität verweist, gehört auf die Liste derjenigen, die kein Visum für Länder der Europäischen Union erhalten. Wir müssen natürlich auch die Nachbarländer, das heißt die Ukraine, Kroatien, Rumänien und Bulgarien - die Länder, in die die Nomenklatura gern in Urlaub fährt –, für dieses Vorhaben gewinnen, damit diese Liste Geltung erhält.

Wir müssen aber noch mehr tun. Wir müssen die Kontakte in die Gesellschaft hinein befördern. In diesem Zusammenhang wäre es eine Katastrophe, wenn in Zukunft die Schengenvisa nach Polen und Litauen, in die unmittelbaren Nachbarländer - bisher kosteten die Visa sechzig Euro –, bezahlt werden müssten. Wir müssen uns dafür einsetzen, dass die Gebühren für Schengenvisa für Leute, die sich in NGOs oder der Opposition engagieren, billiger sind. Ansonsten würden wir die Kommunikation abbrechen, indem wir Barrieren schaffen. Das wäre eine Katastrophe.

Ebenso sollten wir neue und bessere Instrumente zur Unterstützung von NGOs schaffen. In der EU haben wir durchaus manches versucht. Das ist aber zu bürokratisch und zu schwerfällig. Das reicht nicht wirklich. Ich trete daher sehr dafür ein, dass wir eine europäische Stiftung für Demokratie schaffen, die kurzfristig kleinere Summen zur Verfügung stellen kann, damit wir NGOs in Belarus und anderen Ländern flexibel unterstützen können. Wir wissen, dass eine Zivilgesellschaft oft keine Unterstützung in Millionenhöhe braucht, sondern kleinere Summen, die schnell, flexibel und auf direktem Weg von einer kompetenten Stiftung zur Verfügung gestellt werden können. Das sollten wir, so denke ich, miteinander auf den Weg bringen.

Klar ist, dass die Länder zwischen Russland und der Europäischen Union – Belarus ist im Augenblick am stärksten gefährdet – in Zukunft unsere Aufmerksamkeit brauchen werden. Ich hoffe sehr, dass es uns während der deutschen EU-Präsidentschaft im nächsten Jahr gelingen wird, europäische Initiativen zu entwickeln, damit wir gerade diesem Raum mehr Aufmerksamkeit schenken und ihm mehr Unterstützung für eine demokratische und Wohlfahrtsentwicklung bieten können

Kuba-Strategie: Entwurf für eine sozialdemokratische Positionsbestimmung (2008)*

Sozialdemokraten für eine selbstbestimmte Entwicklung Kubas

Wir Sozialdemokraten unterstützen eine neue Politik auf und für Kuba, welche sich für eine selbstbestimmte und demokratische Zukunft des kubanischen Volkes einsetzt.

Wir Sozialdemokraten verurteilen überall in der Welt Diktatur und Unterdrückung, Ungerechtigkeit und Unfreiheit. Wir pflegen eine Kultur des Dialogs und des Ausgleichs der Interessen. Dies kann Konflikte entschärfen und friedliches Zusammenleben nachhaltig sichern.

Wir Sozialdemokraten setzen auch gegenüber Kuba auf Kooperation statt Konfrontation, auf Dialog statt Isolation. Nur so können wir unsere eigenen Werte offen benennen und andere von ihnen überzeugen.

Kuba heute

Bis heute versteht sich die kubanische Staatsführung als Trägerin der Revolutionsideale, obgleich sie sich bereits vor langer Zeit von den einstigen Grundsätzen Freiheit und sozialer Gerechtigkeit verabschiedet hat. Wenn auch die Revolution vor fünfzig Jahren das von den USA gestützte Regime Fulgencio Batistas stürzte und damit dem kubanischen Volk die Chance zur Freiheit brachte, so hat sich Kuba unter der jahrzehntelangen Regierungszeit Fidél Castros und maßgeblich beeinflusst durch die globalpolitischen Bedingungen des Kalten Krieges zu einer kommunistischen Diktatur entwickelt. So wurde die Rede von der Revolution immer mehr zu einer Legitimationsideologie für ein repressives, an kommunistischen Vorbildern ausgerichtetes System. Durch das duale Währungssystem und mittels gezielter Alimentation durch befreundete Staaten insbesondere aus Lateinamerika wird das Überleben der Bevölke-

* In: The Global Panel Foundation/The Prague Society for International Cooperation (Hg.): Next Steps to a Free Cuba. Bod –Books on Demand, Norderstedt 2017

rung zwar gewährleistet; dennoch befindet sich die wirtschaftliche Infrastruktur des Landes in einem weitgehend maroden Zustand und die Versorgung der Bevölkerung mit Nahrungsmitteln ist vielerorts nicht sichergestellt. Ähnliches gilt für die einstigen Errungenschaften im Bildungs- und Gesundheitswesen, welche beide aufgrund mangelnder Ressourcen vom Vorbildglanz alter Tage weiter denn je entfernt sind.

Nachdem sich Fidel Castro Anfang 2008 von allen offiziellen Ämtern zurückgezogen hat, hat sein Bruder Raúl die Regierungsgeschäfte übernommen. Kuba hat damit heute die Chance, den Wandel zu mehr Freiheit, Demokratie und Wohlstand einzuleiten. Die KubanerInnen erhoffen sich von der neuen Regierung eine Verbesserung ihrer materiellen Lage und mehr Möglichkeiten zu privaten Initiativen, vor allem aber auch politische Freiräume und Freiheitsrechte. Erste Signale in beide Richtungen sind mit den letzten Entscheidungen zum erleichterten Kauf von elektronischen Kommunikationsgeräten, dem ermöglichten Zugang von Kleinbauern zu Ackerland, Saatgut und Dünger sowie mit der zuletzt von Partei und Regierung angestoßenen öffentlichen Debatte über den Zustand von Wirtschaft und Gesellschaft ausgesandt worden. An der Umsetzung dieser Initiativen wird sich erweisen, ob die Beteiligung der Bevölkerung nicht nur ein Feigenblatt bleibt, sondern den Aufbruch in eine neue Zukunft verheißt.

Zur Lage der politischen Freiheiten und der Menschenrechte

Die politischen Freiheitsrechte wie die Meinungs-, Vereinigungs- und Versammlungsfreiheit bleiben bislang auch unter Raúl Castro stark eingeschränkt. Die Kontrolle der Bevölkerung durch den kubanischen Geheimdienst führt zu fortschreitender Desillusionierung und Vertrauensverlust in breiten Bevölkerungsschichten. Neben der weitgehend wirksamen sozialen Kontrolle gibt es weiterhin die oft unverhältnismäßigen Einsätze von Polizei und Militär.

Dennoch hat Kuba am 28. Februar 2008 mit dem „Internationalen Pakt über Bürgerliche und Politische Rechte“ sowie dem „Internationalen Pakt über Wirtschaftliche, Soziale und Kulturelle Rechte die beiden grundlegenden Menschenrechtspakte der Vereinten Nationen unterzeichnet. Doch erst mit der noch ausstehenden Ratifikation beider Pakte sowie durch die innerstaatliche rechtliche und faktische Implementierung wird das damit ausgesprochene Bekenntnis zu den Menschenrechten Glaubwürdigkeit erlangen.

Mit der Freilassung politischer Gefangener und einem erweiterten Handlungsspielraum für die katholische Kirche hat Kuba begrüßenswerte Signale gesendet. Gleichzeitig jedoch befinden sich noch immer viele Dissidenten in Haft, viele von ihnen sind ob der zumeist schlechten Haftbedingungen erkrankt. Die schnelle Gewährleistung dringend notwendiger medizinischer Behandlung sowie die Freilassung aller politischen Häftlinge bleiben unsere dringenden Forderungen. Die Familien der politischen Gefangenen, die „Damen in Weiß" (Las Damas de Blanco) haben unsere Solidarität!

Die genannten Entwicklungen unter Raúl Castro sollten jedoch als erste Schritte eines Öffnungsprozesses ernst genommen werden. Wir fordern die kubanische Regierung und die Kommunistische Partei Kubas auf, den Prozess der Öffnung kontinuierlich fortzusetzen und die mit der Unterzeichnung der beiden Menschenrechtspakte eingegangenen Verpflichtungen auch tatsächlich einzuhalten. Wir bieten an, einen Menschenrechtsdialog zu initiieren, wie er auch mit der VR China bereits seit vielen Jahren etabliert ist.

Vorsichtige Zeichen der wirtschaftlichen Öffnung

Seit der Regierungsübernahme durch Raúl Castro befindet sich Kuba auch wirtschaftlich in einem vorsichtigen Reformprozess. Als langjähriger Verteidigungsminister hatte Raúl Castro Zugriff auf bedeutende Teile der kubanischen Wirtschaft. Mit Hilfe des Militärs, welches die strategischen Bereiche in Form von Staatsunternehmen selbst bewirtschaftet, versucht er nun, den als notwendig erkannten wirtschaftlichen Öffnungsprozess zu kontrollieren. Raúl Castro ist von jeher fest in der Kommunistischen Partei verankert und konnte aus dieser Position heraus in den 1990er Jahren einige Wirtschaftsreformen initiieren.

Kuba steht vor der enormen Herausforderung, eine effiziente Wirtschaft aufzubauen, um eine stabile Versorgung der Bevölkerung mit Nahrungsmitteln und Gebrauchsgütern zu gewährleisten. Die Transportinfrastruktur ist marode, eine Neuordnung vor allem des Zuckerrohrsektors dringend notwendig. Insbesondere in den Bereichen Tourismus und Bioethanolproduktion verbleibt auf Grund der unflexiblen zentralstaatlichen Planungswirtschaft großes Potential ungenutzt.

Mit seinen zuletzt angekündigten Ansätzen wirtschaftlicher Reformen will Raúl Castro die Arbeit der Regierung effizienter gestalten und die für die Versorgung der Bevölkerung wichtige landwirtschaftliche Produktion ankurbeln. Dadurch sollen Kleinbauern und kleine private Unternehmen gefördert werden. Vorsichtige Leistungsanreize und reduzierte bürokratische Vorgaben sollen die KubanerInnen motivieren, selbstständig tätig zu werden. Nichtsdestotrotz dienen die jetzt begonnenen Reformen in erster Linie der Systemstabilisierung. Unklar bleibt überdies, wie sicher den Kleinbauern die ihnen zuletzt zugeteilten Parzellen erhalten bleiben. Zentral ist die Übertragung verlässlicher Rechts- und Besitztitel.

Eine dreigleisige Strategie für demokratischen Wandel auf Kuba

Die EU hat begonnen, das Verhältnis zu Kuba neu und differenzierter zu gestalten. Nach dem Einfrieren der politischen und kulturellen Zusammenarbeit zwischen Kuba und der EU in der Folge der Verurteilungen politischer Häftlinge im Jahr 2003 wird nun der Versuch eines Neuanfangs gemacht. Kuba hat das EU-Angebot der Aufnahme eines konstruktiven und umfassenden politischen Dialogs nun auch angenommen.

Eine Politik der kleinen Schritte und des ständigen Dialogs ist unter den gegenwärtigen Bedingungen erfolgversprechend. Wie zu Detente-Zeiten im Ost-West-Konflikt sollte auch in den Beziehungen zu Kuba ein Modell der graduellen Annäherung zum Tragen kommen: Nicht die grundsätzliche Bereitschaft zum Dialog, sondern vielmehr die Verhandlungsinhalte und -fortschritte sollten an konkrete Bedingungen geknüpft werden. Dabei ist ein doppelter Dialogansatz geboten: Unterhaltung von Gesprächskontakten mit der kubanischen Regierung bei gleichzeitiger Solidarität und Unterstützung für die Zivilgesellschaft und die friedliche demokratische Opposition.

Gerade in der aktuellen Phase eines Führungswechsels ist es wichtig, mit der Regierung und der Kommunistischen Partei auf allen Ebenen im Gespräch zu bleiben, somit die nächste Führungsgeneration kennenzulernen und den Reformwilligen den Rücken zu stärken. Partei und Staat dürfen nicht als monolithischer Block begriffen werden.

Demokratischer Wandel kann nicht von außen geschaffen werden, er muss sich vielmehr auf Kuba selbst und aus seiner Bevölkerung heraus entwickeln. Die Unterstützung zivilgesellschaftlichen Engagements und seiner Institutionen, der Entwicklung freier und unzensierter Medien sowie der demokratischen politischen Bewegungen ist zentral für die Herausbildung einer breiten gesellschaftlichen Basis für demokratischen Wandel und eine selbstbestimmte Zukunft des kubanischen Volkes.

Auf Kuba haben sich eine Reihe hoffnungsvoller Initiativen entwickelt, die unter hohem Risiko und mit großem Engagement für einen demokratischen Wandel eintreten. Sie gilt es zu unterstützen und mit ihnen muss ein kontinuierlicher Dialog gepflegt werden. Dazu gehören unter anderem die politischen Projekte „Varela“ und „Todos Cubanos“ um Oswaldo Payá Sardiñas, die sozialen Frauenprojekte von „FLAMUR“ und die Bildungsprojekte der katholischen Kirche wie beispielsweise der „Verband der unabhängigen Bibliotheken“.

Angesichts der vorsichtigen wirtschaftlichen Reformen sollte der doppelte Dialogansatz um eine dritte, eigenständig betonte Dimension ergänzt werden, welche auf Öffnungssignale der kubanischen Seite antworten und zugleich als Scharnier zwischen den beiden anderen Zielbereichen – Staatsführung und Gesellschaft – dienen kann: Zur Verbesserung der wirtschaftlichen Lage und insbesondere der Versorgung der Bevölkerung sollte die wirtschaftliche Zusammenarbeit mit Kuba verstärkt werden. Eine Erhöhung der EZ-Mittel und gezielte Ermutigungen zu ausländischen Direktinvestitionen sollten allerdings schrittweise realisiert werden. In entsprechenden Schritten sollte Kuba gleichzeitig die Bildung freier Gewerkschaften akzeptieren, die Zahlung gerechter Löhne gewährleisten und die Wahrung zentraler Arbeiterrechte sicherstellen.

Das von den USA über Kuba verhängte Embargo und insbesondere seine 1996 erfolgte Verschärfung durch das Helms-Burton-Gesetz haben sich in den vergangenen Jahren als kontraproduktiv erwiesen. In Anbetracht der Zeichen vorsichtiger Öffnung auf Kuba sollten die USA gerade jetzt dazu ermutigt werden, ihre Blockadepolitik – und insbesondere die auch Unternehmen aus Drittstaaten beeinträchtigende Verschärfung – aufzugeben und sich der beschriebenen Dialog- und Kooperationsstrategie anzuschließen. Ein pragmatischer Kurs der USA gegenüber Kuba kann dazu beitragen, Handel zu schaffen, welcher dem wirtschaftlichen Aufbau und der Bevölkerung Kubas direkt zugutekommt. Der Zeitpunkt für eine solche Neuausrichtung der Kubapolitik ist mit dem Wechsel der Administration in den USA heute wesentlich günstiger als jemals zuvor.

Wege und Instrumente der Unterstützung des demokratischen Wandels auf Kuba

Auf allen drei Ebenen – im politischen Dialog auf allen staatlichen Ebenen, im Dialog mit und zur Unterstützung der Zivilgesellschaft sowie der demokratischen Opposition, im Bereich der wirtschaftlichen Kooperation – sollten schrittweise konkrete Projekte abgesprochen und umgesetzt werden. Bei Fortschritten sollte ihre Ausweitung kontinuierlich verfolgt werden.

Mit der Präsenz und dem Ausbau der Arbeit der politischen Stiftungen auf Kuba kann ein partnerschaftlicher und konstruktiver Dialog über die politischen und sozialen Herausforderungen unserer Zeit begonnen werden. Insbesondere beim Aufbau eines pluralistischen Presse- und Medienwesens, im Hinblick auf die Vorbereitung und Durchführung demokratischer Wahlen sowie zur Schaffung eines Bewusstseins für Arbeiterrechte können unsere politischen Stiftungen theoretisches sowie praktisches Wissen vermitteln, Diskussionen anstoßen und die jeweils relevanten Akteure versammeln helfen. Die SPD sollte überdies die Initiative ergreifen und anregen, dass die Sozialistische Internationale eine Sondierungskommission nach Kuba schickt, um zu prüfen, ob und wann der Sozialdemokratischen Partei Kubas (unter dem Vorsitz von Vladimiro Roca Antúnez) sowie der sozialistischen Partei „Arco

Progresista" (unter dem Vorsitz von Manuel Cuesta Morúa) ein Status zuerkannt werden kann.

Mit dem Abschluss eines Kulturabkommens und der baldigen Eröffnung eines Goetheinstituts kann der politische Dialog auf der kulturellen Ebene ergänzt und vertieft werden. Durch die früher sehr engen Beziehungen zur DDR haben viele KubanerInnen gute Deutschkenntnisse, an die mit der Errichtung einer deutschen Schule oder mit einem verstärkten Angebot von Deutschunterricht angeknüpft werden kann. Ebenso wichtig sind die Intensivierung des wissenschaftlichen Austausches, die Forderung nach einer Wiederaufnahme gerecht und transparent vergebener staatlicher Stipendien sowie der Wiedereinstieg in eine bilaterale wirtschaftlich-technische Zusammenarbeit.

Im Zusammenhang mit dem gesellschaftlichen und wirtschaftlichen Wandlungsprozess sollten Projekte entwickelt werden für eine Reform des gegenwärtigen Systems der dualen Währungen, für die Reform des Justiz- und Verwaltungswesens, für die Umstellung der sozialen Sicherung auf ein System der negativen Einkommensteuer, zur Entwicklung der Landwirtschaft sowie zugunsten der Verbesserung von wirtschaftlicher Produktivität und Nachhaltigkeit im Allgemeinen. Von großer Dringlichkeit sind zudem grundsätzliche Fragen der Verteilungs- und Leistungsgerechtigkeit.

Akute Hilfe bei der Bewältigung der immer wieder von tropischen Stürmen verursachten Schäden sollte kurzfristig und unbürokratisch angeboten werden.

Vielfältige Kontakte auf zivilgesellschaftlicher Ebene sollten angeregt und ausgebaut werden. Dazu gehören kommunale Partnerschaften sowie solche zwischen Gewerkschaften, Verbänden und kulturellen Institutionen. Auch die Kontakte der Kirchen im Rahmen von Gemeindepartnerschaften, des ökumenischen Austauschs, in der diakonischen und Bildungsarbeit sind zu stärken.

Chancen jetzt nutzen!

Kuba ist in einer Übergangsphase. Raúl Castro scheint einen vorsichtigen Politikwechsel einzuläuten. Dabei ist zwar noch offen, wohin dieser Prozess führen wird, allerdings werden damit auch

Chancen einer Entwicklung hin zu Demokratie und Rechtsstaatlichkeit eröffnet. Wir erwarten weitere maßgebliche Schritte zur Öffnung und Demokratisierung des Landes, wollen zu einer klaren und kohärenten EU-Politik gegenüber Kuba beitragen und werden die KubanerInnen bei der Gestaltung ihres künftigen Entwicklungsweges unterstützen.

Epilog: „Hier stehe ich …"*

Denn ich will Wasser gießen auf das Durstige und Ströme auf das Dürre: Ich will meinen Geist auf Deinen Samen gießen und meinen Segen auf Deine Nachkommen. (Jes. 44,3)

Liebe Gemeinde,

es ist lange her, dass ich dieses Wort aus dem 3. Jesajabuch für die heutige Predigt auswählte. Ich las die letzten Kapitel bei Jesaja, die voller Verheißung sind und wollte ein Wort nehmen, das Zuversicht schenkt und eine positive Perspektive vermittelt.

Wie oft sehen wir nur die Probleme bei uns und um uns. Wie wenig nehmen wir dankbar an, wie gut es uns geht, dass wir gewissermaßen auf der Lichtseite dieser Welt leben.

Gerade auch der 25. Jahrestag der Friedlichen Revolution und des Falls der Mauer ist ja auch noch einmal ein Grund zur Dankbarkeit. Wer hätte denn vorher gedacht, dass es möglich sein würde, in Freiheit und in einem demokratischen Gemeinwesen zu leben, und dann noch als Deutsche geeint, umgeben von allen Nachbarn als Freunden! Ich hätte es kaum zu träumen gewagt.

Und dann, als ich in der Vorbereitung über diese Predigt nachdachte, kam mir der Gedanke und ließ mich nicht wieder los: Wie lesen jetzt die Christen im Norden des Irak diesen Text? Eine Heilszusage mitten hinein in bittere Not, nicht nur in Armut und Sorge um das Morgen, sondern in akuter Todesnot – eine Heilszusage an die verfolgten Christen, an die Jesiden, an alle „abweichenden" Glaubens. Dort geht es ja nicht nur um das Wie der Zukunft, sondern darum, ob es sie überhaupt gibt.

Die Christen dort lesen wie wir die Bibel – und eben auch diese Zusage! Klingen die Sätze in solcher Lage wie Hohn – oder sind sie Ausdruck letzter Hoffnung?

---

* Predigt in der Zionskirche Berlin, Gottesdienstreihe zum Thema Religion und Politik, 28.9.2014

Sind sie Ausdruck einer letzten Hoffnung, weil alles andere nicht mehr trägt und man allein auf Gott noch hoffen kann? Wer könnte das beantworten...

Es lässt sich wohl nicht allgemein beantworten, wir können hier nur auf Zeugnisse hören von Menschen, die Vergleichbares erlebt und vielleicht auch überlebt haben.

Wir wissen, dass immer wieder Menschen auch in größter Not ihr Vertrauen auf Gott nicht verloren haben, auch wenn es nicht irdisches Heil und Wohlergehen war, das sie erwartete, sondern Leid, Tod und Sterben. Zu ihnen gehört auch Dietrich Bonhoeffer, der mit dieser Zionskirche hier im Prenzlauer Berg verbunden war und dessen Glaubenssätze wir nachher beten.

An die Verfolgten im Norden Iraks denkend kam mir aber natürlich auch der Gedanke, dass Gott sich ja nun nicht nur Engel und Blitz und Donner bedient in seinem rettenden Handeln, sondern eben oft auch Menschen. Die Bibel ist voll solcher Zeugnisse. Und da kommen wir selbst ins Spiel. Was ist hier unsere Verantwortung?

Sollen wir etwas tun, um diesen rasenden Kriegern des Islamischen Staates Einhalt zu gebieten? Oder sagen wir: „Gott, es tut uns leid, aber Du hast uns doch zum Frieden gerufen, jetzt musst Du schon selbst diese blutrünstigen Kämpfer mit Blindheit schlagen oder sie in ihr eigenes Schwert rennen lassen"?

Wir haben es doch – anders als im Ersten Weltkrieg – nach dem Zweiten endlich gelernt, dass wir für Dialog und Frieden eintreten müssen. Die erste Vollversammlung des Weltkirchenrates hat 1948 in Amsterdam das klare Wort gesprochen: Krieg soll nach Gottes Willen nicht sein.

Der Volksbund Deutsche Kriegsgräberfürsorge stellt seine Arbeit unter das Motto „Versöhnung über den Gräbern" und mahnt zum Frieden mit dem Plakat von Käthe Kollwitz: Nie wieder Krieg! Sollte das nicht Konsens in Deutschland sein, nachdem wir so viel Schrecken über Europa und die ganze Welt gebracht haben? So dachten wir es lange. So hofften wir es nach 1989, nicht nur für Europa. Dann kamen die Kriege auf dem Balkan, der Schock von Srebrenica. Ein Massenmord unter den Augen von Friedenstruppen.

Wir wurden wieder ganz neu auf die Frage zurückgeworfen, was wir in den Fragen von Krieg und Frieden tun sollen, was Gottes Wille hier ganz konkret ist. Sollen wir Waffen exportieren und den Kurden geben, die im Irak jetzt wohl die einzigen sind, die den Kämpfern des IS Einhalt gebieten können? Oder waschen wir unsere Hände in der „Unschuld" der reinen Lehre des Friedens und verweigern diese Möglichkeit eines vielleicht letzten Schutzes?

Die Fragen sind hier schwer zu beantworten. Gleichzeitig ist deutlich, dass jede Antwort ihre Haken hat. Einfache Antworten gibt es nicht. Unschuld ist keine Option, so gern wir es hätten.

Liebe Gemeinde, Am Anfang habe ich erzählt, dass mir beim Nachdenken über diesen Vers bei Jesaja die bedrohten Christen und Jesiden im Irak in den Sinn kamen. Natürlich hatte ich die Information darüber aus den täglichen Nachrichten und der Zeitungsschau. Diese gehören für mich als homo politicus einfach zu meinem Leben.

Doch da begegnet mir hin und wieder eben auch die kritische Frage: Alle Not der Welt ist Dir wichtig und geht Dir nah, aber wenn ein Mensch neben Dir nach Zuwendung hungert und dürstet, bekommst Du es nicht mit.

Solche Fragen machen mich betroffen. Natürlich kann man sich irgendwie rechtfertigen – und bleibt sich doch bewusst, dass an solchem vielleicht nur leisem Vorwurf etwas dran ist. „Andere sind Dir immer wichtiger!" – wo das gesagt wird, gibt es Grund zum Gespräch und zum Insichgehen. Selbst dann, wenn ich glaube, mich rechtfertigen zu können.

Es gibt wahrhaftig nicht nur in der Ferne den Durst und die Dürre, wo dringend Ströme von Wasser gebraucht werden! Und manchmal ist es vielleicht leichter, in die Ferne zu schweifen, statt sich dem Nahen zu widmen.

Überhaupt: Ich finde das Auswählen schwer!

Manchmal habe ich fast Sehnsucht nach der Zeit vor 1989. Damals konnte man wenig politisch bewirken. Wenn man ein Stück weit die Angst überwunden hatte und den Herrschenden sagte, was Unrecht ist, war man irgendwie immer im Recht.

Wir glaubten damals oft, dass die Welt gut würde, wenn die Herrschenden tun würden, was wir sagten und von ihnen erwarteten.

Heute dagegen ist alles so kompliziert. Heute kann man etwas tun, ja, es gehört zu dieser Demokratie, dass die Bürgerinnen und Bürger sich kümmern und ihre Stimme erheben.

Doch wo anfangen? Man muss auswählen! Man kann durchaus etwas bewirken heute. Doch nicht alles, was man gerne hätte oder gar mal so nebenbei. Es kostet Kraft und Zeit und langen Atem. Und dafür muss ich mich entscheiden, für das eine und gegen das andere. Das gilt für den einzelnen Bürger genauso wie für jeden Politiker.

Ich gestehe, dass mir das immer schwergefallen ist und noch heute schwer fällt.

In den ersten Jahren nach 1990, als ich Politiker geworden war, lastete die Verantwortung schwer auf mir. Ich lebte in dem tiefen Bewusstsein: Du musst Dich kümmern! Du musst Bescheid wissen. Auf dich kommt es an!

Und gleichzeitig entwickelte sich ein tiefes Gefühl der Ohnmacht. Es sind eben nur ganz wenige Bereiche, zu denen die Kraft reicht. Und für die gilt es sich zu entscheiden! Gleichzeitig aber wäre so viel notwendig!

Wie gelingt es, in einer solchen Situation einen Alltag zu finden, der es auch ermöglicht, nicht mehr ständig präsent und verfügbar zu sein? Mir fiel das ungeheuer schwer!

Hier aber komme ich zurück auf das Wort des Jesaja. Dort heißt es nämlich:

„ICH will Wasser gießen auf das Durstige und Ströme auf das Dürre. Ich will meinen Geist auf Deinen Samen gießen und meinen Segen auf deine Nachkommen."

Gott will es tun.

Er will uns als verantwortlich Handelnde, aber er macht auch deutlich: nicht wir sind die Macher. Wenn wir alles uns Mögliche getan haben, können wir uns einfach auf ihn verlassen. ER ist es, auf den es ankommt. Das ist – wie ich finde – eine ungeheuer befreiende Botschaft.

Da ist mir dann das Gebet ganz nah, das Sie vermutlich kennen:

Gott, gib mir den Mut und die Entschlossenheit, Dinge zu ändern, die ich ändern kann,

gib mir die Gelassenheit, Dinge hinzunehmen, die ich nicht ändern kann,

und gib mir die Weisheit, das eine von dem anderen zu unterscheiden.

Amen.

ibidem.eu